普通高等学校会计专业精品教材

Intermediate Financial Accounting

中级财务会计

傅荣 编著

东北财经大学出版社
Dongbei University of Finance & Economics Press
大连

U0884082

图书在版编目（CIP）数据

中级财务会计 / 傅荣编著. —大连 ：东北财经大学出版社，2021.10
（普通高等学校会计专业精品教材）
ISBN 978-7-5654-4203-2

Ⅰ. 中… Ⅱ. 傅… Ⅲ. 财务会计-高等学校-教材 Ⅳ. F234.4

中国版本图书馆CIP数据核字（2021）第090961号

东北财经大学出版社出版
（大连市黑石礁尖山街217号 邮政编码 116025）
网 址：http://www.dufep.cn
读者信箱：dufep@dufe.edu.cn
大连图腾彩色印刷有限公司印刷 东北财经大学出版社发行
幅面尺寸：185mm×260mm 字数：601千字 印张：27 插页：1
2021年10月第1版 2021年10月第1次印刷
责任编辑：王 丽 责任校对：王 欢
封面设计：冀贵收 版式设计：冀贵收
定价：62.00元

教学支持 售后服务 联系电话：（0411）84710309
版权所有 侵权必究 举报电话：（0411）84710523
如有印装质量问题，请联系营销部：（0411）84710711

Preface

前言

*《中级财务会计》教材的逻辑线索怎样定位？*财务会计是以财务报告为主要载体对外传递特定会计主体特定日期财务状况、特定时期经营成果和现金流量信息的对外报告会计，而“中级财务会计”课程，就是系统梳理单个会计主体财务状况、经营成果和现金流量信息在财务报表中得以呈现的原理与方法的一门课。“中级财务会计”课程的这一定位决定了《中级财务会计》教材应该以财务报告为逻辑起点，并以财务报告为落脚点。

*《中级财务会计》教材的体例怎样设计？*一直以来，《中级财务会计》教材大多采用从每个会计要素的确认与计量到财务报表的编制与调整的体例。随着企业经济业务的日渐增多、企业会计准则的日臻丰富、财务信息软件系统的广泛应用以及实务界对会计人才综合素质要求的日益提高，关于《中级财务会计》教材的体例设计也有了与时俱进的呼声。设列章节时，是仍按传统体例的顺序还是将财务报表的编制与调整置于会计要素确认与计量之前？是依会计要素确认、计量、报告为序还是按照供、产、销等业务流程或者以经营活动、投资活动、筹资活动等活动类别为序？见仁见智。无论按传统构思还是有创新设想，便于学得精髓、益于融会贯通，应是设计体例的首要原则；而将财务报表作为贯穿教学全过程的主线这个思路，也是设计体例时应予以考量的。

*《中级财务会计》教材的内容怎样组织？*首先，需要处理好教材与企业会计准则的关系。作为专业教学使用的核心教材，《中级财务会计》教材对专业知识的梳理无疑要注重体系架构的一贯性和成熟内容的稳定性；而作为传播会计专业知识的媒介，《中级财务会计》教材又要适度跟踪企业会计准则的最新发展动态。其次，需要处理好《中级财务会计》与《高级财务会计》教材内容的关系。对于与《高级财务会计》教材有交叉的内容要

Preface

进行合理的取舍。最后，根据“中级财务会计”课程教学内容体系庞大、实战要求高的特点，在组织《中级财务会计》教材的具体内容时，一方面应力争提供由浅入深的路径和化繁为简的思路，以便关切教学内容的庞杂繁难所带来的学习困惑与讲授压力；另一方面应着力引导学生对职业判断和会计政策选择问题的关注，以便兼顾理论知识的汲取与实战能力的培养。

基于上述认识，本书从内容安排到板块设计尽可能突出以下特点：以财务报表为逻辑起点和贯穿全程的主线，以上市公司财报或公告作为章首引读和章尾跟踪的素材，以一般工商业的基本会计实务为内容主体，辅之以“报表导向思考”“特别提示”“财报跟踪”等栏目，并通过二维码嵌入教学资源，包括智能测评、专题讲解、延伸阅读等，尽可能在保障系统性和完整性要求的前提下化繁为简、化难为易，以助力于“中级财务会计”课程的教与学。

另外，本书从会计职业特征出发，结合财务会计教学内容，对会计职业道德、企业社会责任、企业创新精神、从业人员的守法意识以及持续学习能力的培养等会计中的思政问题，予以了适当关注，以期与读者共勉。

本书的适用对象为会计学专业和其他相关专业的本科生，以及有兴趣或致力于财务会计领域的学习、研究与工作的读者。

本书的写作，得益于东北财经大学出版社的鼎力启动和推促，得益于中外优秀财务会计教材的思路启发，得益于公开披露的上市公司定期报告的资源分享，得益于与同行的切磋和多年教学实践。在此，作者向相关的平台、学者和师生朋友一并表示衷心的感谢。

对于本书中可能存在的不足甚至错误，恳请各位老师、同学及各界读者不吝指正，谢谢！

作者

2021年6月于大连

Contents

目录

目录

第一章
绪 论

■【学习目标】

通过对本章内容的学习，了解财务会计的基本概念与基本理论，建立起学习“中级财务会计”课程的逻辑起点。

■【财报引读】

三一重工2019年年度报告目录①

三一重工股份有限公司（简称“三一重工”，股票代码600031）为三一集团旗下核心企业，主要从事工程机械的研发、制造、销售，系中国工程机械龙头企业。三一重工由三一集团于1994年投资创建；2003年7月3日，三一重工在上海A股上市，并于2005年6月10日成为首家股权分置改革成功并实现全流通的企业，被载入中国资本市场史册；2011年7月，三一重工以215.84亿美元的市值，入围FT全球500强；2012年，三一重工并购混凝土机械全球第一品牌德国普茨迈斯特，改变了行业竞争格局。

三一重工作为上市公司，每年要在规定时间向上海证券交易所公开定期报告。以下是三一重工2019年年度报告的目录：

三一重工股份有限公司2019年年度报告

目 录

从年报的目录来看，三一重工2019年年度报告共226页，其中“第十一节 财务报告”共144页，占幅超过63%。

上市公司通过年度报告尤其是其中的财务报告对外公开呈现公司的财务会计信息。通过对“中级财务会计”课程的学习，我们就可以知道公司的财务报告里应呈报哪些信息，这些信息是怎么汇集、提炼、整理出来的。显而易见，“财务会计信息”成为我们进入“中级财务会计”课程的第一个关键词。

① 本书各章章首的【财报引读】【公司公告】所涉及的上市公司年报、公告资料，除另加标注之外，均取自上海证券交易所网站。

那么，什么是财务会计？财务会计信息应该满足哪些质量要求？与财务会计信息的确认、计量和报告相关的基本概念和基本理论有哪些？这些是中级财务会计的基础知识，这些知识将帮助我们理解：财务报告不仅是学习中级财务会计的逻辑起点，也是贯穿中级财务会计学习全程的主线。本章将重点阐述这些内容。

第一节 财务会计概述

一、财务会计的含义

三一重工2019年年度报告

什么是会计？“会计是商业语言”，美国著名会计学家Charles T. Horngren指出，“会计是一种确定、记录、总结经济信息并向决策者提供这些信息的程序”[①]。如果说对会计的这一定位代表了“会计是一个信息系统”的观点，那么，“会计是以货币为主要计量单位，反映和监督一个单位经济活动的一种经济管理工作”[②]的界定则代表了“会计是一项管理工作”的观点。阐释会计概念的这两个不同角度都能够揭示会计的本质：服务于决策。

会计按使用信息的决策者的不同，可分为管理会计和财务会计。管理会计主要服务于企业内部决策者。企业内部各层级、各部门的管理者在与管控日常活动、评价工作绩效、决定投融资方案、制定经营方针、确定发展战略有关的各类决策中，需要使用财务会计信息。服务于这些信息需求者的会计领域就是管理会计，亦称“对内报告会计”。财务会计主要服务于企业外部决策者。企业外部的投资人、债权人、政府及其有关部门和社会公众在作出向企业投入资金、发放贷款、提供商业信用等决策时，需要使用财务会计信息。服务于这些信息需求者的会计领域就是财务会计，亦称“对外报告会计”。

管理会计和财务会计的服务对象不同，导致两者的具体职能、信息呈报方式、信息生成流程以及工作规范均有所不同。管理会计的主要职能是预测、决策、规划、控制和考核，财务会计的主要职能是反映企业的财务状况、经营成果和现金流量等信息；管理会计的信息一般无须对外报送，财务会计则要定期对外提供财务报告；管理会计采用成本性态分析、本量利分析、边际分析、平衡计分卡等灵活多样的程序和方法提炼决策所用信息，财务会计则通过对财务报表要素进行确认、计量、报告等固定流程生成财务报告；管理会计对内提供信息服务的本质特征以及由此导致的信息内容的多样性和形式的灵活性使管理会计并不要求形式上的统一（虽然有《管理会计基本指引》和《管理会计应用指引》等制度规范），而财务会计则需要有统一的技术规范来约束财务会计流程、规范财务报告的形式与内容。

综上所述，财务会计是依据财务会计规范，采用专门的技术与方法，对会计主体的财务状况、经营成果和现金流量等信息进行确认、计量与报告的对外报告会计。

在本章“财报引读”中，三一重工2019年年度报告目录“第十一节 财务报告”部分及其所承载的信息内容，就是三一重工2019年度财务会计工作的“产品”。

---

① Charles T. Horngren等，《Introduction to Financial Accounting》（第10版）第18页。

② 中国注册会计师协会，2019年度注册会计师全国统一考试辅导教材《会计》，中国财政经济出版社，2019年3月，第1页。

二、财务会计的目标

财务会计信息的呈报载体是财务报告，财务会计的目标事关在财务报告中呈报什么样的信息。

企业财务会计的目标是向财务报告使用者提供与企业财务状况、经营成果和现金流量等有关的财务会计信息，反映企业管理层受托责任的履行情况，有助于财务会计报告使用者作出经济决策。

（一）财务状况、经营成果和现金流量

企业的财务会计信息主要包括财务状况、经营成果和现金流量等方面的信息。

企业的财务状况信息主要是资产、负债、所有者权益及其构成，其所代表的是企业拥有或控制的资源、企业的资本结构、企业资产的营运能力和变现能力、企业的偿债能力，以及企业适应所处环境变化的能力等。企业拥有或控制的资源，是未来产生经济利益流入的基础；企业的资本结构反映了股东和债权人对企业资源的资金支持，这类信息对预测企业今后的借款需求、利润分配以及进一步筹措资金的成功可能性等都会有所帮助；企业资产的营运能力、变现能力和偿债能力，不仅代表了企业近期的可用现金水平和长期的履约支付水平，也在某种程度上预示了企业的发展潜力。

企业的经营成果信息主要是利润及其构成，其所代表的盈利水平和获利能力信息、经营成果的变化信息，有助于评价企业利用现有资源创造的经营业绩，有助于预测企业利用新增资源获得未来经济利益的能力。

企业的现金流量信息主要是各类业务带来的现金流入和导致的现金流出，企业从经营活动生成现金净流入的能力、从筹资活动获取现金流入的能力、从投资活动赚得现金的能力等方面的过去表现及未来预期，都可以从现金流量信息中找到评判依据。

（二）信息使用者

关注和需求企业财务状况、经营成果和现金流量信息的外部使用者主要包括：投资人、债权人、政府及其有关部门以及社会公众等。

投资人是企业资本的主要提供者。对于公司制企业尤其是上市公司而言，企业的投资人包括现有的投资人以及潜在的投资者。投资人向企业投入资本，其主要目的在于获取投资回报，所以，他们必然十分关心其投资的内在风险和预期回报。他们需要通过分析企业的财务状况、经营成果和现金流量等信息，来帮助其作出是否买进企业股权、继续持有还是卖出已有投资的决策，来评估和预测企业向股东支付股利的能力。

债权人，如贷款人、供应商等，通常十分关心企业的偿债能力和财务风险，他们需要信息来评估企业能否如期支付贷款本金及其利息，能否如期支付所欠购货款等。

政府及其有关部门作为经济管理和经济监管部门，通常关心经济资源分配是否公平、合理，市场经济秩序是否公正、有序，宏观决策所依据信息是否真实、可靠等，他们需要信息来监管企业的有关活动（尤其是经济活动）、制定税收政策、进行税收征管和国民经济统计等。

社会公众也关心企业的生产经营活动及其影响，因为企业的活动会以各种方式影响社会公众的利益，比如企业对所在地经济因增加就业、刺激消费、提供社区服务等作出的贡献。财务报告中提供的有关企业发展前景及其能力、经营效益及其效率等方面的信息，就是社会公众所关注的信息。

综上所述，一方面，上述不同的信息使用者群体所需要的财务会计信息可能不尽相同，但多述情况下的信息需求是有共性的，尤其是由于投资人是企业资本的主要提供者，如果财务报告能够满足这一群体的财务会计信息需求，也就可以满足其他使用者的大部分信息需求。另一方面，企业的财务报告不能满足上述各类信息使用者群体的所有信息需求，尤其是对非财务信息的需求。

（三）受托责任观和决策有用观

“受托责任观”和“决策有用观”是表述财务会计目标的两种观点。前面关于财务会计目标的表述，体现了将受托责任观与决策有用观两者并行的目标定位。

财务报告要反映企业管理层受托责任的履行情况，这就是财务报告目标的受托责任观。在企业所有权和经营权相分离的现代企业制度下，企业管理层所经营管理的企业各项资产基本为投资者投入的资本（或者留存收益作为再投资）或者向债权人借入的资金所形成的，企业管理层有责任妥善保管并合理、有效运用这些资产。所以说，企业管理层是受委托人之托经营管理企业及其各项资产的，从而负有受托责任。从委托人的角度来看，企业投资者和债权人需要通过财务报告所提供的信息，及时或者经常性地了解和评价企业管理层对企业经营管理责任的履行情况，以便决定是否需要调整投资策略或者信贷政策，是否需要续聘或者更换管理层等。

财务报告要满足投资者等财务报告使用者决策的需要，这就是财务报告目标的决策有用观。企业的财务会计信息要有助于现有的和潜在的投资人对企业的投资决策、有助于贷款人对企业的贷款决策和供应商对企业的赊销决策。为了有助于信息使用者的决策，就要提供具有预测价值的信息，为此，现代财务会计除了历史成本之外，还采用未来现金流量的现值、可变现净值、公允价值等非历史成本计量属性；除了确认已经实现的收入之外，还对某些未实现的持产损益进行确认。

企业资源的委托人关注企业管理层受托责任的履行情况，与优化其相关决策是一致的，所以，财务报告目标的受托责任观与决策有用观并不矛盾，而是统一的。

三、财务会计的假设

就某个企业而言，其财务会计人员所提供的财务会计信息是谁的？是企业的还是企业出资人的？企业建造一幢厂房，确定按多少年计提折旧时要不要考虑企业万一面临破产清算怎么办？企业何时结算盈亏？何时对外报告财务会计信息？企业对外报告的财务信息采用什么计量单位来衡量？要回答这一系列问题就涉及会计假设。

会计假设是企业财务会计确认、计量与报告的前提，是对财务会计核算所处时间、空间环境等所作的合理设定。会计假设包括会计主体、持续经营、会计分期和货币计量。

（一）会计主体

就企业会计而言，会计主体假设意味着：企业应当对其本身发生的交易或者事项进行会计确认、计量和报告，反映企业本身所从事的各项生产经营活动。也就是说，为了向财务报告使用者反映企业的财务状况、经营成果和现金流量，提供对其决策有用的信息，企业会计核算和财务报告的编制应当反映企业这一特定主体的经济活动。

提出会计主体假设，是为了界定会计确认、计量和报告的空间范围。明确界定会计主体是开展会计确认、计量和报告工作的重要前提。一方面，只有明确会计主体，才能划定会计所要处理的各项交易或事项的范围；另一方面，只有明确会计主体，才能将会计主体的交易或者事项与会计主体所有者的交易或者事项以及其他会计主体的交易或者事项区分开来。

应用会计主体假设时，要注意会计主体与法律主体的关系。通常情况下，法律主体必然是会计主体。比如，一个企业，既是一个具有独立法人资格的法律主体，同时也是一个具有独立财务会计系统的会计主体，所以它以独立会计主体的身份提供本企业的财务报表。但是，有的情况下，会计主体并不一定都是法律主体。比如，由互为独立的法律主体和互为独立的会计主体的母公司、子公司构成的企业集团，并不是一个独立的法律主体，但从反映企业集团整体财务状况、经营成果和现金流量信息的合并财务报表的角度来看，企业集团作为一个报告主体当然也是一个会计主体。

（二）持续经营

持续经营假设，是指假设在可以预见的将来，企业将会按当前的规模和状态继续经营下去，不会停业，也不会大规模削减业务。在持续经营假设下，会计确认、计量和报告应当以企业持续、正常的生产经营活动为前提。比如，有了持续经营假设，企业就可以对购建的厂房按该厂房的物理寿命和经济寿命来预计使用年限并据此计算各年应计提折旧额。

企业会计准则体系是以企业持续经营为前提加以制定和规范的，涵盖了从企业成立到清算（包括破产）的整个期间的交易或者事项的会计处理。一个企业在不能持续经营时就应当停止使用这个假设，否则如仍按持续经营假设选择会计确认、计量和报告原则与方法，就不能客观地反映企业的财务状况、经营成果和现金流量，会误导会计信息使用者的经济决策。

（三）会计分期

会计分期假设，是假设一个企业持续经营的生产经营历程可以划分为一个个首尾相接、长短相同的期间。在会计分期假设下，企业应当划分会计期间，分期结算账目和编制财务报告。会计期间通常分为年度和中期。中期，是指短于一个完整的会计年度的报告期间。

有了持续经营假设和会计分期假设，才产生了当期与以前期间、以后期间的差别，才能对固定资产分期计提折旧，才有了下面将要提到的权责发生制基础，才有了应付、预付、应收、预收等债权债务的确认，才有了月报、季报、半年报、年报等财务会计信息载体。

（四）货币计量

货币计量假设，是假设会计主体在财务会计确认、计量和报告时都以货币作为计量尺度，统一采用价值量信息反映会计主体的生产经营活动。

在会计的确认、计量和报告过程中之所以选择货币单位进行计量，取决于货币是衡量一般商品价值的共同尺度这一属性。其他计量单位，如重量、长度、容积、台、件等，只能从一个侧面反映企业的生产经营情况，无法在量上进行汇总和比较，不便于会计计量和经营管理。只有选择货币这一共同尺度进行计量，才能全面反映企业生产经营的情况。当然，货币计量尺度难以度量企业经营战略、研发能力、市场竞争力等重要的非财务会计信息，所以，企业需要在财务报告中进行必要的补充披露。

四、财务会计的基础

企业财务会计的确认、计量和报告应当以权责发生制为基础。

根据权责发生制基础，凡是当期已经实现的收入和已经发生或应当负担的费用，无论款项是否收付，都应当作为当期的收入和费用，计入利润表；凡是不属于当期的收入和费用，即使款项已在当期收付，也不应当作为当期的收入和费用。

根据权责发生制编制的财务报表，不仅能够反映企业过去发生的、与现金收付有关的交易，还能反映企业在未来将要支付现金的义务和未来将要收到现金的权利，从而为信息使用者提供关于过去发生的交易和其他事项的有用信息。比如，在权责发生制下，企业需要对虽未收到现金但已实现收入的商品销售确认应收账款，应收账款就代表了企业未来收取现金的权利。

与权责发生制相对而言的另一种会计基础是收付实现制，它是以收到或支付的现金作为确认收入和费用的依据。

五、财务会计的规范

财务会计的产品是财务会计信息。任何一种产品都应该能够让消费者放心享用，就像食品如果是卫生安全、营养达标的，消费者可以放心食用；汽车如果是行驶安全、配置达标的，消费者可以放心驾驶。而信息产品怎样才能让使用者放心地用作决策依据呢？由于信息的提供者和信息的使用者之间存在信息不对称，这就要求信息提供者按照行为规范提供诚信产品；由于财务会计信息是对纷繁复杂经济活动的公开规范报告，这就要求信息提供者按照技术规范生成专业报告。会计职业道德规范，作为确保职业服务质量的“隐形的公共合约”，成为会计从业人员的行为标准；会计准则和审计准则，作为会计确认、计量与报告的执业依据，作为提供与评价信息质量的显性依据，成为会计主体内部会计师和公共会计师（审计师）的技术标准。

从企业的角度来看，财务会计工作的技术标准主要是企业会计准则。我国现已颁布的企业会计准则体系包括基本准则、具体准则、企业会计准则应用指南和解释等内容。

《企业会计准则——基本准则》是企业会计准则体系的概念基础，是具体准则、应用指南和解释等的制定依据。我国基本准则类似于国际会计准则理事会的《编报财务报表的概念框架》，内容包括：财务报告目标；会计基本假设；会计基础；会计信息质量要求；会计要素分类及其确认、计量原则；财务报告的基本概念、主要内容和基本要求等。

企业会计准则体系中的具体准则是对一般企业的一般业务、一般企业的特别业务以及特定行业的业务进行会计确认、计量与报告的具体规范。自2006年至今，已经颁布、修订并实施的具体准则有40多项。随着会计环境的不断变化，在与国际财务报告准则的趋同大势之下，适应我国企业会计实务的要求，具体准则体系还将不断完善。

企业会计准则具体准则目录

第二节 财务会计信息的质量要求

为了实现财务会计的目标，财务报告中呈现的会计信息就应该具备一定的特质或者符合一定的标准，以满足信息使用者对会计信息的质量要求。根据我国《企业会计准则——基本准则》，财务会计信息的质量要求有可靠性、相关性、可理解性、可比性、实质重于形式、重要性、谨慎性、及时性等。

一、可靠性

可靠性要求企业应当以实际发生的交易或者事项为依据进行确认、计量和报告，如实反映符合确认和计量要求的各项会计要素及其他相关信息，保证会计信息真实、完整、中立。

可靠性是信息成为有用信息的重要基础。当信息没有重要差错或偏向，并能如实反映其应反映的情况时，信息就具备了可靠性。为了确保可靠性，企业应当做到：

1.真实反映

企业应以实际发生的交易或者事项为依据进行确认、计量，将符合会计要素定义及其确认条件的资产、负债、所有者权益、收入、费用和利润等如实反映在财务报表中，不得根据虚构的、没有发生的或者尚未发生的交易或者事项进行确认、计量和报告。

2.内容完整

在符合重要性和成本效益原则的前提下，应充分披露与使用者决策相关的有用信息，保证所提供财务会计信息的完整性。随意遗漏或者减少应予披露的信息，会造成信息的虚假和误导，从而损害信息的有用性。

3.中立无偏

在财务报告中呈现的会计信息应当是中立的、无偏的。如果企业在财务报告中为了达到事先设定的结果或效果，通过选择或列示有关会计信息以影响决策和判断，这样的财务报告信息就不是中立的。

二、相关性

相关性要求企业提供的会计信息应当与投资者等财务报告使用者的经济决策需要相关，有助于投资者等财务报告使用者对企业过去、现在或者未来的情况作出评价或者预测。

相关性是信息成为有用信息的重要标志。一项信息是否有用，是否具有价值，关键是看其与使用者的决策需要是否相关，是否有助于决策或者提高决策水平。相关性的会计信息应当具有反馈价值和预测价值：

1.反馈价值

具备相关性特征的会计信息应能够有助于使用者评价企业过去的决策，确证或修正过去的有关预测。

2.预测价值

具备相关性特征的会计信息应当有助于使用者预测企业未来的财务状况、经营成果和现金流量。比如，分别列报日常活动的收入、非日常活动的利得，就有助于提高利润表信息的预测价值。

三、可理解性

可理解性要求企业提供的会计信息应当清晰明了，便于投资者等财务报告使用者理解和使用。

可理解性是信息成为有用信息的基本要求。企业通过财务报告提供的财务会计信息就是面向信息使用者、服务于信息使用者的相关决策的，所以，会计信息应当清晰明了、易于理解。由于会计信息是一种专业性较强的信息产品，所以，可理解性实际上是假定信息使用者具有一定的有关企业经营活动和会计方面的知识，并且愿意付出努力去研究这些信息。不过，对于某些复杂的信息，如交易本身较为复杂或者会计处理较为复杂，但其与使用者的经济决策相关的，对此，不能仅仅因为难以理解就将其排除在财务报告之外，而是应该在财务报告中予以充分披露。

四、可比性

可比性要求企业提供的会计信息应当相互可比。可比性包括时间上的纵向可比和空间上的横向可比两层含义。

1.同一企业不同时期可比

同一企业不同时期发生的相同或者相似的交易或者事项，应当采用一致的会计政策，不得随意变更；确需变更的，应当在附注中予以说明。比如，企业对于发出存货的计价方法在上一报告年度采用的是先进先出法，本年度还应采用先进先出法，而不应随意改为加权平均法等其他方法。再比如，企业对于发出存货的计价方法在上一报告年度及以前一直采用后进先出法，本年度根据会计准则取消了后进先出法的这一规定而改为采用加权平均法等其他方法。这种改变，一方面没有违背可比性的要求，不属于随意变更；另一方面，企业应在财务报表附注中予以说明。

2.不同企业相同会计期间可比

不同企业同一会计期间发生的相同或者相似的交易或者事项，应当采用统一规定的会计政策，确保会计信息口径一致、相互可比。比如，同一个企业集团中，母公司、子公司对于外币折算汇率的选择政策应该一致，都用交易日的即期汇率或者采用系统合理的方法确定的交易日即期汇率的近似汇率。

五、实质重于形式

实质重于形式要求企业应当按照交易或者事项的经济实质进行会计确认、计量和报告，不仅仅以交易或者事项的法律形式为依据。

企业发生的交易或事项在多数情况下其经济实质和法律形式是一致的。比如，销货方已根据购销合同将商品交付给购货方且购货方已验收入库、销货方已收到货款的商品交易，从法律形式上看，所售商品的产权归属于购买方；从经济实质上看，该商品所有权上的主要风险和报酬已经转移给购货方。但在有些情况下也会出现经济实质与法律形式不一致的情形。比如，企业按照销售合同销售商品但又签订了售后回购协议，虽然从法律形式上看实现了商品产权的转移，但如果企业没有将商品所有权上的主要风险和报酬转移给购货方，从经济实质上看就没有满足收入确认的各项条件，即使签订了商品销售合同或者已将商品交付给购货方，也不应当确认销售收入。再比如，从法律形式上看，企业集团的母公司、子公司互为独立的法人主体，企业集团并不是一个法律主体；而从经济实质上看，母公司和子公司构成一个经济意义上的整体，本着实质重于形式的要求，母公司要根据母公司、子公司的个别财务报表，编制反映企业集团整体财务会计信息的合并财务报表。

六、重要性

重要性要求企业提供的会计信息应当反映与企业财务状况、经营成果和现金流量有关的所有重要交易或者事项。在合理预期下，财务报表某项目的省略或错报会影响使用者据此作出经济决策的，该项目就是具有重要性的项目。

某一项目是否重要，应当根据企业所处的具体环境，从项目的性质和金额两方面予以判断。在判断项目性质的重要性时，应当考虑该项目在性质上是否属于日常活动，是否显著影响企业的财务状况、经营成果和现金流量；在判断项目金额大小的重要性时，应当考虑：该项目金额占资产总额、负债总额、所有者权益总额、营业收入总额、营业成本总额、净利润、综合收益总额等直接相关项目金额的比重，或占所属报表单列项目金额的比重。

对各项目重要性的判断标准一经确定，不得随意变更。

七、谨慎性

谨慎性要求企业对交易或者事项进行会计确认、计量和报告时保持应有的谨慎，不应高估资产或者收入、低估负债或者费用。

谨慎性往往与估计信息有关，而会计估计则与企业面临不确定因素有关。比如，存在财务风险的应收账款，其回收的可能性有不确定性；厂房设备的使用年限存在一定程度的不确定性。谨慎性就意味着在存在不确定因素的情况下，进行估计时要加入适度的谨慎，以免多计资产或收入、少计负债或费用。

谨慎性的应用虽然旨在避免对财务会计的确认、计量与报告过于乐观，但也不允许企业设置秘密准备或超额准备，因为故意低估资产或者收入，故意高估负债或者费用，都将损害财务会计信息的中立性，从而导致信息可靠性上的缺陷。

八、及时性

及时性要求企业对于已经发生的交易或者事项，应当及时进行确认、计量和报告，不得提前或者延后。

及时性是实现财务会计信息相关性的保障。信息如被不适当地延迟报告，无疑会降低时效性，从而失去相关性。而及时性有时又会成为相关性和可靠性的制约因素，比如，有时为了提供更加可靠的信息需要对各方面的情况进行了解之后再做报告；而这样的报告对于急于进行相关决策的信息使用者可能时过境迁。

第三节 财务报表要素

财务会计信息主要是通过财务报表来呈现的。将财务报表中反映的交易和事项之财务影响按其经济特性分成的大类，就是财务报表要素，也称会计要素[①]。可以说，财务报表要素是对财务会计对象的基本分类。我国的《企业会计准则——基本准则》中将财务报表要素分为资产、负债、所有者权益、收入、费用和利润六个要素。其中，资产、负债、所有者权益要素，直接构成资产负债表中的三个项目大类；收入、费用、利润要素，则形成利润表中的主要项目大类；由于所有者权益变动表是反映利润表要素和资产负债表要素的变动情况的，会计准则中不确定该表的特有要素。

一、各项要素的含义

（一）资产

资产是指企业过去的交易或者事项形成的、由企业拥有或者控制的、预期会给企业带来经济利益的资源。

资产具有以下特征：

1.资产是由企业过去的交易或者事项形成的

资产形成于企业过去的交易或者事项，预期在未来发生的交易或者事项不会形成现时资产。过去的交易或者事项包括购买、生产、建造行为或者其他交易或事项。例如，企业支付了确定金额的价款购买了原材料，并已经验收入库准备用于产品生产活动，该货物符合资产的定义；而企业有购买某存货的意愿或者计划，但是购买行为尚未发生，尚未形成企业的资源。

2.资产应为企业拥有或者控制的资源

企业对某项资源的拥有或者控制，是指企业享有该资源的所有权，或者虽然不享有某项资源的所有权，但该资源能被企业所控制。比如，企业购买的原材料、设备等，企业对其拥有所有权；而企业以融资租赁方式租入一项大型设备，虽然租入企业并不拥有其所有权，但是如果租赁合同规定的租赁期接近于该资产的使用寿命，表明企业实质上控制了该

① 一般情况下，人们并未将财务报表要素和会计要素进行区分。

资产的使用及其所能带来的经济利益，从而表明企业能够从资产中获取经济利益，符合会计上对资产的定义，所以，租入企业应将该租入资产予以确认、计量和报告。

3.资产预期会给企业带来经济利益

资产预期会给企业带来经济利益，意味着资产具有使用价值或交换价值，预期会给企业带来现金流入。资产预期会给企业带来的经济利益，从形式上看，可以直接是现金的流入，也可以是能转化为现金的非现金资产的流入，还可以是减少现金的流出。比如，预期库存原材料、机器设备等能够通过所生产商品的销售给企业带来现金流入，那么，这些原材料、机器设备可望给企业带来经济利益；而库存原材料因保管不当发生霉变导致不能继续使用也不能出售，从而不能带来未来经济利益的流入，那么，这些原材料就不符合资产的定义了。对某些资产计提减值准备，就是因为相关资产已经不具备或者不完全具备资产的特征，不符合资产的定义。

资产按不同的划分角度可能划分成不同类别，从而有货币性资产与非货币性资产之分，金融资产与非金融资产之分，流动资产与非流动资产之分，等等。在目前的资产负债表中，资产要素按流动资产和非流动资产分类列报。

（二）负债

负债是指企业过去的交易或者事项形成的、预期会导致经济利益流出企业的现时义务。

负债具有以下特征：

1.负债是企业承担的现时义务

现时义务是指企业在现行条件下已承担的义务。与现时义务相对应的义务概念是潜在义务。潜在义务是其存在与否须通过未来不确定事项的发生或不发生予以证实的义务。作为现时义务，负债无须通过未来不确定事项的发生与否来证实，是已经确定需要承担的义务。

这里所指的义务可以是法定义务，也可以是推定义务。法定义务是指具有约束力的合同或者法律法规规定的义务，通常必须依法执行；推定义务是指根据企业多年来的习惯做法、公开的承诺或者公开宣布的政策而导致企业将承担的责任，这些责任也使有关各方形成了企业将履行义务解脱责任的合理预期。比如，企业购买原材料形成的应付账款，企业向银行借入款项形成的借款，企业按照税法规定应当缴纳的税款等，均属于企业承担的法定义务，需要依法予以偿还；企业根据既定的利润分享计划或股份支付计划，确定的应向职工支付的利润分享额或以股份为计算基础的现金支付额，就属于企业承担的推定义务。

2.负债预期会导致经济利益流出企业

只有企业确定在履行义务时会导致经济利益流出企业，相关义务才符合负债的定义。比如，企业从银行借入的借款，将来是一定要偿还的，偿还时会使企业发生现金流出，借款形成企业的负债；而对未决诉讼中企业被要求支付的赔偿款，如果企业尚未确定支付的可能性，就不能将其确认为负债。值得一提的是，导致经济利益流出企业的形式是多样的，可以是用现金偿还，也可以是用实物资产偿还，还可以是以提供劳务的形式偿还，或者以部分转移资产、部分提供劳务的形式偿还，甚至可以是将负债转为资本等。

负债也可以被分类为金融负债和非金融负债两大类，或者流动负债与非流动负债两大类，在目前的资产负债表中，负债要素按流动负债和非流动负债分类列报。

（三）所有者权益

所有者权益是指企业资产扣除负债后由所有者享有的剩余权益。公司的所有者权益又称为股东权益。

从金额上看，所有者权益等于资产减去负债后的余额。

从本质上看，所有者权益是与负债相对而言的资产来源。所有者投入企业的资产一般不需归还，可长期使用；债权人投入企业的资产形成企业的负债，企业需要如期偿还；企业清算时，对企业资产的要求权，债权人优先于所有者，所以，所有者权益为剩余权益。

从来源与构成看，传统意义上的所有者权益包括投入资本和留存收益两大类。投入资本，是指所有者投入企业的资本，包括构成企业注册资本或股本的金额，以及投入资本超过注册资本或股本的溢价，即资本溢价（或股本溢价）。留存收益是企业历年实现的净利润留存于企业的部分，包括盈余公积和未分配利润。

随着财务会计理论与实务的发展，现在，所有者权益中不仅包括投入资本、留存收益，还包括直接计入所有者权益的利得或损失。直接计入所有者权益的利得或损失，是指不应计入当期损益、会导致所有者权益增减变动的、与所有者投入资本或者向所有者分配利润无关的利得或损失。

（四）收入

收入是指企业在日常活动中形成的、会导致所有者权益增加的、与所有者投入资本无关的经济利益的总流入。

收入具有以下特征：

1.收入是企业在日常活动中形成的

日常活动是指企业为完成其经营目标所从事的经常性活动以及与之相关的活动。例如，工业企业制造并销售产品、商业企业销售商品、保险公司签发保单、咨询公司提供咨询服务、软件企业为客户开发软件、安装公司提供安装服务、商业银行对外贷款、租赁公司出租资产等，均属于企业的日常活动；而处置固定资产、处置无形资产，就不属于日常活动。

2.收入是导致所有者权益增加的经济利益的流入

与收入相关的经济利益的流入应当会导致所有者权益的增加，不会导致所有者权益增加的经济利益的流入不符合收入的定义。比如，企业销售商品收到的价款、出租无形资产收到的租金，都带来了经济利益的流入，并且增加了所有者的权益；而企业向银行借入款项，尽管也导致了企业经济利益的流入，但该流入导致了企业现时义务的增加而不是所有者权益的增加。

3.收入是与所有者投入资本无关的经济利益的流入

收入作为经营成果利润的主要来源，应是企业主要来自交易客户的经济利益的流入，而不是来自企业所有者的投入资本。比如，企业销售商品而收到的现金或有权收到现金的权利与投资者投入企业的资本，两者都会为企业带来经济利益的流入，也都会导致企业所有者权益的增加，但是前者将通过增加利润从而计入留存收益的方式增加所有者权益，后者则通过股本和资本公积直接增加所有者权益。

（五）费用

费用是指企业在日常活动中发生的、会导致所有者权益减少的、与向所有者分配利润无关的经济利益的总流出。

费用具有以下特征：

1. 费用是企业在日常活动中发生的

费用的发生与企业的日常活动有关，这些日常活动的界定与收入定义中涉及的日常活动的界定相一致。因日常活动所产生的费用通常包括已售商品的成本（营业成本）、管理费用、销售费用等；处置固定资产的损失就不符合费用的这一特征。

2. 费用是导致所有者权益减少的经济利益的流出

从经济利益流出的角度来看，费用的发生应当会导致所有者权益的减少；不会导致所有者权益减少的经济利益的流出不符合费用的定义。比如，企业转出已售商品的成本、发生的管理费用和销售费用等，导致了经济利益的流出，并且减少了所有者的权益；而企业向银行偿还借款，尽管也表现为企业资金的流出，但该流出导致了企业现时义务的减少而不是所有者权益的减少。

3. 费用是与向所有者分配利润无关的经济利益的流出

费用导致的经济利益流出，将构成计算经营成果时的减项，通过减少留存收益来间接减少所有者权益；而企业向所有者分配利润虽然也导致经济利益流出，但属于对投资者投资回报的分配，是所有者权益的直接抵减项目。

（六）利润

利润是指企业在一定会计期间的经营成果。利润包括收入减去费用后的净额、直接计入当期利润的利得和损失等。其中，收入减去费用后的净额反映企业日常活动的经营业绩，直接计入当期利润的利得和损失则反映企业非日常活动取得的业绩。

【特别提示】所有者权益的构成中涉及利得和损失，收入、费用与“日常活动”相关的这种界定意味着：要将收入与利得相区分、将费用与损失相区分；利润要素的组成内容中也涉及利得、损失。

由此可见，财务会计发展到今天，财务报表要素的内涵有所扩展，尤其是对利得、损失的确认，使得所有者权益、利润两大要素的内容愈加丰富。

二、利得、损失的概念及其要素归属

利得是指由企业非日常活动所形成的、会导致所有者权益增加的、与所有者投入资本无关的经济利益的流入。

损失是指由企业非日常活动所发生的、会导致所有者权益减少的、与向所有者分配利润无关的经济利益的流出。

从上述概念可以看出，利得与收入在本质上都代表了经济利益的流入，损失与费用在本质上都代表了经济利益的流出；利得与收入的区别以及损失与费用的区别仅在于：形成于企业的“非日常活动”还是“日常活动”。

从我国现行的《企业会计准则——基本准则》来看，利得、损失并不是单独的财务报表要素。那么，如何将利得、损失归位于财务报表呢？根据我国现行企业会计准则，利得分为直接计入所有者权益的利得和直接计入当期损益的利得两部分，损失也分为直接计入所有者权益的损失和直接计入当期损益的损失两部分。也就是说，将一部分利得和损失直接归入利润要素，将另一部分利得和损失直接归入所有者权益要素。

从国际会计准则理事会《编报财务报表的框架》来看，利得、损失也不是单独的财务报表要素。《编报财务报表的框架》认为，利得代表了经济利益的增加，这一点与收入在性质上没有什么不同，因此不将收入和利得作为不同的要素；损失代表了经济利益的减少，这一点与其他费用在性质上也没有差别，因此不将损失作为单独的要素。所以，《编报财务报表的框架》中用“收益（income）”要素涵盖收入（revenue）和利得（gains），用“费用（expenses）”要素涵盖费用与损失（losses）。

综上所述，我国现行企业会计准则将利得、损失的内容分拆之后分别归位于所有者权益、利润两个要素，而国际会计准则是将利得归位于收益要素、将损失归位于费用要素。

三、诸要素之间的关系

（一）基本等式

资产、负债、所有者权益、收入、费用、利润六个财务报表要素中，与财务状况直接相关的要素是资产、负债和所有者权益，与经营成果直接相关的要素是收入、费用和利润。

从传统的财务会计体系来看六个财务报表要素之间的关系，有如下两个基本等式：

资产=负债+所有者权益　　等式（1）

利润=收入-费用　　等式（2）

考虑到利得、损失两个因素，根据现行企业会计准则对会计要素的内容界定，各要素之间的关系如图1-1所示。

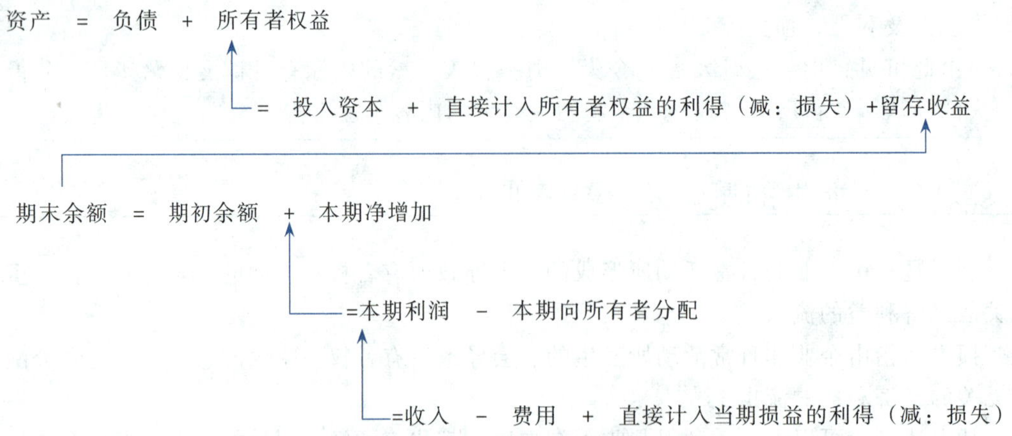

图1-1　财务报表要素之间的关系

根据等式（1）、等式（2）和图1-1，可以得出一个结论：资产、负债、所有者权益三者之间的等量关系，反映的是企业特定时点的财务状况静态，收入、费用、利润等要素反映的是企业特定期间的经营业绩动态。

从图1-1中还可以理出三条线索：第一，收入、费用是构成利润的主要因素，利润是形成留存收益的来源，留存收益是所有者权益的组成之一；第二，利得、损失两个项目无论直接计入当期利润还是直接计入所有者权益，最终都将构成所有者权益的影响因素；第三，投入资本、向所有者分配（利润）两个项目，作为企业与所有者之间的交易，自然与利润的计算无关，但最终都关系到所有者权益的增减变动。

值得一提的是，上述三条线索都将关乎另一个概念：综合收益。

（二）六大要素与综合收益

综合收益，是指企业在某一期间除与所有者以其所有者身份进行的交易之外的其他交易或事项所引起的所有者权益变动。换句话说，企业在某一期间的综合收益，就是剔除因企业接受所有者投入资本和向所有者分配利润这一类企业与所有者之间的交易对所有者权益的影响之后的所有者权益净增加额。

根据图1-1，企业一定期间的综合收益可用下面的等式表示：

综合收益=利润+直接计入所有者权益的利得（减：损失）

=收入-费用+直接计入当期损益的利得（减：损失）+直接计入所有者权益的利得（减：损失）

=收入-费用+利得-损失

资产-负债=所有者权益

所有者权益期末余额-所有者权益期初余额=所有者权益本期净增加额

所有者权益本期净增加额-本期所有者投入资本+本期向所有者分配=综合收益

=收入-费用+利得-损失 （等式3）

可见，企业一定期间内确认的收入、费用、利得、损失，是构成综合收益的四个组成部分。

综合收益等式的另一种表达方式为：

综合收益=利润+直接计入所有者权益的利得（减：损失）

=利润+其他综合收益

式中“其他综合收益”代表“直接计入所有者权益的利得或损失”。

2014年7月1日生效的修订后的《企业会计准则第30号——财务报表列报》中，明确规定在报表中要单独设置项目列报其他综合收益和综合收益。

无论是我国现行的《企业会计准则——基本准则》还是国际会计准则理事会的《编报财务报表的框架》，由于已经对构成综合收益的组成因素——收入、费用、利得、损失——分别归入有关要素，所以，都没有再将“综合收益”作为一个单独的财务报表要素，尽管综合收益的内容已经成为重要的财务报表项目。

第四节 财务报表要素的确认与计量

对财务报表要素的确认与计量，也称为会计确认与计量，可以说是财务会计信息的

“生产过程”。

一、确认

（一）确认的含义

根据国际会计准则理事会《编报财务报表的框架》，确认是将符合要素定义和确认条件的项目纳入资产负债表和利润表的过程，它涉及以文字和金额表述一个项目，并将该金额包括在资产负债表或利润表的总额中。

从会计要素及其具体内容的入账、期末报告价值的确定以及转销等业务流程来看，“确认”通常包括初始确认、再确认和终止确认。以企业购入设备为例：购进设备时，在该设备符合资产定义以及确认条件的情况下，企业需将其作为固定资产登记入账，并列报于资产负债表中的“固定资产”项目，这就是对该资产的初始确认；随后的各报告期末，企业需根据该设备初始入账价值与已计提折旧金额、已计提减值准备之差额，确定该资产在资产负债表中的报告价值，这就是再确认；在设备报废时，企业需将已经退出企业生产经营过程的该项资产的账面价值予以转销，将该项资产移出资产负债表，这就是终止确认。

（二）确认的条件

一般地，对于符合会计要素定义的某个项目，如果同时符合下列条件，应当予以确认：(1) 与该项目有关的未来经济利益很可能流入或流出企业；(2) 对该项目的成本或价值能够可靠地加以计量。具体来讲：

1.资产的确认

符合资产定义的资源，在同时满足以下两个条件时，确认为资产，列入资产负债表：

(1) 与该资源有关的经济利益很可能流入企业；

(2) 该资源的成本或者价值能够可靠地计量。

2.负债的确认

符合负债定义的义务，在同时满足以下两个条件时，确认为负债，列入资产负债表：

(1) 与该义务有关的经济利益很可能流出企业；

(2) 未来流出企业的经济利益的金额能够可靠地计量。

3.所有者权益的确认

所有者权益的确认取决于其他会计要素尤其是资产、负债要素的确认。以投入资本为例：如果股东向企业出资，企业在确认收到股款而形成的资产的同时，就需要确认增加的股本；如果企业因减资而向股东退还部分股款，企业在对因此而减少的资产进行终止确认的同时，必然要注销股本。所有者权益的金额确定也主要依赖于资产、负债的计量。

4.收入的确认

企业应当在履行了合同中的履约义务，即在客户取得相关商品控制权时确认收入。取得相关商品控制权，是指能够主导该商品的使用并从中获得几乎全部的经济利益，也包括有能力阻止其他方主导该商品的使用并从中获得经济利益。

收入的确认往往伴随着资产的增加或负债的减少，前者比如出售商品时收到货款，后者比如出售已经预收货款的商品。

符合收入定义和确认条件的项目，应当列入利润表。

5.费用的确认

费用只有在经济利益很可能流出从而导致企业资产减少或者负债增加、经济利益的流出额能够可靠计量时才能予以确认。也就是说，费用的确认至少应当符合以下条件：

（1）与费用相关的经济利益应当很可能流出企业；

（2）经济利益流出企业的结果会导致资产的减少或者负债的增加；

（3）经济利益的流出额能够可靠计量。

费用的确认，有时需要以所发生的费用与所取得的具体收入之间的直接联系为基础（即收入与费用的配比），比如确认商品销售收入时，要同时确认构成商品销售成本的费用；费用的确认，有时还需要以系统合理的分配程序为基础，比如固定资产折旧费、无形资产摊销费的确认。

费用的确认往往伴随着资产的减少或负债的增加，前者比如用现金支付办公费用、售出库存商品，后者比如确认应付职工薪酬、确认应交的税费、确认产品质量保证负债等。

符合费用定义和确认条件的项目，应当列入利润表。

6.利润的确认

利润的确认主要依赖于收入、费用的确认，以及直接计入当期损益的利得和损失的确认。利润金额的确定也主要依赖于收入、费用以及相关利得、损失的计量。

二、计量

（一）计量的含义

根据国际会计准则理事会《编报财务报表的框架》，计量是指为了在资产负债表和利润表中确认和列示财务报表的要素而确定其金额的过程。财务会计的功能就在于向外部的信息使用者提供有关经济主体的数量信息，主要是财务信息。所以，计量是实现会计功能进而达成会计目标的核心职能。

从会计要素及其具体内容的入账、期末报告价值确定以及转销等业务流程来看，计量通常包括初始计量和后续计量。初始计量是初始确认得以实现的条件之一，后续计量则往往与再确认和终止确认相关。

（二）计量属性

计量涉及具体的计量属性或计量基础。计量属性是指被计量客体的特性或外在表现形式，如桌子的长度、钢材的重量、厂房的面积等；财务会计中的计量属性是指会计要素可用财务形式定量化的方面，即能用货币单位计量的方面，它反映的是会计要素金额的确定基础。会计计量属性主要包括历史成本、重置成本、可变现净值、现值和公允价值等。

1.历史成本

历史成本，又称为实际成本，就是取得或制造某项财产物资时所实际支付的现金或其他等价物。在历史成本计量下，资产按照其购置时支付的现金或者现金等价物的金额，或者按照购置资产时所付出的对价的公允价值计量。负债按照其因承担现时义务而实际收到的款项或者资产的金额，或者承担现时义务的合同金额，或者按照日常活动中为偿还负债预期需要支付的现金或者现金等价物的金额计量。

2.重置成本

重置成本又称现行成本，是指按照当前市场条件，重新取得同样一项资产所需支付的现金或现金等价物金额。在重置成本计量下，资产按照现在购买相同或者相似资产所需支付的现金或者现金等价物的金额计量，负债按照现在偿付该项债务所需支付的现金或者现金等价物的金额计量。实务中重置成本多应用于盘盈固定资产的计量等。

3.可变现净值

可变现净值，是指在正常生产经营过程中，以资产预计售价减去进一步加工成本和预计销售费用以及相关税费后的净值。在可变现净值计量下，资产按照其正常对外销售所能收到现金或者现金等价物的金额扣减该资产至完工时估计将要发生的成本、估计的销售费用以及相关税费后的金额计量。可变现净值通常应用于存货发生跌价情况下的后续计量。

4.现值

现值是指对未来现金流量以恰当的折现率进行折现后的价值，是考虑货币时间价值的一种计量属性。在现值计量下，资产按照预计从其持续使用和最终处置中所取得的未来净现金流入量的折现金额计量，负债按照预计期限内需要偿还的未来净现金流出量的折现金额计量。

5.公允价值

公允价值，是指市场参与者在计量日发生的有序交易中，出售一项资产所能收到或者转移一项负债所需支付的价格。在公允价值计量下，资产和负债按照市场参与者在计量日发生的有序交易中出售一项资产所能收到或者转移一项负债所需支付的价格计量。

确定公允价值所采用的估值技术主要有市场法、收益法和成本法。市场法就是利用相同或类似的资产、负债或资产和负债组合的价格以及其他相关市场交易信息进行估值的技术；收益法就是将未来金额转换成单一现值的估值技术；成本法则是反映当前要求重置相关资产服务能力所需金额（通常指现行重置成本）的估值技术。

（三）各种计量属性之间的关系

各种计量属性之间的关系可以从以下几个角度进行观察：

第一，历史成本与其他计量属性相比。重置成本、可变现净值、现值以及公允价值都是与历史成本相对应的计量属性，因为历史成本通常反映的是资产或者负债过去的价值，而重置成本、可变现净值、现值以及公允价值通常反映的是资产或者负债的现时成本或者现时价值。

第二，公允价值与历史成本相比。当前环境下某项资产或负债的历史成本可能是过去环境下该项资产或负债的公允价值，而当前环境下某项资产或负债的公允价值也许就是未来环境下该项资产或负债的历史成本。一项交易在交易时点通常是按公允价值交易的，随后就变成了历史成本，资产或者负债的历史成本在许多情况下就是根据交易时有关资产或者负债的公允价值确定的。

第三，公允价值与现值相比。许多情况下，现值是估计公允价值的依据。比如，在应用公允价值时，当相关资产或者负债不存在活跃市场的报价或者不存在同类或者类似资产的活跃市场报价时，需要采用估值技术来确定相关资产或者负债的公允价值，而在采用估值技术尤其是估值技术中的收益法时，往往就会用到现值计量，在这种情况下，公允价值就是以现值为基础确定的。再比如，在具有融资性质的延期收款销售商品的交易中，按规定企业应当按照应收的合同或协议价款的公允价值确定收入金额，而应收的合同或协议价款的公允价值通常应当按照其未来现金流量现值或商品现销价格计算确定。有的情况下，与公允价值更倾向于代表出售资产的脱手价格相比，现值则更倾向于代表持有资产的使用价值。比如在确定固定资产可收回金额时，就是以资产预计未来现金流量的现值（以持续使用为假设）与公允价值（以出售为假设）减去处置费用后的净额两者孰高来确定。

（四）计量属性的应用原则

企业对取得的资产和承担的负债进行初始计量时，通常以交易时的公允价值为计量基础。对于盘盈的资产，则可以采用重置成本。

企业对资产、负债进行后续计量时，往往更多地涉及计量属性的选择问题，应遵循的一个基本原则是：一般应当采用历史成本；如果采用重置成本、可变现净值、现值、公允价值，应当保证所确定的会计要素金额能够取得并可靠计量。

以资产为例，根据现行企业会计准则，交易性金融资产、其他债权投资、其他权益工具投资按公允价值进行后续计量，投资性房地产和生产性生物资产可以选择采用历史成本和公允价值两种计量属性进行后续计量，除此之外的其他资产包括各种应收款项、债权投资、长期股权投资、存货、固定资产、无形资产等，基本上都采用按历史成本减去累计折旧、累计摊销以及已计提减值（或跌价）准备之后的摊余成本进行后续计量。许多上市公司对持有的投资性房地产选择采用成本而不是采用公允价值进行后续计量，其原因之一就是某些投资性房地产的公允价值不能可靠计量。

第五节 财务报告

一、财务报告的含义

财务报告，亦称财务会计报告，是指企业对外提供的反映企业某一特定会计日期的财务状况和某一会计期间的经营成果、现金流量等会计信息的文件。企业通过定期编制财务报告，对会计要素进行具体分类列报和披露。

二、财务报告的构成

财务报告包括财务报表和其他应当在财务报告中披露的相关信息和资料。财务报告的构成内容如图 1-2 所示。

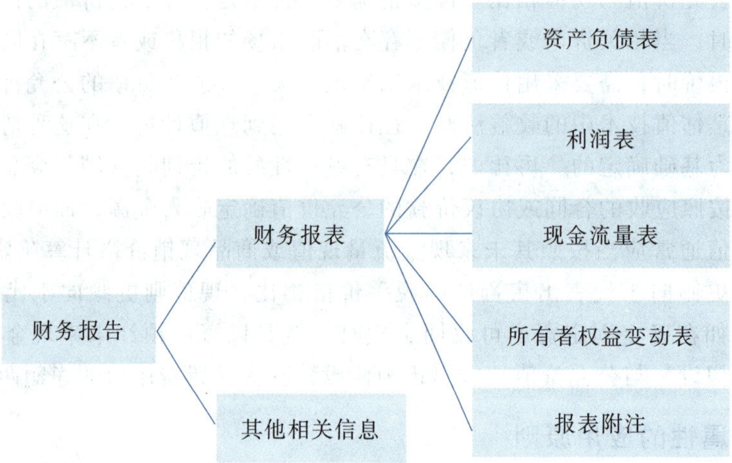

图 1-2　财务报告的构成

财务报告的核心内容是财务报表。财务报表是对企业财务状况、经营成果和现金流量的结构性表述。从财务报表反映的内容来看，财务报表至少包括下列组成部分：资产负债表、利润表、现金流量表、所有者权益变动表以及报表附注。上述各组成部分具有同等的重要程度。

从财务报表的编制主体来看，财务报表包括每个企业编制的财务报表和母公司编制的合并财务报表，前者相对于合并财务报表而言亦可称为个别财务报表。

其他相关信息是指包括在财务报表中的具有决策相关性的非财务信息，比如企业承担的社会责任、对社区的贡献、可持续发展能力等。其他相关信息的披露，多由企业自愿决定。

■【财报跟踪】

以下是三一重工2019年年度财务报告的目录：

第十一节　财务报告

一、审计报告	82 ~ 85
二、财务报表	86 ~ 102
三、公司基本情况	103~105
四、财务报表的编制基础	105~105
五、重要会计政策及会计估计	106~132
六、税项	132~133
七、合并财务报表项目注释	133~183
八、合并范围的变更	183~185
九、在其他主体中的权益	186~189

十、与金融工具相关的风险 190~195
十一、公允价值的披露 196~197
十二、关联方及关联交易 198~209
十三、股份支付 210~212
十四、承诺及或有事项 212~213
十五、资产负债表日后事项 213~214
十六、其他重要事项 214~215
十七、母公司财务报表主要项目注释 216~225

三一重工2019年年度财务报告共144页，从第86页到第102页是母公司的资产负债表、利润表、现金流量表和所有者权益变动表，母公司编制的合并资产负债表、合并利润表、合并现金流量表和合并所有者权益变动表；而从第105页到第225页，基本上都是报表附注的内容。

本书接下来将依照资产负债表项目的顺序，全面、系统地阐述企业会计主体的财务会计信息确认、计量与报告的原理与方法。

智能测评1-1

■【本章小结】

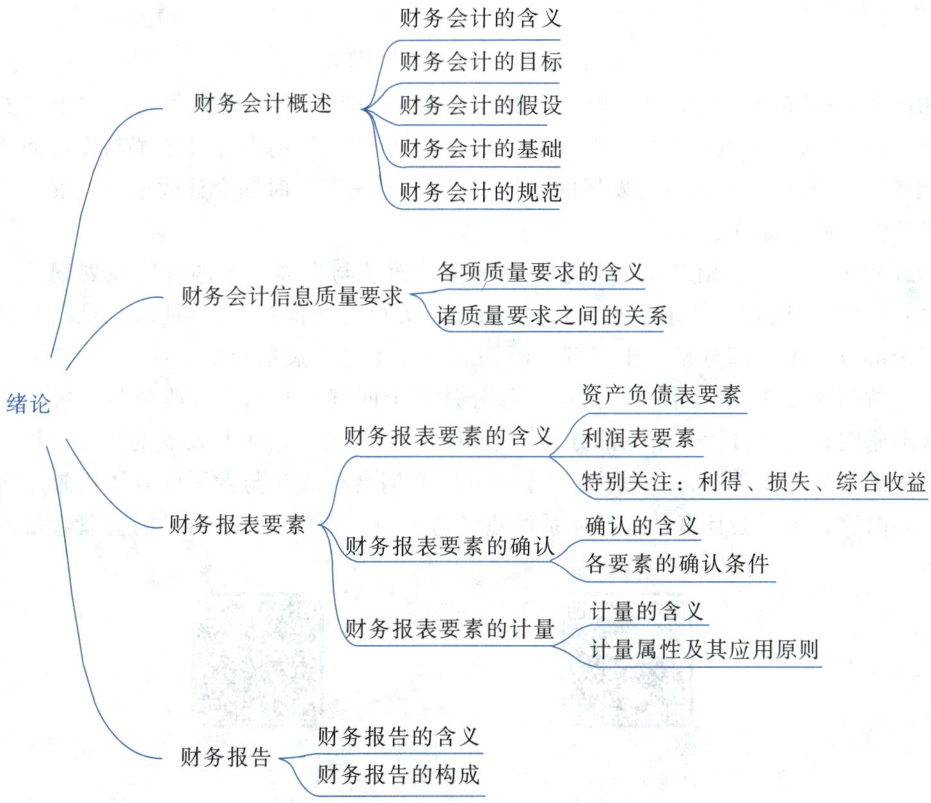

■【问题与思考】

1. 如何理解会计的本质？
2. 如何理解财务会计与管理会计的区别？
3. 如何理解财务会计的目标？
4. 如何理解会计假设是财务会计工作的前提？会计假设有哪些？
5. 如何理解财务会计的权责发生制基础？
6. 如何理解财务会计信息的质量特征？
7. 如何理解各项财务报表要素的概念和具体内容？
8. 如何理解会计确认的概念和确认条件？
9. 如何理解会计计量属性对于财务报告的意义？
10. 现行的企业财务报告体系是怎样的？

■【财报跟踪】

阅读三一重工2019年年报中第105～106页，了解企业对会计基础和会计假设的披露情况。

■【思政要点】

会计改革与发展规划纲要

2016年10月8日，财政部以财会〔2016〕19号印发《会计改革与发展“十三五”规划纲要》（以下简称《纲要》）。该《纲要》包括“十三五”时期会计改革与发展面临的形势、“十三五”时期会计改革与发展的总体要求、“十三五”时期会计改革与发展的主要任务、组织保障四个部分。

2021年3月24日，财政部办公厅发布《会计改革与发展“十四五”规划纲要（征求意见稿）》（以下简称《征求意见稿》），面向有关单位征询意见。《征求意见稿》总体上分为四个部分：第一部分是“十三五”时期会计改革与发展取得的成绩、“十四五”时期所面临的挑战和2035年远景目标。第二部分是“十四五”时期会计改革与发展的指导思想、基本原则和总体目标。第三部分是“十四五”时期会计改革与发展的具体举措。第四部分是规划纲要的实施保障。其中，“十四五”时期会计改革与发展的具体措施是规划纲要的核心内容，包括会计审计标准体系的建设与实施、现代会计服务业行业管理等八个方面内容。

《会计改革与发展“十三五”规划纲要》

《会计改革与发展“十四五”规划纲要（征求意见稿）》

第二章
金融资产

【学习目标】

通过对本章内容的学习，了解金融资产的概念，了解金融资产的分类原则，掌握一般企业常见的金融资产会计确认与计量的基本原则和在资产负债表中的列报原理。

【财报引读】

三一重工2020年第一季度资产负债表局部信息

表2-1摘录的是三一重工2020年第一季度报告中资产负债表的部分信息。

表2-1　　资产负债表（部分信息）

编制单位：三一重工股份有限公司　　2020年3月31日　　单位：千元币　种：人民币

项目	2020年3月31日	2019年12月31日
流动资产：		
货币资金	5 902 328	6 739 543
交易性金融资产	647 859	636 324
衍生金融资产	13 781	17 051
应收票据		
应收账款	1 365 375	1 083 675
应收款项融资	42 853	45 489
预付款项	9 933	2 155
其他应收款	14 262 264	9 485 938
存货	14 077	10 531
…	…	…
非流动资产：		
债权投资		
其他债权投资		
长期应收款		
长期股权投资	13 795 215	13 901 985
其他权益工具投资	654 575	721 241
其他非流动金融资产	132 956	134 712
固定资产	46 250	51 437
…	…	…
资产总计	36 945 251	33 598 878

以上摘录的资产项目当中，除了“存货”及“固定资产”项目之外，其余项目几乎均为金融资产项目。可见，金融资产在资产负债表中资产部分里最先出现而且项目众多。

那么，什么是金融资产？如何区分金融资产与非金融资产？金融资产有哪些类别？各类金融资产的确认与计量规范有哪些不同？资产负债表中各项金融资产的报告价值是怎样确定的？本章将系统阐述这些内容。

第一节 金融资产概述

一、相关概念

（一）金融工具的概念

要了解金融资产，首先要从金融工具说起。

金融工具，是指形成一个企业的金融资产，并形成另一个企业的金融负债或权益工具的合同。最简单的例子就是商品赊销合同，该合同形成商品卖方的金融资产——应收账款，同时形成商品买方的金融负债——应付账款。比较典型的例子如债券或股票的发行与购买：企业债券的买卖，形成买方的金融资产——债务工具投资（也称债权投资），同时形成发行方的金融负债——应付债券；股票的买卖，形成买方的金融资产——权益工具投资（也称股权投资），同时形成发行方的权益工具——股本及股本溢价。

金融工具包括基础金融工具和衍生金融工具。基础金融工具是传统的金融工具，其所涉及的金融资产（或金融负债、权益工具）基本上已构成传统的财务报表项目，如前述的商品赊销合同、债券买卖合同、股票买卖合同就是基本的金融工具，其所涉及的应收账款和应付账款、债权投资和应付债券、股权投资和股本等都属于传统的报表项目。衍生金融工具是从基础金融工具中衍生出来的，如衍生于股票的股票期权、衍生于利率的利率互换等。从会计准则的概念来看，衍生工具是具有下列特征的金融工具或其他合同：其价值随着特定利率、金融工具价格、商品价格、汇率、价格指数、信用等级、信用指数或其他类似变量的变动而变动；不要求初始净投资，或与对市场情况变动有类似反应的其他类型合同相比，要求很少的初始净投资；在未来某一日期结算。衍生工具的公允价值及其变动形成的衍生金融资产或衍生金融负债，在资产负债表中是需要单项列报的。

■【财报跟踪】

三一重工2020年第一季度资产负债表中列报的10多项金融资产项目中，除了“衍生金融资产”项目外，均为基础金融资产项目。

本章将以基础金融资产为主。

（二）金融资产的概念

根据《企业会计准则第22号——金融工具确认和计量》，金融资产是指企业持有的现金、其他方的权益工具以及符合下列条件之一的资产：（1）从其他方收取现金或其他金融资产的合同权利；（2）在潜在有利条件下，与其他单位交换金融资产或金融负债的合同权利；（3）将来须用或可用企业自身权益工具进行结算的非衍生工具合同，且企业根据该合同将收到可变数量的自身权益工具；（4）将来须用或可用企业自身权益工具进行结算的衍生工具合同，但以固定数量的自身权益工具交换固定金额的现金或其他金融资产的衍生工具合同除外。

上述金融资产概念中列出了金融资产的六项内容。前三项内容多与一般企业常见的金融资产有关，后三项内容则多与远期合同、衍生工具等比较复杂的金融工具有关。

1.基于一般企业一般金融资产的基本解释

（1）企业持有的现金属于金融资产。这里的现金应该是广义的现金，包括库存现金、银行存款等货币资金。之所以说现金属于金融资产，是因为它代表交换的媒介，并因此成为在财务报表中对所有交易进行计量和报告的基础；在银行或类似金融机构中的存款是金融资产，因为它代表了这样一种合同权利，即存款人有权从该机构中取得现金，或者根据其存款余额签发支票或类似工具付给债权人，以偿付金融负债。

（2）企业持有的其他方的权益工具属于金融资产。企业持有其他方的权益工具，形成企业对其他方的权益工具投资，也称为权益性投资、股权投资。投资方通过付出现金或非现金资产取得被投资方的股权，就享有了被投资方净资产的一定份额，并通过分享被投资方分派的现金股利或利润以及待被投资方增值后予以出售等方式来获利。股权投资按对被投资方的影响程度，分为适用金融工具相关准则和适用长期股权投资准则两种情况，前者指投资方对被投资方的影响程度在重大影响以下的股权投资，后者则指投资方对被投资方的影响程度在重大影响及以上的股权投资（比如对联营企业、合营企业和子公司的投资）。

（3）从其他方收取现金或其他金融资产的合同权利属于金融资产。实际上，企业是否形成收取现金或其他金融资产的合同权利，是判断金融资产与非金融资产的主要标准。代表在未来收取现金的合同权利的资产，诸如应收账款、应收票据、应收股利、应收利息以及发放的贷款等，都属于金融资产；债务工具的持有人拥有的债务工具投资比如债券投资，也属于金融资产。而存货、固定资产和无形资产就不属于金融资产，因为企业控制这些资产虽然能够产生现金或其他金融资产流入企业的机会，但并不引起收取现金或其他金融资产的现时权利；预付款项也不是金融资产，因为预付款项产生的未来经济利益是收取商品或服务而不是收取现金或另外一项金融资产的权利。

综上所述，一般企业常见的金融资产及其适用的企业会计准则如图2-1所示。

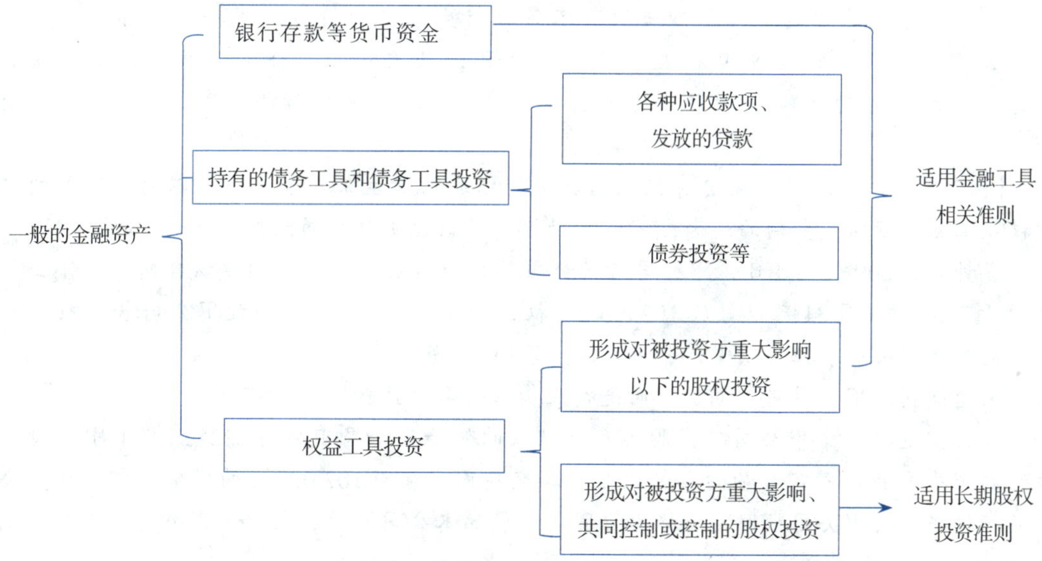

图2-1 一般企业常见的金融资产及其适用的会计准则

2.基于特定业务对金融资产概念的进一步解释

金融资产概念中的后三项内容比较难以理解。这些内容通常与远期合同、衍生工具有关。

下面以简例进行说明。

【例 2-1】在潜在有利条件下与其他方交换金融资产或金融负债的合同权利[①]。

资料：2×20年1月31日乙上市公司的股票价格为113元。甲公司与乙公司签订一份6个月后结算的期权合同，该合同规定：甲公司以每股4元的期权费买入6个月后执行价格为115元的乙公司股票10 000股的看涨期权，合同的结算方式为以现金净额结算。

问题：这里是否涉及金融资产的确认？如何确认？

分析：这是一个甲公司买入看涨期权的例子。第一，如果2×20年7月31日乙公司股票的市场价格高于行权价格，则行权对甲公司有利，甲公司将选择行权。第二，按现金净额结算意味着：甲公司预期其购入的期权合约将令其具有将来按股票市价大于行权价之差计算的向乙公司收取现金净额的权利。可见，这个合同赋予甲公司在潜在有利条件下与乙公司交换金融资产的合同权利，所以，2×20年1月31日甲公司应将其支付的期权费确认为一项金融资产，即：

借：衍生工具——看涨期权资产	40 000	
贷：银行存款等		40 000

【例 2-2】将来须用企业自身权益工具进行结算的非衍生工具合同，且企业根据该合同将收到可变数量的自身权益工具。

资料：2×20年2月1日，为了购回其发行在外的普通股股份，甲公司与丙公司签订合同，并向其支付100万元现金。合同规定，丙公司将于2×20年6月30日向甲公司交付与100万元等值的甲公司普通股；甲公司可获取的普通股的具体数量以2×20年6月30日甲公司的股价而定。

问题：这里是否涉及金融资产的确认？

分析：这个购回股票的远期合同，不符合衍生工具的特征。根据这个非衍生工具合同，甲公司将来须用自身权益工具进行结算，且收到的本公司普通股数量将随其价格的变动而变动。所以，甲公司2×20年2月1日应就其支付的100万元确认一项金融资产。

【例 2-3】将来须用企业自身权益工具进行结算的衍生工具合同，但以固定数量的自身权益工具交换固定金额的现金或其他金融资产的衍生工具合同除外。

资料：2×20年2月1日，甲公司与丁公司签订一份看涨期权合同，该合同赋予丁公司一项于2×21年1月31日以每股102元的行权价向甲公司购入1 000股甲公司普通股的权利，同时使甲公司承担一项支付1 000股普通股的义务。

问题：判断甲公司对该期权合同是否应确认金融资产。

分析：这是一个甲公司签出股票看涨期权的例子。如果丁公司在2×21年1月31日行权，则甲公司将以固定数量的自身权益工具交换固定金额102 000元的现金，相当于丁公司的行权将导致甲公司按固定价格卖出固定数量的本公司股票，所以，甲公司不应将该期

① 例2-1、例2-2、例2-3根据《国际会计准则第32号——金融工具：列报》示例和《国际财务报告准则第9号——金融工具》实施指南改编。

权确认为金融资产（因其不符合金融资产的定义），而应确认为权益工具（关于权益工具的基本内容见第十一章）。

【特别提示】本章以适用金融工具会计准则的、一般企业的、基础金融资产的会计问题为主。执行长期股权投资准则的股权投资的会计问题，详见本书第七章；与远期合同、衍生金融资产相关的内容，详见《高级财务会计》教材。

二、金融资产的分类

根据图2-1，一般企业常见的金融资产（适用于金融工具会计准则的，下同）包括货币资金、持有的债务工具（如各种应收款项）和债务工具投资（如债券投资），以及持有的部分权益工具投资。货币资金在报表里按期末账面余额（由于不计提减值准备，账面余额相当于摊余成本）报告即可；企业持有的债务工具和权益工具因存在不同的业务模式和合同现金流量特征，导致在资产负债表中可能按摊余成本报告也可能需要按公允价值报告。所以，就有必要对企业持有的债务工具和权益工具按计量模式进行分类。

（一）债务工具和债务工具投资的分类

企业应根据其管理金融资产的业务模式和金融资产的合同现金流特征，将其持有的债务工具和债务工具投资划分为以下三类：以摊余成本计量的金融资产、以公允价值计量且其变动计入其他综合收益的金融资产和以公允价值计量且其变动计入当期损益的金融资产。

1.关于业务模式

这里的业务模式是指企业管理金融资产以产生现金流量的模式，主要表现为持有金融资产的目标。管理金融资产的业务模式有三种：一是以收取合同现金流为目标的业务模式；二是以出售金融资产为目标的业务模式；三是以收取合同现金流和出售金融资产两者为目标的业务模式。

2.关于合同现金流特征

上述业务模式中提到的“合同现金流”应具备以下特征：合同现金流是本金和以未偿付本金金额为基础的利息支付之和。

3.关于三种类别的划分

企业对其持有的债务工具和债务工具投资，在合同现金流为本金和未偿付本金的利息之和的前提下，如果持有该资产是以收取合同现金流为目标的，将该金融资产分类为以摊余成本计量的金融资产；如果持有该资产是以收取合同现金流和出售金融资产两者为目标的，将该金融资产分类为以公允价值计量且其变动计入其他综合收益的金融资产；如果不符合分类为上述两个类别的条件，则分类为以公允价值计量且其变动计入当期损益的金融资产。

【例2-4】债务工具投资的分类。

资料：甲公司购买了一批面值为100万元、票面利率为3%、期限为3年、每年年末支付当年利息到期还本的债券。

问题：甲公司应对该项投资如何分类？

分析：首先，此项债权投资的合同现金流为本金和以未偿付本金金额为基础的利息支付之和。其次，企业管理资产的业务模式：如果甲公司只准备将该债券持有至到期收取本金和利息，就是以收取合同现金流为目标的业务模式，这时应将此项投资分类为以摊余成本计量的金融资产；如果是视具体情况来确定持有至到期收回本息还是持有期间随时出售，就是以收取合同现金流和出售为目标（双重目标）的业务模式，这时应将此项投资分类为以公允价值计量且其变动计入其他综合收益的金融资产；如果随时准备出售以获得现金流，就是以出售为目标的业务模式了，这时则需要将此项投资分类为以公允价值计量且其变动计入当期损益的金融资产。

4.一个难点问题：公允价值选择权的应用对债务工具投资分类的影响

有时，为了消除或减少会计计量的错配，企业对本符合以摊余成本计量或以公允价值计量且其变动计入其他综合收益的金融资产采用公允价值选择权，即选择将其分类为以公允价值计量且其变动计入当期损益的金融资产。

【例 2–5】公允价值选择权的应用对金融资产分类的影响。

资料：甲企业持有一项固定利率的贷款，满足分类为以摊余成本计量的金融资产的条件。企业现在准备以该贷款作为套期工具，对一项具有与其匹配条款的将固定利率换成浮动利率的利率互换进行套期。

问题：甲企业应对该项贷款如何分类？

分析：首先，此项贷款本应被分类为以摊余成本计量的金融资产。由于利率互换是以公允价值计量且其变动计入当期损益的，如果将此项贷款用作利率互换的套期工具，对其按摊余成本计量将造成套期工具与被套期项目在计量上的错配，从而无法实现套期会计目标。所以，企业对贷款运用公允价值选择权，将其指定为以公允价值计量且其变动计入当期损益的金融资产，才能消除这种会计错配。

（二）权益工具投资的分类

企业持有的权益工具投资，通常不具有合同现金流是本金和未偿付本金的利息之和这一特征，从而不会被分类为以摊余成本计量的金融资产，所以，权益工具投资应以公允价值计量，但按对公允价值变动损益的不同处理原则分为两类：企业持有的权益工具投资，如果是以出售为目标的，应将其归类为以公允价值计量且其变动计入当期损益的金融资产；如果是非交易性的，企业可以将其指定为以公允价值计量且其变动计入其他综合收益的金融资产（该指定一经作出，不得撤销）；如果不做此指定，则仍将其归类为以公允价值计量且其变动计入当期损益的金融资产。

综上所述，企业持有的债务工具、债务工具投资以及权益工具投资的分类流程如图 2–2所示。

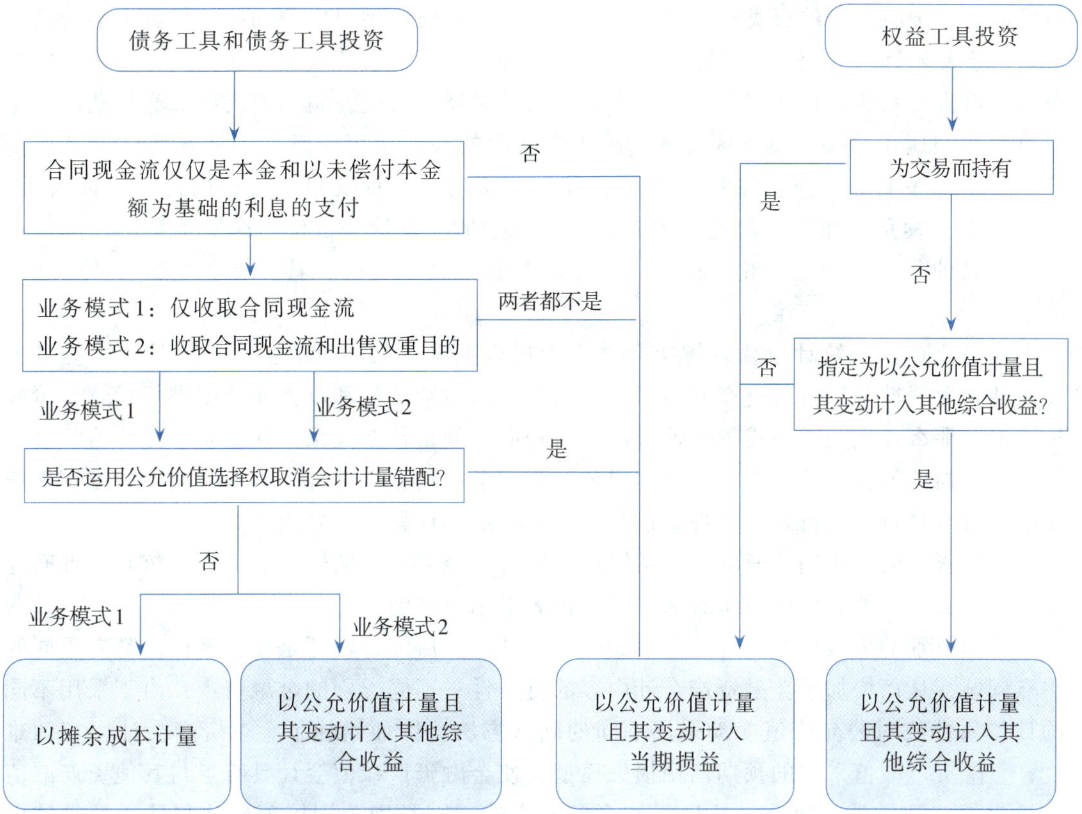

图2-2　企业持有的债务工具、债务工具投资以及权益工具投资的分类流程图

由此可见，一般企业常见的金融资产通常分为三类：以摊余成本计量的金融资产、以公允价值计量且其变动计入其他综合收益的金融资产和以公允价值计量且其变动计入当期损益的金融资产。

【报表导向思考】金融资产分类问题很重要吗？

一项金融资产分类为以摊余成本计量还是以公允价值计量，实际上就是指该资产在资产负债表里的报告价值是摊余成本还是公允价值；而报告价值不同的资产是要分项列示的。可见，金融资产的分类直接关系到金融资产在资产负债表里的列报项目和金额。

一项金融资产分类为以摊余成本计量还是以公允价值计量，决定了该资产如何确认利息费用、是否确认减值损失；即使分类为以公允价值计量，其公允价值变动还有计入其他综合收益与计入当期损益之分。可见，金融资产的分类还直接关系到利润表中相关损益的确认与计量。

所以，金融资产的分类是对金融资产进行会计确认、计量与报告的前提。

三、金融资产确认与计量的内容概要

会计确认与计量主要包括：初始确认与计量、后续计量、终止确认。

金融资产的初始确认与计量，要解决金融资产符合什么条件时以什么金额计入什么项目的问题。金融资产的分类解决了金融资产初始确认时的项目定位问题，但其金额的确定就取决于初始计量规范了。金融资产的取得往往基于公允价值成交，所以，金融资产应按公允价值进行初始计量。但是金融资产的初始计量还涉及交易费用的问题。交易费用，是指可直接归属于购买、发行或处置金融工具新增的外部费用。新增的外部费用，是指企业不购买、发行或处置金融工具就不会发生的费用，包括支付给代理机构、咨询公司、券商等的手续费、佣金及其他必要支出，不包括债券溢价、折价、融资费用、内部管理成本及其他与交易不直接相关的费用。不同类别的金融资产，其交易费用的会计处理可能不同。

金融资产的后续计量，要解决金融资产报告期末在报表里的报告价值的问题。一方面，从计量属性看，金融资产分为以摊余成本进行后续计量和以公允价值进行后续计量两种情形，那么什么是摊余成本？摊余成本与账面余额是什么关系？什么是公允价值？公允价值变动损益如何确认？这些问题构成金融资产会计的核心内容。另一方面，根据预期信用损失对金融资产进行减值处理，也是金融资产后续计量的重要内容。

金融资产的终止确认通常与金融资产的处置、金融资产的转移有关，其核心会计问题是符合什么条件的时候如何将其从账面和报表里予以注销。

不同类别的金融资产，无论是初始确认与计量、后续计量还是终止确认，都有不同的焦点问题，从而增加了金融资产会计内容的复杂性；不同类别的金融资产，由于采用不同的计量属性或对公允价值变动采用不同的确认方法，因而增加了金融资产会计内容的难度；金融资产减值采用的预期信用损失模型，使金融资产减值会计具有了与其他资产减值会计大不相同的处理思路。所以，按金融资产的不同类别分别梳理确认与计量的具体内容，并将金融资产减值问题专门梳理，应该是学习金融资产会计的一个比较合理的思路。综上所述，与一般企业常见金融资产相关的会计内容简要梳理如图 2-3 所示。

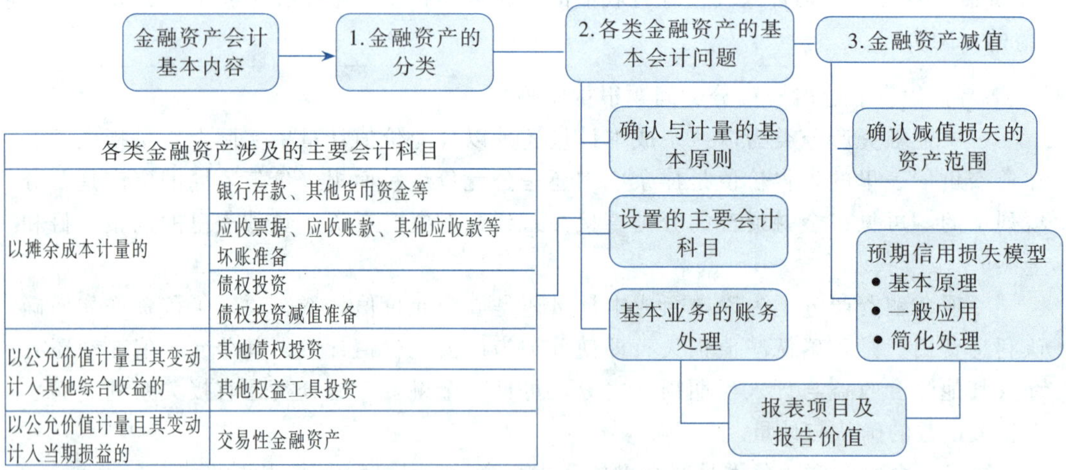

图 2-3　一般企业常见金融资产的会计内容概要

接下来，就分别介绍上述各类金融资产会计确认与计量的基本内容。

智能测评 2-1

第二节　以摊余成本计量的金融资产

一、货币资金

（一）货币资金的组成

货币资金是以货币形态表现的资产，包括库存现金、银行存款和其他货币资金。

库存现金是会计上狭义的现金。现金是通用的交换媒介，也是对其他资产进行计量的一般尺度。现金具有货币性、通用性的特点，是流动性最强的流动资产。会计上的现金有狭义和广义两种界定。狭义的现金仅指库存现金，即企业金库中存放的纸币和硬币等。广义的现金主要指企业的库存现金、能够随时支取的银行存款以及现金等价物（比如具有持有期限短、流动性强、易于变现等特征的有价证券投资），广义的现金构成现金流量表的现金基础。

银行存款是企业存放在银行的货币资金。企业通过在银行开立存款账户，办理存款、取款和转账等业务。根据中国人民银行颁发的《银行账户管理办法》的规定，企业的存款账户分为基本存款账户、一般存款账户、临时存款账户和专用存款账户。基本存款账户是存款人因办理日常转账结算和现金收付需要开立的银行结算账户。一般存款账户是存款人因借款或其他结算需要，在基本存款账户开户银行以外的银行营业机构开立的银行结算账户。临时存款账户是存款人因临时需要并在规定期限内使用而开立的银行结算账户。专用存款账户是存款人按照法律、行政法规和规章，对其特定用途资金进行专项管理和使用而开立的银行结算账户。

其他货币资金是存放地点和用途不同于库存现金和银行存款的那部分货币资金，包括外埠存款、银行本票存款、银行汇票存款、信用卡存款、信用证保证金存款和存出投资款等。其他货币资金的各项内容中，外埠存款是企业到外地（采购地）进行临时或零星采购时，通过汇兑结算方式汇往采购地银行开立采购专户的款项；银行本票存款是企业采用银行本票结算方式时为取得银行本票而按照规定存入银行的款项；银行汇票存款是企业采用银行汇票结算方式时为取得银行汇票而按照规定存入银行的款项；信用证保证金存款是企业采用信用证结算方式时存入银行作为信用证保证金的款项；存出投资款则是企业为进行证券投资而存入在证券公司开立的存款账户的款项。

（二）货币资金的日常核算

1.库存现金

（1）日常收支的核算

为了进行库存现金的总分类核算，企业应当设置“库存现金”科目，反映库存现金的增减变动和结存情况。

为了进行库存现金的序时核算，企业应设置库存现金日记账，根据收付款凭证，按照业务发生的顺序，对库存现金的日常收支逐日逐笔进行登记。每日终了，应当计算当日的现金收入合计额、现金支出合计额以及现金余额，并将余额与实际库存额核对，做到账实相符。有外币现金的企业，则需按人民币、相关外币分别设置库存现金日记账，进行不同币种库存现金的序时核算。

下面举例进行说明。

【例2-6】甲企业为日常零星开支需要，从银行存款中提取现金20 000元。甲企业有关账务处理为：

借：库存现金　　20 000

　贷：银行存款　　20 000

【例2-7】甲企业用库存现金300元支付购买办公用品款。甲企业有关账务处理为：

借：管理费用　　300

　贷：库存现金　　300

【例2-8】2×21年2月26日，甲企业行政管理部门相关职员预借差旅费，财务部门根据有关借款凭证用库存现金支付4 000元。3月10日，该职员出差回来报销差旅费3 900元，剩余100元交回财务部门。甲企业有关账务处理为：

①预借差旅费时：

借：其他应收款　　4 000

　贷：库存现金　　4 000

②报销时：

借：管理费用　　3 900

　贷：其他应收款　　3 900

③收回剩余预借款时：

借：库存现金　　100

　贷：其他应收款　　100

（2）库存现金的清查

为了保护库存现金的安全、完整，企业应每天对库存现金进行实地盘点，核对账款是否相符。如果发现库存现金有溢余或短缺，应填制“现金盘点报告单”，列明现金库存余额与账面余额两者不相符的金额、原因等；报经主管负责人或有关部门批准后，进行相关账务处理。

企业应设置“待处理财产损溢”科目，并通过“待处理流动资产损溢”和“待处理非流动资产损溢”两个明细科目，对财产清查过程中发现的资产盘盈或盘亏进行核算。

企业对于现金溢余，发现时，借记“库存现金”科目，贷记“待处理财产损溢——待处理流动资产损溢”科目；按管理权限经批准后进行处理时，借记“待处理财产损溢——待处理流动资产损溢”科目，贷记“其他应付款”科目（属于应支付给相关人员的部分）或贷记“营业外收入”科目（属于无法查明原因的现金溢余，作为盘盈利得）。

企业对于现金短缺，发现时，借记“待处理财产损溢——待处理流动资产损溢”科目，贷记“库存现金”科目；按管理权限报经批准进行处理时，贷记“待处理财产损溢——待处理流动资产损溢”科目，根据造成现金短缺的具体原因分别借记“其他应收款”科目（应由保险赔偿或过失人赔偿的）、“管理费用”科目（属于管理不善的）、“营业外支出”科目（属于无法查明原因或意外损失的）。

【例 2-9】甲企业在盘点库存现金时，发现实际库存比账面结存多700元。经查，其中300元属于应付给职工张某的，另外400元无法查明原因，已按管理权限报经批准进行处理。甲企业有关账务处理为：

①盘盈时：

借：库存现金　　700

　贷：待处理财产损溢——待处理流动资产损溢　　700

②报经批准进行处理时：

借：待处理财产损溢——待处理流动资产损溢　　700

　贷：其他应付款——张某　　300

　　营业外收入　　400

【例 2-10】甲企业在盘点库存现金时，发现实际库存比账面结存少900元。经查，其中300元应由责任人李某赔偿，另外600元无法查明原因，已按管理权限报经批准进行处理。甲企业有关账务处理为：

①盘亏时：

借：待处理财产损溢——待处理流动资产损溢　　900

　贷：库存现金　　900

②报经批准进行处理时：

借：其他应收款——李某　　300

　营业外支出　　600

　贷：待处理财产损溢——待处理流动资产损溢　　900

2.银行存款

（1）日常收支的核算

为了反映企业存入银行或其他金融机构的各种款项的情况（外埠存款、银行汇票存款、银行本票存款、信用卡存款、信用证保证金存款、存出投资款等除外），企业应当设置“银行存款”科目，反映银行存款的增减变动和结存情况。

为了进行银行存款的序时核算，企业可按开户银行和其他金融机构、存款种类等，设置银行存款日记账，根据收付款凭证，按照业务的发生顺序逐笔登记。每日终了，应结出余额。

下面举例进行说明。

【例 2-11】甲企业将零星销售收到的现金20 000元送存银行。甲企业有关账务处理为：

借：银行存款　　20 000

　贷：库存现金　　20 000

【例 2-12】甲企业销售商品，货款为100 000元，收到客户交来的用以支付货款的转账支票，并将转账支票送存银行。甲企业有关账务处理为：

借：银行存款　　113 000

　贷：主营业务收入　　100 000

　　应交税费——应交增值税（销项税额）　　13 000

【例 2-13】甲企业采用托收承付结算方式购买原材料，收到银行转来的承付通知和销售方的发票、运单，相关单据载明货款8 000元、增值税1 040元，对方代垫运费200元[①]。企业收到货物，并经验货之后予以承付。甲企业有关账务处理为：

借：原材料　　80 200

　　应交税费——应交增值税（进项税额）　　1 040

　贷：银行存款　　81 240

（2）银行存款的核对

为了保证企业银行存款的安全、完整，企业应定期将银行存款日记账与银行转来的银行对账单进行核对，至少每月核对一次。银行对账单是银行转来的关于上次对账至本次对账期间银行对企业银行存款增减变动情况所做的记录。企业银行存款账面余额与银行对账单余额之间如有差额，应编制“银行存款余额调节表”，以检验相关差额是未达账项所致还是某一方记账有误。

未达账项，是指由于企业采用的结算方式涉及的有关结算凭证因时间和传递程序的原因导致的银行和企业一方已经登记入账而另一方尚未登记入账的款项。未达账项主要有四种情况：一是银行已经收款入账、企业尚未入账；二是银行已经付款入账、企业尚未入账；三是企业已经收款入账、银行尚未入账；四是企业已经付款入账、银行尚未入账。

企业在将银行存款日记账与银行对账单进行核对时，如果双方记录的余额存在差额，可能的原因有两个：一是存在未达账项；二是存在记账错误。如果通过编制银行存款余额调节表将未达账项在该表中进行调节之后，银行对账单调节后余额与企业银行存款日记账调节后余额相等，则说明调节前双方记录的余额不相符是未达账项所致；如果调节了未达账项之后双方余额还存在差额，那就是存在记账错误。这种情况下就要采用查找错误的方法进行查找，并予以更正。调节了未达账项和记账错误之后，银行存款余额调节表中双方的调节后余额代表着企业银行存款的实有金额。

值得一提的是，银行存款余额调节表只是一个用来检验银行存款的记账是否有误、是否存在未达账项以及确定对账日企业的银行存款实有金额的工作底稿，并不能据以记账。

【例2-14】甲企业2×21年4月10日银行存款日记账余额为819 000元，银行对账单中记录的余额为820 000元。企业财务人员将银行存款日记账与银行对账单进行逐笔核对之后，发现有以下四笔未达账项和一笔记账错误：

①4月1日，企业开出转账支票支付购买材料款，金额为10 000元，持票人尚未到银行办理转账；

②4月2日，企业将现金20 000元送存银行，并根据回单入账，银行尚未入账；

③4月3日，银行划转本企业上季度水电费30 000元，企业尚未收到付款通知；

④4月6日，银行根据托收承付结算凭证的付款单位付账通知联已增加企业在银行存款的账面价值50 000元，而企业因尚未收到收账通知从而尚未确认收款；

⑤4月8日，企业将收到的一笔金额为34 000元的转账支票填写进账单并送存银行，银行已收妥并已入账，企业记账时误记为43 000元。

企业根据上述资料，编制银行存款余额调节表，见表2-2。

---

① 运费相关增值税问题，此处简化。具体内容见本书流动负债部分。

表 2-2　　银行存款余额调节表

2×21年4月10日　　单位：元

项目	金额	项目	金额
银行对账单余额	820 000	企业日记账余额	819 000
加：企业已收款入账、银行尚未入账	20 000	加：银行已收款入账、企业尚未入账	50 000
减：企业已付款入账、银行尚未入账	10 000	减：银行已付款入账、企业尚未入账	30 000
		减：企业记账错误	9 000
调节后余额	830 000	调节后余额	830 000

根据表2-2，双方对企业银行存款的余额经调节后均为830 000元。这个结果说明：一方面，调节前双方记录的余额相差1 000元的原因是未达账项和企业记账错误两方面原因所致；另一方面，企业当日银行存款实有金额为830 000元。

3.其他货币资金

为了反映其他货币资金的增减变动和结存情况，企业应当设置“其他货币资金”科目，反映其他货币资金的增减变动和结存情况。

“其他货币资金”科目下按外埠存款、银行汇票存款、银行本票存款、信用卡存款、信用证保证金存款以及存出投资款分别设置明细科目，进行明细核算。

下面举例予以说明。

【例2-15】2×21年2月10日，甲企业通过基本存款账户将60 000元采购款汇往原料采购地开立采购专户，以满足临时采购的资金需要，收到汇款回单。2月25日，企业财务部门收到采购材料的发票、运单等凭证，货款50 000元、增值税6 500元，运费1 000元，材料尚未运抵企业。完成此项采购业务之后，采购人员将剩余资金转回企业基本存款账户。甲企业有关账务处理为：

①汇出资金开立采购专户时：

借：其他货币资金——外埠存款　　60 000

　贷：银行存款　　60 000

②确认采购成本时：

借：在途物资　　51 000

　　应交税费——应交增值税（进项税额）　　6 500

　贷：其他货币资金——外埠存款　　57 500

③剩余资金转回时：

借：银行存款　　2 500

　贷：其他货币资金——外埠存款　　2 500

【例2-16】2×21年3月10日，甲企业通过开户行从基本存款账户划出700 000元办理银行汇票，已收到银行签发的银行汇票和解讫通知。甲企业有关账务处理为：

借：其他货币资金——银行汇票存款　　700 000

　贷：银行存款　　700 000

确认采购成本、剩余资金转回的账务处理与外埠存款的处理基本相同。

企业办理银行本票存款、信用卡存款、信用证保证金存款账务处理的原理，与银行汇票存款的处理原理基本相同。

【例2-17】2×21年3月10日，甲企业开出转账支票将6 000 000元资金划入在某证券公司的存款账户；3月15日，企业通过该证券公司以每股12元的价格购入乙公司每股面值1元的普通股股票10万股，指定为以公允价值计量且其变动计入其他综合收益的金融资产，支付交易费用60 000元。甲企业有关账务处理为：

①存入资金时：

借：其他货币资金——存出投资款	6 000 000	
贷：银行存款		6 000 000

②购买股票时：

借：其他权益工具投资	1 260 000	
贷：其他货币资金——存出投资款		1 260 000

二、应收款项

（一）一般企业应收款项的内容

作为企业持有的债务工具，一般企业的应收款项，属于流动资产的主要有应收账款、应收票据、应收股利、应收利息以及其他应收款等，属于非流动资产的主要有长期应收款等。应收账款、应收票据等，是与企业销售商品或提供劳务相关的债权，其确认条件和初始计量金额往往取决于收入的确认与计量。应收股利、应收利息通常是与企业的权益工具投资和债务工具投资相关的债权。应收股利是企业已经确认尚未收到的应收现金股利和应收其他单位分配的利润。应收利息是企业持有债权性金融资产、发放贷款等业务中确认的应收利息。其他应收款是除了应收账款、应收票据、应收股利、应收利息以外的其他各种应收及暂付款项，如预借的差旅费、支付的押金、应收的赔款等。长期应收款往往与具有融资性质的销售商品或提供劳务有关，有时也与融资租赁资产业务相关。

（二）应收款项确认与计量的基本内容

企业应设置"应收账款"、"应收票据"、"应收股利"、"应收利息"、"其他应收款"以及"长期应收款"等会计科目，分别对上述各项应收款项进行确认与计量。

1.初始确认与计量

上述应收款项初始确认的条件以及入账金额的确定，与销售商品或提供劳务相关的，往往取决于收入的初始确认与计量；与投资相关的，应收股利取决于被投资方的股利或利润宣派，应收利息则根据相关债权的面值与票面利率按期确认；与其他业务相关的，则在具体业务发生时按应收取的金额进行确认。

2.后续计量

报告期末，各种应收款项通常应按摊余成本进行后续计量。

3.终止确认

企业收回或处置应收款项导致终止确认时，应将其账面价值予以转销。值得一提的是，如果企业出于理财等的需要而将某些应收票据或应收账款分类为以公允价值计量且其变动计入当期损益的金融资产，则需要将终止确认的相关应收票据或应收账款转入“应收款项融资”科目。

与摊余成本、金融资产减值有关的具体内容，将在本章第三节、第四节详细阐述；与上述应收款项相关的经营活动（如商品销售）、投资活动（如应收股利等）及其会计处理的具体内容，在本章后面及本书后面也将具体阐述。所以，下面仅以应收票据为例，简要说明应收款项确认与计量的基本原则。

（三）应收票据的确认与计量

应收票据是指企业持有的尚未到期、尚未兑现的商业汇票。企业应设置“应收票据”科目，核算企业因销售商品、提供劳务等而收到的商业汇票，并按开出、承兑商业汇票的单位进行明细核算。

1.初始确认与计量

金融资产的初始确认与计量，要解决金融资产的入账时间和入账金额的问题。根据金融工具会计准则，对于金融资产的确认而言，企业成为金融工具合同的一方时，应当确认一项金融资产。就应收票据而言，企业因销售商品、提供劳务等收到开出、承兑的商业汇票，应在符合收入确认条件时按商业汇票票面金额，借记本科目，贷记“主营业务收入”等科目。

【例2-18】甲企业2×20年11月1日向乙公司销售一批商品，所开具的增值税专用发票注明价款200 000元，增值税26 000元；货已发出。收到乙公司签发的不带息商业汇票一张，票面金额为226 000元，2×21年1月31日到期。假设此项销售符合收入确认的条件，其他资料略。

甲企业2×20年11月1日销售商品、收到商业汇票时：

借：应收票据	226 000	
贷：主营业务收入		200 000
应交税费——应交增值税（销项税额）①		26 000

2.后续计量

就应收票据而言，期末按摊余成本报告还是按公允价值报告，取决于企业对持有应收票据的业务模式和合同现金流特征的分析。通常情况下，应收票据被分类为按摊余成本进行后续计量的金融资产。

【例2-19】资料见例2-18。该应收票据的合同现金流符合分类为以摊余成本计量的金融资产的合同现金流特征，另假定甲企业管理该应收票据的业务模式是准备持有至到期收回票面价值，则该应收票据期末应按摊余成本进行计量。由于该应收票据不存在偿还部分本金的问题，又因其为不带息票据从而没有按实际利率法计算利息的问题，也没有确认减值损失，所以，2×20年年末在资产负债表中的报告价值为其账面余额（等于账面价值）226 000元。

① 与增值税有关的问题，将在本书第九章详细阐述。

3.终止确认

金融资产的终止确认，是指将金融资产从企业的账户和资产负债表内予以转销。根据金融工具会计准则，金融资产满足下列条件之一的，应当终止确认：（1）收取金融资产现金流量的合同权利终止；（2）该金融资产已经转移且符合《企业会计准则第23号——金融资产转移》规定的与金融资产转移相关的终止确认条件。下面分别就两个条件对金融资产的终止确认进行说明。

（1）收取金融资产现金流量的合同权利终止。当企业持有的应收票据到期收回票款、到期前或到期时与债务人方进行债务重组或将其重分类为以公允价值计量的金融资产等业务发生时，企业需将相关应收票据的账面价值予以转销。

【例2-20】资料见例2-18。2×21年1月31日，甲企业将到期票据兑现。甲企业有关账务处理为：

借：银行存款	226 000	
贷：应收票据		226 000

【例2-21】资料见例2-18。假定该票据的到期日是2×21年4月30日，甲企业于2×21年1月10日作出决定：到期前根据情况随时可能将该应收票据按公允价值出售。当日该应收票据的公允价值等于账面价值。甲企业2×21年1月10日将应收票据进行重分类的有关账务处理为：

借：应收款项融资	226 000	
贷：应收票据		226 000

（2）金融资产已经转移且符合《企业会计准则第23号——金融资产转移》规定的与金融资产转移相关的终止确认条件。这里需要简要了解以下两个问题：第一，金融资产转移的概念。金融资产转移是指金融资产的转出方将金融资产转给金融资产发行方以外的第三方。例2-18中的甲企业如将该应收票据转让给乙企业以外的第三方，比如到某金融机构办理贴现，就属于金融资产转移。第二，“与金融资产转移相关的终止确认条件”是指：金融资产转移准则中规定，企业将金融资产转移给第三方时如果转移了金融资产所有权上几乎所有风险和报酬的，应当终止确认该金融资产。

下面继续以上述甲企业的应收票据为例进行说明。

【例2-22】资料见例2-18。假定该票据的到期日是2×21年4月30日，甲企业于2×21年1月31日将该应收票据到银行办理贴现，贴现净额为220 000元。甲企业2×21年1月31日应根据贴现票据的具体情况进行终止确认与否的账务处理。

①如果该票据是无追索权的票据，也就是说，即使到期日乙公司无力支付票款，贴现银行也不能向甲企业追回已贴现票款，则意味着甲企业贴现时就转移了该票据所有权上几乎所有的风险与报酬。在这种情况下，甲企业贴现时的账务处理为：

借：银行存款	220 000	
财务费用	6 000	
贷：应收票据		226 000

②如果该票据是有追索权票据（比如是商业承兑汇票），意味着甲企业贴现时并没有转移该票据所有权上几乎所有的风险与报酬。在这种情况下，甲企业贴现时的账务处理为：

借：银行存款 220 000
　　财务费用 6 000
　贷：短期借款 226 000

如果到期不需要退回已贴现票款，则：

借：短期借款 226 000
　贷：应收票据 226 000

如果到期需要退回已贴现票款，则：

借：短期借款 226 000
　贷：银行存款 226 000

借：应收账款——乙公司 226 000
　贷：应收票据 226 000

企业应当设置“应收票据备查簿”，逐笔登记商业汇票的种类、号数和出票日、票面金额、交易合同号和付款人、承兑人、背书人的姓名和单位名称、到期日、背书转让日、贴现日、贴现率和贴现净额以及收款日和收回金额、退票情况等资料。商业汇票到期结清票款或退票后，在备查簿中应予注销。

三、以摊余成本计量的债务工具投资

（一）确认与计量的基本原则

1.初始确认与计量

企业对分类为以摊余成本计量的债务工具投资进行初始确认时，应当按照公允价值和相关交易费用之和作为入账价值。实际支付的价款中包含的已到付息期尚未领取的债券利息，应单独确认为应收利息。

2.后续计量

企业对分类为以摊余成本计量的债务工具投资，应当采用实际利率法，按摊余成本进行后续计量。

实际利率法，用于计算金融资产或金融负债的摊余成本，并向相关期间分配和确认利息收益或利息费用的方法。实际利率，是指将金融资产在预计存续期的估计未来现金流量，折现为该金融资产账面余额所使用的利率。在确定实际利率时，应当在考虑金融资产所有合同条款（包括提前还款权、看涨期权或类似期权等）的基础上预计未来现金流量，但不应考虑预期信用损失。

摊余成本，是指金融资产的初始确认金额经下列调整后的结果：（1）扣除已偿还的本金；（2）加上或减去采用实际利率法将该初始确认金额与到期日金额之间的差额进行摊销形成的累计摊销额；（3）扣除已发生的减值损失。

实际利率法下，摊余成本与实际利息（利息收益）、名义利息（应收利息）以及溢价（或折价）摊销额之间的关系如下：

每期实际利息收益=期初账面价值×实际利率

每期应收名义利息=票面价值×票面利率

实际利率的计算方法

每期溢价及费用摊销额=名义利息-实际利息

每期折价摊销额=实际利息-名义利息

账面余额=初始入账价值-已偿还本金-已摊销溢价及费用+已摊销折价

或 =面值+未摊销溢价及费用-未摊销折价

摊余成本（账面价值）=账面余额-已计提的减值准备

3.终止确认

企业对分类为以摊余成本计量的债务工具投资，在到期收回或其他原因导致需要终止确认的时候，应对其账面价值予以转销。

（二）设置的会计科目

企业对分类为以摊余成本计量的债务工具投资，应设置“债权投资”科目，核算债权投资的账面余额。本科目可按债权投资的种类和品种，分别设置“成本”“利息调整”“应计利息”明细科目进行明细核算。三个明细科目核算的具体内容如图2-4所示。

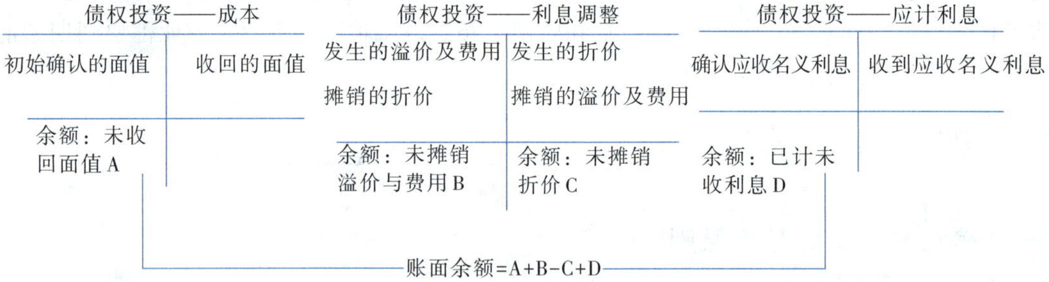

图2-4 “债权投资”明细科目核算内容

值得一提的是，如果债权投资的利息是分期收取的，则不需要使用“债权投资——应计利息”明细科目。

【报表导向思考】如何理解债权投资的“利息调整”？

分类为以摊余成本计量的债务工具投资，其每个会计期间在利润表中报告的利息收益是按期初账面价值和实际利率计算确定的实际利息，在债权投资入账价值中包含溢价（及交易费用）或折价的情况下，这个实际利息就不等于按票面价值和票面利率（也称为名义利率）计算的名义利息，而实际利息与名义利息之间的差额，正是溢价（及交易费用）或折价的摊销额。

“债权投资”科目下的“利息调整”明细科目，反映债权投资的溢价、折价以及交易费用的发生、摊销及结余情况。该明细账的借方登记溢价的发生、交易费用的发生和折价的摊销金额，贷方登记折价的发生、溢价和交易费用的摊销金额。余额如果在借方，表示尚未摊销的溢价和交易费用；余额如果在贷方，则表示尚未摊销的折价。对于债权投资而言，实际利息小于名义利息的差额，是溢价（及交易费用）的摊销；实际利息大于名义利息的差额，则是折价的摊销。可见，溢价（及交易费用）或折价的摊销额实际上是导致各期实际利息与名义利息两者差异的因素。换句话说，如果不存在溢价、折价及交易费用，债权投资各期的实际利息收益与各期应收名义利息是相等的。

（三）基本业务的账务处理

下面举例说明分类为以摊余成本计量的债务工具投资的账务处理。

【例 2-23】甲企业2×18年年末支付102 776元购入一笔丙公司发行的面值为100 000元、票面利率为5%、期限为3年、每年年末支付当年利息、到期一次还本的债券。甲企业将该项投资分类为以摊余成本计量的金融资产。为简化起见，其他因素略。

（1）甲企业与此项投资有关的计算如下：

①初始确认时，经测算，该债券实际利率为4%。

②有关指标计算结果见表2-3。

表 2-3　摊余成本、应收利息、利息收益计算表　单位：元

日期	名义利息（应收利息）	实际利息（利息收益）	利息调整（溢价摊销）	偿还本金	摊余成本（期末报告价值）
	①=面值×名义利率	②=期初摊余成本×实际利率	③=①-②	④	⑤=上行⑤-③
2×18年12月31日	—	—	—	—	102 776
2×19年12月31日	5 000	4 111	889	0	101 887
2×20年12月31日	5 000	4 075	925	0	100 962
2×21年12月31日	5 000	4 038	962	0	100 000
	—	—	—	100 000	0
合计	15 000	12 224	2 776	100 000	—

（2）甲企业有关账务处理如下：

①2×18年年末，投资时：

借：债权投资——成本　100 000

　　　　　　——利息调整　2 776

　贷：银行存款　102 776

②2×19年年末，确认应收利息及利息收益时：

借：应收利息　5 000

　贷：投资收益　4 111

　　　债权投资——利息调整　889

③2×20年年末，确认应收利息及利息收益时：

借：应收利息　5 000

　贷：投资收益　4 075

　　　债权投资——利息调整　925

④2×21年年末，确认应收利息及利息收益时：

借：应收利息 5 000

贷：投资收益 4 038

债权投资——利息调整 962

⑤各年年末收到当年利息时：

借：银行存款 5 000

贷：应收利息 5 000

⑥到期收回本金时：

借：银行存款 100 000

贷：债权投资——成本 100 000

将上述账务处理过程用丁字账列示如图2-5所示，有助于系统理解“债权投资”科目反映的内容。

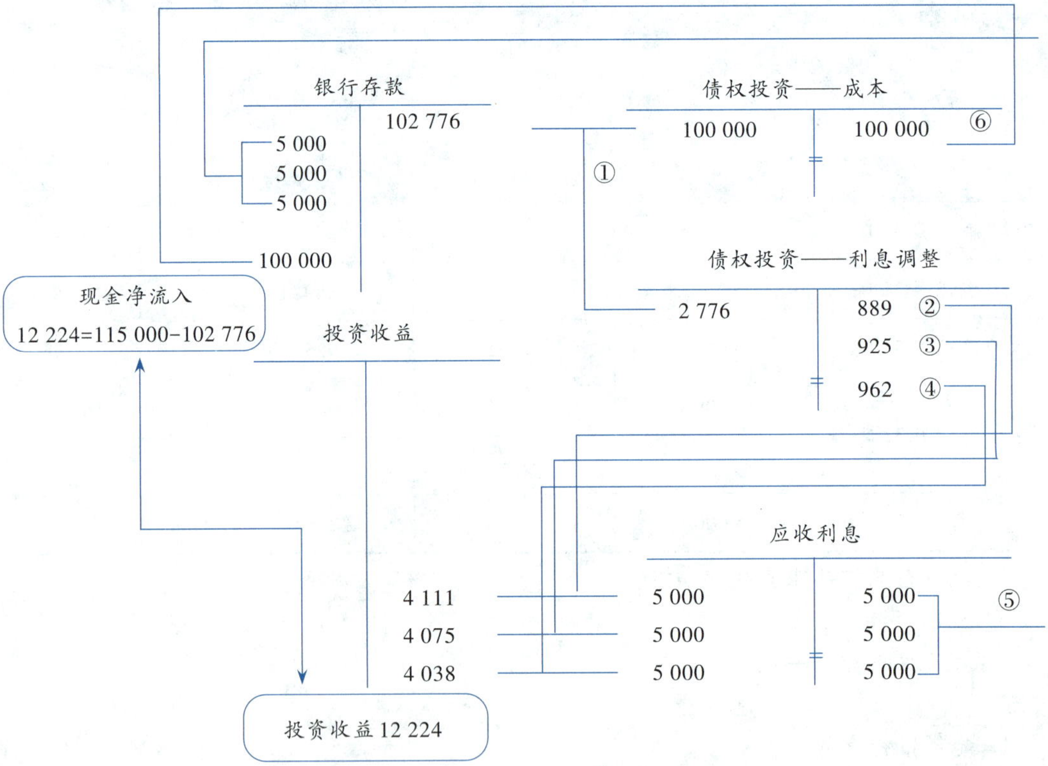

图2-5 债权投资账务处理流程图示（溢价）

【例2-24】乙企业2×19年年末按97 325元购入一笔丁公司发行的面值为100 000元、票面利率为5%、期限为3年、每年年末付息到期还本的债券。乙企业将该项投资分类为以摊余成本计量的金融资产。为简化起见，其他因素略。

（1）乙企业与此项投资有关的计算如下：

①初始确认时，经测算，该债券实际利率为6%。

②有关指标计算结果见表2-4。

表 2-4　　**摊余成本、应收利息、利息收益计算表**　　单位：元

日期	名义利息（应收利息）	实际利息（利息收益）	利息调整（折价摊销）	偿还本金	摊余成本（期末报告价值）
	①=面值×名义利率	②=期初摊余成本×实际利率	③=②-①	④	⑤=上行⑤-③
2×19年12月31日	—	—	—	—	97 325
2×20年12月31日	5 000	5 840	840	0	98 165
2×21年12月31日	5 000	5 890	890	0	99 055
2×22年12月31日	5 000	5 945*	945	0	100 000
	—	—	—	100 000	0
合计	15 000	17 675	2 675	100 000	—

注：*本项目金额本应为5 943元（99 055×6%），因前面的计算中小数点保留位数，所以此项应倒轧得出5 945元（5 000+945），其中945=2 675-840-890。

（2）乙企业有关账务处理如下：

①2×19年年末，投资时：

借：债权投资——成本　　100 000

　贷：债权投资——利息调整　　2 675

　　　银行存款　　97 325

②2×20年年末，确认应收利息及利息收益时：

借：应收利息　　5 000

　　债权投资——利息调整　　840

　贷：投资收益　　5 840

③2×21年年末，确认应收利息及利息收益时：

借：应收利息　　5 000

　　债权投资——利息调整　　890

　贷：投资收益　　5 890

④2×22年年末，确认应收利息及利息收益时：

借：应收利息　　5 000

　　债权投资——利息调整　　945

　贷：投资收益　　5 945

⑤各年年末收到当年利息时：

借：银行存款　　5 000

　贷：应收利息　　5 000

⑥2×22年年末，到期收回本金时：

借：银行存款　　100 000

　贷：债权投资——成本　　100 000

【特别提示】

1.溢价、折价购买债券的情况下，摊余成本的变化趋势：

随着各期溢价的摊销，债券投资的摊余成本逐期递减，到期时减至面值，并随着本金的收回，摊余成本减至0；随着各期折价的摊销，债券投资的摊余成本逐期递增，到期时增至面值，并随着本金的收回，摊余成本减至0。

2.溢价、折价购买债券的情况下，实际利息收益的变化趋势：

溢价购买债券：由于按逐期递减的摊余成本和实际利率计算利息收益，利息收益逐期递减；折价购买债券：由于按逐期递增的摊余成本和实际利率计算利息收益，利息收益逐期递增。

四、以上各项金融资产在报表中的列报

智能测评2-2

报告期末，企业应对货币资金、各项应收款项以及债务工具投资，在资产负债表中分别设置“货币资金”、“应收账款”、“应收票据”、“其他应收款”、“长期应收款”以及“债权投资”等项目，并按摊余成本列报。

第三节　以公允价值计量的金融资产

一、以公允价值计量且其变动计入其他综合收益的金融资产

以公允价值计量且其变动计入其他综合收益的金融资产包括分类为以公允价值计量且其变动计入其他综合收益的债务工具投资和指定为以公允价值计量且其变动计入其他综合收益的权益工具投资。

（一）确认与计量的原则

1.初始确认与计量

诚如前述，对于取得金融资产的企业而言，企业成为金融工具合同的一方，是确认该金融资产的时点。而企业根据管理金融资产的业务模式和金融资产的合同现金流特征对具体金融资产的类别进行归类或指定，则直接导致对以公允价值计量且其变动计入其他综合收益的金融资产的具体确认。

以公允价值计量且其变动计入其他综合收益的金融资产按取得金融资产的公允价值及支付的交易费用之和作为资产的初始计量价值。初始投资实际支付价款中含有的已宣告发放尚未收到的现金股利以及已到付息期尚未收到的债券利息，不构成该类金融资产的初始计量价值，而应作为“应收股利”“应收利息”单独确认。

2.后续计量

以公允价值计量且其变动计入其他综合收益的金融资产，持有期间各期末按公允价值进行后续计量，公允价值变动利得或损失计入其他综合收益。

指定为以公允价值计量且其变动计入其他综合收益的权益工具投资，对于持有期间被投资单位宣告发放的现金股利，应当在符合下列条件时将应收股利计入当期投资收益：企业收取股利的权利已经确立；与股利相关的经济利益很可能流入企业；股利的金额能够可靠计量。

分类为以公允价值计量且其变动计入其他综合收益的债务工具投资，采用实际利率法计算的利息收入、确认的减值损失以及汇兑损益，应当计入当期损益。

3.终止确认

以公允价值计量且其变动计入其他综合收益的金融资产，由于出售等原因而处置或到期收回时，在符合金融资产终止确认条件时，企业应将其账面价值予以转销，并确认处置损益；同时，对原计入其他综合收益的累计利得或损失应予以结转。终止确认的金融资产是债务工具投资的，其原计入其他综合收益的累计利得或损失应结转计入当期损益；终止确认的金融资产是权益工具投资的，其原计入其他综合收益的累计利得或损失应结转计入留存收益。

【特别提示】

从现在开始，本书多章会陆续涉及“其他综合收益”。

计入其他综合收益的是那些不直接计入当期损益的利得或损失。其他综合收益分为将来可以重分类进损益的其他综合收益和不能重分类进损益的其他综合收益两个类别。

那么，为什么某些利得或损失不直接计入当期损益而要计入其他综合收益？有哪些利得或损失计入其他综合收益？其他综合收益为什么分为上述两类？各类分别包括哪些具体内容？其他综合收益在财务报表中如何列报？诸如此类的问题，在本书第十一章所有者权益以及第十三章财务报表部分，将系统阐述。

（二）设置的会计科目

对于分类为以公允价值计量且其变动计入其他综合收益的债务工具投资，企业应设置“其他债权投资”科目进行核算。本科目可按其他债权投资的类别和品种，分别设置“成本”“利息调整”“应计利息”“公允价值变动”等进行明细核算。

对于指定为以公允价值计量且其变动计入其他综合收益的权益工具投资，企业应设置“其他权益工具投资”科目进行核算。本科目可按其他权益工具投资的类别和品种，分别设置“成本”“公允价值变动”等进行明细核算。

“其他债权投资”“其他权益工具投资”明细科目的核算内容分别如图2-6和图2-7所示。

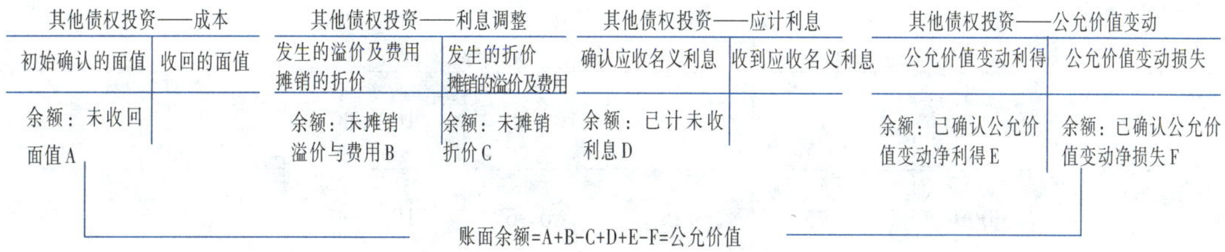

图2-6 “其他债权投资”明细科目核算内容

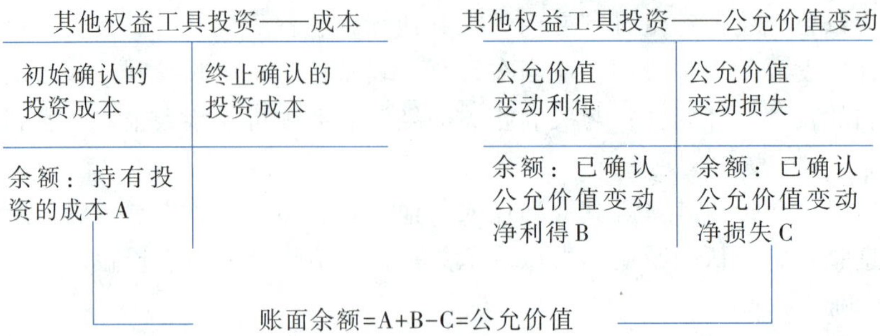

图2-7 “其他权益工具投资”明细科目核算内容

另外，企业对于分类为以公允价值计量且其变动计入其他综合收益的应收账款、应收票据，应设置“应收款项融资”科目进行核算，从而在资产负债表中设置“应收款项融资”项目，反映资产负债表日以公允价值计量且其变动计入其他综合收益的应收票据和应收账款等。

（三）基本业务的账务处理

下面分别举例说明以公允价值计量且其变动计入其他综合收益的债务工具投资和权益工具投资的账务处理。

【例2-25】其他债权投资。

资料：见例2-23。假定甲企业将该项投资分类为以公允价值计量且其变动计入其他综合收益的金融资产。另外，该债券在2×19年年末、2×20年年末的公允价值分别为102 000元、102 500元；2×21年1月末甲企业出售了该债券，取得价款102 800元。其他因素略。

要求：进行甲企业有关账务处理，指出持有债权投资期间各期末相关金融资产的报告价值，分析此项业务对甲企业税前利润、现金流量的累计影响。

解答：会计处理及有关分析如下：

（1）有关计算。截至债权出售前的有关指标计算结果见表2-5。

表2-5 摊余成本、应收利息、利息收益、公允价值变动计算表 单位：元

日期	名义利息（应收利息）	实际利息（利息收益）	利息调整（溢价摊销）	摊余成本	公允价值（期末报告价值）	应确认的公允价值变动	累计已确认的公允价值变动
	①=票面价值×名义利率	②=期初摊余成本×实际利率	③=①−②	④=上行④−③	⑤	⑥=⑤−④−上行⑦	⑦=上行⑦+⑥
2×18年12月31日	—	—	—	102 776	102 776	0	0
2×19年12月31日	5 000	4 111	889	101 887	102 000	113	113
2×20年12月31日	5 000	4 075	925	100 962	102 500	1 425	1 538

（2）有关账务处理。

①2×18年年末，投资时：

借：其他债权投资——成本	100 000	
——利息调整	2 776	
贷：银行存款		102 776

②2×19年年末，确认应收利息及利息收益时：

借：应收利息	5 000	
贷：投资收益		4 111
其他债权投资——利息调整		889

③收到利息时：

借：银行存款	5 000	
贷：应收利息		5 000

④2×19年年末，确认公允价值变动利得时：

借：其他债权投资——公允价值变动	113	
贷：其他综合收益——其他债权投资公允价值变动		113

至此，该项其他债权投资的期末账面余额等于当日公允价值102 000元。

⑤2×20年年末，确认应收利息及利息收益时：

借：应收利息	5 000	
贷：投资收益		4 075
其他债权投资——利息调整		925

⑥收到利息时：

借：银行存款	5 000	
贷：应收利息		5 000

⑦2×20年年末，确认公允价值变动利得时：

借：其他债权投资——公允价值变动	1 425	
贷：其他综合收益——其他债权投资公允价值变动		1 425

至此，该项其他债权投资的期末账面余额等于当日公允价值102 500元。

⑧2×21年1月末，终止确认出售的债权投资时：

借：银行存款	102 800	
贷：其他债权投资——成本		100 000
——利息调整		962
——公允价值变动		1 538
投资收益		300

⑨结转原计入其他综合收益的累计公允价值变动利得：

借：其他综合收益——其他债权投资公允价值变动	1 538	
贷：投资收益		1 538

（3）累计影响分析。

①甲企业从购买到出售此项债权投资，先后计入投资收益中的利息收益为8 186元、投资出售利得为300元、公允价值变动利得为1 538元，累计增加税前利润10 024元。

②甲企业投资时支付10 2776元，出售取得价款102 800元，两者之差为24元；持有投资期间利息的现金流入为10 000元。累计现金净流入为10 024元。

【报表导向思考】如何理解表2-5中第④、⑤、⑥栏之间的关系？

一方面，“其他债权投资”与分类为以摊余成本计量的“债权投资”一样，要按摊余成本和实际利率计算确认各期的实际利息收益。所以，对其他债权投资要核算摊余成本，见表2-5中的第④栏（这也就解释了为什么对其他债权投资要设置“利息调整”明细科目）。

另一方面，其他债权投资是分类为以公允价值计量且其变动计入其他综合收益的金融资产的，这就意味着，报告期末其在资产负债表中的报告价值应是资产负债表日的公允价值。所以，表2-5中的第⑤栏数字，是例题中该项投资在各期末的应有报告价值，应有报告价值与现有账面余额如有差额，就需要反映这个公允价值变动利得或损失（这也就解释了对其他债权投资要设置“公允价值变动”明细科目的目的，反映公允价值变动对账面余额的影响），见表2-5中的第⑥栏数字。

【例2-26】其他权益工具投资。

资料：甲企业2×19年年初支付8 000 000元购入A公司股票，另付手续费等30 000元；出于公司战略业务的考虑，将该项投资指定为以公允价值计量且其变动计入其他综合收益的金融资产。持股期间A公司宣告分配现金股利，甲企业应收股利100 000元；2×19年年末该股票公允价值为8 300 000元；2×20年1月末甲企业将该股票出售，出售价格为8 260 000元。其他相关税费略。

要求：通过甲企业的有关账务处理，分析甲企业2×19年年末该项投资在报表中的报告价值以及此项投资对甲企业2×19年、2×20年税前利润、所有者权益的影响。

解答：

（1）有关账务处理。

①2×19年年初投资时：

借：其他权益工具投资——成本	8 030 000	
贷：银行存款		8 030 000

②确认应收现金股利时：

借：应收股利	100 000	
贷：投资收益		100 000

③2×19年年末确认公允价值变动利得时：

借：其他权益工具投资——公允价值变动	270 000	
贷：其他综合收益——其他权益工具投资公允价值变动		270 000

至此，该项其他权益工具投资的期末账面余额等于当日公允价值8 300 000元，从而成为该投资在资产负债表中的期末报告价值。

④2×20年1月末出售投资时：

借：银行存款	8 260 000	
盈余公积、利润分配	40 000	
贷：其他权益工具投资——成本		8 030 000
——公允价值变动		270 000

⑤结转其他综合收益时：

借：其他综合收益——其他权益工具投资公允价值变动 270 000

贷：盈余公积、利润分配 270 000

（2）有关分析：根据上述账务处理，可以看出，此项投资业务使甲企业2×19年、2×20年税前利润累计增加60 000元（100 000−40 000），使所有者权益累计增加（不考虑所得税等其他因素）330 000元（60 000+270 000），而这330 000元正是由以下两部分构成：一是股利收益100 000元；二是出售投资所得与投资成本两者之差230 000元。

【比较与鉴别】

1.“其他债权投资”与“债权投资”的账务处理比较

两者的相同点：这两类债务工具投资都要按摊余成本采用实际利率法确认各期利息收益。

两者的不同点：其他债权投资不仅需要确认各期利息收益，还要确认公允价值变动利得或损失。

2.“其他债权投资”与“其他权益工具投资”的公允价值变动的账务处理比较

两者都需要确认公允价值变动，并且都要将公允价值变动利得或损失计入其他综合收益；但资产处置时其他综合收益的结转去向却不相同，前者计入当期损益，后者计入留存收益。

二、以公允价值计量且其变动计入当期损益的金融资产

一般企业常见的金融资产中，以公允价值计量且其变动计入当期损益的金融资产通常包括以交易为目的的债务工具投资和权益工具投资，即交易性金融资产。

（一）确认与计量的原则

企业成为金融工具合同的一方时，企业根据管理金融资产的业务模式和金融资产的合同现金流特征将分类为以公允价值计量且其变动计入当期损益的金融资产作为交易性金融资产进行初始确认。交易性金融资产按取得金融资产的公允价值作为初始计量价值，支付的交易费用计入当期损益。初始投资实际支付价款中含有的已宣告发放尚未收到的现金股利以及已到付息期尚未收到的债券利息，不构成该类金融资产的初始计量价值，而应作为“应收股利”“应收利息”单独确认。

对于交易性金融资产，企业在持有投资期间的各期末应按公允价值进行后续计量，公允价值变动利得或损失计入当期损益。与其他债权投资和其他权益工具投资一样，作为交易性金融资产的债权投资和权益工具投资，也要核算持有投资期间的利息收益、股利收益以及汇兑损益等，并将其计入当期损益。与其他债权投资不同的是，作为交易性金融资产的债权工具投资，由于不需计量摊余成本，从而确认利息收益时不需要进行溢价或折价的摊销。

交易性金融资产因出售等原因而处置时，在符合金融资产终止确认的条件时，企业应将其账面价值予以转销，并确认处置损益。

（二）设置的会计科目

对于分类为以公允价值计量且其变动计入当期损益的金融资产，企业应设置“交易性金融资产”科目进行核算。企业可按交易性金融资产的类别和品种，在本科目下分别设置“成本”“公允价值变动”等进行明细核算。

另外，企业应在“公允价值变动损益”科目中核算交易性金融资产的公允价值变动利得或损失。

（三）基本业务的账务处理

下面举例说明交易性金融资产的账务处理。

【例2-27】资料见例2-26。假定甲企业将此项股票投资作为交易性投资分类为以公允价值计量且其变动计入当期损益的金融资产，其他资料不变。

甲企业有关账务处理为：

①2×19年年初投资时：

借：交易性金融资产——成本　　8 000 000
　　投资收益　　30 000
　贷：银行存款　　8 030 000

②确认应收现金股利时：

借：应收股利　　100 000
　贷：投资收益　　100 000

③2×19年年末确认公允价值变动利得时：

借：交易性金融资产——公允价值变动　　300 000
　贷：公允价值变动损益　　300 000

至此，该项交易性金融资产的期末账面余额等于当日公允价值8 300 000元，从而成为该投资在资产负债表中的期末报告价值。

④2×20年1月末出售投资时：

借：银行存款　　8 260 000
　　投资收益　　40 000
　贷：交易性金融资产——成本　　8 000 000
　　　　　　　　　——公允价值变动　　300 000

【例2-28】资料见例2-25。假定甲企业将此项债券投资作为交易性投资分类为以公允价值计量且其变动计入当期损益的金融资产，其他资料不变。

甲企业有关账务处理为：

①2×18年年末，投资时：

借：交易性金融资产——成本　　102 776
　贷：银行存款　　102 776

②2×19年年末，确认应收利息时：

借：应收利息　　5 000
　贷：投资收益　　5 000

③收到利息时：

借：银行存款 5 000

贷：应收利息 5 000

④2×19年年末，确认公允价值变动损失时：

借：公允价值变动损益 776

贷：交易性金融资产——公允价值变动 776

至此，该项交易性金融资产的期末账面余额等于当日公允价值102 000元。

⑤2×20年年末，确认应收利息时：

借：应收利息 5 000

贷：投资收益 5 000

⑥收到利息时：

借：银行存款 5 000

贷：应收利息 5 000

⑦2×20年年末，确认公允价值变动利得时：

借：交易性金融资产——公允价值变动 500

贷：公允价值变动损益 500

至此，该项交易性金融资产的期末账面余额等于当日公允价值102 500元。

⑧2×21年1月末，终止确认出售的债权投资时：

借：银行存款 102 800

交易性金融资产——公允价值变动 276

贷：交易性金融资产——成本 102 776

投资收益 300

【比较与鉴别】

1.“交易性金融资产”中的债务工具投资与“其他债权投资”的账务处理比较

两者的相同点：这两类债务工具投资都要按公允价值进行后续计量，都要确认各期利息收益。

两者的不同点：首先，交易费用的确认方法不同，前者计入当期损益，后者计入投资成本。其次，两者的公允价值变动利得或损失的确认方法不同，前者通过“公允价值变动损益”计入当期损益，后者则通过“其他综合收益”直接计入所有者权益。再次，前者的“成本”明细科目反映投资成本的初始确认和终止确认，后者的“成本”明细科目则仅反映债券面值的初始确认和终止确认，这一区别导致了前者不必进行溢价或折价的摊销的会计处理，从而其利息收益的内容也相对简单。

2.“交易性金融资产”中的权益工具投资与“其他权益工具投资”的账务处理比较

两者的相同点：这两类权益工具投资都要按公允价值进行后续计量，都要确认股利收益。

两者的不同点：首先，交易费用的确认方法不同，前者计入当期损益，后者计入投资成本。其次，两者的公允价值变动利得或损失的确认方法不同，前者通过“公允价值变动损益”计入当期损益，后者则通过“其他综合收益”直接计入所有者权益。

【报表导向思考】处置金融资产时，是否需要结转原累计确认的公允价值变动损益？

就以公允价值计量且其变动计入其他综合收益的金融资产而言，处置时，应将其原累计在“其他综合收益”科目余额中的公允价值变动损益结转至当期损益或留存收益，这一结转处理相当于把原来确认的未实现损益确认为实现，而这一结转的结果导致资产负债表中“其他综合收益”项目与“未分配利润”等项目的同额反向变动。

就以公允价值计量且其变动计入当期损益的金融资产而言，处置时，是否需将其曾经确认的公允价值变动损益转入当期损益，值得探讨。虽然随着相关金融资产的处置，其原确认的未实现损益已经实现，如果进行结转原确认的公允价值变动损益的会计处理，利润表中的“投资收益”项目将完整反映该相关资产的投资损益，从这个意义上来讲，进行结转是合理的。但是，由于这一结转处理只涉及利润表中“公允价值变动损益”“投资收益”两个项目的反向同额变动，所以，一方面，该结转处理对利润表中的“利润总额”并无影响，从而对资产负债表的“未分配利润”等留存收益项目也并无影响，更不会涉及资产负债表的其他项目；另一方面，该结转处理导致的“公允价值变动损益”项目本期发生额并不是本期应确认的相关资产公允价值变动利得或损失，只是对曾在前期利润表中确认的未实现损益的转回。由此可见，不进行这种结转处理，应是更合理的。

三、以上各项金融资产在报表中的列报

智能测评 2-3

报告期末，企业对以公允价值计量的金融资产，应分别在资产负债表中设置“交易性金融资产”、“其他债权投资”、“其他权益工具投资”和“应收款项融资”项目反映，并按公允价值列报。

第四节 金融资产减值

一、金融资产减值概述

一般意义上的资产减值是就企业持有的以摊余成本计量的资产而言的价值减损（或跌价）。作为一种持产损失，资产减值并非与实际交易相关，所以属于未实现损失。资产减值会计的核心就是在资产负债表日确认资产减值损失的同时计提资产减值准备，以便在利润表中反映这种损失并在资产负债表中谨慎报告相关资产的价值。

那么，资产减值损失应在什么时候进行确认又该如何计量？通常的做法是在相关资产出现减值迹象即发生减值的客观证据时，将其预计可变现净值低于取得成本的差额（如存货）或者预计可收回金额低于账面价值的差额（如固定资产等）作为减值损失予以确认。这种根据减值的实际发生为基础确认减值损失的方法就是通常所说的已发生损失模型（incurred loss model）。金融资产的减值就曾经采用已发生损失模型，即在有客观证据表明金

融资产发生减值时按未来现金流量的现值低于账面价值的差额确认金融资产减值损失。

根据2017年修订后的《企业会计准则第22号——金融工具确认和计量》，金融资产减值的确认与计量不再采用已发生损失模型，而是采用预期信用损失模型（expected credit losses model）。

二、预期信用损失模型的基本原理

采用预期信用损失模型的关键是：确认金融资产减值损失和计提金融资产减值准备不是以减值实际发生为基础，而是以未来可能的信用风险造成的预期信用损失为基础。

（一）预期信用损失的概念

预期信用损失，是指以发生违约的风险为权重的金融工具信用损失的加权平均值。

发生违约的风险（也就是信用风险），可以理解为发生违约的概率。

信用损失，是指企业根据合同应收的现金流量与预期能收到的现金流量之间的差额按原实际利率折现的现值，即全部现金短缺的现值。

（二）确认与计量预期信用损失的三阶段法

采用预期信用损失模型，企业应于资产负债表日对相关金融资产自初始确认后的信用风险是否显著增加进行评估，并根据评估的不同结果对预期信用损失采用不同的计量方法。图2-8描述了三个不同的信用风险级别及由其决定的信用损失的计量方法。

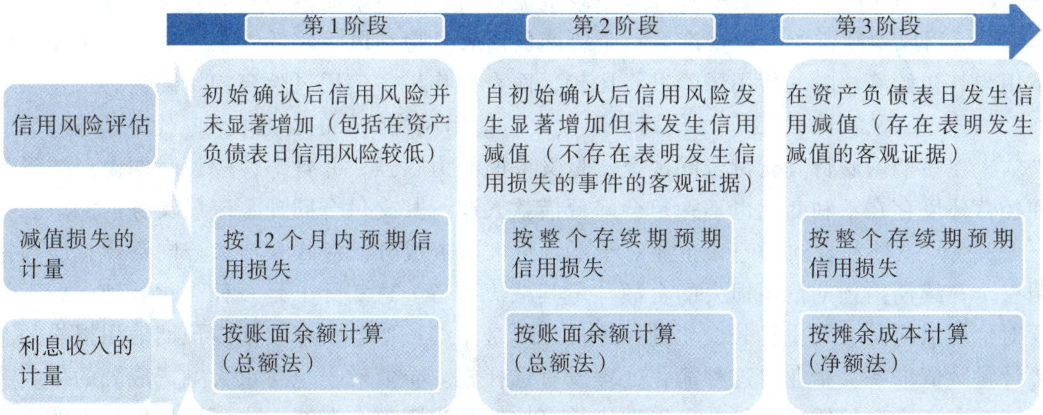

图2-8　确认与计量金融资产减值损失的三个阶段

下面对图2-8进行几点简要说明：

1.判断信用风险是否显著增加的标准。企业应当通过比较金融工具在初始确认时所确定的预计存续期内的违约概率和该工具在资产负债表日所确定的预计存续期内的违约概率，来判断金融工具的信用风险是否显著增加。这里的违约概率，是指在某一时点上所确定的未来期间发生违约的概率（而不是在该时点发生违约的概率）。

2.处于不同的信用风险阶段的金融资产，预期信用损失的计量方法不同。如果金融资产自初始确认后信用风险并未显著增加，只需按未来12个月内可能发生的违约事件导致的预期信用损失金额确认信用减值损失和计提减值准备；如果金融资产自初始确认后信用风险显著增加，则需按整个存续期内所有可能发生的违约事件而导致的预期信用损失金额确认信用减值损失和计提减值准备；如果在资产负债表日已发生信用减值，仍需按整个存续期的预期信用损失金额确认信用减值损失和计提减值准备，但利息收入的计量就不同于前两个阶段了。

3.关于利息收入的计量。信用风险处于第1、2阶段的金融资产，计提减值准备后虽然资产的账面价值小于账面余额，但采用实际利率法计算以后各期利息收入时仍以未扣减减值准备的账面余额为基础；信用风险处于第3阶段的金融资产，计算未来各期利息收入时就需要按扣除已提减值准备后的账面价值为基础。

4.发生信用减值的客观证据。信用风险最高的阶段的标志是金融资产已经发生信用减值。表明发生信用减值的客观证据包括下列可观察信息：（1）发行人或债务人发生重大财务困难；（2）债务人违反合同，如违约或逾期等；（3）债权人出于经济或法律等方面因素的考虑，对发生财务困难的债务人作出让步；（4）债务人很可能破产或进行其他财务重组；（5）发行方或债务人财务困难导致该金融资产在活跃市场消失；（6）以大幅折扣购买一项金融资产，该折扣反映了发生信用损失的事实。

（三）采用预期信用损失模型时的几个特殊情形

1.购买或源生时就已经发生信用减值的金融资产。对于购买或源生时就已经发生信用减值的金融资产，企业仅需将初始确认后整个存续期内预期信用损失的变动确认为损失准备，并按金融资产的摊余成本和经调整的实际利率的乘积确定利息收入（经调整的实际利率：购买或源生时将减值后的预计未来现金流量折算为摊余成本的利率）。

2.信用风险较低的金融资产。对于资产负债表日违约风险较低的金融资产，企业可以不用与其初始确认时的信用风险进行比较，而直接作出“信用风险自初始确认后未显著增加”的假定，从而确认12个月预期信用损失。信用风险较低的标志比如：违约风险较低，借款人在短期内履行其支付合同现金流量义务的能力很强，并且即使较长时期内经济形势和经营环境存在不利变化也不一定会降低借款人履行其支付合同现金流量义务的能力。

3.应收款项和合同资产。企业对于不含重大融资成分的应收款项和合同资产，应当按照整个存续期内预期信用损失的金额计量其减值准备。这实际上是一种简化处理，即不需要对信用风险是否发生显著变化进行评估，而是始终按照整个存续期内预期信用损失的金额计量减值准备。企业对这种简化处理没有选择权。企业对于包含重大融资成分的应收款项、合同资产和租赁应收款，可以选择始终按照相当于整个存续期内预期信用损失的金额计量其减值准备（当然也可以选择采用三阶段法）。

三、预期信用损失模型的适用范围

前述的三类金融资产中，适用预期信用损失模型进行减值处理的包括：以摊余成本计量的金融资产和以公允价值计量且其变动计入其他综合收益的债务工具投资。也就是说，前述的各种应收款项、债权投资和其他债权投资，都适用该减值规定。

适用预期信用损失模型的其他情况

四、金融资产减值的会计处理

（一）设置的会计科目

首先，企业应设置“信用减值损失”科目，用以确认预期信用损失。其次，还要设置“坏账准备”“债权投资减值准备”等会计科目，核算以摊余成本计量的应收款项和债权投资以预期信用损失为基础计提的减值准备。其中，“坏账准备”科目应分别按应收账款坏账准备、应收票据坏账准备、其他应收款坏账准备等进行明细核算。其他债权投资计提的减值准备不需要设置备抵科目进行核算而是计入“其他综合收益——其他债权投资减值准备”科目。

（二）基本业务的账务处理

金融资产减值的相关账务处理主要包括三个内容：

1.资产负债表日，按预期信用损失金额确认预期信用损失并计提减值准备。

2.如果资产负债表日计算的预计信用损失小于相关资产当前减值准备的账面余额，应将差额确认为减值利得，转回原计提的减值准备。

3.如果终止确认相关金融资产，需结转相关资产已计提的减值准备。终止确认已提减值准备的金融资产的原因可能是因无法收回而予以核销、到期收回或进行债务重组等。

下面举例予以说明。

【例2-29】应收账款预期信用损失的确认与计量。

资料：B公司是一家制造业企业，其应收账款不包含重大融资成分，公司对应收账款始终按整个存续期内的预期信用损失计量应计提的减值准备。由于其客户群由众多小客户构成，B公司就根据代表偿付能力的客户的共同风险特征，对应收账款按预计逾期天数分为5组；然后采用逾期天数与违约损失率对照表的方法计算确定应收账款组合的预期信用损失。每个资产负债表日，公司以应收账款预计存续期内的历史违约损失率为基础，并根据前瞻性估计进行调整，确定对照表中的违约损失率。2×20年年末公司预测下一年的经济形势将恶化。

2×20年年末该公司的应收账款逾期天数和违约损失率对照表见表2-6。

表2-6 应收账款逾期天数和违约损失率对照表

违约天数	未逾期	逾期1～30天	逾期31～60天	逾期61～90天	逾期90天以上
违约损失率	0.1%	2%	4%	5%	8%

2×20年年末该公司来自小客户群的应收账款余额为80 000 000元。根据表2-6计算的预期信用损失计算表见表2-7。

表2-7 2×20年年末应收账款预期信用损失计算表 金额单位：元

违约天数	账面余额 （1）	违约损失率 （2）	按整个存续期内预期信用损失确认的减值准备 （3）=（1）×（2）
未逾期	5 000 000	0.1%	5 000
逾期1～30天	10 000 000	2%	200 000
逾期31～60天	20 000 000	4%	800 000
逾期61～90天	15 000 000	5%	750 000
逾期90天以上	30 000 000	8%	2 400 000
合计	80 000 000	—	4 155 000

可见，2×20年年末，B公司确定的应收账款减值准备（坏账准备）应为4 155 000元。

所以，B公司2×20年年末确认信用减值损失并计提减值准备的账务处理应为：

借：信用减值损失　　4 155 000

　贷：坏账准备　　4 155 000

这样进行会计处理的结果是：应收账款在资产负债表中的报告价值为75 845 000元（80 000 000−4 155 000）。

【例2-30】资料：见例2-29。假定B公司2×20年年末在确认信用减值损失并计提减值准备的会计处理之前，“坏账准备”科目已有贷方余额155 000元。

问题：B公司应如何进行账务处理呢？

分析：从表2-7可知，2×20年年末B公司计算确定的应收账款预期信用损失为4 155 000元，这就意味着：“坏账准备”科目的贷方余额应为4 155 000元，从而应收账款得以按摊余成本75 845 000元（80 000 000−4 155 000）在报表中列报。由于“坏账准备”科目现有余额为155 000元，公司就需按应有余额与现有余额之差4 000 000元补提减值准备。所以，B公司2×20年年末确认信用减值损失并补提减值准备的有关账务处理为：

借：信用减值损失　　4 000 000

　贷：坏账准备　　4 000 000

反之，如果B公司2×20年年末在确认信用减值损失并计提减值准备的会计处理之前，“坏账准备”科目已有贷方余额5 155 000元，B公司则应转回一部分原已计提的减值准备，有关账务处理为：

借：坏账准备　　1 000 000

　贷：信用减值损失　　1 000 000

经此处理后，应收账款账面余额与摊余成本之间的关系用丁字账示意如图2-9所示。

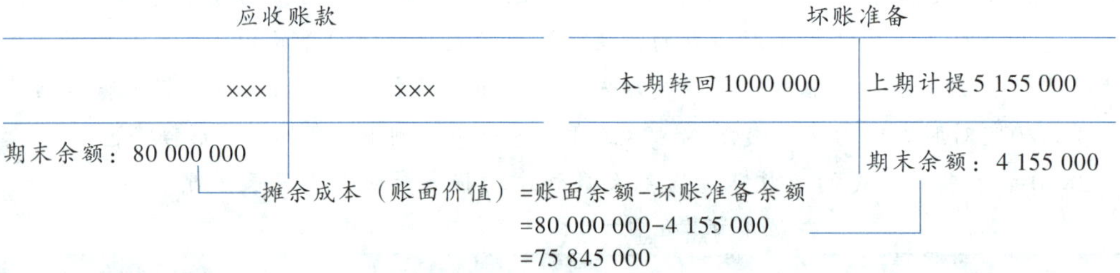

图2-9　应收账款账面余额与摊余成本的关系示意图

【公司实务】*ST康德的债权债务重组公告

资料：*ST康德（证券代码002450）2020年6月29日发布的《康德新复合材料集团股份公司关于公司与客户及供应商进行债权债务重组的公告》中称：基于公司经营战略的调整及流动性紧张的资金状况，公司与作为债务重组对象的客户及供应商的合作模式的基础不再存在，公司无法在市场开拓及技术支持方面投入资源，作为该产业链的参与方，公司与客户及其相关供应商都将承担相应损失，“本着互谅互让的原则，经各方协商一致，公司在上述客户及供应商之间一揽子转移相关债务、资产，豁免相关债权，对上述产业链的债权债务进行统筹抵扣整合，实际可收回货款金额为20 500万元（贰亿零伍佰万元）人民币，最终无法收回货款金额为476 430 733.68元人民币，对其全额计提信用减值损失”。

要求：根据上述资料，假定该公司对无法收回的这些债权已经计提430 000元的减值损失，分别进行补提减值损失和核销债权的账务处理。

【例2-31】核销应收账款和已提坏账准备、已核销应收账款又收回的会计处理。

公司实务参考答案

资料：甲企业是C公司的大客户。2×20年12月末，C公司应收甲企业的货款余额为900 000元。甲企业近期财务状况出现严重问题，C公司根据掌握的信息估计该笔应收账款的预期信用损失为300 000元。2×21年7月末，C公司收回甲企业的欠款600 000元，并将确实无法收回的300 000元应收账款予以核销。随着经营状况的改善，甲企业于11月末又支付给C公司剩余欠款300 000元。

ST康德全额计提信用减值损失的相关公告

C公司的有关账务处理为：

①2×20年12月末确认减值损失、计提坏账准备时：

借：信用减值损失 300 000

　贷：坏账准备 300 000

②2×21年7月末收回部分货款时：

借：银行存款 600 000

　贷：应收账款 600 000

③核销坏账时：

借：坏账准备 300 000

　贷：应收账款 300 000

④11月末收回已核销的应收账款时：

首先，转回已核销坏账：

借：应收账款 300 000

　贷：坏账准备 300 000

然后，确认款项的收回：

借：银行存款 300 000

　贷：应收账款 300 000

也可将上述两个会计分录合并编制：

借：银行存款 300 000

　贷：坏账准备 300 000

【例2-32】债务工具投资减值准备的计提。

资料：甲企业2×20年12月15日，购入公允价值为10 000 000元的公司债券，10年期，票面利率为5%，实际利率也为5%。当日估计未来12个月预期信用损失为300 000元。2×20年12月31日，由于市场利率变动，公允价值跌至9 600 000元。甲企业根据各方面信息经过分析认为与初始确认相比信用风险并无显著增加，估计未来12个月预期信用损失仍为300 000元。为简化起见，暂不考虑利息收入的确认问题。其他因素略。

要求：区分以下两种情况，进行甲企业的相关账务处理，并分析该投资在2×20年12月31日资产负债表中的报告价值：情况1，甲企业将此项债务工具投资分类为以摊余成本计量的金融资产；情况2，甲企业将此项债务工具投资分类为以公允价值计量且其变动计入其他综合收益的金融资产。

解答：两种情况下有关账务处理的比较见表2-8。

表2-8 两种情况下有关账务处理的比较

业务内容		情况1	情况2
1.2×20年12月15日，投资时		借：债权投资——成本 10 000 000 贷：银行存款 10 000 000	借：其他债权投资——成本 10 000 000 贷：银行存款 10 000 000
2.2×20年12月31日	确认公允价值变动		借：其他综合收益——其他债权投资公允价值变动 400 000 贷：其他债权投资——公允价值变动 400 000
	计提减值准备	借：信用减值损失 300 000 贷：债权投资减值准备 300 000	借：信用减值损失 300 000 贷：其他综合收益——信用减值准备 300 000
	期末报告价值	债权投资9 700 000元（摊余成本9 700 000=10 000 000−300 000）	其他债权投资9 600 000元（公允价值9 600 000=10 000 000−400 000）

【报表导向思考】为什么为其他债权投资计提减值准备时贷记“其他综合收益”科目而不是“其他债权投资减值准备”科目？

其他债权投资是分类为以公允价值计量且其变动计入其他综合收益的债务工具投资，这就意味着其在资产负债表中的报告价值应为报告期末的公允价值。表2-8中，在确认公允价值变动损失400 000元的账务处理之后，其他债权投资的账面价值降至当日公允价值9 600 000元；如果接下来计提减值准备的账务处理中贷记“其他债权投资减值准备”科目，就会导致该项投资的账面价值变成9 300 000元，此项投资如果按这个账面价值在报表中报告，就不符合以公允价值计量的分类要求了。

【例2-33】债务工具投资减值准备的转回。

资料：见例2-32。假定甲企业将此项投资分类为以摊余成本计量的金融资产。2×21年12月31日，企业根据各方面信息经过分析认为与初始确认相比信用风险并无显著增加，估计未来12个月预期信用损失为220 000元。

问题：甲企业2×21年12月31日应计提的减值准备为多少？

分析：“债权投资减值准备”科目期末应有贷方余额220 000元，现有余额300 000元，所以，应转回80 000元的已提减值准备，有关账务处理为：

借：债权投资减值准备 80 000

　贷：信用减值损失 80 000

至此，该债权投资的账面价值（摊余成本）为9 780 000元。

【例2-34】债务工具投资减值准备的结转。

资料：见例2-32。假定甲企业将此项投资分类为以公允价值计量且其变动计入其他综合收益的金融资产，并于2×21年1月1日以当天的公允价值9 550 000元出售了该项投资。

甲企业出售投资时的账务处理为：

借：银行存款 9 550 000

　　其他债权投资——公允价值变动 400 000

　　其他综合收益——信用减值准备 300 000*

　　投资收益 150 000**

　贷：其他债权投资——成本 10 000 000

　　　其他综合收益——其他债权投资公允价值变动 400 000

*结转已提减值准备；

**投资损失150 000元为出售损失50 000元与其他综合收益结转额100 000元之和。

智能测评2-4

【本章小结】

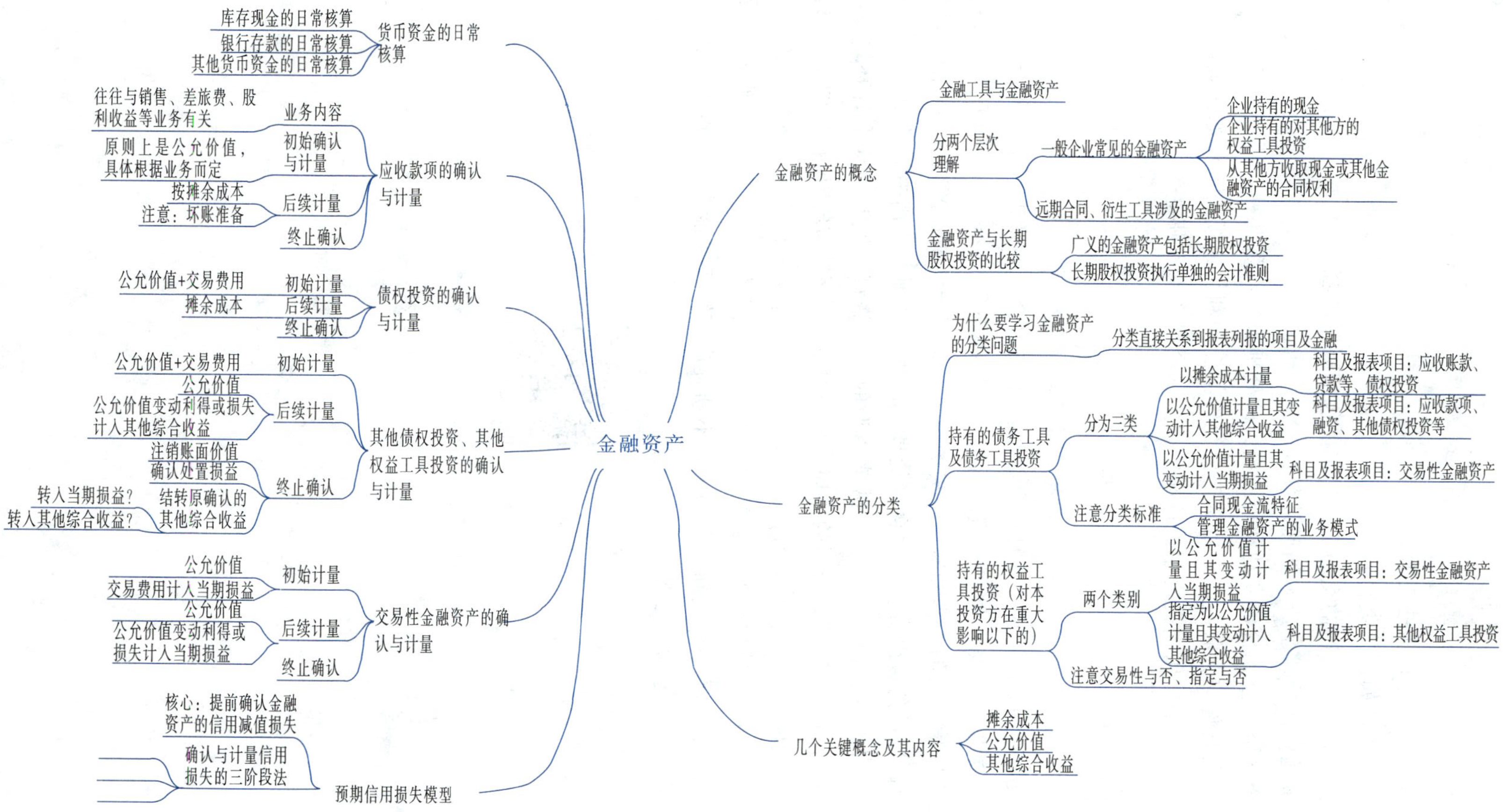
金融资产
货币资金的日常核算
库存现金的日常核算
银行存款的日常核算
其他货币资金的日常核算
应收款项的确认与计量
业务内容
往往与销售、差旅费、股利收益等业务有关
初始确认与计量
原则上是公允价值，具体根据业务而定
后续计量
按摊余成本
注意：坏账准备
终止确认
债权投资的确认与计量
初始计量
公允价值+交易费用
后续计量
摊余成本
终止确认
其他债权投资、其他权益工具投资的确认与计量
初始计量
公允价值+交易费用
后续计量
公允价值
公允价值变动利得或损失计入其他综合收益
终止确认
注销账面价值
确认处置损益
结转原确认的其他综合收益
转入当期损益？
转入其他综合收益？
交易性金融资产的确认与计量
初始计量
公允价值
交易费用计入当期损益
后续计量
公允价值
公允价值变动利得或损失计入当期损益
终止确认
预期信用损失模型
核心：提前确认金融资产的信用减值损失
确认与计量信用损失的三阶段法
金融资产的概念
金融工具与金融资产
分两个层次理解
一般企业常见的金融资产
企业持有的现金
企业持有的对其他方的权益工具投资
从其他方收取现金或其他金融资产的合同权利
远期合同、衍生工具涉及的金融资产
金融资产与长期股权投资的比较
广义的金融资产包括长期股权投资
长期股权投资执行单独的会计准则
金融资产的分类
为什么要学习金融资产的分类问题
分类直接关系到报表列报的项目及金融
持有的债务工具及债务工具投资
分为三类
以摊余成本计量
科目及报表项目：应收账款、贷款等、债权投资
以公允价值计量且其变动计入其他综合收益
科目及报表项目：应收款项、融资、其他债权投资等
以公允价值计量且其变动计入当期损益
科目及报表项目：交易性金融资产
注意分类标准
合同现金流特征
管理金融资产的业务模式
持有的权益工具投资（对本投资方在重大影响以下的）
两个类别
以公允价值计量且其变动计入当期损益
科目及报表项目：交易性金融资产
指定为以公允价值计量且其变动计入其他综合收益
科目及报表项目：其他权益工具投资
注意交易性与否、指定与否
几个关键概念及其内容
摊余成本
公允价值
其他综合收益

【问题与思考】

1.金融资产包括哪些内容?
2.金融资产如何分类?
3.什么是金融资产的交易费用?主要包括哪些内容?
4.金融资产的摊余成本如何计算?
5.金融资产公允价值变动利得或损失的处理方法有哪几种?
6.计入其他综合收益的金融资产公允价值变动利得或损失，应如何确认与结转?
7.使用预期信用损失模型确认减值损失的金融资产有哪些?

【思政要点】

关注准则动态与培养持续学习能力

从2017年以来，财政部对与金融工具相关的会计准则进行了重大修订。以金融资产减值模型为例，2006年颁布实施的《企业会计准则第22号——金融工具确认和计量》中，金融资产减值准备的计提和减值损失的确认，是基于金融资产减值迹象的“已发生损失模型”；而修订后的金融资产减值会计处理规范则是“预期信用损失模型”。与会计准则的其他修订一样，一方面，金融资产减值模型的这一修订，既是适应会计环境不断变化的需要，也是与国际会计准则趋同的体现；另一方面，金融资产减值模型的这一修订，既给财务会计知识体系带来很大变动，也对企业相关会计实务产生重大影响。而上述这两个方面，都是我们应持续关注的。随着会计环境的不断变化，未来会计准则还会不断发生新的变动。所以，为了不断更新专业知识，不断提高实际工作能力，持续的自我学习能力的培养与提高，无疑是很必要的。

延伸阅读

金融资产的重分类

第三章
存　货

【学习目标】

通过对本章内容的学习，了解存货的含义以及一般工商企业存货的种类，掌握存货收、发、存的相关会计处理原理和基本应用，明确存货在资产负债表中的列报原理。

【财报引读】

雅戈尔2019年年度报告中关于存货的分类

雅戈尔集团股份有限公司于1998年11月19日在上海证券交易所挂牌上市，股票代码：600177，股票简称：雅戈尔，经营范围主要包括品牌服装、地产开发以及投资业务，公司所属的雅戈尔集团创建于1979年，总部位于东海之滨的浙江省宁波市，是全国纺织服装行业龙头企业。

表3-1是雅戈尔2019年年度财务报告中关于存货分类的信息。

表3-1 雅戈尔2019年年度财务报表注释摘编 单位：元 币种：人民币

项目	期末余额			期初余额		
	账面余额	跌价准备	账面价值	账面余额	跌价准备	账面价值
原材料	433 923 921.32	15 745 412.81	418 178 508.51	355 880 921.10	1 363 421.16	354 517 499.94
在产品	82 572 226.49	8 651 250.78	73 920 975.71	114 554 906.14	8 741 036.62	105 813 869.52
库存商品	1 536 890 153.10	70 740 597.26	1 466 149 555.84	1 454 338 783.35	102 757 558.66	1 351 581 224.69
周转材料	46 470.40		46 470.40	31 081.16		31 081.16
委托加工物资	28 925 879.65	454 529.42	28 471 350.23	4 406 131.70		4 406 131.70
发出商品	6 190 584.71	236 753.01	5 953 831.70	2 381 809.41		2 381 809.41
开发产品	3 247 889 237.02	248 383 537.13	2 999 505 699.89	8 529 073 715.95	258 951 210.82	8 270 122 505.13
开发成本	7 417 921 814.25		7 417 921 814.25	1 779 458 061.63		1 779 458 061.63
拟开发土地	4 140 336 687.80		4 140 336 687.80	2 652 271 911.32		2 652 271 911.32
合计	16 894 696 974.74	344 212 080.41	16 550 484 894.33	14 892 397 321.76	371 813 227.26	14 520 584 094.50

什么是存货？存货如何分类？如何对各类存货进行会计确认与计量？什么是存货跌价准备？存货账面余额与账面价值是什么关系？存货账面价值与报表列报价值是什么关系？本章将以制造业和商品流通企业的存货为主，对上述问题以及存货确认与计量的其他问题，进行系统阐述。

雅戈尔2019年年度报告

第一节 存货概述

一、存货的含义

存货是指企业在日常活动中持有以备出售的产成品或商品、处在生产过程中的在产品、在生产过程或提供劳务过程中耗用的材料和物料等。

一项资产是否属于本企业的存货，其确认标准是该资产的具体特征以及该资产的所有权归属。可见，这里包括两个方面的认定：某项特定资产是否是存货、某存货是否是某特定企业的存货。

根据存货的特征，可以确知一项资产是否是存货。存货具有以下特征：第一，存货是有形资产，这使它区别于无形资产；第二，存货是为企业生产经营而储备的资产，这使它区别于在建工程物资等与投资相关的资产；第三，存货的实体经常处于不断销售和重置或不断耗用和重置之中，其价值一般随着销售的实现一次得到补偿，因而具有较快的变现能力和较大的流动性，这使它有别于固定资产。因此，一般工商业的存货主要包括原料及主要材料、包装物、低值易耗品、在产品、自制半成品、产成品、商品等。

根据存货的所有权归属，可以判别一项存货是否是特定企业的存货。凡是在盘存日其法定所有权属于本企业的存货，不论其存放地点如何，也不论其处于何种状态，它都属于该企业的存货。因此，企业的存货包括所有权归属于本企业的在库存货、在途存货、在制存货以及寄售存货等。

二、存货的种类

（一）按存货的经济用途不同进行分类

按存货的经济用途不同来分类，一般工商企业的存货通常包括以下几类：

1.原材料，指企业在生产过程中经加工改变其形态或性质并构成产品主要实体的各种原料及主要材料、辅助材料、外购半成品（外购件）、修理用备件（备品备件）、包装材料、燃料等。为建造固定资产等各项工程而储备的各种材料，虽然同属于材料，但是由于用于建造固定资产等各项工程，不符合存货的定义，因此不能作为企业的存货。

2.在产品，指企业正在制造尚未完工的产品，包括正在各个生产工序加工的产品，以及已加工完毕但尚未检验或已检验但尚未办理入库手续的产品。

3.半成品，指经过一定生产过程并已检验合格交付半成品仓库保管，但尚未制造完工成为产成品，仍需进一步加工的中间产品。

4.产成品，指工业企业已经完成全部生产过程并验收入库，可以按照合同规定的条件送交订货单位，或者可以作为商品对外销售的产品。企业接受外来原材料加工制造的代制品和为外单位加工修理的代修品，制造和修理完成验收入库后应视同企业的产成品。

5.商品，指商品流通企业外购或委托加工完成验收入库用于销售的各种商品。

6.周转材料，指企业能够多次使用但不符合固定资产定义的材料，如为了包装本企业商品而储备的各种包装物，各种工具、管理用具、玻璃器皿、劳动保护用品以及在经营过程中周转使用的容器等低值易耗品和建造承包商的钢模板、木模板、脚手架等其他周转材料。但是，周转材料符合固定资产定义的，应当作为固定资产处理。

（二）按存货的存放地点不同进行分类

按存放地点不同，存货可以分为以下几类：

1.在库存货，指已经运抵企业并验收入库的各种材料、半成品、产成品以及商品。

2.在制存货，指正在生产车间制造过程中的在产品、在外单位委托加工中的材料和商品等。

3.在途存货，指货款已经支付但尚未验收入库或正在运输途中的各种材料、商品。商业企业的在途存货还包括以下两种：一是直运商品购销业务中已向供货方支付货款但尚未向购货方办理结算手续的商品；二是已经运达企业并已验收入库但货款尚未支付的商品。

（三）按存货的取得来源不同进行分类

根据存货的取得渠道不同，可将存货分为：外购的存货、自制的存货、委托加工的存货、接受投资的存货、接受捐赠的存货、债务重组中受让的存货、非货币性资产交换中换入的存货及盘盈的存货等。

三、存货会计内容概要

存货的会计确认与计量需解决的问题主要有三个方面：取得存货时，进行初始确认与计量；发出存货时，进行价值计量与成本结转；期末，确定存货的报告价值。基于存货业务流程来看存货会计的主要内容如图3-1所示。

智能测评3-1

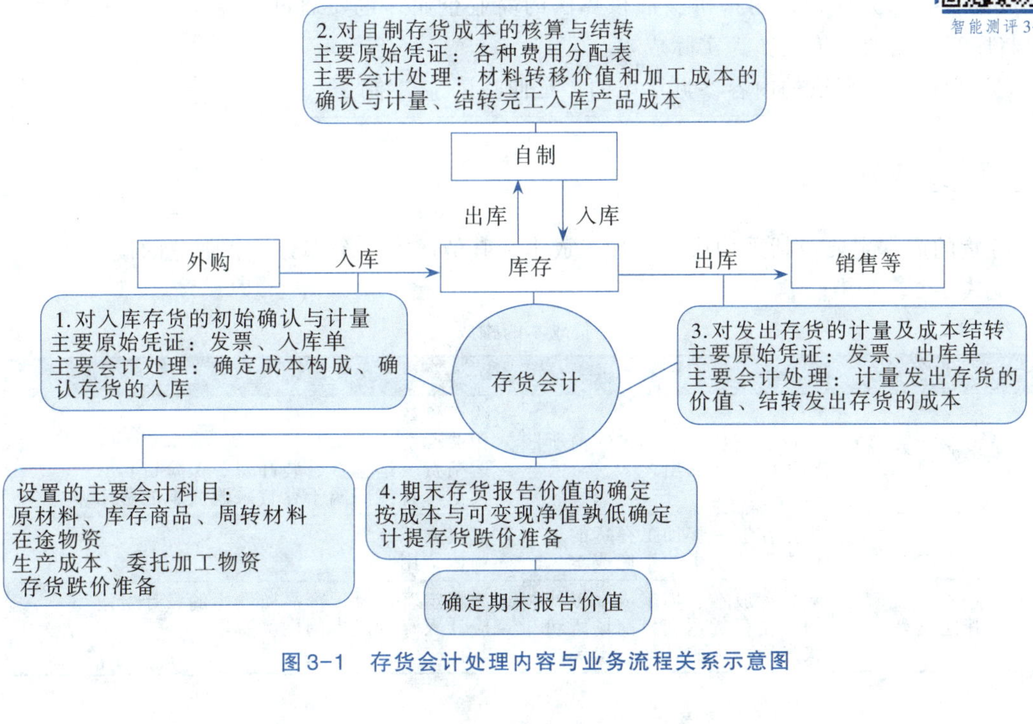

图3-1 存货会计处理内容与业务流程关系示意图

接下来对存货会计的主要内容进行系统阐述。

第二节 取得存货的确认与计量

对取得的存货进行初始确认与计量，就是要解决存货的入账价值问题，这个问题将直接关系到发出存货的计价及其对利润表有关项目的影响，更关系到期末资产负债表中存货的报告价值。

一、确认条件与初始计量原则

存货的确认必须在符合存货定义的前提下，同时满足以下两个条件：

1.该存货包含的经济利益很可能流入企业；

2.该存货的成本能够可靠地计量。

存货的初始计量，解决的是对取得存货计价的问题。根据现行企业会计准则，企业取得存货应当按照成本进行计量。

【报表导向思考】

企业取得的存货按成本计量就是按取得时的实际成本计量，而这个实际成本不仅是决定利润表中已售存货价值的主要因素，更是资产负债表中存货报告价值的计量基础。所以，这个初始计量原则是学习存货后续计量、期末报告价值的计量等问题的前提。

正因为如此，为了能够在资产负债表中报告期末存货的实际成本，一方面，按计划成本进行存货日常核算的工业企业，要通过“材料成本差异”“产品成本差异”等科目核算存货的实际成本与计划成本的差异，并将期末结余存货账面计划成本调整为实际成本；另一方面，采用售价金额核算法的商业企业，也要通过“商品进销差价”科目将库存商品的售价调整为实际成本。

计划成本核算法的内容参见章尾的“延伸阅读”二维码。

二、存货成本的构成

存货的成本主要包括采购成本、加工成本和其他成本三个部分，各部分的概念及主要内容见表3-2。

表3-2 存货成本的构成

存货成本的构成	概念	内容
1.采购成本	企业物资从采购到入库前所发生的全部支出	➤购买价款 ➤相关税费 ➤运杂费（运输费、装卸费、保险费） ➤其他可直接归属于存货采购成本的费用
2.加工成本	企业在进一步加工存货的过程中追加发生的生产成本	➤直接人工 ➤制造费用
3.其他成本	除采购成本、加工成本以外的，使存货达到目前场所和状态所发生的其他支出等	➤为特定客户设计产品所发生的设计费用 ➤应计入存货成本的借款费用 ➤其他

下面结合存货的具体取得途径介绍存货取得成本的具体内容。

（一）外购存货的成本

企业外购存货主要包括原材料和商品。外购存货的成本即存货的采购成本。

通常情况下，计入外购存货采购成本的具体内容包括：（1）存货的购买价款，即企业购入的材料或商品的发票账单上列明的价款，但不包括按规定可以抵扣的增值税税额。（2）存货的相关税费，即指企业购买、自制或委托加工存货发生的进口关税、消费税、资源税和不能抵扣的增值税进项税额等应计入存货采购成本的税费。（3）其他可归属于存货采购成本的费用，即采购成本中除上述各项以外的可归属于存货采购成本的费用，如在存货采购过程中发生的运输费、仓储费、包装费、运输途中的合理损耗、入库前的挑选整理费用等。其他可归属于存货采购成本的这些费用能分清负担对象的，应直接计入存货的采购成本；不能分清负担对象的，应选择合理的分配方法，分配计入有关存货的采购成本，可按所购存货的数量或采购价格比例进行分配。

商品流通企业在采购商品过程中发生的运输费、装卸费、保险费以及其他可归属于存货采购成本的费用等进货费用，应计入所购商品成本。在实务中，企业也可以将发生的运输费、装卸费、保险费以及其他可归属于存货采购成本的费用等进货费用先进行归集，期末，按照所购商品的存销情况进行分摊。对于已销售商品的进货费用，计入主营业务成本；对于未售商品的进货费用，计入期末存货成本。商品流通企业采购商品的进货费用金额较小的，可以在发生时直接计入当期销售费用。

（二）自制存货的成本

自制存货主要包括自制的材料、半成品、在产品和产成品。自制存货的成本主要包括：（1）相关的采购成本，即由所使用或所消耗的原材料采购成本转移而来的成本。（2）加工成本，即直接人工和按一定方法分配的制造费用。直接人工是指企业在制造产品等存货的过程中直接从事产品生产的工人的职工薪酬；制造费用是指企业为生产产品而发生的各项间接费用，如车间管理人员的职工薪酬、车间固定资产的折旧费和修理费、办公费、水电费、机物料消耗等。

（三）委托加工物资的成本

委托加工物资的成本包括加工过程中耗用的材料成本和支付的加工费、支付的运杂费及应缴纳的税费等。

（四）其他来源形成的存货的成本

1.投资者投入。投资者投入存货的成本应当按照投资合同或协议约定的价值确定，但合同或协议约定价值不公允的除外。在投资合同或协议约定价值不公允的情况下，按照该项存货的公允价值作为其入账价值。

2.盘盈的存货。盘盈的存货按其重置成本作为入账价值。

3.非货币性资产交换中换入的存货、债务重组中受让的债务人用以抵偿债务的存货，入账价值的具体确定方法将在后面相关章节专门介绍。

【特别提示】

下列费用不应计入入库存货的成本：

（1）外购存货运输途中发生的除合理损耗之外的损耗与短缺，不应计入入库存货的采购成本，而应区别不同情况进行会计处理。

（2）为广告营销而采购的商品，其采购成本计入当期损益（销售费用）。

（3）对于自制存货，生产过程中发生的非正常消耗的直接材料、直接人工和制造费用（如超定额的废品损失或自然灾害导致的损失）等，计入当期损益（营业外支出）。

（4）入库后存货的仓储费用，计入当期损益（管理费用）。

三、基本业务的账务处理

（一）外购存货

企业在外购存货时，由于所采用的结算方式不同等诸多原因，货物验收和货款支付两者可能同时进行，也可能没有同时进行从而需要确认在途物资或应付账款，更有可能因预付货款而需要确认相关债权。另外，企业外购货物还可能因各种原因发生运输途中的短缺或毁损。企业需根据不同情况进行相应的账务处理。

外购存货的业务类型及其会计处理要点如图3-2所示。

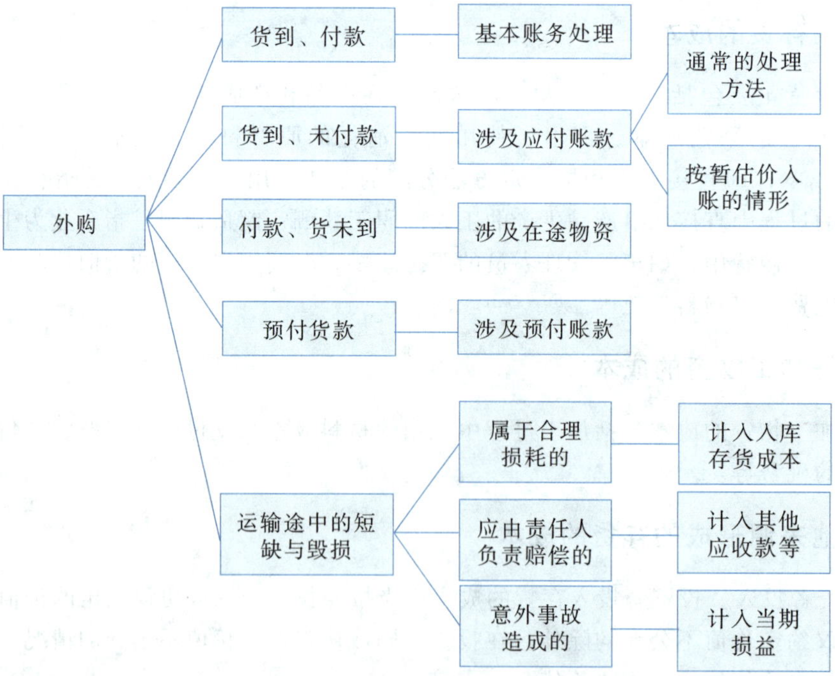

图3-2 外购存货的业务类型及其会计处理要点

下面举例予以说明。

【例3-1】甲企业向乙企业购入原料一批，用转账支票支付购买货款10 000元、增值税1 300元，材料已验收入库。甲企业有关账务处理为：

借：原材料 10 000

应交税费——应交增值税（进项税额） 1 300

贷：银行存款 11 300

【例3-2】甲企业采用托收承付结算方式向丙企业购买辅助材料A和辅助材料B两批材料，3月25日根据购货合同已将运抵企业的两批货物验收入库，但尚未收到有关发票账单，货款尚未支付。3月28日收到A材料的相关发票账单，承付货款及税款共113 000元（其中增值税为13 000元）。3月末仍未收到B材料的相关发票账单，按暂估价入账。4月5日收到B材料的发票账单，承付货款及税款共226 000元（其中增值税为26 000元）。

甲企业有关账务处理为：

①3月25日，收到货物时暂时不进行账务处理。

②3月28日，对已入库A材料进行确认：

借：原材料——A材料 100 000

应交税费——应交增值税（进项税额） 13 000

贷：银行存款 113 000

③3月31日，对已入库B材料按暂估价先行入账（假定暂估价为180 000元）：

借：原材料——B材料 180 000

贷：应付账款 180 000

④4月1日，红字冲回暂估入账的B材料：

借：原材料——B材料 [180 000]

贷：应付账款 [180 000]

⑤4月5日，支付B材料款项：

借：原材料——B材料 200 000

应交税费——应交增值税（进项税额） 26 000

贷：银行存款 226 000

【例3-3】甲企业2×20年2月下旬向丁企业购入包装物一批，用银行汇票支付货款30 000元、增值税3 900元；材料于3月初方运抵企业。

甲企业有关账务处理为：

①2月下旬支付购买材料款时：

借：在途物资 30 000

应交税费——应交增值税（进项税额） 3 900

贷：其他货币资金——银行汇票存款 33 900

②3月初材料验收入库时：

借：原材料 30 000

贷：在途物资 30 000

【例3-4】甲企业2×20年2月下旬向戊企业购入原料一批共1 000千克，根据对方出具的增值税专用发票，用银行汇票支付货款400 000元、增值税52 000元；材料于3月初方运抵企业。甲企业验收货物时发现短缺了5%共50千克，经查，其中10千克的短缺属于合理损耗，另40千克的短缺属于运输单位的责任。

甲企业有关账务处理为：

①2月下旬支付购买材料款时：

借：在途物资　　400 000

　　应交税费——应交增值税（进项税额）　　52 000

　贷：其他货币资金——银行汇票存款　　452 000

②3月初材料验收入库时：

借：原材料　　384 000

　贷：在途物资　　384 000

③确认应收取运输单位的索赔款时：

借：其他应收款——××运输单位　　16 000

　贷：在途物资　　16 000

【例3-5】甲企业根据购货合同采用预付款方式向乙企业采购原料。2×20年5月用转账支票向乙企业支付购买材料预付款100 000元；6月份收到乙企业发来的货物，相关增值税专用发票注明货款为140 000元、增值税为18 200元；7月份补付欠款。

甲企业有关账务处理为：

①5月份预付货款时：

借：预付账款　　100 000

　贷：银行存款　　100 000

②6月份货物验收入库时：

借：原材料　　140 000

　　应交税费——应交增值税（进项税额）　　18 200

　贷：预付账款　　158 200

③7月份补付欠款时：

借：预付账款　　58 200

　贷：银行存款　　58 200

（如为退回多余款，账务处理的借贷方向相反）

【特别提示】

企业采用预付款方式购买存货时，通常通过“预付账款”科目对货款的预付、货物的买入、余款的退补进行核算，该科目的期末余额有可能在借方（表示尚未收到货物的已预付金额），也有可能在贷方（表示尚未补付的已收到货物金额大于已预付金额的差额）。

在预付款项业务不多的情况下，企业也可不单设本科目，将预付款的增减变动通过“应付账款”科目核算。这时，“应付账款”科目期末也可能会出现借方余额。

可见，在有预付款项业务的情况下，“应付账款”或“预付账款”科目，期末余额在贷方，反映的是企业的债务；期末余额在借方，反映的是企业的债权。这些情况将影响在资产负债表中如何列报这两个会计科目的余额。

（二）自制存货

企业自制各种材料、产成品时，需根据领料单、各项费用分配表等有关原始凭证，通过“生产成本”科目的借方归集自制过程中发生的直接材料费、直接人工费以及其他有关费用；制造完工验收入库时，需按交库单等有关原始凭证，将自制存货的实际成本结转记入有关存货科目。

下面举例予以说明。

【例 3-6】甲企业基本生产车间2月份为生产A产品领用原材料60 000元，支付直接人工费10 000元，分配制造费用7 000元。月末该批产品生产完工，验收入库。

甲企业的有关A产品的账务处理为：

①根据材料费用分配表分配A产品领用的原材料费用：

借：生产成本——A产品　60 000

　贷：原材料　60 000

②根据工资费用分配表分配A产品应负担的直接人工费：

借：生产成本——A产品　10 000

　贷：应付职工薪酬　10 000

③根据制造费用分配表分配A产品应负担的制造费用：

借：生产成本——A产品　7 000

　贷：制造费用　7 000

④月末，根据产品入库单和成本费用计算单等凭证：

借：库存商品　77 000

　贷：生产成本——A产品　77 000

（三）委托加工存货

企业将物资发给受托方，委托其进行加工时，按其实际成本，借记“委托加工物资”科目，贷记“原材料”“库存商品”等科目；支付的加工费、运杂费等，借记“委托加工物资”科目，贷记“银行存款”等科目；加工完成验收入库的物资和剩余的物资，应按其实际成本，借记“原材料”“库存商品”等科目，贷记“委托加工物资”科目。

下面举例予以说明。

【例 3-7】甲企业委托乙企业加工一批商品。甲企业发给乙企业的材料成本为90 000元，支付加工费用和运杂费用3 000元，加工完成后将商品验收入库。相关税费略。

甲企业有关账务处理为：

①发出材料：

借：委托加工物资　90 000

　贷：原材料　90 000

②支付加工费、运杂费：

借：委托加工物资　3 000

　贷：银行存款　3 000

③加工完成验收入库：

借：库存商品　　93 000

　贷：委托加工物资　　93 000

（四）其他来源

企业接受投资人投入的存货时，按合同或协议约定的价值，借记“原材料”“库存商品”等科目，贷记“实收资本”（或“股本”）等科目。

【例 3-8】甲企业接受A股东投入的一批物资作为原材料，投资协议中约定，按有关资产评估机构评估的公允价值400 000元作为投资额。

智能测评 3-2

甲企业有关账务处理为：

借：原材料　　400 000

　贷：实收资本　　400 000

企业盘盈存货的相关会计处理，参见本章第四节。企业通过非货币性资产交换和债务重组取得的存货的会计处理方法，将在后面相关章节专门阐述。

第三节　发出存货的计量与成本结转

一、发出存货的计量

（一）成本流转假设的提出

在存货采用实际成本进行日常核算的情况下，根据入库存货的初始计量原则和具体成本构成，企业能够确定入库存货的实际成本。随着存货的领用，入库存货的实际成本需要在发出存货和期末结存存货之间进行分配，以便确定发出存货的成本和期末结余存货的成本。但是，由于入库存货的取得时间、地点、批次不同，同一种存货可能会存在若干不同的单位入账成本。那么，发出存货时采用什么单位成本来确定发出存货的实际成本呢？这就提出了存货成本流转的问题。

解决这个问题的最客观方法是：按照发出存货的实物流动与该存货的成本流转完全一致的思路对发出存货进行计价（相当于个别计价法）。但是这种方法对于存货数量巨大、品种繁多的企业而言，可行性比较差。所以，会计上就需要按照一个假定的存货成本流转方式来确定发出存货的成本，而不要求存货实物流动与其成本流转完全一致。

依据不同的成本流转假设，就产生了不同的发出存货的成本确定方法。现行企业会计准则允许采用的发出存货的成本确定方法主要有：先进先出法、加权平均法和个别计价法。发出存货计价方法一经选定，不得随意变更。

【报表导向思考】

不同的发出存货计价方法，会产生不同的发出存货成本信息以及不同的结余存货成本信息，从而对利润表、资产负债表相关项目的报告价值产生不同的影响。这一线索可能导致企业对发出存货计价方法的选择问题，而方法的选择往往受制于方法的适用性，方法的适用性往往又取决于方法的特定内涵。所以，采用表3-3的思路来学习发出存货的计价方法，不仅有助于把复杂的问题简单化，更有助于厘清从具体会计问题到财务报表的逻辑关系。

表3-3 发出存货计价方法的学习思路

<table>
<tr><th rowspan="2">方法</th><th colspan="3">基本内容与主要比较</th></tr>
<tr><th>掌握：基本内容</th><th>了解：合理性与局限性</th><th>关注：对各期报表的不同影响</th></tr>
<tr><td>1.先进先出法</td><td rowspan="3">每种方法的：
——概念
——公式
——应用</td><td rowspan="3">关系到：
——适用范围
——职业判断
——会计选择</td><td rowspan="3">比较同一业务采用不同方法时：
——资产负债表中存货的报告价值
——利润表中营业成本的列报价值
——现金流量表中的涉税流量</td></tr>
<tr><td>2.加权平均法</td></tr>
<tr><td>3.个别计价法</td></tr>
</table>

（二）发出存货的计价方法

1.先进先出法

先进先出法，是根据先入库的存货先发出这种物流顺序假设来确定成本流转顺序，对发出的存货进行计价的方法。采用这种方法，先购入的存货成本在后购入存货成本之前转出，据此计算确定发出存货的成本。

先进先出法有其显著的合理性。首先，可以将发出存货的确认与计量工作分散在平时，从而保证产品成本和销售成本以及结余存货成本的信息及时性；其次，这种方法既适用于永续盘存制又适用于实地盘存制，而且在两种盘存制下计算结果一致；最后，这种方法使期末结余存货价值比较接近当时存货的市场价格水平。当然，先进先出法也有其局限性。首先，在永续盘存制下，有时对发出的一批存货需要采用两个甚至两个以上的单位成本进行计价，工作量相对较大；其次，在物价上涨的前提下，由于是以最近的因而也是最高的进货单位成本支配期末存货的计价，使得计入本期销售成本中的发出存货价值相对较低，不仅降低了企业从销售收入中得到的存货补偿价值而无法满足现时物价水平下简单再生产的需要，还容易因出现虚利实税而使企业损失部分纳税利益；最后，从对财务报告的影响来看，在物价上涨期间，有高估资产、虚增利润之嫌。

2.加权平均法

加权平均法，是根据入库顺序不同的存货在发出时并无特定顺序这种物流假设来对发出的存货进行计价的方法。加权平均法通常有全月一次加权平均法和移动加权平均法。

（1）全月一次加权平均法。全月一次加权平均法是指在月末用本月全部进货数量与月初结存存货数量之和作为权数，去除当月全部进货成本与月初结存存货成本之和，以计算出的加权平均单位成本作为本月发出存货的计价依据。其计算公式如下：

$$全月一次加权平均单位成本=\frac{月初结存存货实际成本+本月入库存货实际成本}{月初结存存货数量+本月入库存货数量}$$

全月一次加权平均法，具有简化日常核算工作量的优点。但是，这种方法不能及时反映发出存货和结余存货的成本；在物价直线变动的情况下，采用该方法所计算的期末存货成本可能远离现行成本水平，计算的发出存货成本也可能远离该存货的入账价值。

（2）移动加权平均法。移动加权平均法是指每入库一次存货，就根据当时的库存存货总成本与总数量计算平均单位成本，作为下次进货以前对发出存货进行计价的单位成本。其计算公式如下：

$$移动加权平均单位成本=\frac{本次入库前结存存货实际成本+本次入库存货实际成本}{本次入库前结存存货数量+本次入库存货数量}$$

移动加权平均法与全月一次加权平均法相比，工作量有所增加，但也更趋合理。

3.个别计价法

个别计价法，亦称个别认定法、具体辨认法、分批实际法，是以每批（或每件）存货入库时的实际单位成本作为该批（件）存货发出时的单位成本的方法。在个别计价法下，发出存货的实物流动与其成本流转完全一致，严格地说，个别计价法并不存在存货流动假设。

从理论上讲，个别计价法最为客观。但是这种方法要求企业具备详细的存货收、发、存记录，尤其是单位成本的认定信息。这种方法适用于不能替代使用的存货、为特定项目专门购入或制造的存货以及提供的劳务。

下面举例说明发出存货计价方法的应用。

【例3-9】甲企业2×20年2月份的A材料有关资料见表3-4。

表3-4 材料明细账

材料品名：A　　　　金额单位：元

2×20年		摘要	收入			发出			结存		
月	日		数量	单位成本	总成本	数量	单位成本	总成本	数量	单位成本	总成本
2	1	期初结存							10	900	9 000
	10	购入	30	1 000	30 000						
	12	领用				15					
	15	购入	50	1 200	60 000						
	23	领用				40					
2	28	本期发生额及期末结存	80	—	90 000	55			35		

采用先进先出法、全月一次加权平均法和移动加权平均法三种不同计价方法确定的发出A材料实际成本分别见表3-5、表3-6和表3-7。

表 3-5　　材料明细账（先进先出法）

材料品名：A　　金额单位：元

2×20年		摘要	收入			发出			结存		
月	日		数量	单位成本	总成本	数量	单位成本	总成本	数量	单位成本	总成本
2	1	期初结存							10	900	9 000
	10	购入	30	1 000	30 000				40		39 000
	12	领用				10 5	900 1 000	9 000 5 000	25		25 000
	15	购入	50	1 200	60 000				75		85 000
	23	领用				25 15	1 000 1 200	25 000 18 000	35		42 000
2	28	本期发生额及期末结存	80	—	90 000	55	—	57 000	35	1 200	42 000

表 3-6　　材料明细账（全月一次加权平均法）

材料品名：A　　金额单位：元

2×20年		摘要	收入			发出			结存		
月	日		数量	单位成本	总成本	数量	单位成本	总成本	数量	单位成本	总成本
2	1	期初结存							10	900	9 000
	10	购入	30	1 000	30 000				40		
	12	领用				15			25		
	15	购入	50	1 200	60 000				75		
	23	领用				40			35		
2	28	本期发生额及期末结存	80	—	90 000	55	1 100	60 500	35	1 100	38 500

表 3-7　　材料明细账（移动加权平均法）

材料品名：A　　金额单位：元

2×20年		摘要	收入			发出			结存		
月	日		数量	单位成本	总成本	数量	单位成本	总成本	数量	单位成本	总成本
2	1	期初结存							10	900	9 000
	10	购入	30	1 000	30 000				40	975	39 000
	12	领用				15	975	14 625	25	975	24 375
	15	购入	50	1 200	60 000				75	1 125	84 375
	23	领用				40	1 125	45 000	35	1 125	39 375
2	28	本期发生额及期末结存	80	—	90 000	55	—	59 625	35	—	39 375

二、发出存货的成本结转

企业因生产领用、一般消耗、委外加工、对外销售等各种原因发出库存的原材料、产成品、商品以及周转材料的，应根据有关发货凭证上载明的用途和实际成本（按上述某种发出存货的计价方法计算确定的），进行结转发出存货实际成本的账务处理。

（一）发出材料、产成品和商品的成本结转

企业应将发出原材料的实际成本结转计入有关成本费用。企业领用库存原材料时，应根据发出材料凭证，按发出材料的具体用途和实际成本，分别借记“生产成本”“制造费用”“管理费用”“委托加工物资”“其他业务成本”等科目，贷记“原材料”科目。企业应将因销售而发出产成品、商品的实际成本结转计入当期损益。企业销售产成品、商品时，应按发出产成品、商品的实际成本，借记“主营业务成本”等科目，贷记“库存商品”科目。

下面举例予以说明。

【例3-10】甲企业采用先进先出法计算发出材料的成本。2×20年2月末汇总库存材料领料凭证，本期发出A材料的成本为57 000元，其中：生产产品领用45 000元，生产车间机物料消耗5 000元，企业行政管理部门领用3 000元，企业的专设销售机构领用4 000元。

甲企业结转出库原材料的有关账务处理为：

借：生产成本	45 000	
制造费用	5 000	
管理费用	3 000	
销售费用	4 000	
贷：原材料		57 000

【例3-11】甲企业某月销售产成品25台，实际成本为25 000元。根据产品出库凭证，甲企业的有关账务处理为：

借：主营业务成本	25 000	
贷：库存商品		25 000

> 【特别提示】
>
> 1.库存商品的成本结转需以商品销售收入的确认为前提。确认收入的有关内容参见本书第十二章。
>
> 2.企业发出的库存原材料、库存商品，除了用于产品生产、一般消耗、对外销售这些基本用途之外，还可能用于在建工程、非货币性资产交换、债务重组等。在这些情况下，无疑也需要按相关存货的实际成本进行结转，但还可能需要进行其他必要的会计处理，有关内容参见本书后面其他相关章节。

（二）发出周转材料的成本结转

企业领用周转材料时，需要根据周转材料的成本分摊方法进行相应的会计处理。周转材料的成本分摊方法有一次转销法、分次转销法和五五摊销法等。现行企业会计准则规定企业应当采用一次转销法或者五五摊销法对低值易耗品和包装物进行摊销，并将摊销价值计入相关资产的成本或者当期损益。

各种方法的主要内容见表3-8。

表3-8 周转材料成本结转方法的要点

<table>
<tr><th>方法名称</th><th>概念</th><th>适用范围</th><th>备注</th></tr>
<tr><td>一次转销法</td><td>在领用周转材料的当月，将其实际成本一次计入有关成本、费用中；报废时，将回收的残料价值冲减报废月份的有关成本、费用</td><td>适用于单价较低、领用频繁的周转材料</td><td></td></tr>
<tr><td>分次转销法</td><td>将领用的周转材料的实际成本按预计使用期限平均计入各期有关成本、费用中，报废时将回收的残料价值冲减报废月份的有关成本、费用</td><td>一般适用于使用期限比较长、单位价值比较高或一次领用数量比较多以及各月领用、报废不均衡的周转材料</td><td rowspan="2">应在“周转材料”科目下，分别设置“在库”、“在用”和“摊销”三个明细科目进行明细核算</td></tr>
<tr><td>五五摊销法</td><td>将领用的周转材料的实际成本分两次分别计入领用月份和报废月份的有关成本、费用中，报废时将回收的残料价值冲减报废月份的有关成本、费用</td><td>一般适用于使用期限比较长、单位价值比较高或一次领用数量比较多以及各月领用、报废比较均衡的周转材料</td></tr>
</table>

下面举例予以说明。

【例3-12】一次转销法。

甲企业生产车间6月份领用一批小型工、卡器具等低值易耗品，实际成本为900元。本月该车间还报废一批以前领用的低值易耗品，回收残料已入库，价值为100元。一次转销法下甲企业6月份有关账务处理为：

①领用低值易耗品时：

借：制造费用　　900

　贷：周转材料　　900

②回收报废低值易耗品的残料时：

借：原材料　　100

　贷：制造费用　　100

【例3-13】五五摊销法。

甲企业7月份发出10个包装物租给乙企业使用，该批包装物的实际成本为8 000元。每月收取租金1 000元；10月末收回该批包装物，其中有4个予以报废，回收残料价值300

元。五五摊销法下甲企业有关账务处理为：

①7月份出库包装物时：

借：周转材料——在用　　8 000

　贷：周转材料——在库　　8 000

②7月份将领用包装物的成本的50%进行摊销：

借：其他业务成本　　4 000

　贷：周转材料——摊销　　4 000

③7、8、9、10月份每月收取租金时：

借：银行存款　　1 000

　贷：其他业务收入　　1 000

④10月末收回出租包装物，入库6个：

借：周转材料——在库　　4 800

　贷：周转材料——在用　　4 800

⑤10月末将报废4个包装物成本的另50%进行摊销：

借：其他业务成本　　1 600

　贷：周转材料——摊销　　1 600

⑥注销报废包装物的账面价值：

借：周转材料——摊销　　3 200

　贷：周转材料——在用　　3 200

⑦回收报废包装物的残料时：

借：原材料　　300

　贷：其他业务成本　　300

智能测评 3-3

截至10月末，未报废的6个包装物的账面价值为2 400元（4 800×50%）。

第四节　期末存货的计量

一、成本与可变现净值孰低法

资产负债表日，企业对存货应采用成本与可变现净值孰低法进行计量。

（一）成本与可变现净值孰低法的含义

成本与可变现净值孰低法，是指对期末存货按成本和可变现净值两者之中较低者计价。也就是说，在资产负债表日，当存货成本低于可变现净值时，存货按成本计量；当存货成本高于可变现净值时，存货按可变现净值计量，同时按照成本高于可变现净值的差额计提存货跌价准备，并将存货跌价损失计入当期损益。这里的“成本”，是指期末结余存货的历史成本，即期末结余存货的取得成本；这里的“可变现净值”，是指在日常活动中，存货的估计售价减去至完工时估计将要发生的成本、估计的销售费用以及相关税费后的金额。

【报表导向思考】

期末存货的计量，事关资产负债表中关于存货的报告价值问题。报表列报的角度自然引起我们对以下三个问题的关注：

1.关于理论基础。成本与可变现净值孰低法旨在采用成本与存货可变现净值两者中较低者作为存货的列报价值。这样做符合谨慎性要求，也将使存货更加符合资产定义。

2.关于账面余额与账面价值。在可变现净值低于成本的情况下，报表中的存货要按可变现净值计量。这时，怎么处理存货成本高于报告价值的差额问题？那就要设立存货的备抵科目“存货跌价准备”，使其期末贷方应有余额能够解释存货成本与存货报告价值之间的关系，即：成本-跌价准备余额=报告价值。

我们知道，从账表体系来看，期末存货的成本即是存货的账面余额，报表中的报告价值应等于账面价值。从而有：（存货的）账面余额-跌价准备余额=账面价值。

3.关于计提跌价准备的逻辑思路。企业在资产负债表日，首先，应按成本与可变现净值两者孰低确定存货的期末报告价值；其次，根据存货账面余额高于报告价值（应有的账面价值）的差额，确定“存货跌价准备”的应有贷方余额；最后，根据该应有贷方余额与现有余额之间的差额确定本期应继续计提存货跌价准备还是转回以前已提取的存货跌价准备。这个思路将有助于我们接下来的学习。

存货存在下列情形之一的，通常表明存货的可变现净值低于成本：（1）该存货的市场价格持续下跌，并且在可预见的未来无回升的希望；（2）企业使用该项原材料生产的产品的成本大于产品的销售价格；（3）企业因产品更新换代，原有库存原材料已不适应新产品的需要，而该原材料的市场价格又低于其账面成本；（4）因企业所提供的商品或劳务过时或消费者偏好改变而使市场的需求发生变化，导致市场价格逐渐下跌；（5）其他足以证明该项存货实质上已经发生减值的情形。

（二）可变现净值的确定

1.确定可变现净值时应考虑的因素

企业在确定存货的可变现净值时，应当以取得的确凿证据为基础，并且考虑持有存货的目的、资产负债表日后事项的影响等因素。

（1）确定存货的可变现净值应当以取得确凿证据为基础。这里所讲的“确凿证据”是指对确定存货的可变现净值和成本有直接影响的客观证明。对于存货成本而言，存货的采购成本、加工成本和其他成本及以其他方式取得存货的成本，应当以取得外来原始凭证、生产成本账簿记录等作为确凿证据。存货可变现净值的确凿证据，则是指对确定存货的可变现净值有直接影响的确凿证明，如产成品或商品的市场销售价格、与产成品或商品相同或类似商品的市场销售价格、销货方提供的有关资料和生产成本资料等。

（2）确定存货的可变现净值应当考虑持有存货的目的。由于企业持有存货的目的不同，确定存货可变现净值的计算方法也不同，从而在确定存货的可变现净值时，应考虑持有存货的目的。企业持有存货的目的通常可以分为如下几种：①持有以备出售的存货，如商品、产成品，其中又分为有合同约定的存货和没有合同约定的存货。②将在生产过程或提供劳务过程中耗用的存货，如材料等。

（3）确定存货的可变现净值还应当考虑资产负债表日后事项等的影响。确定存货可变现净值时，应当以资产负债表日取得最可靠的证据估计的售价为基础并考虑持有存货的目的，资产负债表日至财务报告批准报出日之间存货售价发生波动的，如有确凿证据表明其对资产负债表日存货已经存在的情况提供了新的或进一步的证据，则在确定存货可变现净值时应当予以考虑，否则，不应予以考虑。

2.估计售价的确定

存货的可变现净值，要根据存货的估计售价、至完工时将要发生的成本、估计的销售费用和估计的相关税费等因素来综合确定，其中，估计售价的确定是关键环节。企业应当区别如下情况确定存货的估计售价：

（1）为执行销售合同或者劳务合同而持有的存货，且销售合同订购数量等于企业持有存货的数量的，通常应当以产成品或商品的合同价格作为其可变现净值的计算基础。

（2）如果企业持有存货的数量多于销售合同订购数量，超出部分的存货可变现净值应当以产成品或商品的一般销售价格作为计算基础。

（3）如果企业持有存货的数量少于销售合同订购数量，实际持有与该销售合同相关的存货应以销售合同所规定的价格作为可变现净值的计算基础。如果该合同为亏损合同，还应同时按照《企业会计准则第13号——或有事项》的规定确认预计负债。有关会计处理参见本书第九章“预计负债”的相关内容。

（4）没有销售合同约定的存货（不包括用于出售的材料），其可变现净值应当以产成品或商品的一般销售价格（即市场销售价格）作为计算基础。

（5）用于出售的材料等通常以市场价格作为其可变现净值的计算基础。这里的市场价格是指材料等的市场销售价格。如果用于出售的材料存在销售合同约定，应按合同价格作为其可变现净值的计算基础。

3.可变现净值为零的情形

存货存在下列情形之一的，通常表明存货的可变现净值为零。

（1）已霉烂变质的存货。

（2）已过期且无转让价值的存货。

（3）生产中已不再需要，并且已无使用价值和转让价值的存货。

（4）其他足以证明已无使用价值和转让价值的存货。

（三）成本与可变现净值的比较方法

存货的可变现净值确定之后，需将存货成本与其可变现净值进行比较，以便确定是否计提、计提多少存货跌价准备金额。比较的方法有三种：单项比较、分类比较、综合比较。不同的比较方法可能会导致不同的结果。

【例3-14】表3-9列示了甲企业2×20年6月末商品存货的资料以及分别采用单项比较、分类比较和综合比较三种方法确定应计提的存货跌价准备金额。

表 3-9 存货跌价准备金额确定方法比较

2×20年6月30日 金额单位：元

商品种类		数量	单位价值		总价值		成本与可变现净值孰低（存货在报表中的报告价值）			应计提的存货跌价准备		
			成本	可变现净值	成本	可变现净值	单项比较	分类比较	综合比较	单项比较	分类比较	综合比较
原材料	A	1 000	30	35	30 000	35 000	30 000			0		
	B	500	40	20	20 000	10 000	10 000			10 000		
	C	600	20	30	12 000	18 000	12 000			0		
	小计	—	—	—	62 000	63 000	52 000	62 000		10 000	0	
周转材料	D	30	600	500	18 000	15 000	15 000			3 000		
	E	40	800	900	32 000	36 000	32 000			0		
	小计	—	—	—	50 000	51 000	47 000	50 000		3 000	0	
产成品	F	5	1 200	1 000	6 000	5 000	5 000			1 000		
	G	8	1 300	1 100	10 400	8 800	8 800			1 600		
	小计	—	—	—	16 400	13 800	13 800	13 800		2 600	2 600	
总计		—	—	—	128	127 800	112 800	125 800	127 800	15 600	2 600	600

由表3-9最后一行可以看出，成本与可变现净值的比较对象不同，比较的结果有可能有区别（并不是所有情况下都有区别）。如果三种方法下比较的结果有所不同，则单项比较法确定的存货报告价值最低，从而计提的跌价准备最高；综合比较法确定的存货报告价值最高，从而计提的跌价准备最低；而分类比较法的结果则居中。

根据我国现行企业会计准则，企业通常应当按照单个存货项目计提存货跌价准备。对于数量繁多、单价较低的存货，可以按照存货类别计提存货跌价准备。与在同一地区生产和销售的产品系列相关、具有相同或类似最终用途或目的，且难以与其他项目分开计量的存货，可以合并计提存货跌价准备。

（四）为生产产成品而持有的材料存货

为生产而持有原材料、委托加工材料、在产品等存货，如果其价格有所下降，是否需要对其计提跌价准备，以用该存货生产的产成品的可变现净值与生产成本的比较为基础。对于为生产而持有的材料存货，如果用其生产的产成品的可变现净值预计高于产成品的生产成本，则该材料仍然应当按照成本计量；如果材料价格的下降表明产成品的可变现净值低于其生产成本，则该材料应当按可变现净值计量，这就需要对其计提存货跌价准备。

【例3-15】资料：2×20年12月31日，乙企业库存原材料中的A材料的账面成本为40万元，市场销售价格总额为35万元。预计用A材料生产B产成品时，除了投入材料成本40万元之外，尚需投入人工费等加工成本18万元，估计销售B产成品将发生销售费用等1万元，估计B产成品的市场销售价格将因材料价格的下跌而下跌至60万元。

问题：乙企业是否应该对A材料计提存货跌价准备？

分析：根据上述资料可知，2×20年12月31日，A材料的账面成本高于其市场价格，意味着就该材料存货本身而言，发生了价值减损。但是，由于用A材料生产的B产成品，其可变现净值59万元（60−1）仍高于成本58万元（40+18），所以，乙企业不应该对A材料计提存货跌价准备，即使A材料已经发生跌价。

【例3−16】资料：见例3−15。假定估计B产成品的市场销售价格将因材料价格的下跌而下跌至56万元。其他资料不变。

问题：乙企业是否应该对A材料计提存货跌价准备？

分析：在A材料已经发生跌价的情况下，由于用A材料生产的B产成品，其可变现净值55万元（56−1）已经低于其成本58万元，所以，乙企业应该对A材料计提存货跌价准备。A材料应计提存货跌价准备金额的计算如下：

A材料的可变现净值=B产成品的预计售价−估计将A材料加工成B产成品需要投入的加工成本−估计销售费用=56−18−1=37（万元）

A材料应计提存货跌价准备金额=40−37=3（万元）

（五）计提存货跌价准备的相关账务处理

存货跌价准备的有关账务处理内容主要包括存货跌价准备的计提、转回和结转三个方面：

（1）计提：在资产负债表日，企业对于存货可变现净值低于成本的差额，一方面，应计提存货跌价准备，以便确定存货在资产负债表中的报告价值；另一方面，需要确认存货跌价带来的资产减值损失，将其计入当期损益。

（2）转回：以前减记存货价值的影响因素已经消失时，应在原已计提的存货跌价准备的金额内将相关存货的已提跌价准备予以转回。

（3）结转：对于已经销售的存货、因债务重组和非货币性资产交换等原因转出的存货，应当在结转其实际成本的同时，对相应的已提存货跌价准备一并予以结转。

企业应通过“存货跌价准备”科目核算存货跌价准备的计提、转回和结转情况。

“存货跌价准备”科目借贷方登记的具体内容及其余额对资产负债表中存货报告价值的影响如图3−3所示。

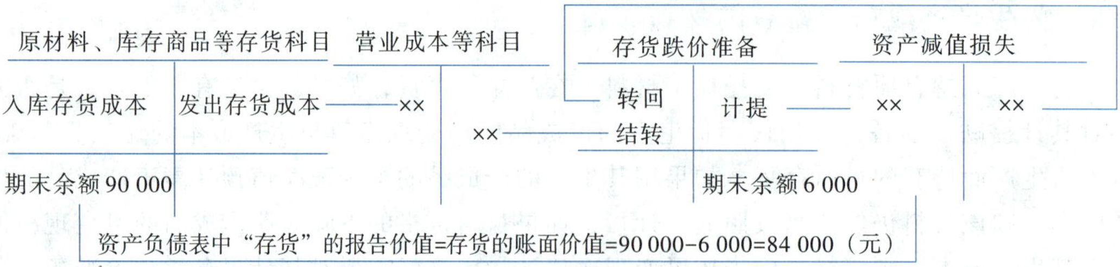

图3−3 “存货跌价准备”科目的应用及其对存货报告价值的影响示意图

下面举例予以说明。

【例3−17】资料见例3−14。假定甲企业采用单项比较的方法计提存货跌价准备，则2×20年6月30日该企业计提存货跌价准备的有关账务处理为：

借：资产减值损失　　15 600

　　贷：存货跌价准备　　15 600

【例3−18】资料见例3−14。假定甲企业2×20年6月末某种存货成本为128 400元，可变现净值为112 800元，计提存货跌价准备15 600元；12月31日，该存货的成本仍为128 400元，但可变现净值为120 000元。

问题：甲企业2×20年12月31日应如何进行账务处理？

分析：根据成本与可变现净值孰低原则，首先，确定12月31日的存货报告价值应为120 000元；然后，将其与账面余额对比，意味着“存货跌价准备”科目贷方余额应为8 400元（128 400−120 000）；接下来，将该应有余额与现有贷方余额15 600元进行比较；最后，确定应转回已提跌价准备金额为7 200元（15 600−8 400）。

有关账务处理为：

借：存货跌价准备　　7 200

　贷：资产减值损失　　7 200

【例3-19】甲企业某月销售产成品一批，其实际成本为250 000元，已提跌价准备40 000元。

甲企业有关账务处理为：

①根据有关产品出库凭证，结转已售产品的成本：

借：主营业务成本　　250 000

　贷：库存商品　　250 000

②结转该批商品的已提跌价准备：

借：存货跌价准备　　40 000

　贷：主营业务成本　　40 000

可见，该产品的生产成本为250 000元，确认的销售成本却是210 000元，即销售该批商品对利润的影响是−210 000元，而另外40 000元已于早些时候通过确认“资产减值损失”给利润造成−40 000元的影响。

二、存货的盘盈盘亏

企业应通过定期或不定期的实物盘点，确定不同保管地点的各种存货的实际结存数量，将其与账存数量予以核对，以确保账实相符。存货清查的结果如出现盘盈或盘亏情况，应填制“存货盘盈、盘亏报告表”，注明盘盈或盘亏存货的品种、规格、数量、金额、原因等信息，并报经企业有关部门批准后，作为账务处理的依据。

存货的盘盈或盘亏应在“待处理财产损溢——待处理流动资产损溢”明细科目进行核算。对于盘盈的存货，应按其重置成本，借记“原材料”“库存商品”等有关存货科目，贷记“待处理财产损溢——待处理流动资产损溢”科目；按管理权限报批处理时，借记“待处理财产损溢——待处理流动资产损溢”科目，贷记“管理费用”科目。

对于盘亏的存货，应按其账面成本，借记“待处理财产损溢——待处理流动资产损溢”科目，贷记“原材料”“库存商品”等有关存货科目；按管理权限报批处理之后，对存货盘亏（或毁损）价值贷记“待处理财产损溢——待处理流动资产损溢”科目，根据存货盘亏的具体原因，分别借记“管理费用”科目（属于计量收发差错和管理不善等原因造成的存货净损失）、“营业外支出”科目（属于自然灾害等非常原因造成的存货净损失）。

“待处理财产损溢”科目期末应无余额。

【例3-20】甲企业在某报告期末的财产清查过程中，盘点溢余A材料1 000千克，重置成本为30 000元；盘点亏缺B材料200千克，账面成本为80 000元。经查，盘亏B材料的原因是：70%的盘亏属于失窃（责任人应赔偿6 000元），30%的盘亏属于计量收发错误。暂不考虑增值税问题。

甲企业有关账务处理为：

①盘盈的材料：

报批处理之前：

借：原材料　　30 000

　贷：待处理财产损溢——待处理流动资产损溢　　30 000

报批处理之后：

借：待处理财产损溢——待处理流动资产损溢　　30 000

　贷：管理费用　　30 000

②盘亏的材料：

报批处理之前：

借：待处理财产损溢——待处理流动资产损溢　　80 000

　贷：原材料　　80 000

报批处理之后：

借：其他应收款　　6 000

　　管理费用　　24 000

　　营业外支出　　50 000

　贷：待处理财产损溢——待处理流动资产损溢　　80 000

以存货盘亏业务账务处理为例看“待处理财产损溢”科目的应用如图3-4所示。

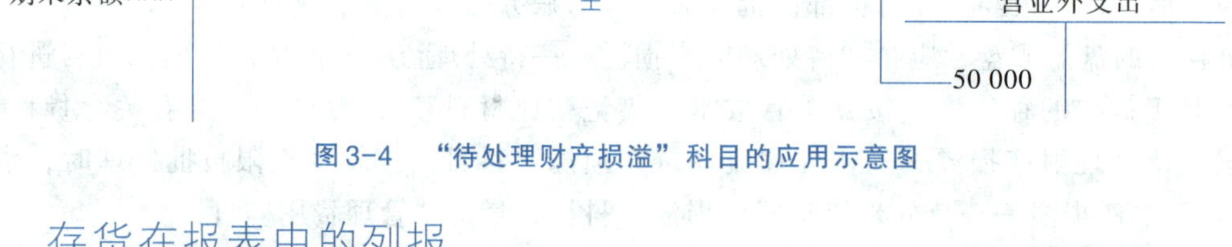

图3-4　“待处理财产损溢”科目的应用示意图

三、存货在报表中的列报

智能测评3-4

报告期末，企业对存货，应按“原材料”“周转材料”“库存商品”“生产成本”“在途物资”“委托加工物资”等存货类科目的账面余额之和减去“存货跌价准备”科目贷方余额之后的差额，在资产负债表中的“存货”项目中列报。

【本章小结】

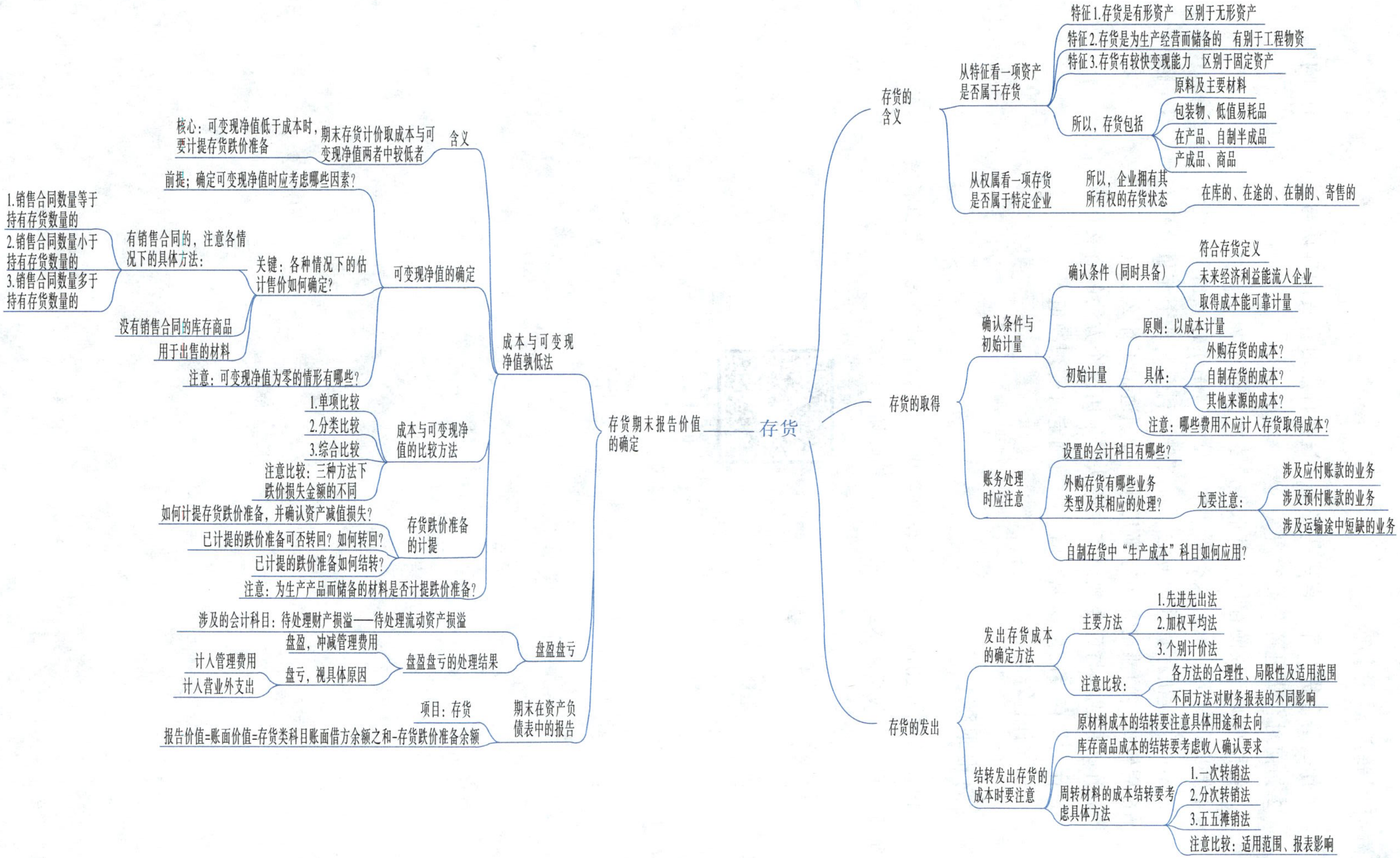

存货
存货的含义
从特征看一项资产是否属于存货
特征1.存货是有形资产　区别于无形资产
特征2.存货是为生产经营而储备的　有别于工程物资
特征3.存货有较快变现能力　区别于固定资产
所以，存货包括
原料及主要材料
包装物、低值易耗品
在产品、自制半成品
产成品、商品
从权属看一项存货是否属于特定企业
所以，企业拥有其所有权的存货状态
在库的、在途的、在制的、寄售的
存货的取得
确认条件与初始计量
确认条件（同时具备）
符合存货定义
未来经济利益能流入企业
取得成本能可靠计量
初始计量
原则：以成本计量
具体：
外购存货的成本？
自制存货的成本？
其他来源的成本？
注意：哪些费用不应计入存货取得成本？
账务处理时应注意
设置的会计科目有哪些？
外购存货有哪些业务类型及其相应的处理？
尤要注意：
涉及应付账款的业务
涉及预付账款的业务
涉及运输途中短缺的业务
自制存货中“生产成本”科目如何应用？
存货的发出
发出存货成本的确定方法
主要方法
1.先进先出法
2.加权平均法
3.个别计价法
注意比较：
各方法的合理性、局限性及适用范围
不同方法对财务报表的不同影响
结转发出存货的成本时要注意
原材料成本的结转要注意具体用途和去向
库存商品成本的结转要考虑收入确认要求
周转材料的成本结转要考虑具体方法
1.一次转销法
2.分次转销法
3.五五摊销法
注意比较：适用范围、报表影响
存货期末报告价值的确定
成本与可变现净值孰低法
含义
期末存货计价取成本与可变现净值两者中较低者
核心：可变现净值低于成本时，要计提存货跌价准备
可变现净值的确定
前提：确定可变现净值时应考虑哪些因素？
关键：各种情况下的估计售价如何确定？
有销售合同的，注意各情况下的具体方法：
1.销售合同数量等于持有存货数量的
2.销售合同数量小于持有存货数量的
3.销售合同数量多于持有存货数量的
没有销售合同的库存商品
用于出售的材料
注意：可变现净值为零的情形有哪些？
成本与可变现净值的比较方法
1.单项比较
2.分类比较
3.综合比较
注意比较：三种方法下跌价损失金额的不同
存货跌价准备的计提
如何计提存货跌价准备，并确认资产减值损失？
已计提的跌价准备可否转回？如何转回？
已计提的跌价准备如何结转？
注意：为生产产品而储备的材料是否计提跌价准备？
盘盈盘亏
涉及的会计科目：待处理财产损溢——待处理流动资产损溢
盘盈盘亏的处理结果
盘盈，冲减管理费用
盘亏，视具体原因
计入管理费用
计入营业外支出
期末在资产负债表中的报告
项目：存货
报告价值=账面价值=存货类科目账面借方余额之和-存货跌价准备余额

【问题与思考】

1.什么是存货？存货有哪些特点？这些特点对存货的确认与计量有何影响？
2.如何对存货进行分类？
3.各种来源形成的存货，其取得成本如何确定？
4.发出存货的计价方法有哪几种？分别适用于什么情况？
5.不同的发出存货计价方法，对资产、利润、现金流量分别有哪些不同影响？
6.周转材料的摊销方法有哪几种？分别适用于什么情况？
7.什么是成本与可变现净值孰低法？采用这个方法的意义何在？
8.什么是存货的可变现净值？如何确定可变现净值？
9.如何计提存货跌价准备？

【财报跟踪】

阅读雅戈尔2019年年度报告的第99页，了解该公司对发出存货采用的计价方法、存货可变现净值的确定依据以及周转材料的摊销方法。

延伸阅读

存货日常核算的
计划成本法

第四章
固定资产

■【学习目标】

通过对本章内容的学习，了解固定资产的含义以及一般的分类方法，掌握固定资产确认、计量的基本原理和基本应用，明确固定资产在资产负债表中的列报原理。

■【财报引读】

三一重工的固定资产折旧信息（摘编）

三一重工在其2019年年度财务报告中披露的固定资产信息中，与折旧相关的摘编见表4-1、表4-2。

表4-1　关于折旧方法

类别	折旧方法	折旧年限（年）	残值率	年折旧率
房屋及建筑物	年限平均法	15～40	0～3%	2.43%～6.67%
机器设备	年限平均法	4～15	0～3%	6.47%～25.00%
运输工具	年限平均法	8～10	0～3%	9.70%～12.50%
经营租赁租出设备	年限平均法	4～6	0～3%	16.17%～25.00%
办公设备及其他	年限平均法	2～15	0～3%	6.47%～50.00%

表4-2　关于累计折旧金额　单位：千元

项目	房屋及建筑物	机器设备	运输工具	经营租赁租出设备	办公设备及其他	合计
1.期初余额	4 018 060	605 6798	247 086	43 056	890 586	1 125 5586
2.本期增加金额	553 769	933 211	16 879	36 044	109 715	1 649 618
计提折旧	553 769	933 211	16 879	36 044	109 715	1 649 618
3.本期减少金额	573 761	518 280	36 828	1 699	109 216	1 239 784
(1) 处置或报废	508 055	490 982	35 699	1 763	93 643	1 130 142
(2) 转入投资性房地产等	65 706	27 298	1 129	-64	15 573	109 642
4.期末余额	3 998 068	6 471 729	227 137	77 401	891 085	1 166 5420

什么是固定资产？固定资产如何分类？什么是固定资产折旧？固定资产折旧年限、残值率以及年折旧率的具体含义是什么？固定资产折旧方法有哪些？固定资产折旧金额对企业资产负债表中固定资产的列报有什么影响？除了折旧，固定资产会计还有哪些内容？本章将系统阐述有关固定资产确认与计量的问题。

第一节 固定资产概述

一、固定资产的含义

固定资产是指企业为生产商品、提供劳务、出租或经营管理而持有的，使用寿命超过一个会计年度的有形资产。

从固定资产的定义看，固定资产具有以下三个特征：

（一）不以出售为持有目的

一方面，企业持有固定资产的目的主要是生产商品、提供劳务或经营管理，这就意味着：企业持有的固定资产是企业的劳动工具或手段，而不是直接用于出售的产品。另一方面，固定资产定义中的为“出租”而持有的固定资产，是指以经营租赁方式出租的机器设备类固定资产，而不是以经营租赁方式出租的建筑物，后者属于企业的投资性房地产。从持有目的上可以看出固定资产与存货、投资性房地产的本质不同。

（二）使用寿命长

固定资产的使用寿命超过一个会计年度。固定资产的使用寿命，是指企业使用固定资产的预计期间，或者该固定资产所能生产产品或提供劳务的数量。固定资产使用寿命超过一个会计年度，就需要根据使用和磨损情况采用分期计提折旧的方式逐渐减少其账面价值。这也是固定资产的后续计量有别于存货之处。

（三）具有实物形态

固定资产在长期的使用过程中，虽然其价值随其实物的磨损而逐渐减少，但其原有实物形态能保持基本不变。有些无形资产可能同时符合固定资产的其他特征，如无形资产为生产商品、提供劳务而持有，使用寿命超过一个会计年度，但其不具有实物形态。可见，具有实物形态这一特征使得固定资产有别于无形资产。

二、固定资产的分类

对固定资产可以按不同的分类标准进行分类。

（一）按经济用途分类

按经济用途分类，可将固定资产分为生产经营用和非生产经营用两类。

1.生产经营用固定资产，是指直接服务于企业生产经营过程的各种固定资产，包括生产经营用的房屋及建筑物、机器设备、器具工具等。

2.非生产经营用固定资产，是指不直接服务于企业生产经营过程的各种固定资产，如职工宿舍及食堂、浴室等职工福利设施和有关的设备器具等。

3.经营性租出固定资产，是指采用经营租赁方式租出去的机器设备等固定资产。

（二）按使用情况分类

按使用情况分类，可将固定资产分为使用中固定资产、未使用固定资产和不需用固定资产三类。

1.使用中固定资产，是指正在使用中的固定资产，包括正在本企业使用中的生产经营性固定资产和非生产经营性固定资产、由于季节性原因或大修理原因暂时停用的固定资产、用于内部替换使用而暂时停用的固定资产以及临时性租出的固定资产。

2.未使用固定资产，是指企业已购建完成尚未交付使用的新增固定资产、因改扩建原因暂时停用的固定资产。

3.不需用固定资产，是指因本企业多余不用或不再适用而准备调配处理的固定资产。

（三）按所有权分类

按所有权分类，可将固定资产分为自有固定资产和租入固定资产两类。

1.自有固定资产，是指企业拥有的可供企业自行支配使用的固定资产。

2.租入固定资产，是指企业采用租赁方式从其他单位租入的固定资产。

（四）综合分类

结合以上几种分类方法综合分类，通常可将固定资产分为以下几类：

1.生产经营用固定资产；

2.非生产经营用固定资产；

3.经营性租出固定资产；

4.未使用固定资产；

5.不需用固定资产；

6.土地（过去已单独估价入账的土地）。

企业应根据相关会计制度和企业具体情况，选择适合本主体的固定资产分类标准，进行固定资产的总分类核算和明细核算。

■【财报跟踪】

三一重工对固定资产基本上是按用途进行的分类，并分为房屋及建筑物、机器设备、运输工具、经营租赁租出设备、办公设备及其他等几个类别。

【特别提示】

1.租入的固定资产，并未包含在租入方的固定资产核算体系中。这是因为：根据租赁准则，企业对租入的资产通常需确认“使用权资产”（而不是固定资产），短期租赁或低价值资产租赁如果选择简化处理方法（即不确认使用权资产）也只对各期应支付的租金进行确认与计量。

2.经营性租出固定资产（亦即以经营租赁方式租出的固定资产）包含在租出方的固定资产核算体系中，但也仅指租出的机器设备，因为经营性租出的建筑物属于投资性房地产（相关内容见第七章）。资产的租出除了经营租赁方式之外还有融资租赁方式，而融资租赁方式下租出资产被终止确认后已不再包含在租出方的资产中。

本章后续不再涉及经营性租出固定资产的相关内容。与租赁相关的会计问题，将在“高级财务会计”课程中系统学习。

三、固定资产会计内容概要

固定资产的会计确认与计量需要解决的问题主要有四个方面：取得固定资产时，进行初始确认与计量；固定资产在用期间进行后续计量；处置固定资产时进行终止确认；期末确定固定资产在资产负债表中的报告价值。结合固定资产业务流程来看固定资产会计的主要内容如图4-1所示。

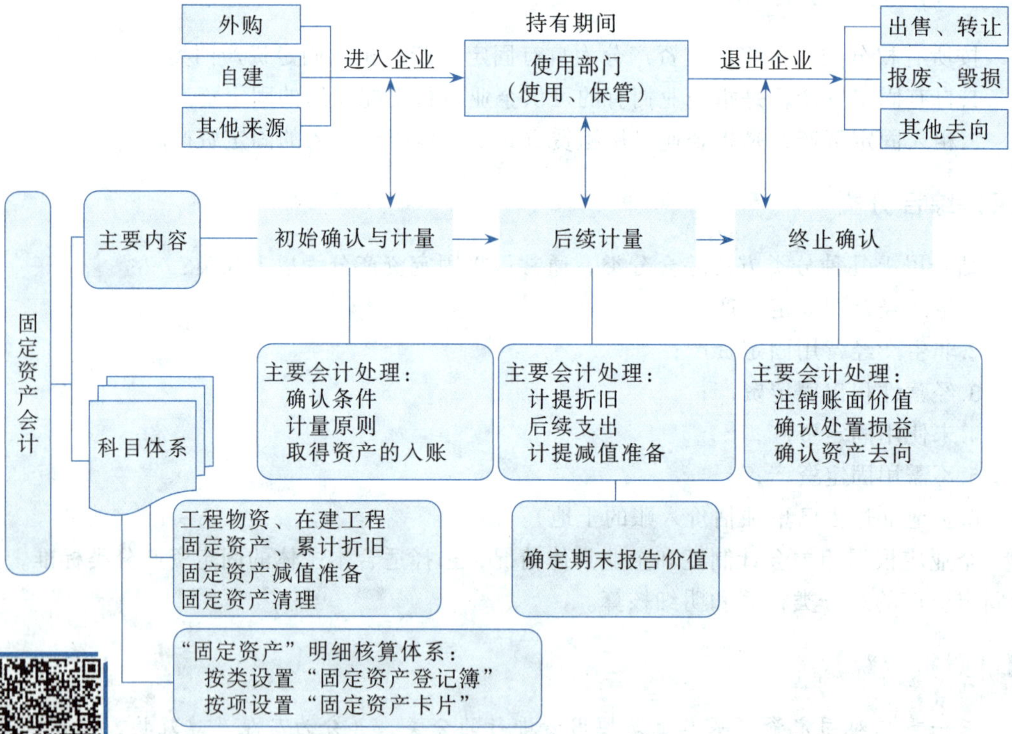

图4-1 固定资产会计内容与业务流程关系示意图

智能测评4-1

下面就对固定资产会计确认与计量的主要内容进行阐述。

第二节 固定资产的初始确认与计量

对固定资产的初始确认与计量，就是要解决固定资产的入账价值问题，这个问题将直接关系到固定资产的折旧费及其对利润表有关项目的影响，也关系到期末资产负债表中固定资产的报告价值。

一、确认条件

固定资产的确认必须在符合固定资产定义的前提下，同时满足以下两个条件：

1.该固定资产包含的经济利益很可能流入企业；

2.该固定资产的成本能够可靠地计量。

【报表导向思考】

一项资产在资产负债表中报告为固定资产还是其他资产项目，取决于该资产是否符合固定资产定义以及上述两个确认条件。但是，在具体应用上述确认条件时，有时需要根据具体情况综合考虑其他要求，进行具体分析并作出是否确认为固定资产的判断。比如：

（1）周转件与周转材料。符合固定资产定义和确认条件的民用航空运输用高价周转件等，应当确认为固定资产；而工业企业所持有的工具、用具、备品备件、维修设备等资产，施工企业所持有的模板、挡板、架料等周转材料，以及地质勘探企业所持有的管材等资产，尽管该类资产具有使用期限超过一年、能够带来经济利益等固定资产的某些特征，但由于数量多、单价低，考虑到成本效益原则，在实务中，通常确认为存货。

（2）企业由于安全或环保的要求购入设备等，虽然不能直接给企业带来未来经济利益，但有助于企业从其他相关资产的使用获得未来经济利益，也应确认为固定资产。

（3）对于构成固定资产的各组成部分，如果各自具有不同使用寿命或者以不同方式为企业提供经济利益，适用不同折旧率或折旧方法的各组成部分实际上是以独立的方式为企业提供经济利益。因此，企业应当分别将各组成部分确认为单项固定资产。例如，飞机的引擎，如果其与飞机机身具有不同的使用寿命，适用不同折旧率或折旧方法，则企业应当将其作为单项固定资产。

二、初始计量原则

固定资产初始计量要解决固定资产入账价值的确定。固定资产初始计量确定的固定资产入账价值，也称为固定资产原始价值。根据现行企业会计准则，企业对固定资产应当按照取得成本进行计量。

固定资产的取得成本是指企业购建某项固定资产使其达到预定使用状态前所发生的一切合理的、必要的支出。企业购建的固定资产达到预定可使用状态的判断标准有：(1) 固定资产的实体建造（包括安装）工作已经全部完成或实质上已经完成；(2) 所购建的固定资产与设计要求或合同要求相符，即使有极个别与设计或合同要求不相符的地方，也不影响正常使用；(3) 继续发生在所购建固定资产上的支出金额很少或几乎不再发生。

不同途径取得的固定资产，其取得成本的构成内容亦有不同。

三、取得成本的构成

（一）外购固定资产

企业外购固定资产的成本，包括购买价款、相关税费、使固定资产达到预定可使用状态前所发生的可归属于该项资产的运输费、装卸费、安装费和专业人员服务费等。

企业购买固定资产通常用一笔款项购入一项单独标价的资产，这时只需按实际发生的相关支出确定购入资产的取得成本。但是，有时可能以一笔款项购入多项没有单独标价的资产。在这种情况下，如果这些资产均符合固定资产的定义，并满足固定资产的确认条件，则应将各项资产单独确认为固定资产，并按各项固定资产公允价值的比例对总成本进行分配，分别确定各项固定资产的成本。如果以一笔款项购入的多项资产中还包括固定资产以外的其他资产，也应按类似的方法予以处理。

（二）自行建造的固定资产

企业自行建造的固定资产，按建造该项资产使其达到预定可使用状态前所发生的必要支出，包括工程用物资成本、人工成本、应予以资本化的固定资产借款费用、缴纳的相关税费及应分摊的其他间接费用等，作为固定资产的入账价值。已达到预定可使用状态、但尚未办理竣工决算手续的固定资产，应按估计价值先行入账，待确定实际成本后再进行调整。

（三）其他来源形成的固定资产

1.投资者投入的固定资产，接受固定资产投资的企业，在办理了固定资产移交手续之后，应按投资合同或协议约定的价值加上应支付的相关税费作为固定资产的入账价值，但合同或协议约定价值不公允的除外。

2.接受捐赠、盘盈固定资产，按公允价值确定相关资产的入账价值。

3.非货币性资产交换取得的固定资产、债务重组中受让的债务人用以抵偿债务的固定资产，相关资产入账价值的构成见后面相关章节。

【特别提示】

1.关于具有融资性质的购买交易。购买固定资产的价款超过正常信用条件延期支付的，应以购买价款的现值为基础确定固定资产的入账价值。实际支付的价款与购买价款的现值之间的差额，在信用期内根据具体情况计入相关资产价值或计入各期损益。

2.关于预计弃置费用。对于特殊行业的存在弃置义务的特定固定资产，确定其初始入账成本时，还应考虑预计弃置费用。预计弃置费用通常是指根据国家法律和行政法规、国际公约等规定，企业承担的环境保护和生态恢复等义务所确定的预期支出，如油气资产、核电站核设施等的弃置和恢复环境义务。预计弃置费用的金额与其现值相比，通常存在较大差异，需要考虑货币时间价值。所以，对于这些特殊行业的特定固定资产，企业应当按照现值计算确定预计弃置费用中应计入固定资产成本的金额，并将该预计弃置费用与其现值之间的差额，在固定资产预计使用寿命内分期计入各期损益。

以上两项内容的具体会计处理，详见本书第九章、第十章。

四、基本业务的账务处理

（一）外购、自建

企业外购的固定资产，有的不需要安装即可直接交付使用，有的则需要安装之后才能交付使用；有的是在正常信用条件期限内付款，有的则具有重大融资特征；特殊行业的固定资产购建，还可能涉及预计弃置费用的确认与计量问题。

企业自行建造的固定资产，有出包和自营两种方式。出包方式下主要核算支付的工程款；自营方式下则需要通过“在建工程”等会计科目确认资产的建造成本。与简单的设备安装不同的是，在自行建造固定资产的成本中，不仅包括相关的工程物资成本、消耗的其他材料成本、人工费用等，还可能包括建造工程应承担的辅助生产费用等。

所以，除了“固定资产”“银行存款”等会计科目之外，外购和自建固定资产的初始确认与计量往往还涉及“工程物资”“在建工程”“生产成本”“长期应付款”“预计负债”等会计科目。

下面举例说明取得固定资产的基本业务的账务处理。

【例 4-1】外购，不需安装。

资料：2×20 年 12 月 31 日甲企业购入一台不需要安装的管理用设备，发票价格为 1 000 000元，增值税为 130 000 元，发生运费 7 000 元（假设不考虑增值税），用银行存款付清全部款项。设备交付使用。

甲企业有关账务处理为：

借：固定资产——非生产用固定资产	1 007 000	
应交税费——应交增值税（进项税额）	130 000	
贷：银行存款		1 137 000

【例 4-2】具有重大融资特征的外购固定资产。

资料：承例 4-1。假定甲企业与供货方签订的设备购买合同约定：甲企业采用分期付款方式分别于2×20年至2×23年每年年末分4次支付购买设备款，2×20年年末支付400 000元设备款和增值税税款，以后每年年末分别支付200 000元。假定折现率为10%。

甲企业有关会计处理如下：

（1）有关计算：

①未来付款额的现值=200 000×（P/A，10%，3）=200 000×2.4869=497 380（元）

②全部购买价款的现值=400 000+497 380=897 380（元）

③固定资产入账价值=897 380+7 000=904 380（元）

④2×20 年 12 月 31 日的未确认融资费用=600 000−497 380=102 620（元）

⑤计算信用期间未确认融资费用的分摊额，见表4-3（为简化起见，金额取整数）。

表4-3 甲企业未确认融资费用分摊表

2×20年12月31日 单位：元

日期	分期付款额	确认的融资费用	应付本金减少额	应付本金余额
①	②	③=期初⑤×10%	④=②-③	期末⑤=期初⑤-④
2×20.12.31				497 380
2×21.12.31	200 000	49 738	150 262	347 118
2×22.12.31	200 000	34 712	165 288	181 830
2×23.12.31	200 000	18 170*	181 830	0
合计	600 000	102 620	497 380	

注：* 18 170=102 620-49 738-34 712，或18 170=200 000-181 830。

（2）各年的有关账务处理，见表4-4。

表4-4 甲企业相关账务处理

日期	购入设备并交付使用	确认当期融资费用	支付应付设备款
2×20.12.31	借：固定资产 904 380 未确认融资费用 102 620 应交税费——应交增值税（进项税额） 130 000 贷：银行存款 537 000 长期应付款 600 000		
2×21.12.31		借：财务费用 49 738 贷：未确认融资费用 49 738	借：长期应付款 200 000 贷：银行存款 200 000
2×22.12.31		借：财务费用 34 712 贷：未确认融资费用 34 712	借：长期应付款 200 000 贷：银行存款 200 000
2×23.12.31		借：财务费用 18 170 贷：未确认融资费用 18 170	借：长期应付款 200 000 贷：银行存款 200 000

【例4-3】外购，需要安装。

资料：2×20年12月31日，甲企业从乙企业购入一台需要安装的生产用设备，设备运抵企业，发票价格800 000元，增值税104 000元，发生运费30 000元，用银行存款付清上述款项。2×21年1月3日，企业内部有关部门开始安装调试，发生安装费用4 000元，其中领用库存材料1 200元，应付人工费2 000元，用库存现金支付其他费用800元。2×21年2月末，设备安装完毕之后交付生产车间使用。

甲企业有关账务处理为：

①购入设备时：

借：工程物资 830 000
　　应交税费——应交增值税（进项税额） 104 000
　贷：银行存款 934 000

②将设备交付安装时：

借：在建工程——安装工程 830 000
　贷：工程物资 830 000

③发生安装费用时：

借：在建工程——安装工程 4 000
　贷：原材料 1 200
　　　应付职工薪酬 2 000
　　　库存现金 800

④设备达到预定可使用状态交付使用部门时：

借：固定资产——生产用固定资产 834 000
　贷：在建工程——安装工程 834 000

【例4-4】自建，出包方式。

资料：甲企业根据生产需要采用出包方式建造一幢厂房。开工伊始企业根据合理估计的发包工程进度和合同规定，预先支付工程款2 000 000元；3个月后，工程完工，验收后补付剩余工程款500 000元。自建厂房达到预定可使用状态。

甲企业有关账务处理为：

①预付工程款时：

借：在建工程——建筑工程 2 000 000
　贷：银行存款 2 000 000

②补付工程款时：

借：在建工程——建筑工程 500 000
　贷：银行存款 500 000

③交付使用时：

借：固定资产——生产用固定资产 2 500 000
　贷：在建工程——建筑工程 2 500 000

【例4-5】自建，自营方式。

资料：甲企业自营建造安装一条生产线，为此特购入工程用物资支付400 000元。工程开工后，建造和试车费用共计600 000元，其中：领用工程物资390 000元，领用库存材料、低值易耗品等20 000元（周转材料采用一次转销法），应负担人工费用80 000元，应承担辅助生产部门为工程提供的水、电、运输、设备安装等劳务费用110 000元；库存工程物资报废10 000元。生产线如期达到预定可使用状态。

甲企业有关账务处理用丁字账表示的示意图如图4-2所示。

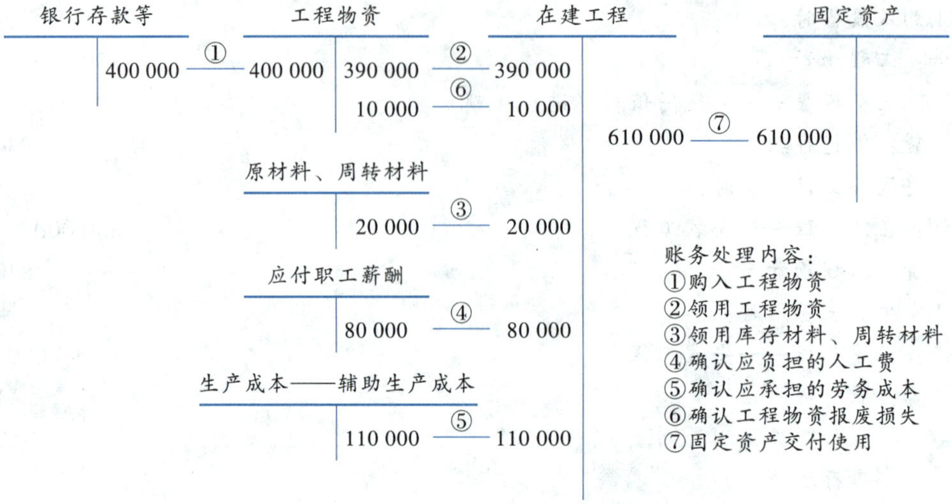

图4-2　自营固定资产建造工程账务处理示意图

（二）其他来源

企业接受投资、接受捐赠取得的固定资产，在根据初始计量金额借记“固定资产”科目的同时，贷记“实收资本”“营业外收入”等科目。

【例4-6】接受投资。

资料：甲企业接受A股东投入大型成套设备，投资协议中约定，按有关资产评估机构评估的公允价值750 000元作为投资额。

甲企业有关账务处理为：

借：固定资产——生产用固定资产　　750 000

　贷：股本　　750 000

【例4-7】接受捐赠。

资料：甲企业接受有关人士捐赠一套新电子设备，同类设备的现行市场价格为560 000元。甲企业为该设备支付30 000元的运输费等。该设备交付使用。

智能测评4-2

甲企业有关账务处理为：

借：固定资产　　590 000

　贷：银行存款　　30 000

　　　营业外收入——捐赠利得　　560 000

第三节　固定资产的后续计量

一、固定资产的折旧

（一）折旧的含义

固定资产折旧，就是指在固定资产的使用寿命内，按照确定的方法对应计折旧额系统合理地进行分摊。

在为企业提供服务的长期使用过程中，随着使用和时间的推移，固定资产的服务效能逐渐衰减，固定资产的账面价值应随之减少；由于体现在固定资产中的经济利益逐渐为企业所消耗，相应地应按减少的固定资产价值增加该资产所服务期间的资产使用成本。由此可见，固定资产折旧的实质是一个成本分摊程序，而非计价程序。也就是说，折旧会计的任务在于将固定资产的应计折旧额分摊于固定资产使用寿命的各个期间，而不是为了估算固定资产的现值。

从固定资产的定义可以看出，影响各期折旧额的因素主要有固定资产的应计折旧额、预计使用寿命和折旧方法。

（二）应计折旧额、预计使用寿命、折旧方法

1.应计折旧额

固定资产的应计折旧额，是指固定资产的原始价值减去预计净残值后的差额。就特定固定资产而言，其应计折旧额是该资产使用寿命期间应计提折旧的总额，也称折旧基数。

固定资产预计净残值，是指假定固定资产预计使用寿命已满并处于使用寿命终了时的预期状态时，企业目前从该项固定资产处置中获得的扣除预计处置费用后的金额。净残值作为报废时的“回收额”，不应分摊到固定资产的各服务期间，在计算固定资产应计折旧额时应予以扣除；而由于固定资产应计折旧额的计算是在固定资产报废之前，所以，需要对未来的净残值预先予以估计。

根据固定资产准则，企业应当根据固定资产的性质和使用情况，合理确定固定资产的预计净残值。预计净残值一经确定，不得随意变更。企业至少应当于每年年度终了，对固定资产的预计净残值进行复核，预计净残值预计数与原先估计数有差额的，应当调整预计净残值。

中远海控变更固定资产预计净残值的公告

2.预计使用寿命

通常情况下固定资产的使用寿命是指企业使用固定资产的预计期间，如自用房屋及建筑物的使用寿命或使用年限；有些情况下固定资产的使用寿命以该固定资产所能生产产品或提供劳务的数量来表示，如发电设备按其预计发电量估计使用寿命，汽车或飞机等按其预计行驶里程估计使用寿命。所以，固定资产预计使用寿命是指企业使用固定资产的预计期间，或者该固定资产所能生产产品或提供劳务的数量。

预计使用寿命是固定资产应计折旧额的分摊期限，也可称为折旧年限。企业应当根据固定资产的性质和使用情况，合理确定固定资产的使用寿命。具体确定使用寿命时应当考虑以下三个因素：（1）预计生产能力和实物产量；（2）预计有形损耗和无形损耗；（3）法律或者类似规定对资产使用的限制。这里的有形损耗是指固定资产由于使用和自然力的作用而造成的使用价值和价值的减少，如工具因使用而正常磨损或生锈、设备或建筑物因风雨侵蚀而损坏或残旧。这里的无形损耗则指固定资产由于技术的进步、竞争的加剧、消费者偏好的变化及经营规模的变化等社会、经济因素的影响而造成的现有固定资产的贬值。有形损耗是物质损耗，它决定固定资产的最大使用年限；无形损耗是非物质损耗，它影响固定资产的实际使用年限。

预计使用寿命一经确定，不得随意变更。企业至少应当于每年年度终了，对固定资产

的使用寿命进行复核。使用寿命预计数与原先估计数有差额的，应当调整固定资产使用寿命。

所得税法相关规定

3.折旧方法

如果说应计折旧额是折旧基数，预计使用寿命是折旧年限，那么，折旧方法就是实现应计折旧额在预计使用寿命内能够系统合理分摊的手段。

固定资产折旧方法有年限平均法、工作量法等传统方法，还有余额递减法、双倍余额递减法、年数总和法等加速折旧方法。现行会计准则规定的可选择折旧方法包括：年限平均法、工作量法、双倍余额递减法和年数总和法。

折旧方法一经确定，不得随意变更。企业至少应当于每年年度终了，对固定资产的折旧方法进行复核，与固定资产有关的经济利益预期实现方式有重大改变的，应当改变折旧方法。

加速折旧法的起源

【报表导向思考】

资产负债表中“固定资产”的报告价值，主要取决于固定资产的账面价值，即原始价值减去累计折旧和已提减值准备的差额，其中原始价值与累计折旧之差亦称折余价值。折旧方法不同，应计折旧额的各期分摊额就不同，各期资产的计价、各期损益的确定以及各期应交税额的计算也都将有所不同。可见，折旧方法的选择继而折旧金额的计算对资产负债表、利润表和现金流量表都会有直接或间接的影响。所以，企业应当根据与固定资产有关的经济利益的预期实现方式，合理选择固定资产折旧方法。

（1）年限平均法

年限平均法又称直线法，是将固定资产的应计折旧额在固定资产整个预计使用寿命内平均分摊的折旧方法。有关计算公式如下：

$$年折旧率=\frac{1-预计净残值率}{预计使用年限}$$

$$月折旧率=年折旧率\div 12$$

$$月折旧额=月初应提折旧的固定资产原始价值\times 月折旧率$$

折旧率按计算对象不同，分为个别折旧率、分类折旧率和综合折旧率三种。个别折旧率是按单项固定资产计算的折旧率，分类折旧率是按各类固定资产分别计算的折旧率，综合折旧率则是按全部固定资产计算的折旧率。按个别折旧率计算折旧，工作量过于烦琐；按综合折旧率计算折旧，会影响折旧费的合理分摊；采用分类折旧率，既可以适当简化核算工作，又可以较为合理地分配折旧费。

【例 4-8】个别折旧率。

资料：某企业对固定资产采用个别折旧率计提折旧。该企业的一幢厂房，原始价值为 10 000 000元，预计使用寿命为20年，预计净残值率为4%。与厂房有关的折旧率、折旧额计算如下：

$$年折旧率=\frac{1-4\%}{20}=4.8\%$$

$$月折旧率=4.8\%\div 12=0.4\%$$

$$月折旧额=10\,000\,000\times 0.4\%=40\,000（元）$$

【例 4-9】分类折旧率。

资料：某企业对固定资产采用分类折旧率计提折旧。该企业电子设备类固定资产的预计使用寿命为3年，预计净残值率为1%；2×20年1月初该类设备的原始价值为500 000元；1月中旬购入一套数控系统，成本为120 000元；1月下旬报废一台原始价值为40 000元的计算机。2×20年1、2月份的有关计算如下：

①电子设备的月折旧率=（1−1%）÷3÷12=2.75%

②1月份应提折旧电子设备的原始价值=500 000元

③1月份电子设备应提折旧额=500 000×2.75%=13 750（元）

④2月份电子设备应提折旧额=（500 000+120 000−40 000）×2.75%=15 950（元）

或 =13 750+120 000×2.75%−40 000×2.75%=15 950（元）

年限平均法操作简便，适用于大多数固定资产，因而应用范围最为广泛。另外，由于按固定资产的服务时间计提折旧，年限平均法有可能充分反映无形损耗的影响。但是，这种方法忽略了某些固定资产在不同期间使用强度的不均衡性所导致的不同期间固定资产有形损耗程度的差异。

（2）工作量法

工作量法，是将固定资产的应计折旧额在固定资产预计总工作量中平均分摊的方法。有关计算公式如下：

$$单位工作量折旧额=\frac{固定资产原值\times(1-预计净残值率)}{预计总工作量}$$

某项固定资产某月折旧额=该项固定资产当月工作量×单位工作量折旧额

这里的“工作量”，可以是小时数、产量数、行驶里程数、工作台班数等。

【例4−10】某企业的一辆轿车，其原始价值250 000元，预计净残值率5%，预计总行驶里程为200 000千米，2×20年2月份行驶里程为800千米，则：

每千米折旧额=250 000×（1−5%）÷200 000=1.1875（元/千米）

本月折旧额=1.1875×800=950（元）

工作量法比较适用于采矿设备、运输工具等固定资产。工作量法也具有简便、实用的优点，同时又可以使固定资产各期的使用强度与该期应分摊的折旧额相匹配。但采用这个方法时对预计总工作量的确定应充分考虑固定资产无形损耗的影响。

（3）双倍余额递减法

双倍余额递减法，是指以固定资产的期初账面净值为折旧基数、以直线法折旧率的双倍数（不考虑净残值）作为折旧率来计算各期折旧额的方法。由于折旧率中不考虑预计净残值，这样会导致在固定资产预计使用期满时已提折旧额总数超过应计折旧额，即固定资产处置时其账面净值低于预计净残值。为了解决这个问题，在固定资产预计使用年限的最后几年每年要进行这样的测算与处理：如果用双倍余额递减法计算的年折旧额小于本年用固定资产账面净值与预计净残值之差在剩余年限内按直线法计算的折旧额，那么从这一年起，改按直线法计提折旧。简化的做法是，在固定资产预计使用年限的最后两年，将固定资产账面净值与预计净残值之差采用直线法分摊。

【例4−11】某企业的固定资产A，原始价值为96 000元，预计净残值为4 800元，预计使用寿命为5年，采用双倍余额递减法计算该固定资产各年折旧额的结果见表4−5。

表 4-5　固定资产A年折旧额计算表（双倍余额递减法）

年份	年折旧额计算	累计折旧额（元）
1	96 000×2÷5=38 400	38 400
2	（96 000−38 400）×2÷5=23 040	61 440
3	（96 000−61 440）×2÷5=13 824	75 264
4	（96 000−75 264−4 800）÷2=7 968	83 232
5	（96 000−75 264−4 800）÷2=7 968	91 200
合计	91 200	—

（4）年数总和法

年数总和法亦称年限积数法，是指以固定资产的应计折旧额作为折旧基数，以一个逐期递减的分数作为折旧率来计算各期折旧额的方法。这个逐期递减的分数是以固定资产的尚可使用年限（含当年）作分子、以固定资产预计使用年限的总和作分母。实际上，这个预计使用年限的总和就是一个以“1”为首项、以“1”为公差、以预计使用年限数为末项的等差数列和。有关计算公式如下：

$$\text{某年折旧额}=\text{应计折旧额}\times\frac{\text{尚可使用年限（含本年）}}{\text{预计使用寿命}\times(\text{预计使用寿命}+1)\div 2}$$

【例 4-12】资料见例 4-11。年数总和法下各年折旧额的计算如下：

首先，计算该固定资产的应计折旧额。

应计折旧额=96 000−4 800=91 200（元）

然后，计算各年计提折旧额，见表 4-6。

表 4-6　固定资产A年折旧额计算表（年数总和法）

年份	尚可使用年数 （1）	年折旧率 （2）=（1）/15	年折旧额（元） （3）=应计折旧额×（2）	累计折旧额（元） （4）
1	5	5/15	91 200×5/15=30 400	30 400
2	4	4/15	91 200×4/15=24 320	54 720
3	3	3/15	91 200×3/15=18 240	72 960
4	2	2/15	91 200×2/15=12 160	85 120
5	1	1/15	91 200×1/15=6 080	91 200
合计	—	—	91 200	—

（三）折旧范围

首先，从固定资产的内容来看。企业所有的固定资产都在计提折旧范围之内，已提足折旧仍在使用的固定资产、单独计价入账的土地和持有待售固定资产除外。

其次，从计提折旧的时间来看。（1）企业应当按月计提折旧。（2）对于当月增减变动的固定资产，为了简化起见，企业应当自固定资产投入使用月份的次月起计算折旧；停止使用的固定资产，应当自停止使用月份的次月起停止计算折旧。即：各月按月初应提折旧固定资产计提折旧，当月增加的固定资产下月起计提折旧；当月减少的固定资产下月起不再计提折旧。(3) 已经提足折旧还在使用的固定资产在提足折旧之后的使用期间不再继续计提折旧；尚未提足折旧便报废的固定资产，报废之后也不需要补提折旧。

(四) 基本业务的账务处理

为了反映固定资产的折旧情况，企业应设置“累计折旧”科目。本科目核算固定资产的累计折旧价值。该科目贷方登记企业对现有固定资产计提的折旧、新增固定资产转入的已提折旧，借方登记减少固定资产时冲减的已提折旧，期末贷方余额反映现有固定资产累计折旧。本科目可按固定资产类别和项目进行明细核算。

企业应于每月末，以“固定资产折旧计算表”为依据，按本月应提折旧总数贷记“累计折旧”科目；同时，对各车间、行政管理部门、专设销售机构的固定资产折旧额分别借记“制造费用”、“管理费用”和“销售费用”等科目。

【例 4-13】甲企业采用年限平均法计提折旧。2×20年8月，该企业采用两种方法编制的“固定资产折旧计算表”分别见表4-7、表4-8。

表 4-7　固定资产折旧计算表（编制方法1）　金额单位：元

使用部门	固定资产类别	月分类折旧率	月初应计折旧固定资产原始价值	本月折旧额
生产车间	建筑物	0.2%	10 000 000	20 000
	机器设备	0.5%	3 040 000	15 200
	其　他	0.4%	1 997 000	7 988
	小　计	—	15 037 000	43 188
管理部门	建筑物	0.2%	2 500 000	5 000
	其　他	0.4%	243 000	972
	小　计	—	2 743 000	5 972
经营租出	机器设备	0.5%	100 000	500
合　计	—	—	17 880 000	49 660

表 4-8　固定资产折旧计算表（编制方法2）　金额单位：元

使用部门	固定资产类别	月分类折旧率	上月折旧额	上月固定资产增减变动		本月折旧额
				原始价值	应增减折旧额	
生产车间	建筑物	0.2%	20 000			20 000
	机器设备	0.5%	15 000	+40 000	+200	15 200
	其他	0.4%	8 000	−3 000	−12	7 988
	小计	—	43 000	+37 000	+188	43 188
管理部门	建筑物	0.2%	5 000			5 000
	其他	0.4%	1 000	−7 000	−28	972
	小计	—	6 000	−7 000	−28	5 972
经营租出	机器设备	0.5%	500			500
合　计	—	—	49 500	+30 000	+160	49 660

根据表4-7或表4-8，进行计提折旧的账务处理如下：

借：制造费用　　43 188

　　管理费用　　5 972

借：其他业务成本 500

贷：累计折旧 49 660

二、固定资产的后续支出

（一）后续支出的内容

固定资产的后续支出是指固定资产使用过程中发生的更新改造支出、修理费用等。

固定资产的更新改造会导致原有固定资产质量或功能的改进与提高，甚至是使用寿命的延长。固定资产更新改造的形式可以是以新的固定资产替换到期报废的旧的固定资产、以新的技术装备对原有的技术装备进行改造，也可以是在现有固定资产的基础上进行改扩建，比如用中央空调取代普通通风系统、改变建筑物内部结构、在原有建筑物上加层、将房屋的一端延长。固定资产的更新和改建不一定增加现有固定资产的数量，而固定资产的扩建则可引起固定资产实体或数量的扩充与增加。有时将固定资产改扩建称为固定资产改良。

固定资产修理的目的主要是恢复固定资产的正常运营状态。固定资产修理业务按修理范围的大小、间隔时间的长短，以及一次性支出费用的多少分为大修理和日常修理两种情况。如房屋的翻修、主要零部件的更换等属于大修理业务，而房屋的局部修缮、非主要零件的更换则属于日常修理业务。

（二）后续支出的处理原则

固定资产后续支出核算的关键，是将后续支出资本化还是费用化的问题。

根据现行会计准则，符合固定资产确认条件的后续支出，应当予以资本化，计入固定资产成本；不符合固定资产确认条件的后续支出，应当费用化，计入当期损益。可见，符合固定资产确认条件与否，是决定后续支出资本化还是费用化的依据。

1.资本化的后续支出

满足固定资产确认条件的固定资产更新改造支出和大修理支出，应当资本化。

企业处理资本化的后续支出时，一般情况下，需要将相关固定资产的原始价值、已计提的累计折旧和减值准备进行转销，将固定资产的账面价值转入在建工程，并停止计提折旧。对于所发生的后续支出，通过“在建工程”科目核算，在完工并达到预定可使用状态时，将相关在建工程转为固定资产，并按重新确定的预计使用寿命、预计净残值和折旧方法计提折旧。

企业发生的一些固定资产后续支出，如果涉及替换原固定资产的某组成部分，在把发生的符合固定资产确认条件的后续支出计入固定资产成本的同时，需要终止确认被替换部分的账面价值，以免导致固定资产成本的重复计算。

企业对有确凿证据表明符合固定资产确认条件的定期大修理费用，可以计入固定资产成本。但固定资产在定期大修理的间隔期间，应照提折旧。

2.费用化的后续支出

固定资产的日常修理费用、不满足固定资产确认条件的更新改造支出和大修理支出，应当费用化。

费用化的固定资产后续支出，不增加固定资产账面价值，而是计入当期损益。那么，具体确认为什么费用项目？根据现行企业会计准则，不符合固定资产确认条件的后续支出，应当根据不同情况分别在发生时计入当期制造费用、管理费用或销售费用。

（三）基本业务的账务处理

下面举例说明固定资产后续支出基本业务的账务处理。

【例4-14】固定资产改扩建。

资料：2×20年6月末，甲企业开工一项厂房改扩建工程，准备将一幢旧库房整体翻修、重装通风系统并扩增面积，然后作为将要生产的新产品生产车间。该固定资产的原始价值为200 000元，已提折旧90 000元；改扩建中发生的全部支出为130 000元，均用银行存款支付；扩建中回收的残料作价5 000元入材料库。当年9月末扩建后的厂房已达到预定可使用状态，预计使用寿命为20年，预计净残值率为4%，采用年限平均法计提折旧。2×20年甲企业有关账务处理为：

（1）2×20年6月末，将原仓库转为扩建时：

借：在建工程　　110 000

　　累计折旧　　90 000

　贷：固定资产　　200 000

（2）2×20年7—9月期间：

①发生后续支出时：

借：在建工程　　130 000

　贷：银行存款　　130 000

②回收残料时：

借：原材料　　5 000

　贷：在建工程　　5 000

③新仓库交付使用时：

借：固定资产　　235 000

　贷：在建工程　　235 000

（3）2×20年10—12月，各月对该固定资产计提折旧时：

借：制造费用　　940

　贷：累计折旧　　940

【例4-15】固定资产更新改造。

资料：2×20年4月末，甲企业开工一套生产装置的更新改造工程。该套生产装置的原始价值为2 000 000元，已提折旧800 000元。在更新改造过程中，拆卸原有管网系统，其账面价值为整套生产装置账面价值的二分之一（将另行作价处置）；铺设安装新的管网系统发生支出500 000元，均用银行存款支付。当年9月末更新改造工程结束，该生产装置达到预定可使用状态，并投入使用。其他相关税费略。

甲企业有关账务处理为：

（1）2×20年4月末，将固定资产转为在建工程时：

借：在建工程——更改工程　　1 200 000
　　累计折旧　　800 000
　贷：固定资产　　2 000 000

（2）2×20年4—9月期间：

①转销拆除的部分固定资产时：

借：原材料等　　600 000
　贷：在建工程　　600 000

②发生后续支出时：

借：在建工程——更改工程　　500 000
　贷：银行存款　　500 000

③更改工程达到预定可使用状态时：

借：固定资产　　1 100 000
　贷：在建工程——更改工程　　1 100 000

【例4-16】固定资产修理。

资料：甲企业2×20年7月份由机修车间对生产车间的机器设备进行维修，领用备品备件等材料费的成本为4 200元，应付工人薪酬6 000元，支付现金800元。同年9月份，该企业对办公楼和专设销售网点的营业用房进行粉刷和局部修缮，用转账支票支付费用180 000元，其中办公楼的修缮费用占全部支出的三分之一。

甲企业有关账务处理为：

①发生机器设备的修理费支出时：

借：管理费用　　11 000
　贷：原材料　　4 200
　　　应付职工薪酬　　6 000
　　　库存现金　　800

②发生房屋建筑物的粉刷、修缮支出时：

借：管理费用　　60 000
　　销售费用　　120 000
　贷：银行存款　　180 000

三、固定资产减值

（一）基本原则

1.企业应在资产负债表日，判断固定资产是否存在可能发生减值的迹象。

固定资产若存在下列迹象，表明其可能发生了减值：（1）资产的市价在当期大幅度下跌，其跌幅明显高于因时间的推移或者正常使用而预计的下跌；（2）企业经营所处的经济、技术或者法律等环境以及资产所处的市场在当期或者将在近期发生重大变化，从而对企业产生不利影响；（3）市场利率或者其他市场投资报酬率在当期已经提高，从而影响企业计算资产预计未来现金流量现值的折现率，导致资产可收回金额大幅度降低；（4）有证据表明资产已经陈旧过时或者其实体已经损坏；（5）资产已经或者将被闲置、终止使用或者计划提前处置；（6）企业内部报告的证据表明，资产的经济绩效已经低于或者将低于预期（如资产所创造的净现金流量或者实现的营业利润远远低于原来的预算或者预计金额）、资产发生的营业损失远远高于原来的预算或者预计金额、资产在建造或者收购时所需的现金支出远远高于最初的预算、资产在经营或者维护中所需的现金支出远远高于最初的预算等；（7）其他表明资产可能已经发生减值的迹象。

2.进行减值测试。有确凿证据表明固定资产存在减值迹象的，应当在资产负债表日进行减值测试，也就是估计相关资产的可收回金额，并将其与账面价值相比较。当固定资产的可收回金额低于其账面价值时，即表明固定资产发生了减值。

3.确认固定资产的减值损失，同时计提固定资产减值准备，以便将固定资产的账面价值减记至可收回金额。

4.固定资产减值损失确认后，减值资产的折旧费用应当在未来期间作相应调整，以使该资产在剩余使用寿命内系统地分摊调整后的资产账面价值（扣除预计净残值）。

确认固定资产减值损失、计提固定资产减值准备后，由于固定资产账面价值发生变化，企业需要重新复核固定资产的折旧方法、预计使用寿命和预计净残值，以便合理确定固定资产折旧。如果计提减值准备后固定资产折旧方法、预计使用寿命、预计净残值不发生变化，企业应根据计提减值准备后的固定资产账面价值、预计净残值和预计使用寿命，重新计算确定固定资产折旧率和折旧额；如果由于计提减值准备导致固定资产折旧方法或预计使用寿命或预计净残值发生变化，企业则应按照会计变更的处理原则进行相应的会计处理。

5.固定资产减值损失一经确认，在以后会计期间不得转回。以前期间计提的固定资产减值准备，在相关资产出售、报废、对外投资、以非货币性资产交换方式换出、在债务重组中抵偿债务等时，才可予以转出。

（二）可收回金额的估计

企业在估计固定资产的可收回金额时，应当根据资产公允价值减去处置费用后的净额与该资产预计未来现金流量的现值两者之间较高者，作为资产的可收回金额。

资产的公允价值减去处置费用后的净额，通常反映的是资产如果被出售或者处置时可以收回的净现金收入。公允价值是指市场参与者在计量日发生的有序交易中，出售一项资产所能收到或者转移一项负债所需支付的价格；处置费用是指可以直接归属于资产处置的增量成本，包括与资产处置有关的法律费用、相关税费、搬运费以及为使资产达到可销售状态所发生的直接费用等，但是财务费用和所得税费用等不包括在内。资产预计未来现金流量的现值，通常反映的是资产在持续使用过程中和最终处置时所产生的预计未来现金流量按恰当的折现率对其进行折现后的金额。企业在选择将一项资产予以处置还是继续持有的时候，必然关注哪一种选择所带来的经济利益更高，并将其认定为该资产的可收回金额。

具体估计可收回金额时，要注意到以下几点：

1.资产的公允价值减去处置费用后的净额与资产预计未来现金流量的现值，只要有一项超过了资产的账面价值，就表明资产没有发生减值，不需要再估计另一项金额。

2.没有确凿证据或者理由表明，资产预计未来现金流量现值显著高于其公允价值减去处置费用后的净额的，可以将资产的公允价值减去处置费用后的净额视为资产的可收回金额。

3.资产的公允价值减去处置费用后的净额如果无法可靠估计，应当以该资产预计未来现金流量的现值作为其可收回金额。

4.在估计资产可收回金额时，原则上应当以单项资产为基础，企业难以对单项资产的可收回金额进行估计的，应当以该资产所属的资产组为基础确定资产组的可收回金额。

（三）基本业务的账务处理

为了反映固定资产减值准备的情况，企业应设置“固定资产减值准备”科目。本科目核算固定资产减值准备的情况。本科目的贷方登记企业按期计提的固定资产减值准备；本科目的借方登记结转的处置固定资产已提减值准备；本科目的贷方余额，反映期末企业已经计提尚未转销的固定资产减值准备。本科目按固定资产项目进行明细核算。

资产负债表日，企业对于可收回金额低于账面价值的固定资产确认减值损失并计提减值准备时，按本期应确认的减值金额，借记“资产减值损失”科目，贷记“固定资产减值准备”科目；因处置固定资产而结转其已提减值准备时，按应结转金额，借记“固定资产减值准备”科目，贷记有关科目。

下面举例予以说明。

【例4-17】资料：甲企业2×20年年末计提12月份折旧之后，生产用固定资产B的原始价值为800 000元、累计折旧为480 000元。企业有关部门根据该资产的减值迹象对其可收回金额进行测算，估计该固定资产的可收回金额为260 000元；另一项生产用固定资产C的原始价值为700 000元、累计折旧为100 000元，已提减值准备20 000元，该固定资产的可收回金额估计为585 000元。

要求：进行2×20年年末甲企业的有关账务处理，并指出固定资产B和固定资产C的期末账面价值是多少。

解答：2×20年年末甲企业的有关账务处理及固定资产账面价值计算如下：

①对于资产B，确认减值损失60 000元：

借：资产减值损失　　60 000

　贷：固定资产减值准备　　60 000

固定资产B的期末账面价值=800 000-480 000-60 000=260 000（元）

②对于资产C，虽然其可收回金额比账面价值高出5 000元，但原已确认的减值损失不予转回，从而已计提的减值准备也不予调整。

固定资产C的期末账面价值=700 000-100 000-20 000=580 000（元）

【例4-18】资料见例4-17。甲企业固定资产B于2×14年年末达到预定可使用状态，原始价值为800 000元，预计使用寿命为10年，预计净残值为0，采用年限平均法计提折旧。2×20年年末计提减值准备60 000元。根据该资产的具体状况，甲企业将其剩余使用寿命由4年调整至2年。

要求：计算该项固定资产2×21年年末在资产负债表中的报告价值。

解答：该资产2×21年年末在资产负债表中的报告价值就是该资产的期末账面价值，

计算思路如下：

①2×20年年末该固定资产的账面价值=800 000-480 000-60 000=260 000（元）

②未来两年该资产每年应提折旧额=260 000÷2=130 000（元）

③2×21年该资产应提折旧额=130 000元

④2×21年年末该资产的账面价值=260 000-130 000=130 000（元）

所以，固定资产B在2×21年资产负债表中的报告价值为130 000元。

【比较与鉴别】

1.固定资产与金融资产、存货等资产减值处理的比较

在报告期末，企业对固定资产按可收回金额低于账面价值的差额确认资产减值损失，计提固定资产减值准备；对存货按可变现净值低于成本的差额确认资产减值损失，计提存货跌价准备；对以摊余成本计量的金融资产按预期信用损失确认信用减值损失，计提坏账准备或债权投资减值准备。上述处理的结果是：对利润表中的税前利润产生影响的同时，也减少了资产负债表中相关资产的报告价值。

固定资产减值损失一经确认，在以后期间不得转回。换句话说，“固定资产减值准备”科目的借方不反映已提减值准备的转回，只登记因出售、报废、对外投资、用于非货币性资产交换和债务重组等业务终止确认相关资产时对已提减值准备的结转。这一点与存货、以摊余成本计量的金融资产不同。

2.固定资产与无形资产等资产减值处理的比较

固定资产减值的会计处理原则和方法，适用于长期股权投资、无形资产、采用成本模式计量的投资性房地产和生产性生物资产，以及商誉等非流动、非金融资产的减值确认与计量。

四、固定资产在报表中的列报

报告期末，企业对固定资产，通常应按“固定资产”科目账面余额减去“累计折旧”“固定资产减值准备”科目贷方余额之后的差额，在资产负债表中的“固定资产”项目中列报。

智能测评4-3

第四节　固定资产的终止确认

一、固定资产终止确认的情形

固定资产满足下列条件之一的，应当予以终止确认：（1）该固定资产处于处置状态；（2）该固定资产预期通过使用或处置不能产生经济利益。

固定资产处置的形式主要包括：

（1）固定资产的出售、转让；

（2）报废或毁损；

（3）固定资产用于对外投资、非货币性资产交换、债务重组等。

另外，企业持有待售的固定资产，也处于处置状态。

处于处置状态的固定资产不再用于生产商品、提供劳务、出租或经营管理，因此不再符合固定资产的定义，应予终止确认。

值得一提的是，固定资产盘亏时，也需要进行终止确认。

二、固定资产的处置

（一）科目设置

固定资产处置业务的确认与计量通常需要使用“固定资产清理”科目。

本科目核算企业因出售、报废、毁损、对外投资、非货币性资产交换、债务重组等原因转出的固定资产价值以及在清理过程中取得的收入和发生的费用等。本科目的借方登记转出的处置固定资产的账面价值、发生的清理费用；本科目的贷方登记取得的清理收入。出售固定资产的净损益以及报废、毁损固定资产的净损益分别从本科目结转至“资产处置损益”或“营业外支出”“营业外收入”科目之后，本科目应无余额；用于对外投资、非货币性资产交换、债务重组的固定资产的账面价值及相关费用从本科目结转至“长期股权投资”等有关科目之后，本科目应无余额。本科目期末如有余额，反映尚未清理完毕的固定资产清理净损益。本科目可按被清理固定资产的项目进行明细核算。

【报表导向思考】

1.关于“固定资产清理”科目余额在资产负债表中的报告。“固定资产清理”科目期末如有余额，属于尚未清理完毕的固定资产清理净损益，该余额与固定资产账面价值一起，构成资产负债表中“固定资产”项目的报告价值。

2.关于固定资产处置损益在利润表中的报告。企业因出售、报废或毁损等原因对固定资产进行处置时的净损益（处置利得或损失），过去分别在利润表中的“营业外收入”或“营业外支出”项目反映。自2017年年末以来，企业利润表中增设了“资产处置收益（损失以“-”号填列）”项目，反映企业与出售固定资产（以及在建工程、无形资产）等业务相关的利得或损失，从而设置了“资产处置损益”科目；与固定资产报废、毁损相关的处置利得或损失，仍然执行原规定。

（二）基本业务的账务处理

1.出售、报废、毁损的固定资产

对于出售、报废、毁损的固定资产，终止确认过程中主要涉及以下几个方面的账务处理：

（1）注销固定资产账面价值，转入清理；

（2）确认取得的变价收入、残料收入、预计赔款收入等清理收入；

（3）确认发生的相关税费等清理费用；

（4）结转清理净损益。

上述有关账务处理内容的流程如图4-3所示。

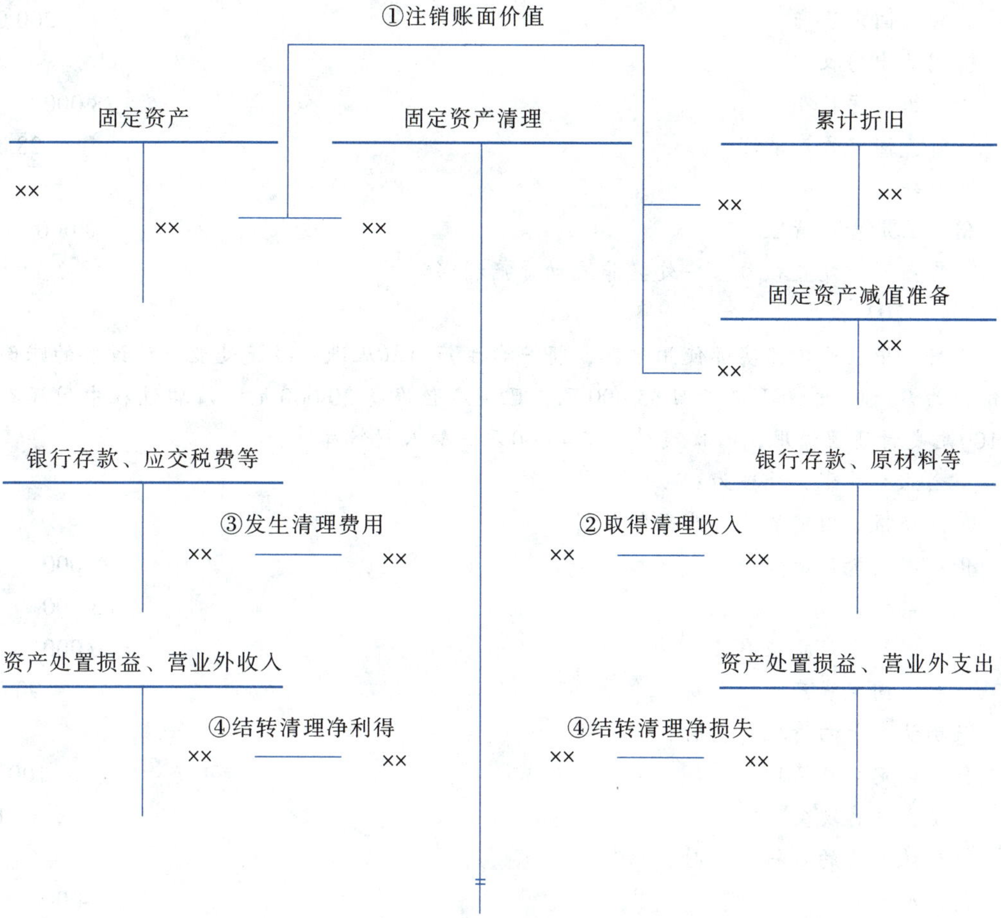

图4-3 固定资产出售、报废、毁损账务处理示意图

2.对外投资、交换非货币性资产、债务重组的固定资产

对于用作对外投资、交换非货币性资产和抵偿债务等用途的固定资产，终止确认过程中主要涉及以下两个方面的账务处理：

（1）注销固定资产账面价值，转入清理；

（2）反映固定资产的处置去向。

与出售、报废、毁损的账务处理相比，用作对外投资、交换非货币性资产和抵偿债务等用途的固定资产，其终止确认过程中不需单独进行确认清理收入和结转清理净损益的账务处理。具体会计处理见相关章节。

下面举例予以说明。

【例4-19】出售。

资料：甲企业出售一幢闲置厂房。该房屋账面原始价值200 000元，已提折旧180 000元；取得出售价款28 000元。相关税费略。

甲企业有关账务处理为：

①注销出售固定资产的账面价值：

借：固定资产清理 20 000

　　累计折旧 180 000

贷：固定资产 200 000

②确认出售收入：

借：银行存款 28 000

贷：固定资产清理 28 000

③结转出售利得：

借：固定资产清理 8 000

贷：资产处置损益——处置非流动资产利得 8 000

【例4-20】报废。

资料：甲企业根据实际使用情况，将一台生产用机床进行报废处理。该设备的账面原始价值为90 000元，已提折旧65 000元，已提减值准备20 000元；清理过程中用库存现金100元支付清理费用，回收残料价值4 000元，暂入材料库。

甲企业有关账务处理为：

①注销报废固定资产的账面价值时：

借：固定资产清理 5 000

累计折旧 65 000

固定资产减值准备 20 000

贷：固定资产 90 000

②确认支付的清理费用时：

借：固定资产清理 100

贷：库存现金 100

③确认取得的残料收入时：

借：原材料 4 000

贷：固定资产清理 4 000

④结转清理净损失时：

借：营业外支出——处置非流动资产损失 1 100

贷：固定资产清理 1 100

【例4-21】毁损。

资料：甲企业因火灾毁损一座闲置仓库，原始价值为200 000元，累计折旧为180 000元；清理过程中消耗辅助材料300元、领用低值易耗品800元、应付机修车间工人工资3 000元，支付现金共900元；根据保险公司核查意见将获得保险赔偿款8 000元。

甲企业有关账务处理为：

①注销报废固定资产的账面价值时：

借：固定资产清理 20 000

累计折旧 180 000

贷：固定资产 200 000

②确认发生的清理费用时：

借：固定资产清理 5 000

贷：原材料 1 100

应付职工薪酬 3 000

贷：库存现金 900

③确认应收赔偿款时：

借：其他应收款 8 000

贷：固定资产清理 8 000

④结转清理净损失时：

借：营业外支出——处置非流动资产损失 17 000

贷：固定资产清理 17 000

三、固定资产的盘亏

企业应当健全制度，加强管理，定期或者至少于每年年末对固定资产进行清查盘点，以保证固定资产核算的真实性和完整性。如果清查中发现固定资产的盘亏应及时查明原因，在期末结账前处理完毕。

企业对财产清查中盘亏的固定资产，应在冲减其账面原始价值、已提折旧及减值准备的同时，按账面价值借记“待处理财产损溢——待处理固定资产损溢”科目；经批准处理时通过“营业外支出”科目计入损益。

【例4-22】甲企业在财产清查中发现亏缺一台设备，其账面原始价值为20 000元，已提折旧3 000元。

甲企业有关账务处理为：

①盘亏时：

借：待处理财产损溢——待处理固定资产损溢 17 000

累计折旧 3 000

贷：固定资产 20 000

②报经批准处理时：

借：营业外支出——固定资产盘亏损失 17 000

贷：待处理财产损溢——待处理固定资产损溢 17 000

【比较与鉴别】

同存货盘亏的会计处理一样，对于固定资产的盘亏，通过“待处理财产损溢”科目在报批处理前、后进行相应的会计处理，期末本科目并无余额，以确保资产负债表中报告的固定资产是剔除盘亏后的固定资产及其应列报价值。

而与存货盘盈的会计处理有所不同的是，对于固定资产的盘盈，并不通过“待处理财产损溢”科目，而是作为前期重大会计差错进行处理。会计差错更正的详细内容将在本书第十四章详述。

智能测评4-4

【本章小结】

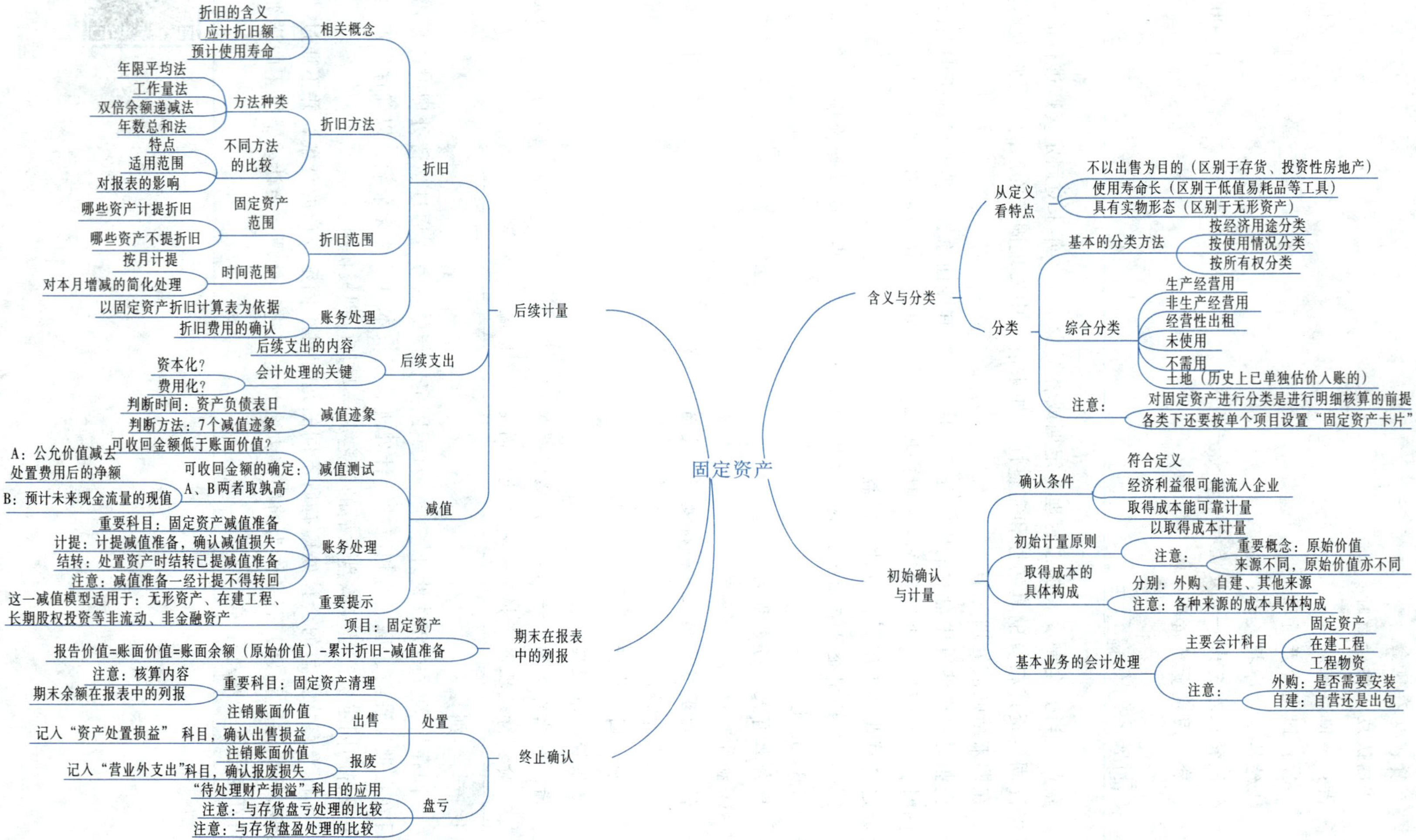

固定资产
含义与分类
从定义看特点
不以出售为目的（区别于存货、投资性房地产）
使用寿命长（区别于低值易耗品等工具）
具有实物形态（区别于无形资产）
分类
基本的分类方法
按经济用途分类
按使用情况分类
按所有权分类
综合分类
生产经营用
非生产经营用
经营性出租
未使用
不需用
土地（历史上已单独估价入账的）
注意：
对固定资产进行分类是进行明细核算的前提
各类下还要按单个项目设置“固定资产卡片”
初始确认与计量
确认条件
符合定义
经济利益很可能流入企业
取得成本能可靠计量
初始计量原则
以取得成本计量
注意：
重要概念：原始价值
来源不同，原始价值亦不同
取得成本的具体构成
分别：外购、自建、其他来源
注意：各种来源的成本具体构成
基本业务的会计处理
主要会计科目
固定资产
在建工程
工程物资
注意：
外购：是否需要安装
自建：自营还是出包
后续计量
折旧
相关概念
折旧的含义
应计折旧额
预计使用寿命
折旧方法
方法种类
年限平均法
工作量法
双倍余额递减法
年数总和法
不同方法的比较
特点
适用范围
对报表的影响
折旧范围
固定资产范围
哪些资产计提折旧
哪些资产不提折旧
时间范围
按月计提
对本月增减的简化处理
账务处理
以固定资产折旧计算表为依据
折旧费用的确认
后续支出
后续支出的内容
会计处理的关键
资本化？
费用化？
减值
减值迹象
判断时间：资产负债表日
判断方法：7个减值迹象
减值测试
可收回金额低于账面价值？
可收回金额的确定：A、B两者取孰高
A：公允价值减去处置费用后的净额
B：预计未来现金流量的现值
账务处理
重要科目：固定资产减值准备
计提：计提减值准备，确认减值损失
结转：处置资产时结转已提减值准备
注意：减值准备一经计提不得转回
重要提示
这一减值模型适用于：无形资产、在建工程、长期股权投资等非流动、非金融资产
期末在报表中的列报
项目：固定资产
报告价值=账面价值=账面余额（原始价值）-累计折旧-减值准备
终止确认
处置
重要科目：固定资产清理
注意：核算内容
期末余额在报表中的列报
出售
注销账面价值
记入“资产处置损益”科目，确认出售损益
报废
注销账面价值
记入“营业外支出”科目，确认报废损失
盘亏
“待处理财产损溢”科目的应用
注意：与存货盘亏处理的比较
注意：与存货盘盈处理的比较

【问题与思考】

1. 什么是固定资产？固定资产具有哪些特征？这些特征对固定资产的确认与计量会产生怎样的影响？

2. 如何确定各种来源形成的固定资产的取得成本？怎样对固定资产进行初始确认？

3. 什么是固定资产折旧？为什么要计提折旧？

4. 计提固定资产折旧的方法有哪几种？各种方法分别适用于什么情况？

5. 怎样合理确定固定资产的折旧年限？

6. 如何确定固定资产的后续支出应该资本化还是费用化？

7. 如何判断固定资产是否有减值迹象？如何对固定资产进行减值测试？

8. 固定资产可收回金额与存货可变现净值有何异同？

9. 如何对固定资产计提减值准备？相关账务处理对资产负债表和利润表分别产生哪些影响？

10. 固定资产处置业务包括哪些内容？如何进行相关的会计处理？

11. 固定资产处置损益应如何确认与计量？

12. 固定资产盘亏应如何进行会计处理？

【财报跟踪】

请阅读三一重工2019年年度报告第147～151页，了解三一重工2019年度各类固定资产、在建工程增减变动的具体情况。

【思政要点】

弃置费用的延伸思考

对固定资产预计弃置费用的确认与计量，一方面，直接关系到相关固定资产入账价值的确定以及后续的折旧费用、利息费用的核算；另一方面，从某种程度上来说也是环保理念在会计理论与实务中的体现。随着社会文明的不断进步，人们的环境保护意识逐渐增强，在会计领域，就产生了环境会计等分支。环境会计又称绿色会计，它是以货币为主要计量单位，以有关法律、法规为依据，计量与记录环境污染、环境防治、环境开发的成本费用，同时对环境的维护和开发形成的效益进行合理计量与报告，从而综合评估环境绩效及环境活动对企业财务成果影响的一门新兴学科。虽然环境会计的理论框架和方法体系还有待于进一步完善，但是环境会计学科的兴起本身就昭示了环境保护的必要与急迫，以及会计学科的创新与发展。

第五章
无形资产

■【学习目标】

通过对本章内容的学习，了解无形资产的含义及内容，掌握无形资产确认、计量的基本原理和基本应用，明确无形资产在资产负债表中的列报原理。

■【财报引读】

三一重工的无形资产信息（摘编）

表5-1是对三一重工在其2019年年度财务报告中披露的无形资产具体项目部分信息的摘编。

表5-1　　三一重工2019年披露的无形资产具体项目的部分信息　　单位：千元

项目	土地使用权	Putzmeister专营权	软件	非专利技术	商标权	其他	合计
一、账面原值							
1.期初余额	2 275 578	151 752	357 046	2 085 204	1 063 377	48 648	5 981 605
2.本期增加金额	1 101		44 718	113 722		881	160 422
（1）购置	1 101		44 127	10 861		881	56 970
（2）内部研发			591	102 861			103 452
3.本期减少金额	309 479	615	11 358	198 046	4 308	197	524 003
（1）处置	230 976		9 949	21 627			262 552
（2）转入投资性房地产	50 394						50 394
（3）…	28 109	651	1 409	176 419	4 308	197	211 057
4.期末余额	1 967 200	151 137	390 406	2 000 880	1 059 069	49 332	5 618 024
二、累计摊销							
⋮	⋮	⋮	⋮	⋮	⋮	⋮	⋮
三、							
⋮	⋮	⋮	⋮	⋮	⋮	⋮	⋮
四、账面价值							
（1）期末账面价值	1 585 513	34 006	52 560	566 886	1 058 982	41 366	3 339 313
（2）期初账面价值	1 866 696	49 320	53 197	804 102	1 063 300	42 885	3 879 500

什么是无形资产？企业的无形资产包括哪些内容？无形资产的取得途径有哪些？无形资产的减少去向有哪些？对无形资产为什么要计提摊销？采用什么摊销方法？无形资产价值增减变动的影响因素有哪些？无形资产在资产负债表中如何报告？哪些无形资产业务会对企业的利润表产生影响？本章将系统阐述这些有关无形资产确认与计量的问题。

第一节 无形资产概述

一、无形资产的含义

现行的无形资产会计准则对无形资产的定义是：无形资产，是指企业拥有或者控制的没有实物形态的可辨认非货币性资产。

与其他资产一样，无形资产具有作为资产的本质特征：为企业拥有或控制、能为企业带来未来经济利益。但是，与其他资产不同的是，无形资产同时具备无实体性、可辨认性、非货币性三个特点。

（一）无形资产不具有实物形态

无形资产通常表现为某种权利、某项技术或是某种获取超额利润的综合能力，它们不具有实物形态，比如土地使用权、非专利技术等。

无形资产不具有实物形态这一特点使其有别于存货、固定资产等资产形态。

（二）无形资产具有可辨认性

《国际会计准则第38号——无形资产》中规定，资产符合以下标准之一的，就是具备了“可辨认性”：（1）可分离的，即能够从主体中分离或者划分出来，并能单独或者与相关合同、资产或负债一起，用以出售、转移、授予许可、租赁或者交换（不论主体是否有意进行这些交易）；（2）源自合同性权利或其他法定权利，无论这些权利是否可以从主体或其权利和义务中转移或分离。

商誉与无形资产

无形资产的可辨认性，使其与商誉区分开来。虽然商誉也不具有实物形态，但其本身的不可辨认性以及由此带来的会计确认、计量与报告上的特定要求，导致无形资产准则已经将其从传统的无形资产范畴中剥离出来。

（三）无形资产属于非货币性资产

货币性资产是指企业持有的货币资金和将以固定或可确定金额的货币收到的资产。显然，无形资产不属于这个范畴。一方面，无形资产不是企业持有的货币资金；另一方面，由于没有发达的交易市场，无形资产一般不易转化成现金，在持有过程中为企业带来未来经济利益的情况不确定，不属于以固定或可确定的金额收取的资产。

无形资产属于非货币性资产这个特点，使其有别于货币资金、应收款项等货币性资产。

二、无形资产的内容与分类

（一）无形资产的内容

无形资产通常包括专利权、非专利技术、商标权、著作权、特许权、土地使用权等。

1.专利权。专利权是指国家专利主管机关依法授予发明创造专利申请人，对其发明创造在法定期限内所享有的专有权利，包括发明专利权、实用新型专利权和外观设计专利权。

2.非专利技术。非专利技术也称专有技术，它是指不为外界所知、在生产经营活动中已采用了的、不享有法律保护的、可以带来经济效益的各种技术和诀窍。非专利技术一般包括工业专有技术、商业贸易专有技术、管理专有技术等。

3.商标权。商标是用来辨认特定的商品或劳务的标记。商标权是指专门在某类指定的商品或产品上使用特定的名称或图案的权利。

4.著作权。著作权又称版权，是指作者对其创作的文学、科学和艺术作品依法享有的某些特殊权利。著作权包括作品署名权、发表权、修改权和保护作品完整权，还包括复制权、发行权、出租权、展览权、表演权、放映权、广播权、信息网络传播权、摄制权、改编权、翻译权、汇编权以及应当由著作权人享有的其他权利。

5.特许权。特许权又称经营特许权、专营权，是指企业在某一地区经营或销售某种特定商品的权利或是一家企业接受另一家企业使用其商标、商号、技术秘密等的权利。特许权通常有两种形式：一种是由政府机构授权，准许企业使用或在一定地区享有经营某种业务的特权，如水、电、邮电通信等专营权、烟草专卖权等；另一种是指企业间依照签订的合同，有限期或无限期使用另一家企业的某些权利，如连锁店分店使用总店的名称等。

6.土地使用权。土地使用权是指国家准许某企业在一定期间内对国有土地享有开发、利用、经营的权利。根据《中华人民共和国土地管理法》的规定，我国土地实行公有制，任何单位和个人不得侵占、买卖或者以其他形式非法转让。企业取得土地使用权的方式主要包括：行政划拨取得、外购取得及投资者投资取得。

【特别提示】

1.现在很多企业的无形资产中增加了一个新内容：软件。

2.下列无形的资产不属于无形资产准则所规范的内容：（1）作为投资性房地产的土地使用权；（2）企业合并中形成的商誉；（3）石油天然气矿区权益。

（二）无形资产的分类

对于上述无形资产，我们可以从不同角度进行分类，不同的分类方法将对无形资产的会计处理产生不同的影响。

1.按来源不同进行分类。无形资产按来源不同进行划分，可分为外部取得的无形资产和内部研发的无形资产两大类。

外部取得的无形资产包括企业通过外部购入、接受投资者投入、企业合并中从被合并方取得、接受捐赠等渠道形成的无形资产。内部研发的无形资产就是企业通过自行研究、开发而形成的无形资产。

2.按使用寿命是否有限进行分类。无形资产按使用寿命是否有限进行划分，可分为使用寿命有限的无形资产和使用寿命不确定的无形资产两大类。

无形资产准则规定，企业应当于取得无形资产时分析判断其使用寿命。无形资产的使用寿命为有限的，应当估计该使用寿命的年限或者构成使用寿命的产量等类似计量单位数量；无法预见无形资产为企业带来未来经济利益期限的，应当视为使用寿命不确定。

【报表导向思考】

资产的初始计量和后续计量决定了资产在资产负债表中的报告价值，以上两种分类方法则直接关系到无形资产的正确计量。

首先，不同来源形成的无形资产，其取得成本的具体构成有所不同，直接影响无形资产入账价值的确定。所以，按来源不同进行的分类，关系到无形资产的初始计量。

其次，使用寿命是否有限或能否确定，决定了无形资产能否按期计提摊销。所以，按使用寿命有限与否进行的分类，关系到无形资产的后续计量。

三、无形资产会计内容概要

无形资产会计确认与计量的主要内容包括：取得无形资产时，进行初始确认与计量；持有无形资产期间，对有预计使用寿命的无形资产确定累计摊销额，对预期减值的无形资产确定预计减值损失，以便确定无形资产的各期转移价值和期末报告价值；因处置或其他原因导致无形资产退出企业时，进行终止确认。

结合无形资产业务流程来看无形资产会计的主要内容如图5-1所示。

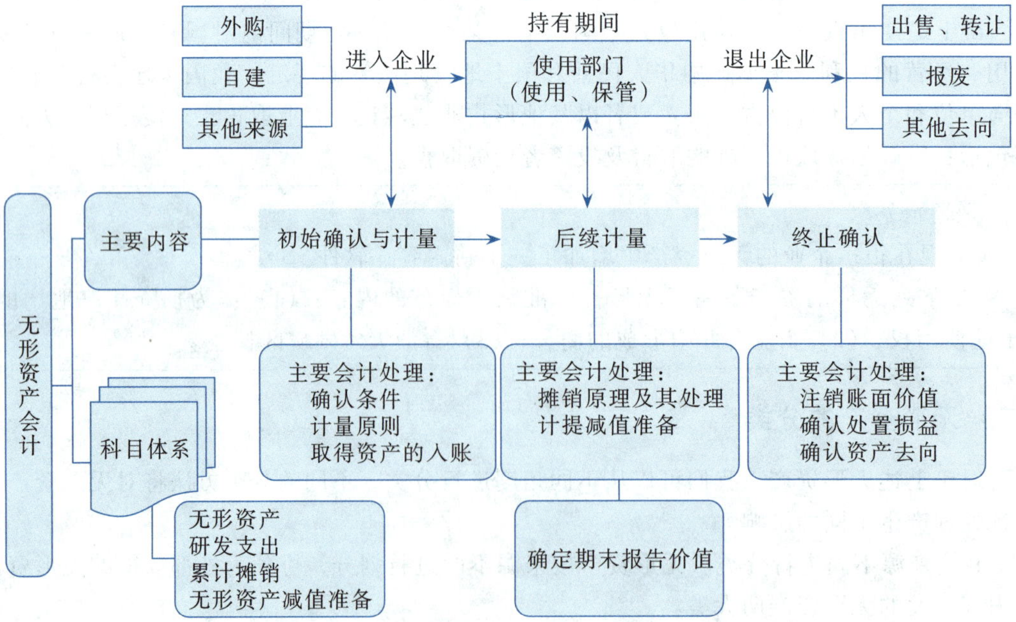

图5-1 无形资产的基本业务流程与会计主要内容

下面就对无形资产会计确认与计量的主要内容进行阐述。

智能测评 5-1

第二节　无形资产的初始确认与计量

一、确认条件与初始计量原则

无形资产的确认是指将符合无形资产确认条件的资产项目，作为无形资产予以记录并列入资产负债表的过程。无形资产的确认，在符合无形资产定义的基础上，还必须同时具备以下两个条件：（1）该资产产生的经济利益很可能流入企业；（2）该资产的成本能够可靠计量。

无形资产应以成本进行初始计量。无形资产的成本指取得无形资产并使之达到预定用途而发生的全部支出。

二、取得成本的具体构成

不同来源取得的无形资产，其成本构成不尽相同。

（一）外购的无形资产

企业外购的无形资产，其成本包括购买价款、相关税费以及直接归属于使该项资产达到预定用途所发生的其他支出。其中，直接归属于使该项资产达到预定用途所发生的其他支出包括使无形资产达到预定用途所发生的专业服务费用、测试无形资产是否能够正常发挥作用的费用等。

下列支出不包括在外购无形资产的取得成本中：（1）为引入新产品进行宣传发生的广告费，向新地区或新客户群推广业务的成本，管理费用及其他一般间接费用；（2）在无形资产已经达到预定用途以后发生的使用成本或再配备成本，例如，在形成预定经济规模之前发生的初始运作损失。

采用分期付款方式购买无形资产的情况下，如果购买无形资产的价款超过正常信用条件延期支付而使该项购买实际上具有融资性质，则无形资产的成本为购买价款的现值。

（二）内部研发形成的无形资产

企业自行进行的无形资产研究开发，包括研究和开发两个阶段，其中，研究是指为获取新的技术和知识等进行的有计划的调查；开发是指在进行商业性生产或使用前，将研究成果或其他知识应用于某项计划或设计，以生产出新的或具有实质性改进的材料、装置、产品等。

企业内部研究开发无形资产的支出包括研究阶段的支出和开发阶段的支出。研发支出资本化还是费用化，一直是无形资产会计的一个焦点问题。根据现行的无形资产会计准则，无形资产研究阶段的支出全部费用化，计入当期损益（管理费用）；开发阶段的支出符合资本化条件的才能资本化（达到预定用途时由“研发支出”科目转入“无形资产”科目），不符合资本化条件的则应费用化。所以，企业内部研发形成的无形资产，其成本为可直接归属于该资产的创造、生产并使该资产能够以管理层预定的方式运作的所有必要支出，具体包括：开发该无形资产时耗费的材料、劳务成本、注册费、在开发该无形资产过程中使用的其他专利权和特许权的摊销，按照《企业会计准则第17号——借款费用》的规定资本化的利息支出，以及为使该无形资产达到预定用途前所发生的其他费用。

开发支出资本化的条件是（需同时满足以下五个条件）：（1）完成该无形资产以使其能够使用或出售在技术上具有可行性；（2）具有完成该无形资产并使用或出售的意图；（3）无形资产产生经济利益的方式，包括能够证明运用该无形资产生产的产品；（4）有足够的技术、财务资源和其他资源支持，以完成该无形资产的开发，并有能力使用或出售该无形资产；（5）归属于该无形资产开发阶段的支出能够可靠计量。

综上所述，内部研发形成的无形资产，其成本应为自相关支出满足资本化条件的时点至无形资产达到预定用途之前发生的支出总和。所以，在开发无形资产过程中发生的除上述可直接归属于无形资产开发活动以外的其他销售费用和管理费用等间接费用、无形资产达到预定用途前发生的可辨认的无效和初始运作损失、为运行该无形资产发生的培训支出等，均不构成无形资产的开发成本。另外，对于同一项无形资产在开发过程中达到资本化条件之前已经费用化的支出，也不能再调整计入无形资产成本。

【报表导向思考】

自2018年开始，企业利润表中“管理费用”项目下，增设了一个项目：研发费用。本项目反映企业进行研究与开发过程中发生的费用化支出，以及计入管理费用的自行开发无形资产的摊销。也就是说，各期利润表中的“研发费用”项目反映的内容是当期计入“管理费用”中的研究支出和费用化的开发支出，以及资本化的开发支出中的当期摊销金额。

越来越多的企业加大了自行研发无形资产的投入，与之相关的财务信息也越来越受到财务信息使用者的关注。

（三）其他来源

无形资产除了外购和内部研发之外的其他来源，主要包括：投资者投入、非货币性资产交换换入、债务重组取得以及通过政府补助取得等。投资者投入、非货币性资产交换换入、债务重组取得的无形资产，其成本构成原则与前述存货、固定资产基本相同；通过政府补助取得的无形资产，按公允价值或名义金额（公允价值不能可靠取得时）进行初始计量。

三、基本业务的账务处理

为了核算无形资产的取得，企业除了应设置“无形资产”“累计摊销”等科目之外，还应为内部研发活动设置“研发支出”等科目。

“研发支出”科目核算企业进行无形资产研究与开发过程中所发生的各项支出。本科目的借方登记发生的各项研究支出和开发支出；本科目的贷方登记转入“管理费用”科目的研究支出和开发支出，以及转入“无形资产”科目的开发支出；本科目的借方余额，反映期末企业已经发生的与尚未达到预定用途的无形资产相关的符合资本化条件的开发支出。本科目按研究开发项目，分别设置“费用化支出”“资本化支出”明细科目进行明细核算。

企业对于取得的无形资产进行初始确认时，按取得成本借记“无形资产”科目，根据不同来源分别贷记“银行存款”“研发支出”“实收资本（或股本）”等科目。

下面举例予以说明。

【例5-1】外购。

甲企业用银行存款支付500 000元购入一项专利权。甲企业有关账务处理为：

借：无形资产——专利权　　500 000

　贷：银行存款　　500 000

【例5-2】内部研发。

甲企业2×20年年初开始进行一项用于产品生产的新技术的研发，累计发生研发支出3 000万元，其中研究阶段支出200万元，开发阶段支出2 800万元（其中符合资本化条件之前的开发支出为1 000万元）；以上3 000万元研发支出中包括材料费1 600万元、人工费1 100万元、用银行存款支付的其他费用300万元。2×21年年初该技术达到预定用途。其他资料略。

甲企业有关账务处理为（金额单位：万元）：

①发生研发费用时：

借：研发支出——费用化支出　　1 200

　　　　　　——资本化支出　　1 800

　贷：原材料　　1 600

　　　应付职工薪酬　　1 100

　　　银行存款　　300

②将费用化支出计入当期损益时：

借：管理费用　　1 200

　贷：研发支出——费用化支出　　1 200

③达到预定用途，确认无形资产时：

借：无形资产——专利权　　1 800

　贷：研发支出——资本化支出　　1 800

【例5-3】投资者投入。

甲企业收到D公司根据投资协议投入的一项商标权，投资协议约定的价值为400 000元（按公允价值确定）。接受此项投资后，甲企业的实收资本将增加300 000元。

甲企业有关账务处理为：

借：无形资产　　400 000

　贷：实收资本　　300 000

　　　资本公积——资本溢价　　100 000

智能测评5-2

第三节 无形资产的后续计量

一、无形资产的摊销

（一）基本原则

企业应将使用寿命有限的无形资产的应摊销金额在使用寿命内采用系统合理的方法予以摊销；使用寿命不确定的无形资产不应摊销。值得强调的是，估计无形资产的使用寿命、确定应摊销金额，两者构成各期摊销额的确定基础；选择合适的摊销方法则直接关系到无形资产摊销的系统性与合理性。

1.使用寿命及其确定与复核

无形资产的使用寿命包括法定寿命和经济寿命两个方面。法定寿命是法律、规章或合同限制的无形资产的使用寿命。有些无形资产具有法律寿命，如我国法律规定发明专利权的有效期为20年，商标权的有效期为10年；而有些无形资产的寿命则不受法律或合同的限制，比如永久性特许经营权、非专利技术等。经济寿命是指无形资产可以为企业带来经济利益的年限。确定无形资产的经济使用寿命，通常应考虑以下因素：该资产通常的产品寿命周期，以及可获得的类似资产使用寿命的信息；技术、工艺等方面的现实情况及对未来发展的估计；以该资产生产的产品或服务的市场需求情况；现在或潜在的竞争者预期采取的行动；为维持该资产产生未来经济利益的能力预期的维护支出及企业预计支付有关支出的能力；对该资产的控制期限，对该资产使用的法律或类似限制，如特许使用期间、租赁期间等；与企业持有的其他资产使用寿命的关联性等。无形资产的经济寿命往往短于法定寿命，这主要是技术进步、市场竞争等因素所致。

企业在估计特定无形资产的使用寿命时，应遵循以下原则：（1）源自合同性权利或其他法定权利取得的无形资产，其使用寿命不应超过合同性权利或其他法定权利的期限。（2）没有明确的合同或法律规定的无形资产，企业应当综合各方面情况，如聘请相关专家进行论证或与同行业的情况进行比较以及企业的历史经验等，来确定无形资产为企业带来未来经济利益的期限。如果经过这些努力确实无法合理确定无形资产为企业带来经济利益的期限，则应将其作为使用寿命不确定的无形资产。

企业至少应当于每年年度终了，对无形资产的使用寿命进行复核，如果有证据表明无形资产的使用寿命不同于以前的估计，由于合同的续约或无形资产应用条件的改善，延长了无形资产的使用寿命，对于使用寿命有限的无形资产应改变其摊销年限，并按照《企业会计准则第28号——会计政策、会计估计变更和差错更正》进行处理。

2.应摊销金额的计算与残值的估计

无形资产的应摊销金额为其成本减去预计残值后的金额。所以，一般情况下，无形资产的应摊销金额在无形资产可供使用时就应该确定。对于已经计提减值准备的无形资产而言，确定其应摊销额时还应扣除已计提的无形资产减值准备累计金额。

使用寿命有限的无形资产，其残值应当视为零，但下列情况除外：（1）有第三方承诺在无形资产使用寿命结束时购买该资产；（2）可以根据活跃市场得到预计残值信息，并且该市场在无形资产使用寿命结束时很可能存在。

无形资产的残值意味着在其经济寿命结束之前企业预计将会处置该无形资产，并且从该处置中取得利益。估计无形资产的残值应以资产处置时的可收回金额为基础，此时的可收回金额是指在预计出售日，出售一项使用寿命已满且处于类似使用状况下同类无形资产预计的处置价格（扣除相关税费）。残值确定以后，在持有无形资产的期间，至少应于每年年末进行复核，预计其残值与原估计金额不同的，应按照会计估计变更进行处理。如果无形资产的残值重新估计以后高于其账面价值，无形资产不再摊销，直至残值降至低于账面价值时再恢复摊销。

3.摊销方法

无形资产的摊销可以采用多种方法，比如直线法、生产总量法等。采用哪一种摊销方法才能将无形资产应摊销金额在使用寿命内系统合理地摊销，取决于所选择的摊销方法是否能够反映与该项无形资产有关的经济利益的预期实现方式。例如，受技术陈旧因素影响较大的专利权和专有技术等无形资产，可采用类似固定资产加速折旧的方法进行摊销；有特定产量限制的特许经营权或专利权，应采用生产总量法进行摊销。

如果无法确定与无形资产有关的经济利益的预期实现方式，应当采用直线法摊销。

企业选定了无形资产摊销方法之后，应一致地运用于不同会计期间。

（二）基本业务的账务处理

为了反映无形资产的摊销情况，应设置“累计摊销”科目。本科目核算企业对使用寿命有限的无形资产计提摊销的情况。本科目的贷方登记企业按期计提的无形资产摊销金额；本科目的借方登记结转的处置无形资产已摊销金额；本科目的贷方余额，反映期末企业持有的无形资产的累计摊销额。本科目按无形资产项目进行明细核算。

对于使用寿命有限的无形资产，企业应自相关无形资产可供使用时起进行摊销。这就意味着，对于新增无形资产，投入使用的当月就应承担摊销额。

无形资产的摊销金额一般通过确认为管理费用计入当期损益。但是，如果某项无形资产是专门用于生产某种产品的，其所包含的经济利益是通过转入所生产的产品中体现的，则其摊销费用应计入产品成本；如果某项无形资产对外出租，作为一种赚取利益的营业活动（虽然无形资产出租对于企业而言并非主营业务），则其摊销费用应确认为营业成本。

综上所述，企业每期应按计提的无形资产摊销金额，借记“管理费用”“制造费用”“其他业务成本”等科目，贷记“累计摊销”科目。

下面举例予以说明。

【例5-4】资料见例5-2。甲企业对2×21年1月确认的专利权，成本为1 800万元，预计残值为0，摊销期限为10年，采用直线法摊销。2×21年甲企业对该项专利权进行摊销的账务处理为（金额单位：万元）：

借：制造费用　　180

　　贷：累计摊销　　180

【例5-5】资料见例5-4，另假定甲企业于2×22年年初将该专利权的使用权出租给D公司，租期5年，按租赁合同每年收取专利权使用费200万元。相关税费略。

问题：(1) 甲企业2×22年如何进行账务处理？

(2) 2×22年年末该无形资产在资产负债表中的报告价值为多少？

(3) 此项出租业务对甲企业2×22年税前利润的影响额是多少？

解答：

(1) 甲企业有关账务处理为（金额单位：万元）：

①确认租金收入时：

借：银行存款（或其他应收款）　　200

　　贷：其他业务收入　　200

②进行摊销时：

借：其他业务成本　　180

　　贷：累计摊销　　180

(2) 2×22年年末该无形资产在资产负债表中的报告价值为1 440万元（1 800－180×2）。

(3) 此项出租业务对甲企业2×22年税前利润的影响额是20万元（200－180）。

二、无形资产的减值

（一）基本原则

无形资产减值的会计处理原则，与前述固定资产减值的会计处理原则基本一致。

企业应在资产负债表日，判断无形资产是否存在可能发生减值的迹象。如果存在减值迹象，要对相关无形资产进行减值测试。对于使用寿命不确定的无形资产，无论是否存在减值迹象，都要进行减值测试。当无形资产的可收回金额低于其账面价值时，应确认无形资产减值损失，同时将无形资产的账面价值减记至可收回金额。

无形资产减值损失确认后，减值资产的摊销费用应当在未来期间作相应调整，以使该资产在剩余使用寿命内系统地分摊调整后的资产账面价值（扣除预计净残值）。

无形资产减值损失一经确认，在以后会计期间不得转回。以前期间计提的无形资产减值准备，在相关资产出售、报废、对外投资、以非货币性资产交换方式换出、在债务重组中抵偿债务等时，才可予以转出。

（二）基本业务的账务处理

为了核算无形资产减值准备的计提情况，应设置“无形资产减值准备”科目并按无形资产项目进行明细核算。

资产负债表日，企业对于可收回金额低于账面价值的无形资产确认减值损失并计提减值准备时，按本期应确认的减值金额，借记“资产减值损失”科目，贷记“无形资产减值准备”科目；因处置无形资产而结转其已提减值准备时，按应结转金额，借记“无形资产减值准备”科目，贷记有关科目。

下面举例予以说明。

【例 5-6】甲企业的一项专利权，账面余额为800万元，预计净残值为0，至2×20年年末累计摊销640万元，企业经减值测试确定该专利权的可收回金额为100万元。2×20年年末甲企业计提减值准备的账务处理为（金额单位：万元）：

借：资产减值损失　　60

　贷：无形资产减值准备　　60

三、无形资产在报表中的列报

报告期期末，企业对无形资产，应按“无形资产”科目账面余额减去“累计摊销”“无形资产减值准备”科目贷方余额之后的差额，在资产负债表中的“无形资产”项目中列报。

智能测评 5-3

第四节　无形资产的终止确认

无形资产预期不能为企业带来经济利益时，应予以终止确认，即将该无形资产的账面价值予以转销。需要对无形资产进行终止确认的情形主要包括：出售、报废和用于对外投资、非货币性资产交换、债务重组，以及转为持有待售的非流动资产等。

一、无形资产的出售

企业出售无形资产时，一方面要转销无形资产的账面价值，对出售的资产进行终止确认；另一方面要确认资产处置利得或损失，通过“资产处置损益”科目计入当期损益。

【例 5-7】甲企业持有的一项专利权，账面余额为800万元，预计净残值为0，采用直线法摊销，摊销期限为10年、累计摊销640万元。甲企业将该专利权以130万元的价格出售给D公司。相关税费略。

甲企业有关账务处理为（金额单位：万元）：

借：银行存款　　130

　　累计摊销　　640

　　资产处置损益　　30

　贷：无形资产——专利权　　800

二、无形资产的报废

如果某项无形资产因已被其他新技术所替代或不再受到法律保护而预期不能再为企业带来未来经济利益，就需要报废。企业对于报废的无形资产，要转销其账面价值，并将报废损失通过“营业外支出”科目计入当期损益。

【例 5-8】资料见例 5-7。假定甲企业预期用其生产的产品不再有市场而决定将其报废。其他因素略。

甲企业有关账务处理为（金额单位：万元）：

借：累计摊销 640

　　营业外支出——处置无形资产损失 160

　贷：无形资产——专利权 800

三、其他情形

对于用作对外投资、交换非货币性资产和抵偿债务等用途的无形资产，终止确认的具体举例见相关章节。

【报表导向思考】比较与无形资产的出租、出售相关的损益，是怎样影响利润表的

出租无形资产取得的使用费收入要确认为营业收入，与之相关的费用（即确认为营业成本的）是出租资产的摊销费用，而不是该资产的成本，因为出租业务出让的是资产的使用权而不是资产本身。所以，出租无形资产的损益是多少，需要通过对比记入“其他业务收入”与“其他业务成本”两个科目的相关金额。

出售无形资产的损益则是通过“资产处置损益”科目记入利润表的“资产处置收益”项目的。

以上分析对学习账务处理的帮助是：出租无形资产，需要编制两个会计分录甚至三个会计分录（比如涉及相关税费时），而出售无形资产，只需要编制一个会计分录。之所以有这个区别，关键在于是否确认营业收入。而这个思路可以推广至固定资产的经营性出租与出售的比较，还可以推广至存货的销售与用于债务重组的比较等。

智能测评 5-4

【本章小结】

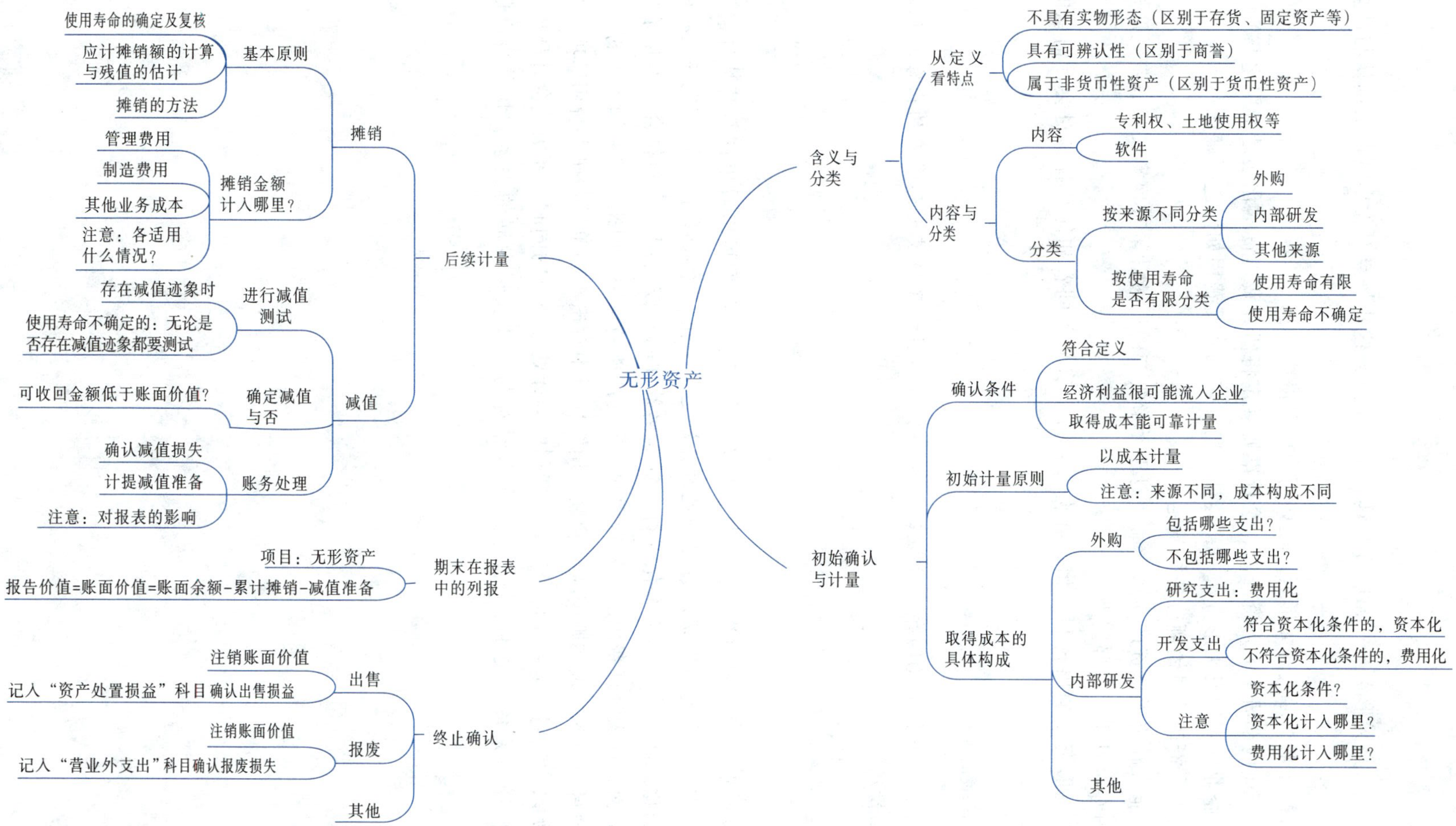
无形资产
含义与分类
从定义看特点
不具有实物形态（区别于存货、固定资产等）
具有可辨认性（区别于商誉）
属于非货币性资产（区别于货币性资产）
内容与分类
内容
专利权、土地使用权等
软件
分类
按来源不同分类
外购
内部研发
其他来源
按使用寿命是否有限分类
使用寿命有限
使用寿命不确定
初始确认与计量
确认条件
符合定义
经济利益很可能流入企业
取得成本能可靠计量
初始计量原则
以成本计量
注意：来源不同，成本构成不同
取得成本的具体构成
外购
包括哪些支出？
不包括哪些支出？
内部研发
研究支出：费用化
开发支出
符合资本化条件的，资本化
不符合资本化条件的，费用化
注意
资本化条件？
资本化计入哪里？
费用化计入哪里？
其他
后续计量
摊销
基本原则
使用寿命的确定及复核
应计摊销额的计算与残值的估计
摊销的方法
摊销金额计入哪里？
管理费用
制造费用
其他业务成本
注意：各适用什么情况？
减值
进行减值测试
存在减值迹象时
使用寿命不确定的：无论是否存在减值迹象都要测试
确定减值与否
可收回金额低于账面价值？
账务处理
确认减值损失
计提减值准备
注意：对报表的影响
期末在报表中的列报
项目：无形资产
报告价值=账面价值=账面余额-累计摊销-减值准备
终止确认
出售
注销账面价值
记入“资产处置损益”科目确认出售损益
报废
注销账面价值
记入“营业外支出”科目确认报废损失
其他

【问题与思考】

1.什么是无形资产？无形资产具有哪些特点？这些特点对无形资产的确认与计量有何影响？

2.各种来源形成的无形资产应如何确定取得成本？

3.企业内部研发无形资产的，会计准则规定将研究费用资本化还是费用化？

4.企业内部研发无形资产的，会计准则规定将开发费用如何进行确认？

5.无形资产的摊销额应怎样确定？

6.能否确定无形资产使用寿命，对于无形资产的后续计量有何意义？确定无形资产预计使用寿命时要考虑哪些因素？

7.无形资产的出售和出租，在会计处理上有何不同？如何解释其对会计信息的不同影响？

【财报跟踪】

阅读三一重工2019年年度报告的第152~153页，了解其无形资产的内容及其账面价值变动情况。

【思政要点】

研发费用与创新精神

从企业研发费用确认、计量与列报方法的变迁，我们可以看出创新精神日益深入人心。一方面，企业研发费用过去的处理方法是费用化（计入管理费用），现在是将研究支出费用化，将开发支出资本化（符合资本化条件的）或费用化（不符合资本化条件的）；另一方面，计入管理费用的研发费用和无形资产摊销费用，原来是在利润表中的“管理费用”项目列报的，现在则需从“管理费用”项目中拿出来，单设“研发费用”项目列报。

所以，我们在学习无形资产研发费用的会计处理规范的同时，要关注会计环境与会计规范变迁的关系，关注创新意识、创新精神与企业长远发展的关系，培养自己的创新意识。

第六章

投资性房地产

■【学习目标】

通过对本章内容的学习，了解企业投资性房地产的含义及内容，掌握投资性房地产确认、计量的基本原理和基本应用，明确投资性房地产在资产负债表中的列报原理。

■【财报引读】

三一重工的投资性房地产信息（摘编）

下面是对三一重工2019年年度财务报告中披露的关于投资性房地产信息的摘编：

1.关于投资性房地产的会计政策

本公司采用成本模式对投资性房地产进行后续计量，并按照与房屋、建筑物或土地使用权一致的政策进行折旧或摊销。

自用房地产或存货转换为投资性房地产或投资性房地产转换为自用房地产时，按转换前的账面价值作为转换后的入账价值。

投资性房地产的用途改变为自用时，自改变之日起，将该投资性房地产转换为固定资产或无形资产。自用房地产的用途改变为赚取租金或资本增值时，自改变之日起，将固定资产或无形资产转换为投资性房地产。发生转换时，转换为采用成本模式计量的投资性房地产的，以转换前的账面价值作为转换后的入账价值；转换为以公允价值模式计量的投资性房地产的，以转换日的公允价值作为转换后的入账价值。

……

2.关于投资性房地产在资产负债表中列报价值（期末余额126 320 000元、期初余额50 113 000元）的说明（见表6-1）

表6-1　投资性房地产在资产负债表中的列报价值　单位：千元

项目	房屋、建筑物	土地使用权	在建工程	合计
一、账面原值				
1.期初余额	97 174	1 864		99 038
2.本期增加金额	104 058	50 394		154 452
（1）外购				
（2）存货、固定资产、在建工程等转入	104 058	50 394		154 452
3.本期减少金额				
（1）处置				
（2）其他转出				
4.期末余额	201 232	52 258		253 490
二、累计折旧和累计摊销				
1.期初余额	48 592	333		48 925

续表

项目	房屋、建筑物	土地使用权	在建工程	合计
2.本期增加金额	64 910	11 667		76 577
（1）计提或摊销	4 775	35		4 810
（2）存货、固定资产、在建工程等转入	60 135	11 632		71 767
3.本期减少金额				
（1）处置				
（2）其他转出				
4.期末余额	113 502	12 000		125 502
三、减值准备				
1.期初余额				
2.本期增加金额	1 668			1 668
（1）计提	1 668			1 668
3.本期减少				
（1）处置				
（2）其他转出				
4.期末余额	1 668			1 668
四、账面价值				
1.期末账面价值	86 062	40 258		126 320
2.期初账面价值	48 582	1 531		50 113

什么是投资性房地资产？企业的投资性房地产包括哪些内容？投资性房地产与存货、固定资产和无形资产有什么区别？投资性房地产的取得途径有哪些？投资性房地产都需要计提折旧或摊销吗？投资性房地产的后续计量模式除了成本模式还有什么模式？如何确定投资性房地产在资产负债表中的报告价值？本章将系统阐述这些有关投资性房地产确认与计量的问题。

第一节 投资性房地产概述

一、投资性房地产的含义

投资性房地产是指为赚取租金或资本增值，或者两者兼有而持有的房地产。

房地产通常是土地和房屋及其权属的总称。在我国，房地产中的土地是指土地使用权，房屋是指土地上的房屋等建筑物及构筑物。

（一）投资性房地产的特点

投资性房地产的特点可以从以下三个方面来观察：

1.从持有目的看。企业持有投资性房地产的目的是赚取租金或增值收益而非自用或销售，这一特点使投资性房地产与固定资产、无形资产、存货相区别。企业如将房地产用作经营场所，该房地产属于固定资产（房屋）或无形资产（土地使用权）；开发企业如将其开发的房地产用于销售，该房地产就属于存货；而企业如将房地产用于出租或持有土地使用权意在转让，该房地产就属于投资性房地产。

2.从业务性质看。企业投资性房地产的业务属于经营活动而非投资活动，这一特点使其有别于企业对外进行的债权性投资和权益性投资。投资性房地产的主要形式是出租的建筑物、出租的土地使用权，这实质上属于一种让渡资产使用权的行为。房地产租金就是让渡资产使用权取得的使用费收入，是企业为完成其经营目标所从事的经营性活动以及与之相关的其他活动形成的经济利益总流入。投资性房地产的另一种形式是持有并准备增值后转让的土地使用权，尽管其增值收益通常与市场供求、经济发展等因素有关，但目的是增值后转让以赚取增值收益，也是企业为完成其经营目标所从事的经营性活动以及与之相关的其他活动形成的经济利益总流入。这一特点决定了投资性房地产相关的租金收入或增值收益将作为企业的营业收入而非投资收益。

3.从资产形式看。投资性房地产是房地产而非机器设备或专利技术，这一特点使投资性房地产与经营性租出设备等固定资产和出让使用权的专利技术等无形资产有所不同。同样是让渡资产使用权，同样是将租金收入所体现的使用费收入确认为营业收入（其他业务收入），但投资性房地产与经营性租出设备等固定资产和出让使用权的专利技术等无形资产相比，还是有所不同，尤其在后续计量模式上，投资性房地产有成本模式和公允价值模式两种选择，而经营性租出的设备和出租的专利技术等资产，作为固定资产和无形资产，只能按摊余成本进行后续计量。

（二）投资性房地产的范围

投资性房地产包括以下三类资产：

1.已出租的土地使用权。已出租的土地使用权，是指企业通过出让或转让方式取得的、以经营租赁方式出租的土地使用权。

2.持有并准备增值后转让的土地使用权。持有并准备增值后转让的土地使用权，是指企业取得的、准备增值后转让的土地使用权。按照国家有关规定认定的闲置土地，不属于持有并准备增值后转让的土地使用权，从而不能归属于投资性房地产。

3.已出租的建筑物。已出租的建筑物是指企业拥有产权的、以经营租赁方式出租的建筑物，包括自行建造或开发活动完成后用于出租的建筑物以及正在建造或开发过程中将来用于出租的建筑物。

【报表导向思考】

“投资性房地产”是资产负债表中的一个独立项目，如何将其与“存货”“固定资产”“无形资产”区别开来？

首先，企业拥有的房地产，要区分是自用、备售还是出租。自用的房产和土地使用权应分别归类于固定资产和无形资产；自己开发并备售的房产，应归类于存货；而出租的房地产和准备赚取增值收益而持有的土地使用权，则应归类于投资性房地产。

其次，企业出租的资产，即使仍要在资产负债表中列报（比如经营性租出），也要区分租出的是房地产还是机器设备、专利权等非房地产。如果租出资产是土地使用权和建筑物，该资产报告为投资性房地产；如果租出资产是专利权、非专利技术或机器设备，则该资产仍应报告为无形资产或固定资产。

二、投资性房地产会计内容概要

与固定资产、无形资产一样，投资性房地产的会计确认与计量包括的内容主要有：取得投资性房地产时，进行初始确认与计量；确认后的持有期间，进行后续计量；处置投资性房地产时，进行终止确认。

但是，与固定资产、无形资产不同的是，一方面，投资性房地产的后续计量有按成本计量和按公允价值计量两种模式；另一方面，投资性房地产的增加有可能是由非投资性房地产转换而来，投资性房地产的减少也有可能是由于转换为非投资性房地产。这种转换业务加上后续计量有两种模式，使得投资性房地产的初始确认和终止确认都比固定资产和无形资产要复杂一些。

投资性房地产会计确认与计量的内容框架如图6-1所示。

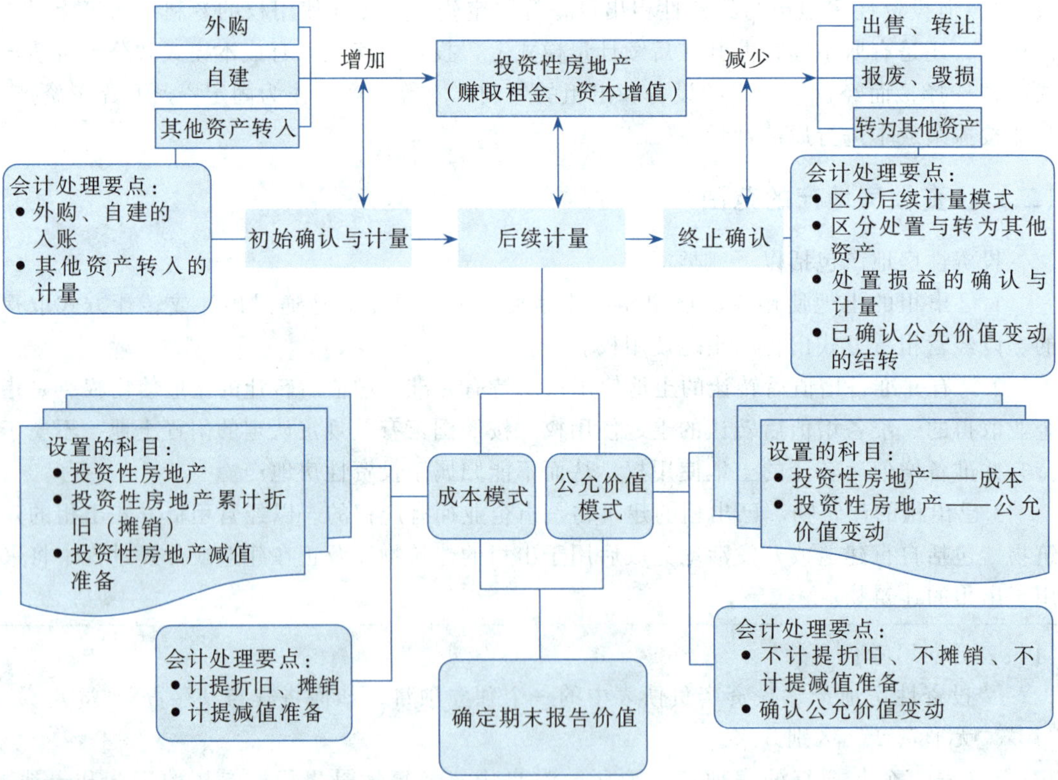

图6-1 投资性房地产会计内容框架

接下来就对投资性房地产会计确认与计量的主要内容进行阐述。

智能测评6-1

第二节　投资性房地产的初始确认与计量

投资性房地产的初始确认与计量，是指企业对于取得的投资性房地产，要在符合确认条件时确定其入账价值并予以入账，以便在资产负债表中予以报告。

一、确认条件与初始计量原则

投资性房地产的确认必须在符合投资性房地产定义的前提下，同时满足以下两个条件：一是该投资性房地产包含的经济利益很可能流入企业；二是该投资性房地产的成本能够可靠地计量。

投资性房地产应当按照成本进行初始确认和计量。不同途径取得的投资性房地产，其取得成本的构成内容亦有不同。

二、取得成本的具体构成

（一）外购的投资性房地产

外购的土地使用权和建筑物，应当按照取得时的实际成本进行初始计量，其成本包括购买价款、相关税费和可直接归属于该资产的其他支出。企业购入的房地产，部分用于出租（或资本增值）、部分自用，用于出租（或资本增值）的部分应当予以单独确认的，应按照不同部分的公允价值占公允价值总额的比例将成本在不同部分之间进行合理分配。

（二）自行建造的投资性房地产

自行建造的投资性房地产，其成本由建造该项资产达到预定可使用状态前发生的必要支出构成，包括土地开发费、建安成本、应予以资本化的借款费用、支付的其他费用和分摊的间接费用等。建造过程中发生的非正常损失直接计入当期损益，不计入建造成本。

（三）非投资性房地产转换为投资性房地产

由企业的非投资性房地产转换而来的投资性房地产，其入账价值的确定取决于企业对投资性房地产采用的后续计量模式。如果采用公允价值模式，转换来的投资性房地产按转换日的公允价值入账；如果采用成本模式，转换来的投资性房地产则按相关非投资性房地产的账面价值入账。

三、基本业务的账务处理

投资性房地产的核算，应设置“投资性房地产”科目。在采用成本模式对投资性房地产进行后续计量的企业，该科目的基本结构与“固定资产”“无形资产”科目类似；并且应该相应设置“投资性房地产累计折旧（摊销）”“投资性房地产减值准备”科目，其基本结构和应用方法比照“累计折旧”“累计摊销”“固定资产减值准备”科目。在采用公允价值模式对投资性房地产进行后续计量的企业，该科目则分别下设“成本”“公允价值变动”两个明细科目。

企业对于外购、自行建造的投资性房地产进行确认时，按取得成本借记“投资性房地产”科目，根据不同来源分别贷记“银行存款”“在建工程”等科目。

下面举例说明企业通过外购和自建取得投资性房地产的账务处理。

【例 6-1】2×20 年 4 月，甲企业计划购入一栋写字楼用于对外出租。4 月 10 日，甲企业与乙企业签订了经营租赁合同，约定自写字楼购买日起将这栋写字楼出租给乙企业，为期 5 年。4 月 30 日，甲企业实际购入写字楼，支付价款共计 2 000 万元。其他因素略。

甲企业购入写字楼有关账务处理为（金额单位：万元）：

借：投资性房地产——写字楼　　2 000

　贷：银行存款　　2 000

【例 6-2】2×20 年 10 月末，甲企业购入一块土地的使用权，并在该土地上开始自行建造一栋仓库（乙企业已表达租赁仓库的意向），该土地使用权的购买成本为 1 000 万元，使用年限为 40 年。2×20 年 11 月 1 日至 2×21 年 1 月 1 日，甲企业投资 2 360 万元用于仓库建造；工程完工、达到预定可使用状态时，甲企业与乙企业签订了经营租赁合同，该仓库租赁给乙企业使用，2×21 年 1 月 1 日为起租日，租期 3 年。为简化起见，土地使用权终止确认之前的摊销处理略。其他因素略。

甲企业有关账务处理为（金额单位：万元）：

①购入土地使用权时：

借：无形资产——土地使用权　　1 000

　贷：银行存款　　1 000

②建造仓库时：

借：在建工程　　2 360

　贷：银行存款等　　2 360

③仓库达到预定使用状态、签订租约时：

借：投资性房地产——仓库　　3 360

　贷：在建工程　　2 360

　　　无形资产——土地使用权　　1 000

智能测评 6-2

企业对于由自用房地产或存货转换形成的投资性房地产进行确认时，按初始计量金额借记“投资性房地产”科目，根据不同来源分别贷记“固定资产”“无形资产”“开发产品”等科目，具体账务处理见本章第四节。

第三节　投资性房地产的后续计量

一、后续计量模式

后续计量主要解决投资性房地产期末报告价值的确定问题。投资性房地产的后续计量有成本模式和公允价值模式两种。

【报表导向思考】

后续计量采用成本模式，意味着投资性房地产在资产负债表中是按期末摊余成本报告；后续计量采用公允价值模式，则意味着投资性房地产在资产负债表中是按资产负债表日的公允价值报告。

与固定资产、无形资产等资产一样，按成本模式进行后续计量的投资性房地产，需要计提折旧、摊销、减值准备；与交易性金融资产一样，按公允价值模式进行后续计量的投资性房地产，不需要计提折旧、摊销、减值准备，只需要确认公允价值变动。这就导致两种模式下设置或涉及的会计科目有所不同，从而对财务报表产生不同的影响。

（一）成本模式

采用成本模式时，投资性房地产的后续计量类似于固定资产、无形资产的后续计量。一方面，需要设置“投资性房地产累计折旧（摊销）”科目，对投资性房地产计提折旧、摊销；另一方面，需要设置“投资性房地产减值准备”科目，为预计发生减值损失的投资性房地产计提减值准备。

【例6-3】资料见例6-2。假设甲企业对投资性房地产采用成本模式进行后续计量。该仓库的使用寿命为20年，预计净残值为0，甲企业采用年限平均法计提折旧。根据租赁合同，乙企业2×21年、2×22年、2×23年每年向甲企业支付租用仓库的租金240万元，按月支付。其他因素略。

甲企业2×21年有关账务处理为（金额单位：万元）：

①年初仓库达到预定使用状态、签订租约时：

借：投资性房地产——仓库	3 360	
贷：在建工程		2 360
无形资产——土地使用权		1 000

②年内每月确认租金收入时：

借：银行存款（或其他应收款）	20	
贷：其他业务收入		20

③年内每月计提折旧时：

借：其他业务成本	14	
贷：投资性房地产累计折旧		14

经过上述处理后，2×21年年末该投资性房地产在资产负债表中的报告价值为3 192万元（3 360−14×12）。

（二）公允价值模式

采用公允价值模式时，投资性房地产的后续计量类似于交易性金融资产，不需要对投资性房地产计提折旧或摊销，也不需要对投资性房地产计提资产减值准备，而只需按资产负债表日投资性房地产的公允价值对投资性房地产进行计价；公允价值与原账面价值之间的差额，通过“公允价值变动损益”科目计入当期损益。为此，要在“投资性房地产”科目下设置“成本”“公允价值变动”两个明细科目，分别反映投资性房地产的成本和公允价值变动金额。

【例6-4】资料见例6-2。假设甲企业对投资性房地产采用公允价值模式进行后续计量。根据租赁合同，乙企业2×21年、2×22年、2×23年每年向甲企业支付租用仓库的租金240万元，按月支付。2×21年年末，该仓库的公允价值估计为3 350万元。其他因素略。

甲企业2×21年有关账务处理为（金额单位：万元）：

①年初仓库达到预定使用状态、签订租约时：

借：投资性房地产——成本	3 360	
贷：在建工程		2 360
无形资产——土地使用权		1 000

②年内每月确认租金收入时：

借：银行存款（或其他应收款）	20	
贷：其他业务收入		20

③年末确认公允价值变动时：

借：公允价值变动损益	10	
贷：投资性房地产——公允价值变动		10

之所以要确认公允价值变动10万元，是因为公允价值模式下该资产的期末报告价值应该是期末公允价值估计数3 350万元，而确认公允价值变动前该资产的账面价值是3 360万元。

（三）后续计量模式的选择与变更

1.后续计量模式的选择

投资性房地产的后续计量，通常采用成本模式。在有确凿证据表明投资性房地产的公允价值能够持续可靠取得的情况下，企业可以选择采用公允价值模式。采用公允价值模式计量投资性房地产，应当同时满足以下两个条件：（1）投资性房地产所在地有活跃的房地产交易市场；（2）企业能够从房地产交易市场上取得同类或类似房地产的市场价格及其他相关信息，从而对投资性房地产的公允价值作出科学、合理的估计。

同一企业对其所有投资性房地产只能采用一种模式进行后续计量，不能同时采用两种计量模式进行后续计量。

2.后续计量模式的变更

企业对投资性房地产的后续计量模式一经选定，不得随意变更。已采用公允价值模式计量的投资性房地产，不得从公允价值模式转为成本模式。但在已采用成本模式计量的情况下，如果房地产市场比较成熟、能够满足采用公允价值模式的条件，允许企业对投资性房地产的后续计量模式由成本模式变更为公允价值模式，并将此项变更作为会计政策变更处理。与会计政策变更有关的内容，本书将在第十四章阐述。

二、投资性房地产的后续支出

投资性房地产的后续支出包括为了提高其使用效能而进行的改建、扩建、装修与改善支出，以及为了维持其正常运行而进行的日常维护与修理支出。

与固定资产后续支出的处理原则相同的是：投资性房地产的后续支出，满足投资性房地产确认条件的应当计入投资性房地产成本，进行资本化处理；不满足投资性房地产确认条件的，应当在发生时计入当期损益，进行费用化处理。

与固定资产后续支出的具体处理方法稍有不同的是：投资性房地产改扩建时，只需将改扩建投资性房地产账面价值结转至“投资性房地产（在建）”明细科目，不需要通过“在建工程”科目核算；费用化的投资性房地产后续支出，通过“其他业务成本”计入当期损益，而不是通过“管理费用”计入当期损益。

下面举例予以说明。

【例6-5】2×21年5月，甲企业与乙企业的一项厂房经营租赁合同即将到期，该厂房原价为1 000万元，已计提折旧200万元。为了提高厂房的租金收入，甲企业决定在租赁期满后对厂房进行改扩建，并与丙企业签订了经营租赁合同，约定自改扩建完工时将厂房出租给丙企业。5月10日，与乙企业的租赁合同到期，厂房随即进入改扩建工程。10月20日，厂房改扩建工程完工，共发生支出120万元，即日按照租赁合同出租给丙企业。

本例中的改扩建支出符合资本化的条件，应当计入投资性房地产的成本。甲企业有关账务处理为（金额单位：万元）：

①投资性房地产转入改扩建工程时：

借：投资性房地产——厂房（在建）　　800

　　投资性房地产累计折旧　　200

　贷：投资性房地产——厂房　　1 000

②改扩建期间：

借：投资性房地产——厂房（在建）　　120

　贷：银行存款等　　120

③改扩建工程完工并出租时：

借：投资性房地产——厂房　　920

　贷：投资性房地产——厂房（在建）　　920

三、投资性房地产在报表中的列报

报告期末，企业对投资性房地产，应按“投资性房地产”科目账面余额减去“投资性房地产累计折旧（摊销）”“投资性房地产减值准备”科目贷方余额之后的差额，在资产负债表中的“投资性房地产”项目列报。

智能测评 6-3

第四节 投资性房地产的转换与处置

一、投资性房地产的转换

（一）基本原则

投资性房地产的转换，是指企业将非投资性房地产（比如自用房地产或存货）转换为投资性房地产，或者将投资性房地产转换为非投资性房地产。

【报表导向思考】

1.房地产在投资性与非投资性之间的转换，是因房地产用途发生改变而对房地产进行的重新分类，这种重分类直接涉及相关房地产在资产负债表中的列报项目与金额。所以，企业在有确凿证据表明房地产用途发生改变，并满足规定条件时，方可进行转换。那么，搞清楚这里的“确凿证据”和“转换条件”，是进行转换处理的前提。

2.非投资性房地产转换为投资性房地产，涉及投资性房地产的初始确认与计量；投资性房地产转换为非投资性房地产，则涉及投资性房地产的终止确认。既然房地产的转换直接关系到投资性房地产在资产负债表中的初始确认与终止确认，那么，依据何时的什么价值信息进行资产转换的会计处理，是学习投资性房地产转换会计问题的关键。

1.房地产用途发生改变的证据

房地产用途发生改变的证据包括两个方面：一是企业董事会或类似机构应当就改变房地产用途形成正式的书面决议；二是房地产因用途改变而发生实际状态上的改变，从自用状态改为出租状态。

2.投资性房地产转换的条件

投资性房地产转换的条件要从两个角度观察。首先，企业将非投资性房地产转换为投资性房地产时，需要满足下列三个条件之一：一是作为存货的房地产改为出租；二是自用土地使用权停止自用，用于赚取租金或资本增值；三是自用建筑物停止自用，改为出租。其次，企业投资性房地产转换为非投资性房地产时，需要满足的条件是：投资性房地产开始自用。

3.对转换的房地产的计量原则

根据现行企业会计准则，企业需按转换日的资产账面价值或公允价值对转换的房地产进行计量。这里要明确两个问题：第一，关于转换日。根据不同的转换情况，转换日可能是房地产的租赁期开始日，也可能是租赁期结束转为自用日，更可能是董事会或类似机构作出书面决议的日期。第二，关于账面价值与公允价值的选择。在转换日究竟是按转换资产的账面价值还是按其公允价值进行计量，取决于企业对投资性房地产后续计量所采用的计量模式。

（二）采用成本模式的投资性房地产的转换

在企业采用成本模式对投资性房地产进行后续计量的情况下，发生投资性房地产与非投资性房地产转换业务时，只需对相关资产按账面价值进行结转。

【例6-6】2×20年4月1日，甲企业与乙企业签订了租赁协议，将其开发的一栋写字楼出租给乙企业使用，租赁期开始日为2×20年4月10日。2×20年4月10日，该写字楼的账面余额为6 000万元。

甲企业有关账务处理为（金额单位：万元）：

借：投资性房地产——写字楼　　6 000

　贷：开发产品　　6 000

【例6-7】甲企业拥有一栋办公楼，用于本企业总部办公。2×20年3月10日，甲企业与乙企业签订了经营租赁协议，将这栋办公楼整体出租给乙企业使用，租赁期开始日为2×20年4月15日，为期5年。2×20年4月15日，这栋办公楼的账面余额为7 000万元，已计提折旧200万元。

转换日甲企业有关账务处理为（金额单位：万元）：

借：投资性房地产——写字楼　　7 000

　　累计折旧　　200

　贷：固定资产　　7 000

　　　投资性房地产累计折旧　　200

【例6-8】2×20年9月1日，甲企业将出租在外的房屋收回，开始用于本企业生产产品的车间。该房地产在转换前采用成本模式计量，其账面价值为3 000万元，其中，原价5 000万元，累计已提折旧2 000万元。

转换日甲企业有关账务处理为（金额单位：万元）：

借：固定资产　　5 000

　　投资性房地产累计折旧　　2 000

　贷：投资性房地产——厂房　　5 000

　　　累计折旧　　2 000

（三）采用公允价值模式的投资性房地产的转换

在企业采用公允价值模式对投资性房地产进行后续计量的情况下，在将投资性房地产与非投资性房地产进行转换时，关键的问题是如何处理转换日相关资产公允价值与账面价值之间的差额。

1.非投资性房地产转换为投资性房地产时，一方面要对被转换的非投资性房地产按其账面价值予以终止确认，另一方面要对转换而成的投资性房地产按转换日公允价值进行初始计量，对于相关资产公允价值与账面价值之差，需要借记“公允价值变动损益”科目（按公允价值小于账面价值的差额）或贷记“其他综合收益”科目（按公允价值大于账面价值的差额）。处置该项投资性房地产时，因转换而计入其他综合收益的金额应转入当期损益。

2.投资性房地产转换为非投资性房地产时：

（1）应当以其转换当日的公允价值作为非投资性房地产的入账价值，公允价值与原账面价值的差额计入当期损益。在账务处理上，一方面要对被转换的投资性房地产按其账面价值予以终止确认，另一方面要对转换而成的非投资性房地产按转换日公允价值进行初始计量；而对于相关资产公允价值与账面价值之差，需要借记或贷记“公允价值变动损益”科目。这实际上相当于：在转换日要先将被转换的投资性房地产按转换日的公允价值进行调整，在此基础上再按其调整后的账面价值作为转换而成的非投资性房地产的初始计量价值。

（2）转换前计入各期损益的投资性房地产累计公允价值变动，不必进行处理，待相关资产处置时再予以结转。

【例 6-9】资料见例 6-7。假定甲企业对投资性房地产采用公允价值模式进行后续计量。转为出租的办公楼在转换日的公允价值为 7 500 万元；2×20 年 12 月 31 日该办公楼的公允价值为 7 600 万元。

甲企业有关账务处理为（金额单位：万元）：

①2×20 年 4 月 15 日确认资产转换时：

借：投资性房地产——成本　7 500
　　累计折旧　200
　贷：固定资产　7 000
　　　其他综合收益（7 500-（7 000-200））　700

②2×20 年 12 月 31 日确认公允价值变动时：

借：投资性房地产——公允价值变动　100
　贷：公允价值变动损益　100

至此，该投资性房地产在 2×20 年资产负债表中的报告价值为 7 600 万元。

【例 6-10】资料见例 6-9。假定该办公楼在转换日的公允价值为 6 500 万元，2×20 年年末公允价值为 6 400 万元。

甲企业有关账务处理为（金额单位：万元）：

①2×20 年 4 月 15 日确认资产转换时：

借：投资性房地产——成本　6 500
　　累计折旧　200
　　公允价值变动损益（（7 000-200）-6 500）　300
　贷：固定资产　7 000

②2×20 年 12 月 31 日确认公允价值变动时：

借：公允价值变动损益　100
　贷：投资性房地产——公允价值变动　100

至此，该投资性房地产在 2×20 年资产负债表中的报告价值为 6 400 万元。

【例 6-11】资料见例 6-8。2×20 年 9 月 1 日，甲企业将出租在外的房屋收回，开始用于本企业生产产品的车间。假定该房地产在转换前采用公允价值模式计量，其账面价值为 5 100 万元，其中，原价 5 000 万元，累计已确认公允价值变动利得 100 万元。该房屋在转换日的公允价值为 5 400 万元。

转换日甲企业有关账务处理为（金额单位：万元）：

①首先，将投资性房地产的账面价值按公允价值进行调整：

借：投资性房地产——公允价值变动　　300

　贷：公允价值变动损益　　300

②然后，将投资性房地产转为自用固定资产：

借：固定资产　　5 400

　贷：投资性房地产——成本　　5 000

　　　　　　　　——公允价值变动　　400

如果将以上两个账务处理合并编制，则有：

借：固定资产　　5 400

　贷：投资性房地产——成本　　5 000

　　　　　　　　——公允价值变动　　100

　　公允价值变动损益　　300

【特别提示】

投资性房地产与非投资性房地产转换业务账务处理思路归纳见表6-2。

表6-2　投资性房地产与非投资性房地产转换业务账务处理思路归纳

转换形式	不同的后续计量模式下账务处理思路归纳	
	成本模式 （按转换日账面价值转账）	公允价值模式 （初始确认：按转换日公允价值入账） （终止确认：按转换日账面价值注销）
1.非投资性房地产转为投资性房地产	借：投资性房地产　A 　贷：固定资产等 　　（账面价值A）	借：投资性房地产　（公允价值A） 　公允价值变动损益　（B大于A之差） 　贷：固定资产等　（账面价值B） 　　其他综合收益　（B小于A之差）
2.投资性房地产转为非投资性房地产	借：固定资产等　A 　贷：投资性房地产 　　（账面价值A）	借：固定资产等　（转换日公允价值B） 借或贷：公允价值变动损益　（A、B之差） 　贷：投资性房地产　（转换日账面价值A）

二、投资性房地产的处置

（一）处置的情形及处理原则

当投资性房地产被处置，或者永久退出使用且预计不能从其处置中取得经济利益时，应当终止确认该项投资性房地产。

投资性房地产处置的形式主要包括出售、转让、报废或毁损，企业将投资性房地产用于非货币性资产交换、债务重组等也属于投资性房地产的处置。

企业处置投资性房地产时，在转销被处置资产账面价值的同时，应当将处置收入扣除其账面价值和相关税费后的金额计入当期损益；如果按公允价值模式进行后续计量，处置投资性房地产时还需将投资性房地产累计公允价值变动一并结转；若存在原转换日计入其他综合收益的金额，也需于处置相关投资性房地产时转入当期损益。

（二）采用成本模式的投资性房地产的处置

处置采用成本模式计量的投资性房地产时，主要的账务处理内容为：

1.确认处置收入，即：按实际收到的金额，借记“银行存款”等科目，贷记“其他业务收入”等科目。

2.转销账面价值并确认营业成本，即：按处置的投资性房地产的账面价值，借记“其他业务成本”科目，同时，按其账面余额贷记“投资性房地产”科目，按照已计提的折旧或摊销额借记“投资性房地产累计折旧（摊销）”科目，按原已计提减值准备借记“投资性房地产减值准备”科目。

下面举例予以说明。

【例 6-12】甲企业将其出租的一栋写字楼确认为投资性房地产，采用成本模式进行后续计量。租赁期届满后，甲企业将该栋写字楼出售给乙公司，合同价款为8 000万元，乙公司已用银行存款付清款项。出售时，该栋写字楼的成本为9 000万元，已计提折旧1 500万元，已计提减值准备500万元。相关税费略。

甲企业出售该写字楼有关账务处理为（金额单位：万元）：

①确认处置资产的价款收入时：

借：银行存款	8 000	
贷：其他业务收入		8 000

②转销处置资产的账面价值并确认营业成本时：

借：其他业务成本（9 000−1 500−500）	7 000	
投资性房地产累计折旧	1 500	
投资性房地产减值准备	500	
贷：投资性房地产——写字楼		9 000

（三）采用公允价值模式的投资性房地产的处置

处置采用公允价值模式计量的投资性房地产时，主要的账务处理内容为：

1.确认处置收入，即：按实际收到的金额，借记“银行存款”等科目，贷记“其他业务收入”科目。

2.转销账面价值并确认营业成本，即：按处置投资性房地产的账面余额，借记“其他业务成本”科目；按其成本，贷记“投资性房地产——成本”科目；按其累计公允价值变动，贷记或借记“投资性房地产——公允价值变动”科目。

3.结转投资性房地产累计公允价值变动，即：按已确认的累计公允价值变动，借记或贷记“公允价值变动损益”科目，贷记或借记“其他业务成本”科目。

4.若被处置投资性房地产原来是由自用房地产或存货转换而来的，则处置时需将原转换日记入“其他综合收益”科目的金额，借记“其他综合收益”科目，贷记“其他业务成本”科目；将原转换日记入“公允价值变动损益”科目的金额，贷记“公允价值变动损益”科目，借记“其他业务成本”科目。

下面举例予以说明。

【例6-13】甲企业将其出租的一栋写字楼确认为投资性房地产，采用公允价值模式进行后续计量。租赁期届满后，甲企业将该栋写字楼出售给乙公司，合同价款为9 900万元，乙公司已用银行存款付清款项。出售时，该栋写字楼的成本为9 000万元，租赁期内已确认公允价值变动收益80万元。

甲企业出售该写字楼有关账务处理为（金额单位：万元）：

①确认处置资产的价款收入时：

借：银行存款　　9 900

　贷：其他业务收入　　9 900

②转销处置资产的账面价值并确认营业成本时：

借：其他业务成本　　9 080

　贷：投资性房地产——成本　　9 000

　　　　　　　　——公允价值变动　　80

③结转已确认公允价值变动收益时：

借：公允价值变动损益　　80

　贷：其他业务成本　　80

根据上述账务处理可见，甲企业该项投资性房地产的处置收益为900万元，等于9 900万元其他业务收入与9 000万元（9 080-80）其他业务成本之差；换个角度看，相当于出售的价款收入9 900万元与当初的取得成本9 000万元之差。

【例6-14】资料见例6-13。假定该写字楼当初是由企业的一幢自用办公楼转换而来的，转换时办公楼的账面价值是8 700万元，公允价值是9 000万元。其他资料不变。

甲企业出售该写字楼有关账务处理为（金额单位：万元）：

①确认处置资产的价款收入时：

借：银行存款　　9 900

　贷：其他业务收入　　9 900

②转销处置资产的账面价值并确认营业成本时：

借：其他业务成本　　9 080

　贷：投资性房地产——成本　　9 000

　　　　　　　　——公允价值变动　　80

③结转已确认公允价值变动收益时：

借：公允价值变动损益　　80

　贷：其他业务成本　　80

④结转原转换日计入其他综合收益的公允价值大于账面价值的差额时：

借：其他综合收益　　300

　贷：其他业务成本　　300

根据上述账务处理可见，甲企业该项投资性房地产的处置收益为1 200万元，相当于9 900万元的出售价款收入与当初的办公楼账面价值8 700万元之差。

【例6-15】资料见例6-14。假定该写字楼当初是由企业的一幢自用办公楼转换而来的，转换时该办公楼的账面价值是9 100万元，其他资料不变。

甲企业出售该写字楼有关账务处理为（金额单位：万元）：

①确认处置资产的价款收入时：

借：银行存款 9 900

贷：其他业务收入 9 900

②转销处置资产的账面价值并确认营业成本时：

借：其他业务成本 9 080

贷：投资性房地产——成本 9 000

——公允价值变动 80

③结转已确认公允价值变动损益时：

借：其他业务成本 20

贷：公允价值变动损益（100-80） 20

其中，结转的公允价值变动损失20万元为形成投资性房地产时确认的公允价值变动损失100万元与租赁期内确认的公允价值变动收益80万元之差。

至此，该写字楼的处置利得为800万元（9 900-9 080-20），为处置收入9 900万元与原成本9 100万元之差。

【比较与鉴别】

1.与固定资产的处置不同的是，投资性房地产的处置损益，既不是通过“资产处置损益”科目反映出售损益，也不是通过“营业外支出”科目反映报废损失，而是采用“其他业务收入”“其他业务成本”两个科目来反映。

2.与金融资产的处置不同的是，处置投资性房地产时，将原记入“其他综合收益”科目的金额进行结转时，不是转入“投资收益”科目，而是转入“其他业务成本”科目。

3.与金融资产的处置相同的是，处置投资性房地产时，是否有必要将原通过“公允价值变动损益”科目确认的公允价值变动损益转入处置当期的相关科目（比如“其他业务成本”科目），也是值得探讨的。

以上会计科目的不同所影响的利润表项目也不同。

智能测评6-4

【本章小结】

- 投资性房地产
  - 投资性房地产的含义
    - 持有目的
      - A.赚取租金
      - B.资本增值
      - A、B兼有
    - 范围
      - 已出租的土地使用权
      - 持有并准备增值后转让的土地使用权
      - 已出租的建筑物
    - 比较
      - 备售的开发产品属于存货
      - 自用房产属于固定资产
      - 自用土地使用权属于无形资产
  - 初始确认与计量
    - 确认条件
      - 符合投资性房地产定义的前提下
      - 同时满足
        - 包含的经济利益很可能流入企业
        - 取得成本能够可靠计量
    - 初始计量
      - 原则：按成本计量
      - 各种来源的成本构成
        - 外购
          - 价款
          - 相关税费
          - 可直接归属的其他支出
        - 自建
          - 土地开发费
          - 建安成本
          - 资本化的借款费用
          - 支付的其他费用
          - 分摊的间接费用等
        - 非投资性房地产转换来的
    - 基本业务的账务处理
  - 后续计量
    - 后续计量模式
      - 成本模式
        - 科目体系
          - A.投资性房地产
          - B.投资性房地产累计折旧（摊销）
          - C.资性房地产减值准备
        - 会计处理
          - 计提折旧、摊销
          - 计提减值准备
      - 公允价值模式
        - 科目体系
          - 投资性房地产，下设两个明细科目：
            - 成本
            - 公允价值变动
        - 会计处理
          - 不计提折旧、摊销、减值准备
          - 确认公允价值变动利得或损失
      - 后续计量模式变更
        - 不得随意变更
        - 符合条件时允许由成本模式变更为公允价值模式
    - 后续支出
      - 关键：后续支出资本化还是费用化
      - 比较：投资性房地产与固定资产在后续支出会计处理上的异同
  - 转换与处置
    - 转换
      - 转换条件
      - 成本模式下的转换：按账面价值转账
      - 公允价值模式下的转换
    - 处置
      - 处置的情形
      - 会计处理
        - 注销账面价值
        - 通过“其他业务收入”“其他业务成本”反映处置损益
        - 公允价值模式下，原确认的“公允价值变动损益”“其他综合收益”，结转计入“其他业务成本”
  - 期末报表列报
    - 项目：投资性房地产
    - 报告价值
      - 成本模式下：报告价值=账面价值=A、B、C三个科目余额之差
      - 公允价值模式下：报告价值=账面价值=账面余额

■【问题与思考】

1.什么是投资性房地产？投资性房地产有什么特点？这些特点对投资性房地产的确认与计量有什么影响？

2.投资性房地产的入账价值如何确定？

3.投资性房地产的后续支出如何确认？

4.企业如何选择投资性房地产的后续计量模式？成本模式和公允价值模式主要有什么区别？

5.企业将房地产出租与将设备经营性出租以及出让土地使用权以外的无形资产相比，在会计确认与计量上有何异同？为什么？

6.企业将投资性房地产出售与将自用房地产出售，在会计处理上有何不同？

■【财报跟踪】

资料：(1) 本章财报引读；(2) 三一重工2019年年度财务报告第147~148页的固定资产情况。请根据上述资料，分别对三一重工将非投资性房地产转换为投资性房地产和将投资性房地产转换为非投资性房地产的业务编制模拟会计分录。

第七章

长期股权投资

【学习目标】

通过对本章内容的学习，了解长期股权投资的含义，掌握长期股权投资确认、计量的基本原理和基本应用，明确长期股权投资在资产负债表中的列报原理。

【财报引读】

三一重工长期股权投资的范围与核算方法

三一重工2019年年度报告中有关长期股权投资的部分资料见表7-1。

表7-1　三一重工2019年年度报告中母公司财务报表主要项目注释摘录

3.长期股权投资（单位：千元）

项目	期末余额			期初余额		
	账面余额	减值准备	账面价值	账面余额	减值准备	账面价值
对子公司投资	12 659 248	0	12 659 248	10 188 154	0	10 188 154
对联营、合营企业投资	1 242 737	0	1 242 737	862 100	0	862 100
合计	13 901 985	0	13 901 985	11 050 254	0	11 050 254

（1）对子公司投资（单位：千元）

被投资单位	期初余额	本期增加	本期减少	期末余额	本期计提减值准备	减值准备期末余额
三一重机投资有限公司	875 822	0	0	875 822	0	0
湖南三一智能控制设备有限公司	30 000	0	0	30 000	0	0
⋮	⋮	⋮	⋮	⋮	⋮	⋮
合计	10 188 154	2 821 000	349 906	12 659 248	0	0

（2）对联营、合营企业投资（单位：千元）

被投资单位	期初余额	本期增减变动								期末余额	减值准备期末余额
		追加投资	减少投资	权益法下确认的投资收益	其他综合收益调整	其他权益变动	宣告发放现金股利或利润	计提减值准备	其他		
一、合营企业											
⋮											
小计											
二、联营企业											
北京城建远东建设投资集团有限公司	86 718			21 600			3 000			105 318	

续表

被投资单位	期初余额	本期增减变动								期末余额	减值准备期末余额
		追加投资	减少投资	权益法下确认的投资收益	其他综合收益调整	其他权益变动	宣告发放现金股利或利润	计提减值准备	其他		
西安华雷船舶实业有限公司	9 249	11 993		-40			14			21 188	
华胥（广州）产业投资基金管理合伙企业（有限合伙）	740 056			2 931	373 244					1 116 231	
湖南三一快而居住宅工业有限公司	26 077		37 020	10 943							
小计	862 100	11 993	37 020	35 434	373 244		3 014			1 242 737	
合计	862 100	11 993	37 020	35 434	373 244		3 014			1242 737	

长期股权投资的范围有哪些？权益法下确认的投资收益是指什么？对长期股权投资的核算除了权益法还有其他方法吗？三一重工对联营企业、合营企业的投资相关的股利收入为什么减少了长期股权投资期末余额？影响长期股权投资期末余额的因素有哪些？长期股权投资如何计提减值准备？长期股权投资在资产负债表中如何列报？诸如此类的问题，都将在本章得到系统阐述。

第一节　长期股权投资概述

一、长期股权投资相关概念

（一）长期股权投资

长期股权投资属于权益性投资。权益性投资属于广义的金融资产。分类为以公允价值计量的权益性投资，适用《企业会计准则第22号——金融工具确认和计量》；没有分类为以公允价值计量的权益性投资，适用《企业会计准则第2号——长期股权投资》。

所以，长期股权投资是指属于长期股权投资准则规范的股权投资，是没有分类为以公允价值计量的权益性投资。按投资方对被投资方的影响程度不同，投资方的长期股权投资分为能够对被投资方实施控制的权益性投资（即对子公司的投资）、与其他投资方共同控制被投资方的权益性投资（即对合营企业的投资）以及对被投资方具有重大影响的权益性投资（即对联营企业的投资）三类。

（二）控制与子公司

1.控制

控制，是指投资方拥有对被投资方的权力，通过参与被投资方的相关活动而享有可变回报，并且有能力运用对被投资方的权力影响其回报金额。“控制”概念涉及三个相关要素：主导被投资方的权力、通过参与被投资方的相关活动取得可变回报的权利、利用对被投资方的权力影响可变回报的能力。

（1）主导被投资方的权力

权力最常见的产生方式是通过权益工具授予的表决权，但也可以通过其他合同安排产生。表决权的有无，是判断“控制”有无的关键。

除非有确凿证据表明其不能主导被投资方的相关活动，下列情况表明投资方对被投资方拥有权力：①投资方持有被投资方半数以上的表决权；②投资方持有被投资方半数或以下的表决权，但通过与其他表决权持有人之间的协议能够控制半数以上表决权；③投资方持有半数或半数以下的表决权但对被投资方拥有“权力”的其他情形。

有时投资方仅持有半数或半数以下的表决权，但综合考虑下列事实和情况后，判断投资方持有的表决权足以使其目前有能力主导被投资方相关活动的，视为投资方对被投资方拥有权力：①投资方持权份额大小以及其他投资方持权的分散程度；②投资方和其他投资方持有被投资方潜在表决权；③其他合同安排产生的权利；④被投资方以往的表决权行使情况等。

某些情况下，投资方可能难以判断其享有的权利是否足以使其拥有对被投资方的权力，这时，投资方应考虑其具有实际能力以单方面主导被投资方相关活动的证据，从而判断其是否拥有对被投资方的权力。投资方应考虑的因素包括但不限于下列事项：①投资方能否任命或批准被投资方的关键管理人员；②投资方能否处于其自身利益决定或否决被投资方的重大交易；③投资方能否掌控被投资方董事会等类似权力机构成员的任命程序，或者从其他表决权持有人手中获得代理权；④投资方与被投资方的关键管理人员或董事会等类似权力机构中的多数成员是否存在关联方关系。

有些情况下，投资方拥有多数表决权但却并未拥有主导被投资方的权力。这样的情况主要有：被投资方的相关活动听从于政府、法院、接收方、清算者等的命令。

总之，确定投资方是否对被投资方拥有主导权力乃至投资方是否控制被投资方，要依据“实质重于形式”的原则根据具体情况进行判断。

（2）通过参与被投资方的相关活动取得可变回报的权利

这里的“相关活动”，是指对被投资方的回报产生重大影响的活动，通常包括：购买和出售商品或服务、管理金融资产、购买和处置资产、研发活动以及融资活动等。这里用“可变回报”，是因为投资方自被投资方取得的回报可能会随着被投资方业绩的变化而变动。采用术语“回报”（而非“利益”）以明确所面临的被投资方的经济风险可以是正面、负面或者两者兼有。参与被投资方的相关活动所取得的回报例子诸如：对主体投资的价值变动、结构化主体现金流量中的剩余权益、股利、利息、管理费或服务费安排、担保、税务利益或其他权益持有人可能无法获得的任何其他回报。尽管某些经济权益可能是固定的

（例如，债务工具固定的票息或者基于所管理资产的固定的资产管理费），但其仍可能会导致可变的回报，因为投资方仍然面临诸如债务工具信用风险和资产管理安排的不履约风险等变动风险。

（3）利用对被投资方的权力影响可变回报的能力

这项标准考虑了前两项控制要素之间的相互关系。为控制被投资方，投资方必须不仅具有主导被投资方的权力和因参与被投资方的相关活动而面临可变回报的风险或取得可变回报的权利，而且要有能力利用对被投资方的权力影响被投资方的回报。

在判断投资方是否控制被投资方时，如果投资方同时具备以上三项要素，则可以认定投资方能够控制被投资方。

2.子公司

子公司，是被母公司控制的企业。母公司是有一个或一个以上子公司的企业。对子公司投资的形成一般是通过企业合并的方式。

（三）共同控制、合营安排、合营企业

共同控制，是指按照相关约定对某项安排所共有的控制，并且该安排的相关活动必须经过分享控制权的参与方一致同意后才能决策。这里涉及的“安排”，是指“合营安排”。

关于合营安排

合营安排，是指一项由两个或两个以上的参与方共同控制的安排。合营安排分为合营企业和共同经营两类。一项合营安排，属于合营企业还是属于共同经营，关键区别在于：合营方对该安排的净资产享有权利还是对该安排的资产享有权利并对负债承担义务。

合营企业，是指合营方仅对该安排的净资产享有权利的合营安排。共同经营，是指合营方享有该安排相关资产并且承担该安排相关负债的合营安排。合营企业的合营方也称合营者，共同经营的合营方也称共同经营者。

共同控制、合营安排与合营企业的关系如图7-1所示。

合营企业的合营方对合营企业的权益性投资，构成长期股权投资的组成部分之一；合营企业的非属合营方的参与方对合营企业的权益性投资，应按照《企业会计准则第22号——金融工具确认和计量》（参照第二章）的规范进行会计处理。至于共同经营的合营方及非属合营方的参与方对其所享有的共同经营的资产和承担的共同经营的负债，则应按照《企业会计准则第40号——合营安排》的相关规定进行处理。

（四）重大影响与联营企业

重大影响，是指对一个企业的财务和经营政策具有参与决策的能力，但并不能够控制或者与其他方共同控制这些决策的制定。

重大影响的判断关键是分析投资方是否有实质性的参与权而不是决定权。投资方对被投资方具有重大影响的一般标志是：投资方直接或通过子公司间接持有被投资方20%以上但低于50%的表决权股份，有明确证据表明该种情况下不能参与被投资方的生产经营决策的除外。

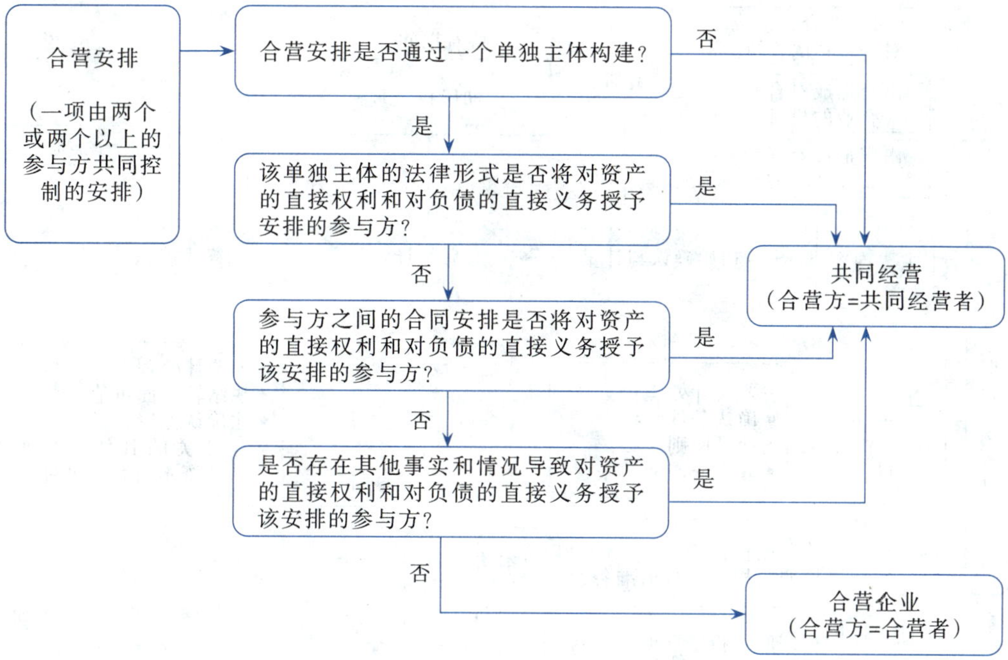

图7-1　共同控制、合营安排、合营企业之间的关系示意图

投资方对被投资方的表决权股份比例低于20%的，一般认为不具有重大影响，但符合下列情况之一的，仍被认为具有重大影响：（1）在被投资单位的董事会或类似权力机构中派有代表；（2）参与被投资方的政策制定过程；（3）与被投资方之间发生重要交易；（4）向被投资方派出管理人员；（5）向被投资方提供关键技术资料。

在判断投资方是否对被投资方具有重大影响时，除了应考虑投资方直接或间接持有被投资方的表决权股份比例之外，还要考虑企业及其他方持有的潜在表决权。

投资方投资后能对被投资方施加重大影响，被投资方就是投资方的联营企业。

【报表导向思考】

基于上述关于长期股权投资范围的描述，单个企业的资产负债表中“长期股权投资”项目的报告价值应为该企业报告期末对其子公司、合营企业和联营企业的权益性投资的账面价值（企业集团的合并资产负债表中“长期股权投资”项目的报告价值则为母公司和纳入合并财务报表中的子公司对合营企业、联营企业的权益性投资的账面价值，因为母公司对子公司的长期股权投资在编制合并财务报表的过程中被抵销了）。

那么，接下来的问题是：企业报告期末对其子公司、合营企业和联营企业的权益性投资的账面价值是如何确认与计量的？下面的内容将予以介绍。

二、长期股权投资会计内容概要

长期股权投资的初始确认与计量、后续计量以及终止确认的处理，构成长期股权投资会计的主要内容。图7-2是结合长期股权投资业务流程对长期股权投资会计主要内容的梳理。

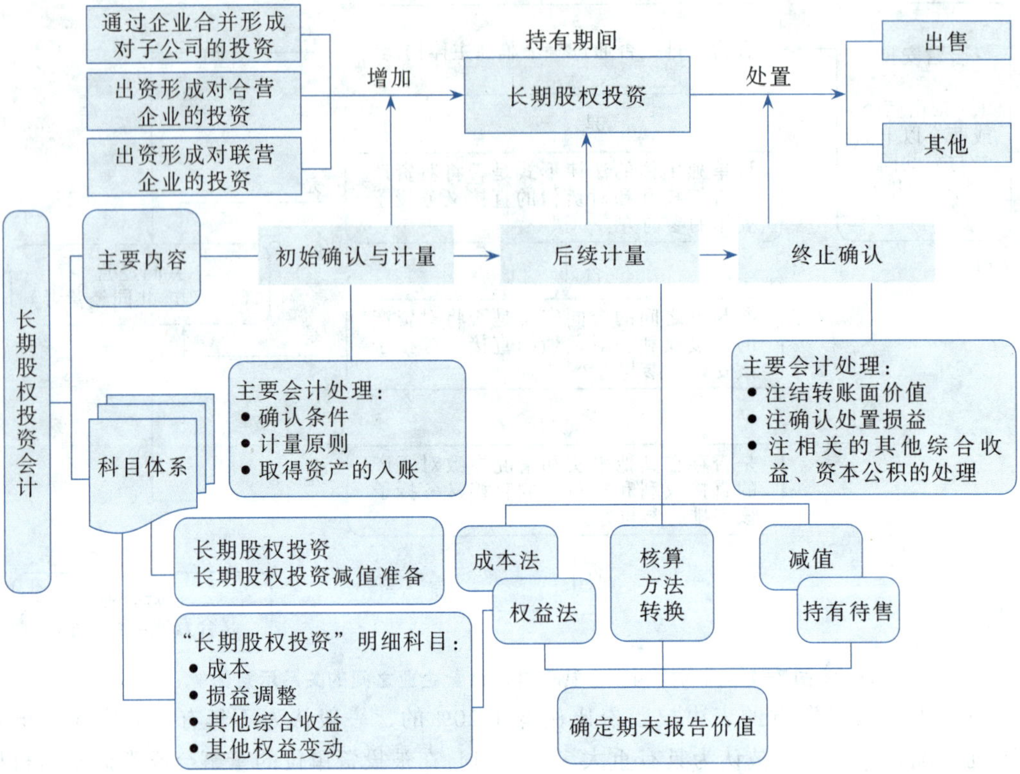

图 7-2　长期股权投资会计内容概要

接下来，系统介绍长期股权投资会计的主要内容。

第二节　长期股权投资的初始确认与计量

一、确认条件与初始计量原则

（一）确认条件

一般意义上资产的确认条件自然适用于长期股权投资，即在符合资产定义并同时满足以下两个条件时将长期股权投资列入资产负债表：（1）与该资源有关的经济利益很可能流入企业；（2）该资源的成本或者价值能够可靠地计量。

具体来讲，有关股权投资属于投资方的资产时，投资方就应予以确认。现行企业会计准则关于对子公司的股权投资确认时点有比较明确的规定：合并方于合并日（取得对被合并方控制权的日期）确认对子公司的股权投资。那么，对于合营企业、联营企业的投资，一般可在取得被投资方共同控制权或重大影响权的时点予以确认。

（二）初始计量原则

长期股权投资应按初始投资成本作为初始入账价值。

投资方取得长期股权投资的途径是多样的，可以是通过权益性投资对被投资方施加重大影响或共同控制从而形成对联营企业、合营企业的长期股权投资，也可以是通过企业控股合并从而取得对子公司的长期股权投资。投资方为取得长期股权投资所支付的对价形式也是多样的，可能是现金资产，也可能是非现金资产，更可能是发行的权益性证券等。各种情形下长期股权投资的初始投资成本显然有所不同。

二、初始投资成本的具体构成

（一）对合营企业、联营企业的长期股权投资

企业对合营企业、联营企业的权益性投资，应根据具体的出资方式进行初始确认与计量。

1.以支付现金的方式取得的长期股权投资，应当按照实际支付的购买价款、与投资直接相关的各项税费及其他必要支出，作为初始投资成本。

2.以发行权益性证券的方式取得的长期股权投资，应当按照发行权益性证券的公允价值作为初始投资成本。

3.投资者投入的长期股权投资，应当按照投资合同或协议约定的价值作为初始投资成本，但合同或协议约定价值不公允的除外。

4.通过非货币性资产交换、债务重组等方式取得的长期股权投资，其投资成本的构成见相关章节的介绍。

（二）对子公司的长期股权投资

对子公司的长期股权投资与企业合并有关。按合并前后被合并方的法律主体形式是否发生变化，企业合并分为吸收合并、新设合并和控股合并三种情况。只有控股合并情况下被投资方才成为投资方的子公司。按合并前后合并双方的最终控制方是否发生变化，企业合并分类为同一控制下的企业合并和非同一控制下的企业合并两个不同的类别，从而导致长期股权投资有了不同的成本构成。

同一控制下企业合并形成的长期股权投资，投资方应当在合并日按照取得被合并方所有者权益在最终控制方合并财务报表中的账面价值的份额作为长期股权投资的初始投资成本。非同一控制下企业合并取得的对子公司的长期股权投资，投资方应当按照《企业会计准则第20号——企业合并》的有关规定所确定的合并成本（支付的合并对价的公允价值）作为长期股权投资的初始投资成本。

同一控制下企业合并与非同一控制下企业合并基本概念

（三）实际支付价款中包含的应收现金股利

企业无论是以何种方式取得长期股权投资，取得投资时实际支付的购买价款中属于被投资方已宣告但尚未发放的现金股利或利润的金额，不构成初始投资成本，应确认为应收股利。

三、基本业务的账务处理

为了核算企业持有的对子公司、合营企业、联营企业的长期股权投资，企业应设置“长期股权投资”科目。

（一）对合营企业、联营企业的长期股权投资

对以支付现金的方式取得的长期股权投资进行确认时，按照初始投资成本借记“长期股权投资”科目，贷记“银行存款”等科目。

对以发行权益性证券取得的长期股权投资进行确认时，按照确定的初始投资成本借记“长期股权投资”科目，按发行证券的票面价值贷记“股本”科目，按发行证券的公允价值与票面价值之差贷记“资本公积——股本溢价”科目；支付的与发行权益性证券直接相关的费用冲减资本公积（股本溢价）。

【例7-1】甲企业于2×20年2月20日自公开市场中买入乙公司20%的股份，实际支付价款2 000万元。另外，在购买过程中支付手续费等相关费用5万元。公司取得该部分股权后能够对乙公司的生产经营决策施加重大影响。甲企业确认对乙公司的长期股权投资的账务处理为：

借：长期股权投资	20 050 000	
贷：银行存款		20 050 000

【例7-2】资料见例7-1。假定甲企业实际支付的价款2 000万元中，包含乙公司已宣告发放尚未实际支付的现金股利200万元。其他资料不变。甲企业确认对乙公司的长期股权投资的账务处理为：

借：长期股权投资	18 050 000	
应收股利	2 000 000	
贷：银行存款		20 050 000

【例7-3】2×20年3月，甲企业通过增发8 000万股本公司普通股（每股面值1元）取得丙公司50%的股权，按照增发前后的平均股价计算，该8 000万股股票的公允价值为20 000万元。公司为此项增发业务向证券承销机构等支付了500万元的佣金和手续费。假定甲企业取得该部分股权后能够与另一投资者对丙公司实施共同控制。甲企业确认对丙公司的长期股权投资的账务处理为：

借：长期股权投资	200 000 000	
贷：股本		80 000 000
资本公积——股本溢价		115 000 000
银行存款		5 000 000

（二）通过企业合并形成的对子公司的长期股权投资

对于同一控制下企业合并形成的长期股权投资进行确认时，一方面，要按照确定的初始投资成本借记“长期股权投资”科目；另一方面，要对支付的合并对价贷记“银行存款”或“股本”等科目，并将长期股权投资的入账价值与支付的合并对价的账面价值（或

发行的权益性证券的票面价值）之间的差额，增加或冲减资本公积（资本溢价或股本溢价）；资本公积（资本溢价或股本溢价）余额不足冲减的，冲减留存收益。

对于非同一控制下企业合并形成的长期股权投资，要按照确定的初始投资成本借记“长期股权投资”科目，按支付的合并成本贷记“银行存款”或贷记“股本”“资本公积——股本溢价”科目。

为企业合并发生的审计、法律服务、评估咨询等中介服务费用及其他相关管理费用，应当于发生时计入当期损益。

【例 7-4】甲、乙两个企业同受一个母公司最终控制。甲企业2×20年10月初向母公司支付银行存款6 000万元，取得乙公司60%的股权，并成为乙公司的直接控制方。在取得此项股权投资的过程中，甲企业另付评估、审计、咨询费用等5万元。取得乙公司股权时乙公司的所有者权益账面价值为11 000万元。甲企业确认此项长期股权投资有关账务处理为：

借：长期股权投资（110 000 000×60%）　66 000 000
　　管理费用　50 000
　贷：银行存款　60 050 000
　　　资本公积——股本溢价　6 000 000

【例 7-5】资料见例 7-4。假定合并前甲、乙两个企业分属不同的最终控制方。其他资料不变。甲企业确认此项长期股权投资有关账务处理为：

借：长期股权投资　60 000 000
　　管理费用　50 000
　贷：银行存款　60 050 000

通过企业合并形成的对子公司的长期股权投资的具体内容，将在“高级财务会计”课程中详细讲解。本章接下来涉及对子公司的长期股权投资，仅以非同一控制下的企业合并为例。

智能测评 7-1

第三节　长期股权投资的后续计量

长期股权投资的后续计量，解决的是长期股权投资在资产负债表中报告价值的确定问题，主要包括两个方面的内容：一是关于长期股权投资余额是否需要根据被投资方权益的变化进行调整的问题；二是关于长期股权投资的减值和转为持有待售的问题。前者也是通常所说的长期股权投资的后续计量，有两种方法：成本法和权益法。

一、成本法

成本法，是指长期股权投资应按照初始投资成本计价的方法。

采用成本法时，投资方对于其所持有的长期股权投资，应按其初始投资成本计价；只有追加或收回长期股权投资时，才调整长期股权投资的成本；对于应享有的被投资方宣告分派的现金股利或利润，应确认为当期投资收益。

投资方对子公司的长期股权投资，应当采用成本法进行核算。

【例7-6】甲企业2×20年10月初向乙公司的母公司支付银行存款8 000万元，取得乙公司60%的股权，从而成为乙公司的母公司。2×20年年末，乙公司宣告发放现金股利200万元。

甲企业有关账务处理为：

①投资时：

借：长期股权投资　　80 000 000

　贷：银行存款　　80 000 000

②被投资方宣派现金股利时确认投资收益：

借：应收股利　　1 200 000

　贷：投资收益　　1 200 000

③收到现金股利时：

借：银行存款　　1 200 000

　贷：应收股利　　1 200 000

期末资产负债表中对该项长期股权投资的报告价值为8 000万元，等于初始投资成本。

二、权益法

（一）权益法的基本原理

1.权益法的含义

专题讲解

权益法的基本原理

权益法适用范围的特殊情况

权益法，是指在投资持有期间投资方要根据应享有被投资方所有者权益份额的变动对投资的账面价值进行调整的方法。

在权益法下，长期股权投账面价值要能够体现投资方在被投资方所有者权益中占有的份额。所以，按初始投资成本对长期股权投资进行确认之后，就需要对投资的账面价值进行必要的调整，以使长期股权投资账面价值至少等于投资时应享有被投资方可辨认净资产公允价值的份额；在持有投资期间，需要根据被投资方所有者权益的变动对长期股权投资的账面价值进行调整，以使长期股权投资账面价值能够反映应享有被投资方所有者权益的份额。

投资方对联营企业和合营企业的长期股权投资，应当采用权益法进行核算。

2.权益法的基本要点

在权益法下，为了反映投资方根据被投资方所有者权益的变动对长期股权投资账面价值进行的调整，投资方需要在“长期股权投资”科目下设置“成本”、“损益调整”、“其他综合收益”以及“其他权益变动”明细科目。

（1）投资当期——对初始投资成本进行调整

投资方取得对联营企业或合营企业的投资并按初始投资成本确认长期股权投资以后，对于取得投资时初始投资成本与应享有被投资方可辨认净资产公允价值份额之间的差额，需要进行调整，以使长期股权投资账面价值至少达到取得投资时应享有被投资方可辨认净资产公允价值的份额。这里的调整应区分以下情况进行相关处理：

①初始投资成本大于取得投资时应享有被投资方可辨认净资产公允价值份额的，该部分差额是投资方在取得投资过程中通过作价体现的与所取得股权份额相对应的商誉及被投资方不符合确认条件的资产价值，这种情况下不要求对长期股权投资的成本进行调整。

②初始投资成本小于取得投资时应享有被投资方可辨认净资产公允价值份额的，两者之间的差额体现为双方在交易作价过程中转让方的让步，该部分经济利益流入应计入取得投资当期的营业外收入，同时通过“长期股权投资——成本”科目调整增加长期股权投资的账面价值。

【例 7-7】甲企业于2×20年1月初自公开市场买入乙公司20%的股份，实际支付价款2 000万元。另外，在购买过程中支付手续费等相关费用5万元。甲企业取得该部分股权后能够对乙公司的生产经营决策施加重大影响。假定取得投资时乙公司净资产账面价值为12 000万元（假定被投资方各项可辨认资产、负债的公允价值与其账面价值相同）。

甲企业确认对乙公司的长期股权投资的账务处理为：

①按初始投资成本确认投资时：

借：长期股权投资——成本　　20 050 000

　贷：银行存款　　20 050 000

②对初始投资成本进行调整时：

借：长期股权投资——成本　　3 950 000

　贷：营业外收入　　3 950 000

【例 7-8】资料见例7-7。假定取得投资时乙公司净资产账面价值为12 000万元，公允价值为12 300万元，300万元的差额为某项固定资产的评估增值。

甲企业确认对乙公司的长期股权投资的账务处理为：

①按初始投资成本确认投资时：

借：长期股权投资——成本　　20 050 000

　贷：银行存款　　20 050 000

②对初始投资成本进行调整时：

借：长期股权投资——成本　　4 550 000

　贷：营业外收入　　4 550 000

其中，4 550 000=123 000 000×20%-20 050 000。

（2）持有投资期间——根据被投资方所有者权益的变动调整长期股权投资的账面价值

投资后根据被投资方所有者权益的变动情况对长期股权投资的账面价值进行调整时，要从哪几个方面着手呢？

【报表导向思考】

权益法的核心是长期股权投资在资产负债表中的报告价值应体现投资方在被投资方所有者权益中所占有的份额。所以，要了解并理解投资方持有投资各期应从哪几个方面对长期股权投资的账面价值进行调整，就必须首先从资产负债表中所有者权益的内容说起。图7-3简要梳理了所有者权益的主要项目以及导致其金额变动的主要因素。

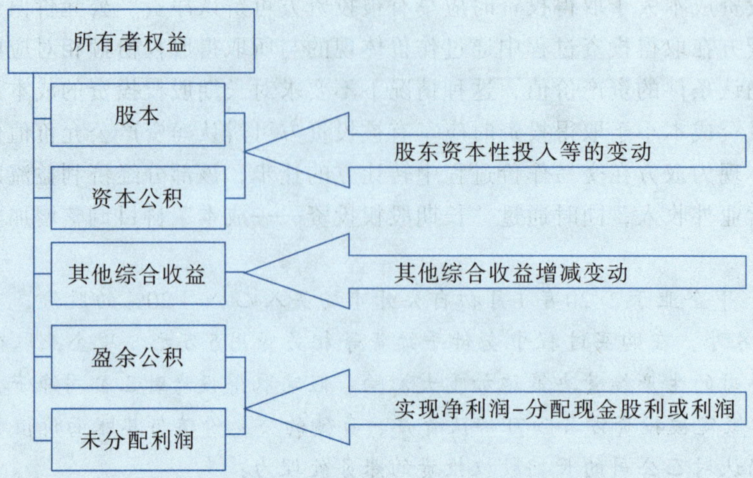

图7-3　所有者权益的主要项目以及导致其金额变动的主要因素

根据图7-3，权益法下投资方持有投资期间对长期股权投资账面价值进行调整时，应主要关注被投资方所有者权益这四个方面的变化：（1）实现净利润（或发生净亏损）；（2）向股东的利润分配；（3）其他综合收益的增减变动；（4）股本和资本公积等的变动。这个思路有助于理解权益法下投资方对长期股权投资账面价值进行调整的内容。

①被投资方实现净利润或发生净亏损，投资方按照应享有的收益份额或应分担的亏损份额，确认投资损益，并调整投资的账面价值。

被投资方实现净利润（或发生净亏损）会导致被投资方所有者权益发生变化，权益法下，投资方根据应享有被投资方的净利润或应分担被投资方的净亏损，通过“长期股权投资——损益调整”科目调整长期股权投资账面价值，同时确认投资损益。

【例7-9】甲企业持有联营企业乙公司20%的股权。2×20年乙公司实现净利润1 000万元，甲企业应据此对投资的账面价值进行调整，并确认投资收益200万元。

甲企业有关账务处理为：

借：长期股权投资——损益调整　　2 000 000

　贷：投资收益　　2 000 000

②被投资方分配现金股利或利润，投资方按照应享有的现金股利或利润份额，冲减投资的账面价值。

被投资方宣告分派的现金股利或利润会减少其所有者权益的账面价值，在权益法下，投资方根据应收取的股利或利润，通过“长期股权投资——损益调整”科目调整减少长期股权投资的账面价值；自被投资方取得的现金股利或利润超过已确认损益调整的部分应视同投资成本收回的部分，冲减长期股权投资的成本。

【例7-10】甲企业2×20年年初取得乙公司20%的股权，并对该项股权投资采用权益法核算。2×20年乙公司实现净利润1 000万元，甲企业已据此对投资的账面价值进行调整，并确认投资收益200万元。乙公司当年宣告分派现金股利500万元。

甲企业确认应收股利的有关账务处理为：

借：应收股利　　1 000 000

贷：长期股权投资——损益调整 1 000 000

【例 7-11】资料见例 7-10。假定乙公司 2×20 年宣告分派现金股利 2 100 万元，其他资料不变。甲企业确认应收股利的有关账务处理为：

借：应收股利 4 200 000

贷：长期股权投资——损益调整 2 000 000

——成本 2 200 000

③被投资方确认其他综合收益时，投资方按照被投资方确认的其他综合收益中投资方应享有的份额，确认其他综合收益，并调整投资的账面价值。

被投资方确认的其他综合收益会导致其所有者权益发生变化，在权益法下，投资方根据应享有被投资方确认的综合收益份额，通过“长期股权投资——其他综合收益”科目调整长期股权投资的账面价值，同时增加或减少其他综合收益。

【例 7-12】甲企业持有乙公司 20% 的股份，能够对其施加重大影响。2×21 年乙公司确认增加其他综合收益 1 200 万元。其他资料略。

甲企业有关账务处理为：

借：长期股权投资——其他综合收益 2 400 000

贷：其他综合收益 2 400 000

④被投资方所有者权益发生其他变动——投资方对于被投资方除净损益、其他综合收益和利润分配以外所有者权益的其他变动，应相应调整长期股权投资的账面价值，并计入所有者权益。

从所有者权益的构成内容来看，被投资方除净损益、其他综合收益和利润分配以外所有者权益的其他变动，主要是实收资本（或股本）及资本溢价（或股本溢价）的变动。比如，被投资单位接受其他股东的资本性投入、被投资单位发行可分离交易的可转换公司债券中包含的权益成分、以权益结算的股份支付、其他股东对被投资方增资导致投资方持股比例变动等。在不影响投资方对被投资方实施重大影响或共同控制的前提下，投资方就需要根据在被投资方所有者权益账面价值中所占份额的变动，通过“长期股权投资——其他权益变动”科目调整股权投资的账面价值，并将此调整额计入资本公积（其他资本公积）。

【例 7-13】甲企业持有乙公司 20% 的股份，能够对其施加重大影响。2×21 年乙公司的母公司向其捐赠 300 万元，乙公司将收到的这一笔实质上属于资本性投入的捐赠，计入了资本公积（股本溢价）。其他资料略。

甲企业有关账务处理为：

借：长期股权投资——其他权益变动 600 000

贷：资本公积——其他资本公积 600 000

■【财报跟踪】

回顾表 7-1 中“（2）对联营企业、合营企业投资”部分，“本期增减变动”中的第 3 栏至第 6 栏，就是三一重工根据 2019 年度被投资方所有者权益的变动情况对长期股权投资账面价值的调整情况。

（二）权益法的难点问题

权益法有简单权益法与复杂权益法之分。现行的权益法就是复杂权益法，与简单权益法相比，其复杂性的表现之一就在于：投资方在确认投资收益（或损失）时要先根据相关因素对被投资方账面净损益的影响对净损益进行必要的调整。除此之外，权益法下确认投资损失的限额问题、权益法下的持股比例变化问题，也是权益法的几个难点内容。

1.确认投资收益（或损失）时要考虑相关因素对被投资方账面净损益的影响并进行必要调整

这类调整主要源于三个方面的原因。

（1）投资方与被投资方的会计政策、会计期间不一致

被投资方采用的会计政策及会计期间与投资方不一致的，应按投资方的会计政策及会计期间对被投资方的财务报表进行调整，在此基础上确定被投资方的损益。

权益法下，是将投资方与被投资方作为一个整体对待，作为一个整体其所产生的损益，应当在一致的会计政策基础上确定，被投资方采用的会计政策与投资方不同的，投资方应当基于重要性原则，按照本企业的会计政策对被投资方的损益进行调整。

【例 7-14】甲企业持有联营企业丙公司20%的股权。2×20年丙公司账面净利润1 000万元。丙公司对发出存货的计价方法与甲企业采用的方法不同，如果按甲企业采用的方法，丙公司的销售成本应该增加100万元。

甲企业应根据对丙公司账面净利润进行调整后的结果确认投资收益，为180万元，计算过程如下：180=（1 000-100）×20%。

甲企业确认投资收益并调整投资账面价值的账务处理为：

借：长期股权投资——损益调整　　1 800 000

　贷：投资收益　　1 800 000

（2）投资时被投资方净资产公允价值与账面价值不一致

权益法下，投资方根据应享有的被投资方净损益确认投资损益时应考虑到以取得投资时被投资方固定资产、无形资产等资产的公允价值为基础计提的折旧额或摊销额，以及有关资产减值准备金额等对被投资方账面净利润的影响。

被投资方个别利润表中的净利润是以其持有的资产、负债的账面价值为基础持续计算的，而投资方在取得投资时是以被投资方有关资产、负债的公允价值为基础确定投资成本的，取得投资后应确认的投资收益代表的是被投资方资产、负债在公允价值计量的情况下在未来期间通过经营产生的损益中归属于投资方的部分。投资方取得投资时被投资方有关资产、负债的公允价值与其账面价值不同的，未来期间，在计算归属于投资方应享有的净利润或应承担的净亏损时，应考虑被投资方计提的折旧额、摊销额以及资产减值准备金额对净利润的影响。

【例 7-15】甲企业持有联营企业丁公司20%的股权。2×20年丁公司账面净利润1 000万元。假定甲企业取得对丁公司的投资时，丁公司某项固定资产的公允价值比其账面价值高300万元；如果乙公司按该资产的公允价值计提折旧，本年折旧费应增加30万元。

甲企业应根据对丁公司账面净利润进行调整后的结果确认投资收益，为194万元，计算过程如下：194=（1 000-30）×20%。

甲企业有关账务处理为：

借：长期股权投资——损益调整　　1 940 000

　贷：投资收益　　1 940 000

（3）投资方与被投资方之间发生的未实现内部交易损益

前面已经提到，权益法下，是将投资方与被投资方作为一个整体对待的。所以，投资方与被投资方之间发生的未实现内部交易损益按照持股比例计算归属于投资方的部分，应当予以抵销，在此基础上再确认投资损益。投资方与被投资方发生的内部交易损失，按照《企业会计准则第8号——资产减值》等规定属于资产减值损失的，应当全额确认。

【例7-16】甲企业持有联营企业戊公司20%的股权。假定取得投资时戊公司各项可辨认资产、负债的账面价值等于公允价值；甲企业、戊公司的会计期间、会计政策均一致。2×21年戊公司账面净利润2 000万元，其中包含戊公司向甲企业销售商品的未实现内部交易利润100万元（戊公司当年将一批成本为1 600万元的库存商品按1 700万元的价格销售给甲企业，甲企业至期末并未将该商品出售）。其他相关税费的影响略。

这是一笔逆流的内部交易。甲企业确认2×21年的对戊公司股权投资的投资收益时，应对戊公司当年账面净利润中的未实现部分予以剔除，根据戊公司的已实现净利润确认应享有的份额。

甲企业应确认的投资收益为：（2 000−100）×20%=380（万元）

有关账务处理为：

借：长期股权投资——损益调整　　3 800 000

　贷：投资收益　　3 800 000

【例7-17】资料见例7-16。假定戊公司当年将一批成本为1 600万元的库存商品按1 500万元的价格销售给甲企业，其他资料不变。

甲企业应确认的投资收益为：（2 000+100）×20%=420（万元）

有关账务处理为：

借：长期股权投资——损益调整　　4 200 000

　贷：投资收益　　4 200 000

【例7-18】资料见例7-17。假定戊公司按1 500万元的价格销售给甲企业商品的损失100万元是资产减值损失，其他资料不变。

甲企业应确认的投资收益为：2 000×20%=400（万元）

有关账务处理为：

借：长期股权投资——损益调整　　4 000 000

　贷：投资收益　　4 000 000

【例7-19】资料见例7-16。假定此项内部交易是甲企业将成本为1 600万元的商品按1 700万元出售给戊公司，其他资料不变。

这是一笔顺流的内部交易。甲企业确认2×21年对戊公司投资的投资收益时，应在根据戊公司当年账面净利润确认应享有的份额的同时，将本公司利润中因向被投资方销售商品所产生的内部交易未实现利润100万元当中归属于本公司的部分予以抵销。所以，甲企业应确认的投资收益为380万元，有关计算为：380=2 000×20%−100×20%，或者380=（2 000−100）×20%。

甲企业有关账务处理为：

①根据被投资方净利润中应享有的份额确认投资收益时：

借：长期股权投资——损益调整 4 000 000

贷：投资收益 4 000 000

②将投资方账面净利润中未实现内部交易利润归属于投资方的部分进行抵销时：

借：投资收益 200 000

贷：长期股权投资——损益调整 200 000

如果以上两个账务处理合并，则有关账务处理为：

借：长期股权投资——损益调整 3 800 000

贷：投资收益 3 800 000

【特别提示】

权益法下，投资方与被投资方之间发生的交易无论是顺流还是逆流，其中未实现的交易损益中按投资方持股比例计算的部分，在计算投资方的投资收益时都要予以剔除。对于这个问题的理解，要注意以下三个方面：

第一，理解这个问题的主要线索是：就方法本身而言，权益法比成本法更倾向于将投资方与被投资方视为一个经济整体，从而双方之间的购销交易被视为内部交易，这个内部交易在资产没有出售给双方之外的第三方时被称为未实现的内部交易；未实现的内部交易利润按投资方持股比例计算的部分，无论是顺销还是逆销，都相当于投资方自己赚自己的。所以，计算投资收益时要予以剔除。

第二，采用权益法时，将合营方与合营企业或联营方与联营企业之间的内部交易未实现损益对合营方或联营方投资收益的影响予以剔除，这个会计处理是通过账务处理进而影响投资方个别财务报表有关项目的报告价值的。在编制合并财务报表时也有将母公司与子公司之间内部交易未实现损益进行抵销的相关处理，而那个会计处理仅在工作底稿中编制，以便确定合并财务报表中有关项目的报告价值。

第三，权益法下投资方计算投资收益时对内部交易未实现损益的上述剔除处理，只是为了确定投资方个别报表中长期股权投资和投资收益的金额；如果该投资方同时还有子公司从而该投资方还要编制合并财务报表，那么，该投资方在编制合并财务报表的过程中还要就其与合营企业或联营企业之间未实现内部交易损益的问题进行相应处理，以便确定合并财务报表中有关项目的报告价值。

（与合并财务报表相关的内容将在“高级财务会计”课程中讲解）

2.确认投资损失时要注意超额亏损的分担限额问题

被投资方发生亏损时，投资方确认应分担被投资方发生的净亏损，原则上应以长期股权投资的账面价值以及其他实质上构成对被投资方净投资的长期权益减记至零为限，投资方负有承担额外损失义务的除外。

这里所讲“其他实质上构成对被投资方净投资的长期权益”通常是指长期应收项目，比如，企业对被投资方的长期债权，该债权没有明确的清收计划，且在可预见的未来期间不准备收回的，实质上构成对被投资方的净投资。应予说明的是，该类长期权益不包括投资方与被投资方之间因销售商品、提供劳务等日常活动所产生的长期债权。

如果在投资合同或协议中约定投资方将履行其他额外的损失补偿义务，则还应按《企业会计准则第13号——或有事项》的规定确认预计将承担的损失金额。

综上所述，投资方在确认应分担的被投资方发生的亏损时，应按以下顺序处理：首先，减记长期股权投资的账面价值；其次，对未确认的损失，减记实质上构成对被投资方净投资的长期权益项目；再次，如还有未确认的损失，在投资合同或协议中约定投资方需承担额外的损失补偿义务的情况下，按预计将承担的义务金额确认预计负债；最后，将除上述情况仍未确认的应分担被投资方的损失，在账外备查登记。

被投资方以后实现净利润的，投资方应按与确认损失的顺序相反的顺序进行处理，即：在将其收益分享额依次弥补未确认亏损分担额、减记已确认的预计负债、恢复其他长期权益之后，再确认收益分享额并调增长期股权投资账面价值。

【例7-20】资料：甲企业持有A企业30%的股权，能够对A企业施加重大影响。2×20年12月31日甲企业对A企业的长期股权投资的账面价值为2 200万元。A企业2×21年由于一项主要经营业务市场条件发生变化，当年度亏损9 000万元；2×22年实现净利润3 000万元。假定甲企业在取得对A企业的投资时，A企业各项可辨认资产、负债的公允价值与其账面价值相等，双方所采用的会计政策及会计期间也相同。另外，假定甲企业账上仍有应收A企业的长期应收款300万元，该款项从目前情况看，没有明确的清偿计划（并非产生于商品购销等日常活动）。投资合同中没有约定甲企业有承担额外损失的义务。

问题：甲企业2×21年应确认的投资损失是多少？2×22年应确认多少投资收益？甲企业应如何进行账务处理？

分析：首先，来看2×21年的情况。甲企业按其持股比例确认的应分担损失为2 700万元，但其对A企业长期股权投资的账面价值仅为2 200万元，如果甲企业不存在其他实质上构成对A企业净投资的长期权益项目，则甲企业应确认的投资损失也只能为2 200万元。本例中，甲企业存在其他实质上构成对A企业净投资的长期权益项目300万元，所以，甲企业应确认投资损失2 500万元，超额损失200万元在账外进行备查登记。

然后，再来分析2×22年的情况。甲企业按其持股比例确认的应分享收益额为900万元，但因需要弥补上年未确认的亏损分担额200万元、恢复其他长期权益300万元，所以，本年应确认收益分享额400万元。

根据上述分析，甲企业确认投资损益有关账务处理为：

①2×21年确认投资损失：

借：投资收益	25 000 000	
贷：长期股权投资——损益调整		22 000 000
长期应收款		3 000 000

至此，该项长期股权投资在甲企业2×21年资产负债表中的期末报告价值为0。

②2×22年确认投资收益：

借：长期应收款	3 000 000	
长期股权投资——损益调整	4 000 000	
贷：投资收益		7 000 000

至此，该项长期股权投资在甲企业2×22年资产负债表中的期末报告价值为400万元。

3.持股比例变动问题

（1）增加持股比例后仍采用权益法

投资方对被投资方的持股比例增加，如新增投资，但被投资方仍然是投资方的联营企业或合营企业时，投资方应当按照新的持股比例对投资继续采用权益法进行核算。在新增投资日，如果新增投资成本大于按新增持股比例计算的被投资方可辨认净资产公允价值的份额，不调整长期股权投资成本；如果新增投资成本小于按新增持股比例计算的被投资方可辨认净资产公允价值的份额，应按该差额，调整长期股权投资成本和营业外收入。进行上述调整时，应当综合考虑与原持有投资和追加投资相关的商誉金额或计入损益的金额。

下面举例予以说明。

【例7-21】甲企业2×20年年初支付货币资金400万元购买F公司40%的表决权股份，并对该项投资采用权益法核算。投资当时F公司可辨认净资产公允价值等于账面价值，为1 000万元。2×20年F公司实现净利润500万元，没有其他所有者权益变动。2×21年年初，甲企业根据企业发展战略的宏观考虑，支付70万元又购入F公司5%的股份，继续采用权益法进行核算。追加投资时F公司可辨认净资产的公允价值为1 600万元。其他资料略。

甲企业2×21年年初有关账务处理为：

①追加投资时：

借：长期股权投资——成本　　700 000

　贷：银行存款　　700 000

②对新增投资的价值进行调整时：

借：长期股权投资——成本（16 000 000×5%-700 000）　　100 000

　贷：营业外收入　　100 000

【例7-22】资料见例7-21。假定甲企业2×20年年初支付货币资金500万元购买F公司40%的表决权股份，其他条件不变。

问题：甲企业2×21年年初追加投资时应如何调整长期股权投资的账面价值呢？

分析：2×21年年初追加投资成本70万元小于按新增持股比例计算的被投资方可辨认净资产公允价值份额80万元，本应将两者之差10万元调增长期股权投资账面价值并作为负商誉计入营业外收入，但是由于甲企业2×20年年初的投资成本500万元中含有100万元的商誉，综合考虑两次投资的正商誉为90万元，所以，不必再对长期股权投资的账面价值进行调整。甲企业2×21年年初有关账务处理为：

借：长期股权投资——成本　　700 000

　贷：银行存款　　700 000

（2）减少持股比例后仍采用权益法

投资方因处置部分投资等原因导致对被投资方的持股比例减少，但被投资方仍然是投资方的联营企业或合营企业时，投资方应当继续采用权益法核算剩余投资，并按处置投资的比例将以前累计计入其他综合收益、资本公积（其他资本公积）的相关金额予以结转。

【例7-23】甲企业拥有戊企业40%的表决权股份，采用权益法核算此项股权投资。2×20年2月初，该项长期股权投资的账面价值为4 600万元，其中成本为4 000万元，损益调整为240万元，其他权益变动为360万元。甲企业出于对企业发展战略的宏观考虑，按1 800万元的价格出售了戊企业10%的股份，对保留的30%表决权股份仍采用权益法进行核算。对此，甲企业有关账务处理为：

①出售部分股份时：

借：银行存款　　18 000 000

　贷：长期股权投资——成本　　10 000 000

　　　　　　　　——损益调整　　600 000

　　　　　　　　——其他权益变动　　900 000

　　投资收益　　6 500 000

②按比例结转原确认的其他资本公积时：

借：资本公积——其他资本公积　　900 000

　贷：投资收益　　900 000

上述两种持股比例变动的情况，都没有改变企业对其长期股权投资的核算方法。如果持股比例的变动导致由权益法改为成本法或者相反，甚至由按公允价值计量的金融资产改为按成本法或权益法核算的长期股权投资或者相反，这就涉及权益性投资核算方法的转换问题。

三、后续计量方法的转换

正如前述，企业投资后对被投资方的影响程度为控制、共同控制或重大影响的权益性投资，作为长期股权投资核算，并分别采用成本法和权益法进行后续计量；企业对被投资方重大影响以下的权益性投资，作为以公允价值计量的金融资产核算。如果企业追加投资或处置部分投资，就有可能导致对被投资方的影响程度发生变化，进而引起对相关权益性投资核算方法的转换。各种可能的转换形式如图7-4所示。

专题讲解

长期股权投资后续计量方法的转换

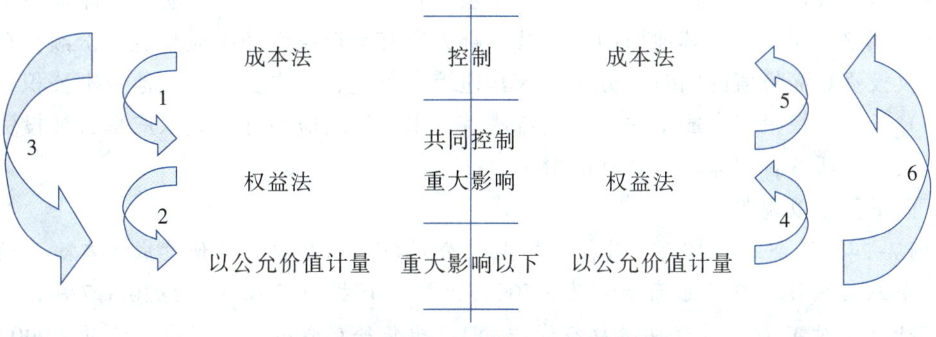

图7-4　权益性投资核算方法的转换形式

> 【特别提示】
>
> 发生图7-4中列出的六种转换情形时，关键的会计问题是：
>
> 第一，追加投资情况下对原有投资是否进行追溯调整？处置部分投资情况下对剩余投资是否进行追溯调整？
>
> 第二，由以公允价值计量且其变动计入其他综合收益的金融资产转换为长期股权投资时，原确认的其他综合收益金额是否、何时、如何结转？
>
> 第三，由权益法转换为成本法或转换为以公允价值计量的金融资产时，原确认的其他资本公积、其他综合收益是否、何时、如何结转？

下面分别对六种转换形式进行说明。

（一）成本法与权益法的转换

1.成本法转换为权益法

投资方因处置投资导致对被投资方的影响能力由控制转为具有重大影响或者与其他投资方一起实施共同控制时，投资方对被投资方的长期股权投资应该由成本法转为权益法。这种情形如图7-4中的第1种转换形式。

这种情况下会计处理的基本原则是：对剩余长期股权投资进行追溯调整。会计处理的具体思路是：

（1）应按处置或收回投资的比例结转应终止确认的长期股权投资成本，并确认处置损益。

（2）对剩余的长期股权投资按权益法进行追溯调整。

首先，按权益法对剩余投资的初始投资成本进行调整。对剩余的长期股权投资成本与按照剩余持股比例计算原投资时应享有被投资方可辨认净资产公允价值的份额进行比较，前者高于后者的差额作为投资作价中体现的商誉，不必调整长期股权投资的账面价值；属于投资成本小于原投资时应享有被投资方可辨认净资产公允价值份额的，在调整长期股权投资成本的同时，应调整留存收益。

然后，按权益法对剩余投资根据投资后被投资方所有者权益的变动进行调整。对于原取得投资后至因处置投资导致转变为权益法核算之间被投资单位实现净损益中应享有的份额，一方面应当调整长期股权投资的账面价值，同时对于原取得投资时至处置投资当期期初被投资方实现的净损益（扣除已发放及已宣告发放的现金股利和利润）中应享有的份额，调整留存收益，对于处置投资当期期初至处置投资之日被投资方实现的净损益中享有的份额，调整当期损益；其他原因导致被投资方所有者权益变动中应享有的份额，在调整长期股权投资账面价值的同时，分别计入其他综合收益、资本公积（其他资本公积）。

（3）长期股权投资自成本法转为权益法后，未来期间应当计算确认应享有被投资方实现的净损益及所有者权益其他变动的份额。

下面举例予以说明。

【例7-24】甲企业2×19年1月初取得ABC公司60%的股权，并使其成为本企业的子公司。甲企业的该股权投资账面余额为5 700万元，未计提减值准备。2×20年7月初，甲企业将其持有的对ABC公司长期股权投资中的1/3出售给C公司，取得出售价款2 000万元。甲企业原取得ABC公司60%股权时，ABC公司可辨认净资产公允价值总额为10 000万元，与账面价值相同；自甲企业取得对ABC公司长期股权投资后至部分处置投资前，ABC公司实现净利润3 800万元（其中，2×19年实现净利润3 000万元，2×20年上半年实现净利润800万元）；2×19年ABC公司曾确认非交易性股权投资的公允价值变动利得200万元；自甲企业投资后ABC公司尚未进行利润分配。ABC公司未发生所有者权益变动的其他交易或事项。甲企业处置部分投资当日ABC公司可辨认净资产公允价值总额为16 000万元。甲企业按净利润的10%提取盈余公积。在出售20%的股权后，甲企业在ABC公司董事会中派有代表，但不能对ABC公司生产经营决策实施控制。

甲企业处置部分股权当日的有关账务处理如下：

首先，对处置的股权投资进行终止确认，并确认处置损益：

借：银行存款 20 000 000

贷：长期股权投资 19 000 000

投资收益 1 000 000

然后，将剩余投资由成本法追溯调整至权益法：

①将剩余投资的账面价值按权益法进行结转：

借：长期股权投资——成本 38 000 000

贷：长期股权投资 38 000 000

②对初始投资账面价值按投资时应享有被投资方可辨认净资产公允价值份额进行调整：

借：长期股权投资——成本（100 000 000×40%-38 000 000） 2 000 000

贷：盈余公积（2 000 000×10%） 200 000

利润分配——未分配利润（2 000 000×90%） 1 800 000

③确认应享有的被投资方实现净利润的份额：

借：长期股权投资——损益调整 15 200 000

贷：盈余公积（30 000 000×40%×10%） 1 200 000

利润分配——未分配利润（30 000 000×40%×90%） 10 800 000

投资收益（8 000 000×40%） 3 200 000

④确认应享有的被投资方其他综合收益的份额：

借：长期股权投资——其他综合收益（2 000 000×40%） 800 000

贷：其他综合收益 800 000

至此，甲企业对ABC公司的长期股权投资账面价值为5 600万元（10 000×40%+3 800×40%+200×40%）。

本例中，甲企业处置部分股权日ABC公司可辨认净资产公允价值与甲企业将剩余投资由成本法转为权益法的会计处理无关，因为对于剩余投资而言，其适用权益法的起点是2×19年1月初，而不是2×20年7月初。

2.权益法转换为成本法

投资方因追加投资导致对被投资方的影响程度由重大影响或者与其他投资方一起实施共同控制转为控制时，投资方对被投资方的长期股权投资应该由权益法转为成本法。这种情形如图7-4中的第5种转换形式。

这种情况下会计处理的基本原则是：对原按权益法核算的长期股权投资的账面价值不进行追溯调整。会计处理的具体思路是：

（1）追加投资后长期股权投资的初始投资成本等于追加投资日之前持有的对被投资方股权投资的账面价值与新增股权投资成本之和。

（2）原持有的股权投资因采用权益法而确认的其他综合收益、资本公积（其他资本公积），在终止采用权益法核算时并不需要结转，而是在未来处置时再予以结转。

下面举例予以说明。

【例7-25】甲企业于2×20年7月初用银行存款2 500万元取得A公司20%的股份，当日A公司可辨认净资产公允价值等于账面价值，为10 000万元。取得投资后甲企业派人参与A公司的生产经营决策，对该投资采用权益法核算。2×20年下半年A公司实现净利润1 500万元，甲企业确认投资收益300万元；在此期间，A公司未宣告发放现金股利或利润，但确认了100万元的其他债权投资的公允价值变动利得。2×21年1月，甲企业支付6 800万元进一步购入A公司40%的股份，从而拥有A公司60%的表决权。追加投资日A公司可辨认净资产的账面价值为11 600万元、公允价值为15 000万元。假定A公司净资产公允价值高于账面价值的差额3 400万元属于固定资产的评估增值。不考虑相关税费及其他会计事项。假设甲企业与A公司在实现控股合并前为非同一控制下的两个公司。

根据上述资料，甲企业的有关账务处理如下：

①2×20年7月初进行股权投资时：

借：长期股权投资——成本	25 000 000	
贷：银行存款		25 000 000

②2×20年确认投资收益时：

借：长期股权投资——损益调整	3 000 000	
贷：投资收益		3 000 000

③2×20年确认其他综合收益时：

借：长期股权投资——其他综合收益	200 000	
贷：其他综合收益		200 000

④2×21年1月份追加投资时：

借：长期股权投资——对A公司投资	68 000 000	
贷：银行存款		68 000 000

⑤将权益法账面价值转为成本法时：

借：长期股权投资——对A公司投资	28 200 000	
贷：长期股权投资——成本		25 000 000
——损益调整		3 000 000
——其他综合收益		200 000

原在权益法下确认的其他综合收益暂不结转，待处置时再予以结转（见例7-33）。

至此，甲企业对作为子公司的A公司的长期股权投资初始成本为9 620万元。

（二）以公允价值计量的权益性投资与长期股权投资的转换

1.以公允价值计量的权益性投资转换为长期股权投资

投资方原持有的对被投资方具有重大影响以下的权益性投资，因追加投资等导致能够对被投资方施加重大影响或共同控制的（如图7-4中的第4种转换形式）、能够对被投资方实施控制的（如图7-4中的第6种转换形式）的情况下，会计处理原则主要有：

（1）应当按原持有股权投资的公允价值加上为取得新增投资而应支付对价的公允价值，作为改按权益法或成本法核算的长期股权投资的初始投资成本（暂不考虑因形成同一控制下企业合并的情形，以下同）。

（2）如果原持有的以公允价值计量的金融资产是非交易性投资，其原计入其他综合收益的累计公允价值变动应当在转换时结转计入留存收益。

（3）以公允价值计量的权益性投资转换成权益法核算的长期股权投资的，在转换日，要将初始投资成本与获得被投资方共同控制或重大影响时应享有被投资方可辨认净资产公允价值的份额进行比较，前者大于后者的差额，不调整长期股权投资成本；前者小于后者的差额，调整长期股权投资账面价值并计入当期营业外收入。

下面举例予以说明。

【例 7-26】以公允价值计量的金融资产转为按权益法核算的长期股权投资。

资料：投资方甲企业持有丙公司 10% 的权益性投资，作为交易性投资分类为以公允价值计量且其变动计入当期损益的金融资产核算。2×20 年 10 月，甲企业追加投资 6 500 万元购入丙公司 20% 的股份，并能够对丙公司施加重大影响。追加投资时，甲企业原持有投资的公允价值为 3 100 万元，账面价值为 3 000 万元（其中：投资成本 2 800 万元、公允价值变动 200 万元）；丙公司可辨认净资产公允价值为 31 000 万元。

甲企业有关账务处理为：

①追加投资时：

借：长期股权投资——成本	65 000 000	
贷：银行存款		65 000 000

②将原持有投资调整至当日公允价值：

借：交易性金融资产——公允价值变动	1 000 000	
贷：投资收益		1 000 000

③将原持有投资进行结转：

借：长期股权投资——成本	31 000 000	
贷：交易性金融资产——成本		28 000 000
——公允价值变动		3 000 000

至此，甲企业对丙公司的按权益法核算的长期股权投资，初始投资成本为 9 600 万元。由于 9 600 万元大于应享有丙公司可辨认净资产公允价值的份额 9 300 万元（31 000×30%），因此不必再对长期股权投资的账面价值进行调整。

【例 7-27】资料见例 7-26。假定甲企业原持有的丙公司 10% 的权益性投资，作为非交易性投资指定为以公允价值计量且其变动计入其他综合收益的金融资产核算；另外，假定追加投资时丙公司可辨认净资产公允价值为 33 000 万元。其他资料不变。

甲企业有关账务处理为：

①追加投资时：

借：长期股权投资——成本	65 000 000	
贷：银行存款		65 000 000

②将原持有投资调整至当日公允价值：

借：其他权益工具投资——公允价值变动	1 000 000	
贷：其他综合收益		1 000 000

③将原持有投资进行结转：

借：长期股权投资——成本	31 000 000	
贷：其他权益工具投资——成本		28 000 000
——公允价值变动		3 000 000

④将原确认的公允价值变动转入留存收益：

借：其他综合收益　　　3 000 000

　贷：盈余公积　　　300 000

　　　利润分配——未分配利润　　　2 700 000

至此，甲企业对丙公司的按权益法核算的长期股权投资，初始投资成本为9 600万元。由于9 600万元小于应享有丙公司可辨认净资产公允价值的份额9 900万元（33 000×30%），因此应调整长期股权投资的账面价值。

⑤对长期股权投资账面价值进行调整时：

借：长期股权投资——成本　　　3 000 000

　贷：营业外收入　　　3 000 000

【例7–28】以公允价值计量的金融资产转为按成本法核算的长期股权投资。

资料：见例7–27，假定2×20年10月，甲企业追加投资10 000万元购入丙公司50%的股份，从而能够对丙公司实施控制。其他资料不变。

问题：甲企业取得对丙公司控制权时长期股权投资的初始投资成本是多少？如何进行有关账务处理？

解答：长期股权投资的初始投资成本=3 100+10 000=13 100（万元）

有关账务处理为：

①追加投资时：

借：长期股权投资——对丙公司投资　　　100 000 000

　贷：银行存款　　　100 000 000

②将原持有投资调整至当日公允价值：

借：其他权益工具投资——公允价值变动　　　1 000 000

　贷：其他综合收益　　　1 000 000

③将原持有投资进行结转：

借：长期股权投资——对丙公司投资　　　31 000 000

　贷：其他权益工具投资——成本　　　28 000 000

　　　　　　　　　　　——公允价值变动　　　3 000 000

④将原确认的累计公允价值变动转入留存收益：

借：其他综合收益　　　3 000 000

　贷：盈余公积　　　300 000

　　　利润分配——未分配利润　　　2 700 000

【报表导向思考】

对一项长期股权投资采用成本法还是权益法核算，并不改变相关投资在资产负债表中的列报项目；而对一项权益性投资分类为以公允价值计量的金融资产还是长期股权投资，则关系到相关投资在资产负债表中的不同列报项目，这就解释了为什么：

第一，以公允价值计量的权益性投资转换为按成本法计量与权益法转换为成本法这两种情形下，转换日所确定的长期股权投资初始成本中对原持有投资的计价：前者采用转换日的公允价值，后者采用转换日的账面价值。

第二，以公允价值计量且其变动计入其他综合收益的权益性投资重分类为长期股权投资的会计处理中，无论重分类后的投资采用权益法还是成本法，一个重要的相同点是原计入其他综合收益的累计公允价值变动都要在转入改按权益法或成本法核算的当期结转计入留存收益，而不是等到处置时。而长期股权投资由权益法改为成本法时，原计入其他综合收益（以及其他资本公积）的金额则不需要结转，而是等到处置时再予以结转。

2.长期股权投资转换为以公允价值计量的权益性投资

投资方因处置部分股权投资等原因使其对被投资方的影响程度降至重大影响以下的（如图7-4中的第2、3种转换形式），对于处置后的剩余投资的会计处理应遵循以下原则：

（1）处置后的剩余股权应当改按《企业会计准则第22号——金融工具确认和计量》核算，其在降至重大影响以下之日的公允价值与账面价值之间的差额计入当期损益。

（2）原股权投资因采用权益法核算而确认的其他综合收益，应当在终止采用权益法核算时采用与被投资方直接处置相关资产或负债相同的基础进行会计处理（根据被投资方当初发生增减变动的其他综合收益是可重分类进损益的还是不可重分类进损益的，来决定将原来因采用权益法而确认的其他综合收益结转计入当期损益或计入留存收益）；原股权投资因采用权益法核算而确认的其他资本公积，应当在终止采用权益法核算时结转计入当期损益。

下面举例予以说明。

【例7-29】由成本法转为以公允价值计量。

资料：甲企业持有C公司60%的有表决权股份，因能够对C公司实施控制，采用成本法核算。2×20年10月，甲企业将该项投资中的80%对外出售，出售以后，对C公司的影响降至重大影响以下。出售投资前，该项长期股权投资的账面价值为8 000万元；出售其中的80%所得价款为7 200万元。剩余股权投资转为以公允价值计量且其变动计入当期损益的金融资产，当日该剩余股权投资的公允价值为1 800万元。

甲企业有关账务处理为：

①处置部分投资：

借：银行存款	72 000 000	
贷：长期股权投资——对C公司投资		64 000 000
投资收益		8 000 000

②将剩余长期股权投资结转：

借：交易性金融资产——成本	18 000 000	
贷：长期股权投资——对C公司投资		16 000 000
投资收益		2 000 000

【例7-30】由权益法转为以公允价值计量。

资料：甲企业持有D公司30%的有表决权股份，因能够对D公司的生产经营决策施加重大影响，采用权益法核算。2×20年10月，甲企业将该项投资中的60%对外出售，从而对D公司的影响程度降至重大影响以下。出售投资前，该项长期股权投资的账面价值为

5 000万元，其中投资成本为4 000万元，损益调整为910万元，其他综合收益为90万元（其中50万元与D公司确认其他权益工具投资的公允价值变动利得相关，40万元与D公司确认其他债权投资的公允价值变动利得相关）；出售其中的60%所得价款为3 300万元。剩余股权投资指定为以公允价值计量且其变动计入其他综合收益的金融资产，当日其公允价值为2 200万元。

甲企业有关账务处理为：

①处置部分投资：

借：银行存款	33 000 000	
贷：长期股权投资——成本		24 000 000
——损益调整		5 460 000
——其他综合收益		540 000
投资收益		3 000 000

②将剩余长期股权投资结转：

借：其他权益工具投资——成本	22 000 000	
贷：长期股权投资——成本		16 000 000
——损益调整		3 640 000
——其他综合收益		360 000
投资收益		2 000 000

③结转原确认的其他综合收益：

借：其他综合收益	900 000	
贷：投资收益		400 000
盈余公积、利润分配		500 000

【比较与鉴别】

第一，图7-4中列出的六种转换情形中，转换日对追加投资前的原持有投资或处置部分投资后的剩余投资，无论是以公允价值计量转换为按成本法或权益法计量还是按成本法或权益法计量转换为以公允价值计量，都不需要进行追溯调整；由权益法转换为成本法时，也不需要进行追溯调整；只有由成本法转换为权益法时，才需要进行追溯调整。

第二，由以公允价值计量且其变动计入其他综合收益的权益性投资转换为长期股权投资时，原确认的其他综合收益金额要在转换日结转，结转方法是计入留存收益（而不是当期损益）。

第三，由权益法转换为成本法时，原确认的其他资本公积、其他综合收益暂不予结转，待处置时再结转；由权益法转换为以公允价值计量时，原确认的其他资本公积、其他综合收益在转换日予以结转。无论是处置时结转还是转换日结转，结转的方法是相同的，即：通常计入当期损益，有时计入留存收益（原确认的其他综合收益与被投资方确认的不能重分类进损益的其他综合收益有关时）。

四、长期股权投资的减值

为了反映长期股权投资的真实价值、确保相关会计信息的可靠性和相关性，如果长期股权投资存在减值迹象，投资方应当按照资产减值准则的规定计提减值准备。投资方应当关注长期股权投资的账面价值是否大于享有被投资方所有者权益账面价值的份额等类似情况。如果出现类似情况，投资方应当对长期股权投资进行减值测试。

在对存在减值迹象的长期股权投资进行减值测试时，投资方应根据相关投资的公允价值减去估计处置费用后的净额与该投资预计未来现金流量的现值两者之间较高者，作为该投资的可收回金额。

如果存在减值迹象的长期股权投资的预计可收回金额低于其账面价值，投资方应将预计可收回金额低于账面价值的差额，确认为资产减值损失，并通过"长期股权投资减值准备"科目调低长期股权投资的报告价值。

长期股权投资减值损失一经确认，在以后会计期间不得转回。以前期间计提的长期股权投资减值准备，在该投资被处置、出售、对外投资、以非货币性资产交换方式换出、在债务重组中抵偿债务等时，才可予以转出。

【例 7-31】甲企业2×20年年末持有的对E公司的长期股权投资，账面价值为9 000万元。根据被投资方经营业绩持续下滑的现状，经测算，该项投资的可收回金额估计为8 100万元。

2×20年年末甲企业有关账务处理为：

借：资产减值损失　　9 000 000

　贷：长期股权投资减值准备　　9 000 000

经此处理后，此项投资在资产负债表"长期股权投资"项目中的报告价值为8 100万元。

五、长期股权投资在报表中的列报

报告期末，企业对长期股权投资，应按"长期股权投资"科目账面余额减去"长期股权投资减值准备"科目贷方余额之后的差额，在资产负债表中的"长期股权投资"项目列报。

智能测评 7-2

第四节　长期股权投资的终止确认

企业处置长期股权投资即将长期股权投资对外出售或用于非货币性资产交换、债务重组等时，企业需要对相关长期股权投资进行终止确认。

一、长期股权投资的出售

企业将持有的长期股权投资对外出售时，需要对与所售股权相对应的长期股权投资进行终止确认，同时将出售所得价款与处置长期股权投资账面价值之间的差额，确认为处置损益。对于采用权益法核算的长期股权投资，原计入资本公积（其他资本公积）和其他综合收益的金额，在处置时将与所出售股权相对应的部分结转计入当期损益或留存收益。

企业将持有的长期股权投资用于对外投资、非货币性资产交换和债务重组等交易或事项时，应比照上述原则进行终止确认。

下面举例说明出售全部股权的会计处理（处置部分股权的举例可参见例7-23、例7-24、例7-29和例7-30）。

【例7-32】资料见例7-24。假定ABC公司2×20年下半年实现净利润为0，所有者权益没有发生其他变动业务；甲企业在2×20年年底将其持有的ABC公司股权按6 000万元的价格出售给C公司。甲企业出售对ABC公司长期股权投资的账务处理为：

①对出售的股权投资进行终止确认：

借：银行存款	60 000 000	
贷：长期股权投资——成本		40 000 000
——损益调整		15 200 000
——其他综合收益		800 000
投资收益		4 000 000

②将原确认的其他综合收益转入留存收益：

借：其他综合收益	800 000	
贷：盈余公积		80 000
利润分配——未分配利润		720 000

【例7-33】资料见例7-25。假定甲企业因集团重大战略转型的需要于2×22年年初出售了其持有的子公司A公司的权益性投资，当时该项投资的账面价值为9 620万元，出售价款为12 000万元。不考虑相关税费及其他会计事项。

根据上述资料，甲企业出售股权的有关账务处理如下：

①出售股权投资时：

借：银行存款	120 000 000	
贷：长期股权投资——对A公司投资		96 200 000
投资收益		23 800 000

②结转原确认的其他综合收益：

借：其他综合收益	200 000	
贷：投资收益		200 000

二、其他情形

企业在与其他企业进行非货币性资产交换时，如果用长期股权投资作为换出资产，应将该投资的账面价值予以注销；企业在与债权人单位进行债务重组时，如果用长期股权投资用作抵偿债务，也应将该投资的账面价值予以注销。长期股权投资用于非货币性资产交换和债务重组的内容，参见后面相关章节。

智能测评7-3

■【本章小结】

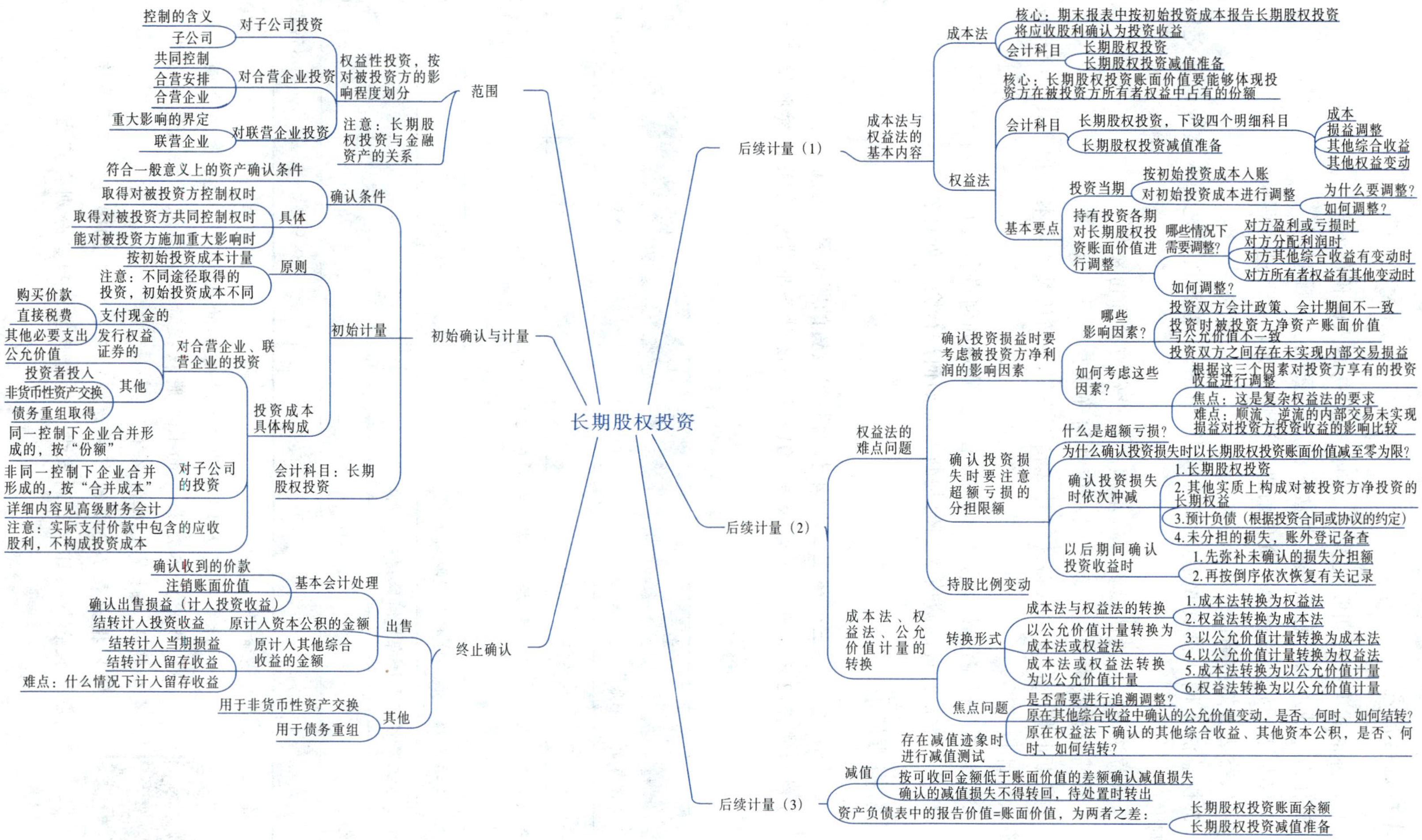
长期股权投资
范围
权益性投资，按对被投资方的影响程度划分
对子公司投资
控制的含义
子公司
对合营企业投资
共同控制
合营安排
合营企业
对联营企业投资
重大影响的界定
联营企业
注意：长期股权投资与金融资产的关系
初始确认与计量
确认条件
符合一般意义上的资产确认条件
具体
取得对被投资方控制权时
取得对被投资方共同控制权时
能对被投资方施加重大影响时
初始计量
原则
按初始投资成本计量
注意：不同途径取得的投资，初始投资成本不同
投资成本具体构成
对合营企业、联营企业的投资
支付现金的
购买价款
直接税费
其他必要支出
发行权益证券的
公允价值
其他
投资者投入
非货币性资产交换
债务重组取得
对子公司的投资
同一控制下企业合并形成的，按“份额”
非同一控制下企业合并形成的，按“合并成本”
详细内容见高级财务会计
注意：实际支付价款中包含的应收股利，不构成投资成本
会计科目：长期股权投资
终止确认
出售
基本会计处理
确认收到的价款
注销账面价值
确认出售损益（计入投资收益）
原计入资本公积的金额
结转计入投资收益
原计入其他综合收益的金额
结转计入当期损益
结转计入留存收益
难点：什么情况下计入留存收益
其他
用于非货币性资产交换
用于债务重组
后续计量（1）
成本法与权益法的基本内容
成本法
核心：期末报表中按初始投资成本报告长期股权投资
将应收股利确认为投资收益
会计科目
长期股权投资
长期股权投资减值准备
权益法
核心：长期股权投资账面价值要能够体现投资方在被投资方所有者权益中占有的份额
会计科目
长期股权投资，下设四个明细科目
成本
损益调整
其他综合收益
其他权益变动
长期股权投资减值准备
基本要点
投资当期
按初始投资成本入账
对初始投资成本进行调整
为什么要调整？
如何调整？
持有投资各期对长期股权投资账面价值进行调整
哪些情况下需要调整？
对方盈利或亏损时
对方分配利润时
对方其他综合收益有变动时
对方所有者权益有其他变动时
如何调整？
后续计量（2）
权益法的难点问题
确认投资损益时要考虑被投资方净利润的影响因素
哪些影响因素？
投资双方会计政策、会计期间不一致
投资时被投资方净资产账面价值与公允价值不一致
投资双方之间存在未实现内部交易损益
如何考虑这些因素？
根据这三个因素对投资方享有的投资收益进行调整
焦点：这是复杂权益法的要求
难点：顺流、逆流的内部交易未实现损益对投资方投资收益的影响比较
确认投资损失时要注意超额亏损的分担限额
什么是超额亏损？
为什么确认投资损失时以长期股权投资账面价值减至零为限？
确认投资损失时依次冲减
1.长期股权投资
2.其他实质上构成对被投资方净投资的长期权益
3.预计负债（根据投资合同或协议的约定）
4.未分担的损失，账外登记备查
以后期间确认投资收益时
1.先弥补未确认的损失分担额
2.再按倒序依次恢复有关记录
持股比例变动
成本法、权益法、公允价值计量的转换
转换形式
成本法与权益法的转换
1.成本法转换为权益法
2.权益法转换为成本法
以公允价值计量转换为成本法或权益法
3.以公允价值计量转换为成本法
4.以公允价值计量转换为权益法
成本法或权益法转换为以公允价值计量
5.成本法转换为以公允价值计量
6.权益法转换为以公允价值计量
焦点问题
是否需要进行追溯调整？
原在其他综合收益中确认的公允价值变动，是否、何时、如何结转？
原在权益法下确认的其他综合收益、其他资本公积，是否、何时、如何结转？
后续计量（3）
减值
存在减值迹象时进行减值测试
按可收回金额低于账面价值的差额确认减值损失
确认的减值损失不得转回，待处置时转出
资产负债表中的报告价值=账面价值，为两者之差：
长期股权投资账面余额
长期股权投资减值准备

【问题与思考】

1.各种形式下的长期股权投资，如何确定初始入账价值？

2.什么是成本法？什么是权益法？两者主要区别在哪里？

3.权益法下如何对初始投资价值进行调整？为什么要进行调整？

4.权益法下如何确认投资收益？

5.权益法下确认投资收益时如何考虑投资方与被投资方之间未实现内部交易损益的影响？

6.权益法下如何确认投资方应承担的被投资方亏损份额？

7.长期股权投资的应收现金股利应如何确认？

8.长期股权投资采用权益法时什么情况下需要确认其他资本公积、其他综合收益？如何确认与计量？

9.成本法与权益法转换的情形有哪几种？分别如何进行会计处理？

10.长期股权投资的减值应如何判断？应如何进行会计处理？

【财报跟踪】

三一重工2019年长期股权投资的收益及其确认

资料：表7-2是三一重工母公司2019年年度财务报告中有关投资收益项目的附注摘编。

表7-2 投资收益项目明细 单位：千元

被投资单位名称	本期发生额	上期发生额
成本法核算的长期股权投资收益	303 253	1 403 174
权益法核算的长期股权投资收益	?	?
处置以公允价值计量且其变动计入当期损益的金融资产取得的投资收益		341 010
其他非流动金融资产在持有期间取得的投资收益	30 491	0
其他权益工具投资在持有期间取得的股利收入	3 964	0
其他	143 175	60 420
合　计	888 932	1 858 199

要求：根据上述资料：

延伸阅读

权益法下交叉持股时投资收益的计量方法

(1) 计算确定2019年度权益法核算的长期股权投资收益金额；

(2) 指出成本法核算的长期股权投资收益与权益法核算的长期股权投资收益在确认、计量上有什么不同；

(3) 指出表7-2中的有关数据对三一重工2019年年度资产负债表中“长期股权投资”项目、利润表中“投资收益”项目分别会产生怎样的影响。

第八章

资产的其他问题

第一节　持有待售的非流动资产

第二节　非货币性资产交换

■【学习目标】

通过对本章内容的学习，了解非流动资产划分为持有待售资产的条件，了解与非货币性资产交换相关的概念，掌握持有待售资产和非货币性资产交换的基本业务的会计确认与计量原则，明确持有待售资产在资产负债表中的列报原理。

■【财报引读】

厦工股份的持有待售资产信息（摘编）

厦工股份是厦门厦工机械股份有限公司的简称。厦门厦工机械股份有限公司创建于1951年，1993年12月由厦门工程机械厂改制为上市公司（股票代码600815）。厦工股份拥有厦门、焦作等研发生产基地，是国家重点生产装载机、挖掘机、叉车、小型机械等产品的骨干大型一类企业。

表8-1汇总了厦工股份2017—2019年资产负债表中持有待售资产的信息，表8-2、表8-3分别是对厦工股份2019年年度报告、2018年年度报告中持有待售资产相关信息的摘编。

表8-1　2017—2019年资产负债表中持有待售资产的信息　单位：元

项目	2019年12月31日	2018年12月31日	2017年12月31日
流动资产：			
货币资金	209 840 989.66	181 153 542.06	217 191 893.88
⋮	⋮	⋮	⋮
持有待售资产	734 340.39	734 340.39	2 720 235.38
⋮	⋮	⋮	⋮
流动资产合计	1 873 481 895.57	2 451 279 546.82	3 131 910 972.25
非流动资产：			
⋮	⋮	⋮	⋮

表8-2　2019年报表附注中关于持有待售资产的说明　单位：元

项目	期末余额	减值准备	期末账面价值	公允价值	预计处置费用	预计处置时间
固定资产	734 340.39		734 340.39			
合计	734 340.39		734 340.39			

表8-3 2018年报表附注中关于持有待售资产的说明 单位：元

项目	年末数			年初数		
	账面余额	减值准备	期末账面价值	账面余额	减值准备	期末账面价值
固定资产	734 340.39		734 340.39	2 720 235.38		2 720 235.38

浏览以上信息，我们发现，持有待售资产作为资产负债表中流动资产项目之一，却和固定资产有关。实际上，这里的“持有待售资产”是持有待售的非流动资产。那么，什么是持有待售的非流动资产？划分为持有待售的非流动资产应具备哪些条件？持有待售的非流动资产包括哪些资产？对划分为持有待售的非流动资产的资产应如何进行会计处理？

另外，在前面几章有关资产的内容中，多次提到资产的增减变动可能与非货币性资产交换有关。那么，什么是非货币性资产交换？非货币性资产交换对换出、换入资产应分别怎样进行终止确认和初始确认？非货币性资产交换对企业的资产负债表和利润表将产生怎样的影响？

本章将系统阐述持有待售资产和非货币性资产交换相关的会计问题。

第一节 持有待售的非流动资产

一、持有待售的非流动资产的初始确认

（一）非流动资产划分为持有待售类别的条件

企业持有非流动资产大多数情况下是为了使用而不是为了出售。企业如果不是通过持续使用而是通过出售（包括具有商业实质的非货币性资产交换）一项非流动资产来收回其账面价值的，就应当将该非流动资产划分为持有待售类别。

当非流动资产同时满足以下两个条件时，应被划分为持有待售类别：

（1）可立即出售，即根据类似交易中出售此项资产的惯例，在当前情况下即可立即出售；

（2）出售极可能发生，即企业已经就一项出售计划作出决议且获得确定的购买承诺，预计出售将在一年内完成。有关规定要求企业相关权力机构或者监管部门批准后方可出售的，应当已经获得批准。

为什么具备上述条件的非流动资产要被划分为持有待售类别？以固定资产为例，如果一项固定资产具备上述条件，则意味着该固定资产将不再用于生产商品、提供劳务、出租或经营管理，因此不再符合固定资产的定义，所以不应再报告为固定资产，从而应将其划分为持有待售的非流动资产列报。

那么，哪些非流动资产有可能被划分为持有待售类别？换句话说，哪些非流动资

产适用《企业会计准则第42号——持有待售的非流动资产、处置组和终止经营》？资产划归持有待售类别的规定本应适用于所有非流动资产，但是以公允价值计量且其变动计入损益的资产、难以确定其公允价值减去处置费用后的净额的资产，都不在持有待售类别之内。比如，采用公允价值模式进行后续计量的投资性房地产、采用公允价值减去处置费用后的净额计量的生物资产、由金融工具会计准则规范的金融资产、职工薪酬形成的资产、递延所得税资产等，需分别依照相关的企业会计准则进行确认、计量与列报。

之所以排除上述两类资产，与持有待售的非流动资产的计量规定有关。

（二）设置的会计科目与报表项目

非流动资产符合上述持有待售条件时，应通过“持有待售资产”科目予以确认，并在资产负债表中单项列示。

二、持有待售的非流动资产的计量

（一）初始计量

一项非流动资产首次划分为持有待售类别时，对该资产应按照账面价值与公允价值减去处置费用后的净额两者孰低进行计量。这就意味着：首先，企业在将非流动资产划分为持有待售类别前，对相关资产该计提折旧的计提折旧，该计提摊销的计提摊销，该计提减值准备的计提减值准备。然后，企业应当将划分为持有待售类别的资产的账面价值与其公允价值减去处置费用后的净额进行对比，如果账面价值低于公允价值减去处置费用后的净额，不需对账面价值进行调整；如果账面价值高于公允价值减去处置费用后的净额，应将账面价值减记至公允价值减去处置费用后的净额，减记的金额确认为资产减值损失并计提持有待售资产减值准备。

（二）后续计量

企业在后续资产负债表日，要重新计量持有待售的非流动资产。如果其账面价值高于公允价值减去处置费用后的净额，应将账面价值减记至公允价值减去处置费用后的净额，减记的金额确认为资产减值损失并计提持有待售资产减值准备。如果持有待售的非流动资产公允价值减去处置费用后的净额增加，以前减记的金额应当予以恢复，并在划分为持有待售类别后确认的资产减值损失金额内转回（划分为持有待售类别前确认的资产减值损失不得转回）。

与固定资产、无形资产等资产一样，持有待售资产的后续计量需要设置“持有待售资产减值准备”科目，反映持有待售资产减值准备的计提与转回。与固定资产、无形资产等资产不同的是，企业对持有待售的非流动资产不再计提折旧或摊销。

（三）不再划分为持有待售类别时的计量

当持有待售的非流动资产不再满足持有待售类别的确认条件时，企业应当停止将其划分为持有待售类别，并按照下列两项金额中较低者计量：（1）该资产被划分为持有待售类别之前的账面价值，按照其假定在没有被划分为持有待售类别的情况下原应确认的折旧、摊销或减值进行调整后的金额；（2）可收回金额。进行这一处理时可将相关资产被停止划分为持有待售资产前的账面价值与以上两项较低者之间的差额，记入“资产减值损失”科目。

三、持有待售的非流动资产的终止确认

企业将划分为持有待售类别的非流动资产进行处置时，在对相关资产进行终止确认的同时，将处置损益记入“资产处置损益”（与划分为持有待售类别的固定资产、无形资产等相关的处置损益）、“投资收益”（与划分为持有待售类别的长期股权投资相关的处置损益）等科目。

下面举例予以说明。

【例 8-1】将固定资产划分为持有待售资产。

资料：2×20年6月末，甲企业有一幢闲置库房可以立即出售，而且乙企业承诺将在未来6个月内购买该库房。该库房账面原始价值为300 000元，采用直线法按20年计提折旧（不考虑预计净残值），已提折旧90 000元。经有关机构评估，该库房的公允价值为225 000元，如将其出售则相关处置费用估计为10 000元。2×20年年末，该资产的公允价值估计为200 000元，估计处置费用为10 000元。2×21年6月末，甲企业按当时的公允价值185 000元将该库房出售给乙企业，支付简单维修费、相关税费等共15 000元。甲企业在2×20年应作何处理？

分析：首先，经判断该项资产符合持有待售条件。其次，该项持有待售资产，划归持有待售资产之前的账面价值为210 000元，公允价值减去处置费用后的净额为215 000元。由于该资产账面价值低于公允价值减去处置费用后的净额，所以不必调整账面价值，但应予以转账。再次，资产负债表日，该资产公允价值减去处置费用后的净额为190 000元，企业应根据账面价值210 000元与190 000元的差额确认20 000元的资产减值损失。最后，甲企业在出售该资产时应在注销持有待售资产账面价值的同时确认资产处置损失20 000元。

甲企业有关账务处理为：

①2×20年6月末，确认持有待售资产：

借：持有待售资产——固定资产	210 000	
累计折旧	90 000	
贷：固定资产		300 000

②2×20年12月末，进行后续计量：

借：资产减值损失	20 000	
贷：持有待售资产减值准备		20 000

至此，这项资产在资产负债表中“持有待售资产”项目的报告价值为190 000元，相当于公允价值减去估计处置费用后的净额。

③2×21年6月末，处置持有待售资产：

借：银行存款　　170 000
　　资产处置损益　　20 000
　　持有待售资产减值准备　　20 000
　贷：持有待售资产——固定资产　　210 000

【例 8-2】不再划分为持有待售类别。

资料：见例 8-1。假定截至 2×21 年 6 月末乙企业尚未购买此项资产，且因行业竞争等原因乙企业不得不削减仓储业务导致无力实现购买承诺。估计该资产的处置费用为 15 000 元。其他资料不变。甲企业 2×21 年 6 月末应如何进行会计处理？

分析：首先，因该资产不再符合持有待售条件，甲企业应将其从持有待售资产中予以移除。然后，确定该资产的价值。该资产 2×21 年 6 月末的账面价值为 190 000 元，如果当初不被划分为持有待售资产，该资产 2×21 年 6 月末的账面价值应为 182 963 元（两者之差 7 037 元为如不划分为持有待售资产的应提折旧额）；2×21 年 6 月末该资产公允价值减去估计处置费用后的差额为 170 000 元，低于 182 963 元（两者之差 12 963 元为减值损失），转回的资产应按 170 000 元计价。

2×21 年 6 月末甲企业有关账务处理为：

借：固定资产　　170 000
　　资产减值损失（7 037+12 963）　　20 000
　　持有待售资产减值准备　　20 000
　贷：持有待售资产——固定资产　　210 000

四、持有待售的非流动资产在报表中的列报

报告期末，企业对持有待售的非流动等资产，应按“持有待售资产”科目账面余额减去“持有待售资产减值准备”科目贷方余额之后的差额，在资产负债表中流动资产部分的“持有待售资产”项目列报。

智能测评 8-1

第二节　非货币性资产交换

一、相关概念

非货币性资产，是货币性资产以外的资产。货币性资产，是指企业持有的货币资金和收取固定或可确定金额的货币资金的权利，主要包括库存现金、银行存款、应收账款、应收票据等。非货币性资产作为与货币性资产相对而言的资产形态，主要包括存货、长期股权投资、投资性房地产、固定资产、在建工程、工程物资和无形资产等。

非货币性资产交换，是指企业主要以固定资产、无形资产、投资性房地产和长期股权投资等非货币性资产进行的交换。换出资产为存货的，视同销售，需要按照收入准则的规定进行会计处理。

非货币性资产交换一般不涉及货币性资产，但有时可能涉及少量货币性资产，即

"补价"。这个补价占整个资产交换金额的比例低于25%的，视为非货币性资产交换。换言之，支付补价方支付的补价占换出资产公允价值与支付的补价之和（或换入资产公允价值）的比例低于25%，收取补价方收到的补价占换出资产公允价值（或换入资产公允价值与补价之和）的比例低于25%的，相关交易才被视为非货币性资产交换。如果上述比例高于25%，则被视为货币性资产交换，需要按照收入准则的规定进行会计处理。

二、确认与计量的基本原则

（一）换入资产的初始确认时点、换出资产的终止确认时点

一般来说，对于换入资产，企业应当在换入资产符合资产定义并满足资产确认条件时予以确认；对于换出资产，企业应当在换出资产满足资产终止确认条件时终止确认。

有时会出现换入资产的初始确认时点与换出资产的终止确认时点不一致的情况，这时，企业在资产负债表日应当按照下列原则进行处理：换入资产满足资产确认条件，换出资产尚未满足终止确认条件的，在确认换入资产的同时将交付换出资产的义务确认为一项负债；换入资产尚未满足资产确认条件，换出资产满足终止确认条件的，在终止确认换出资产的同时将取得换入资产的权利确认为一项资产。

（二）换入资产的计量基础

换入资产的初始计量是非货币性资产交换会计确认与计量要解决的主要问题，而初始计量的关键是计量基础的确定。

根据企业会计准则的规定，非货币性资产交换如果同时满足下列两个条件，应当以公允价值作为换入资产初始计量的基础：第一，该项交易具有商业实质；第二，换入资产或换出资产的公允价值能够可靠地计量。不能以公允价值为计量基础的，应以账面价值为计量基础。

换入资产计量基础的选择思路如图8-1所示。

（三）换入资产入账价值的构成

1.以公允价值为计量基础的非货币性资产交换。企业应当以换出资产的公允价值和应支付的相关税费，加上支付补价的公允价值（支付补价方）或减去收到补价的公允价值（收到补价方），作为换入资产的初始计量金额。如有确凿证据表明换入资产的公允价值更加可靠的，对于换入资产，应当以换入资产的公允价值和应支付的相关税费，作为换入资产的初始计量金额。这时，收取或支付的补价不影响换入资产的入账价值。

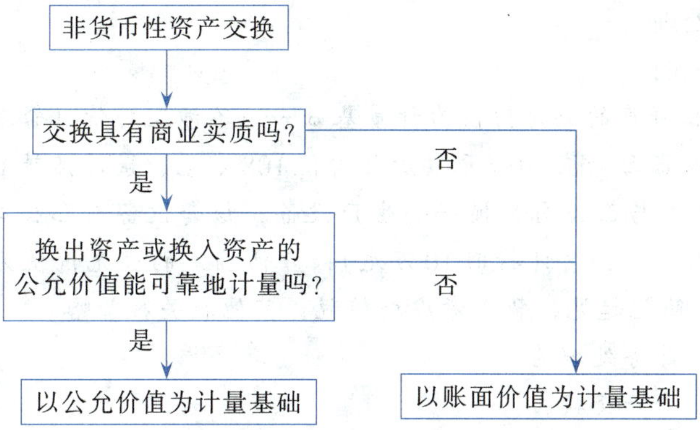

图8-1　换入资产计量基础的选择

2.以账面价值为计量基础的非货币性资产交换。企业应以换出资产的账面价值和应支付的相关税费，加上支付补价的账面价值（支付补价方）或减去收到补价的公允价值（收到补价方），作为换入资产的初始计量金额。

应单独确认的可抵扣增值税进项税额不能计入换入资产的入账价值。

（四）交换损益的确认与计量

非货币性资产交换中如果涉及确认损益，只能是以公允价值为计量基础时。交换损益记入利润表的什么项目，因换出资产的不同而有所区别：换出资产如为存货，由于视同销售从而要确认收入、结转成本，所以交换损益通过“主营业务收入”与“主营业务成本”两个项目的差额体现在利润表中；换出资产如为固定资产、无形资产，交换损益计入资产处置损益；换出资产如为长期股权投资，交换损益计入投资收益。

通常情况下，交换损益的金额等于换出资产的公允价值与换出资产的账面价值之差；有确凿证据表明换入资产的公允价值更加可靠从而以换入资产公允价值为计量基础时，交换损益等于换入资产的公允价值加减收付的补价的公允价值之后的金额与换出资产的账面价值之差；如果换出资产的增值税销项税额与换入资产的可抵扣进项税额之间有差额，这个差额也将计入交换损益。

（五）商业实质的判断

如何判断非货币性资产交换是否具有商业实质呢？根据非货币性资产交换会计准则的规定，符合下列条件之一的，视为具有商业实质：

1.换入资产的未来现金流量在风险、时间和金额方面与换出资产显著不同；

2.换入资产与换出资产的预计未来现金流量现值不同，且其差额与换入资产和换出资产的公允价值相比是重大的。

三、基本业务的会计处理

（一）换入、换出单项非货币性资产的会计处理

企业以一项非货币性资产交换另一个企业的一项非货币性资产，只需按上述的确认与

计量原则进行会计处理。

下面举例予以说明。

【例 8-3】以换出资产的公允价值为计量基础——不涉及补价（暂不考虑增值税）。

资料：甲公司以账面价值90万元（原始价值108万元、累计摊销18万元）、公允价值100万元的非专利技术与乙公司交换一套生产设备，该套设备在乙公司的账面价值为110万元（原始价值120万元、累计折旧10万元），评估确定的公允价值为100万元。乙公司支付运费1万元。为简化起见，暂不考虑增值税，其他相关税费略。

甲、乙公司有关账务处理为：

（1）甲公司确认资产交换：

借：固定资产	1 000 000	
累计摊销	180 000	
贷：无形资产		1 080 000
资产处置损益		100 000

（2）乙公司：

①结转固定资产账面价值：

借：固定资产清理	1 100 000	
累计折旧	100 000	
贷：固定资产		1 200 000

②确认资产交换：

借：无形资产	1 010 000	
资产处置损益	100 000	
贷：固定资产清理		1 100 000
银行存款		10 000

可见，不涉及补价时，交换损益的金额等于换出资产的公允价值与账面价值之差。

【例 8-4】以换出资产的公允价值为计量基础——涉及补价（暂不考虑增值税）。

资料：甲公司以账面价值90万元（原始价值108万元、累计摊销18万元）、公允价值100万元的非专利技术与乙公司交换一套生产设备，该套设备在乙公司的账面价值为100万元（原始价值110万元、累计折旧10万元），评估确定的公允价值为95万元。乙公司支付补价5万元、运费1万元。为简化起见，暂不考虑增值税，其他相关税费略。

甲、乙公司有关账务处理为：

（1）甲公司：

借：固定资产	950 000	
银行存款	50 000	
累计摊销	180 000	
贷：无形资产		1 080 000
资产处置损益		100 000

（2）乙公司：

①结转固定资产账面价值：

借：固定资产清理	1 000 000	

借：累计折旧　　100 000
　贷：固定资产　　1 100 000

②确认资产交换：

借：无形资产　　1 010 000
　　资产处置损益　　50 000
　贷：固定资产清理　　1 000 000
　　　银行存款　　60 000

可见，补价的收付对换入资产入账价值有影响，对交换损益没有影响。

【例 8-5】以换出资产的公允价值为计量基础——涉及补价（考虑增值税）。

资料：见例 8-4，另外，交换中的无形资产、固定资产使用的增值税税率分别为 6% 和 13%。其他资料不变。

甲、乙公司有关账务处理为：

（1）甲公司：

借：固定资产　　950 000
　　银行存款　　50 000
　　应交税费——应交增值税（进项税额）　　123 500
　　累计摊销　　180 000
　贷：无形资产　　1 080 000
　　　应交税费——应交增值税（销项税额）　　60 000
　　　资产处置损益　　163 500

（2）乙公司：

①结转固定资产账面价值：

借：固定资产清理　　1 000 000
　　累计折旧　　100 000
　贷：固定资产　　1 100 000

②确认资产交换：

借：无形资产　　1 010 000
　　应交税费——应交增值税（进项税额）　　60 000
　　资产处置损益　　113 500
　贷：固定资产清理　　1 000 000
　　　应交税费——应交增值税（销项税额）　　123 500
　　　银行存款　　60 000

可见，在确认的销项税额与可抵扣的进项税额不相等时，两者之差计入交换损益。

【例 8-6】以换入资产的公允价值为计量基础。

资料：甲公司以账面价值 90 万元（原始价值 108 万元、累计摊销 18 万元）、公允价值 100 万元的非专利技术与乙公司交换一项对丙公司的长期股权投资，该投资在乙公司的账面价值为 95 万元，因没有在活跃市场中的报价，其公允价值不能可靠计量。经双方商定乙公司支付补价 10 万元。为简化起见，相关税费略。

甲、乙公司有关账务处理为：

①甲公司：

借：长期股权投资	900 000	
银行存款	100 000	
累计摊销	180 000	
贷：无形资产		1 080 000
资产处置损益		100 000

②乙公司：

借：无形资产	1 000 000	
投资收益（差额）	50 000	
贷：长期股权投资		950 000
银行存款		100 000

由乙公司的账务处理可见，按换入资产公允价值作为换入资产入账价值的计量基础时，补价的收付对换入资产入账价值没有影响，但对交换损益有影响。

【例 8-7】以换出资产的账面价值为计量基础。

资料：见例8-6。假定甲公司换出的无形资产的公允价值也无法可靠计量。其他资料不变。

甲、乙公司有关账务处理为：

①甲公司：

借：长期股权投资（1 080 000-180 000-100 000）	800 000	
银行存款	100 000	
累计摊销	180 000	
贷：无形资产		1 080 000

②乙公司：

借：无形资产（950 000+100 000）	1 050 000	
贷：长期股权投资		950 000
银行存款		100 000

可见，以账面价值为换入资产的计量基础时，不确认交换损益，收付的补价影响换入资产入账价值。

【比较与鉴别】

1.关于补价。无论是以换出资产的公允价值为计量基础还是以换出资产的账面价值为计量基础，补价的收付对于交换双方来讲都成为换入资产入账价值的调整因素；而以换入资产的公允价值为计量基础时，补价的收付不会影响换入资产入账价值的确定。收付的补价不影响换入资产入账价值时就会影响交换损益。

2.相关税费。支付的相关税费计入换入资产的入账价值，准予抵扣的增值税进项税额除外。

3.交换损益。以公允价值为换入资产的计量基础时，需要确认交换损益；以账面价值为换入资产的计量基础时，不需要确认交换损益。

【例 8-8】换出资产是存货，视同销售。

资料：甲公司是一家办公设备制造企业，其以自产的账面价值90万元、市场价格100万元的办公设备与乙公司交换一套生产设备。该套设备在乙公司的原始价值为115万元、累计折旧为20万元，评估确定的公允价值为100万元。乙公司支付运费1万元。双方换入的设备交付使用。交易双方适用的增值税税率均为13%。双方经判断，此项交换具有商业实质。为简化起见，其他相关税费略。

根据上述资料，甲、乙公司有关账务处理为：

（1）甲公司：

①确认资产交换：

借：固定资产	1 000 000	
应交税费——应交增值税（进项税额）	130 000	
贷：主营业务收入		1 000 000
应交税费——应交增值税（销项税额）		130 000

②结转销售成本：

借：主营业务成本	900 000	
贷：库存商品		900 000

（2）乙公司：

①结转固定资产账面价值：

借：固定资产清理	950 000	
累计折旧	200 000	
贷：固定资产		1 150 000

②确认资产交换：

借：固定资产	1 010 000	
应交税费——应交增值税（进项税额）	130 000	
贷：固定资产清理		950 000
资产处置损益		50 000
应交税费——应交增值税（销项税额）		130 000
银行存款		10 000

（二）涉及多项资产交换时的会计处理

对同时换入、换出多项资产的非货币性资产交换进行会计处理时，虽有前述会计确认与计量的基本原则，还会面临诸如如何确定各单项换入资产的入账价值、如何确定各单项换出资产的交换损益等具体问题。

1.以公允价值为计量基础时

按照换入的金融资产以外的各项换入资产公允价值的相对比例，将换出资产公允价值总额（涉及补价的，加上支付补价的公允价值或减去收到补价的公允价值）扣除换入金融资产公允价值后的净额进行分摊，以分摊至各项换入资产的金额，加上应支付的相关税费，作为各项换入资产的成本进行初始计量。按各项换出资产的公允价值与其账面价值之间的差额确认交换损益。

有确凿证据表明换入资产的公允价值更加可靠的，以各项换入资产的公允价值和应支付的相关税费作为各项换入资产的初始计量金额。按照各项换出资产的公允价值的相对比例，将换入资产的公允价值总额（涉及补价的，减去支付补价的公允价值或加上收到补价的公允价值）分摊至各项换出资产，分摊至各项换出资产的金额与各项换出资产账面价值之间的差额，确认交换损益。

2. 以账面价值为计量基础时

按照各项换入资产的公允价值的相对比例，将换出资产的账面价值总额（涉及补价的，加上支付补价的账面价值或减去收到补价的公允价值）分摊至各项换入资产，加上应支付的相关税费，作为各项换入资产的初始计量金额。

换入资产的公允价值不能可靠计量的，可以按照各项换入资产的原账面价值的相对比例或其他合理的比例对换出资产的账面价值进行分摊。

将各项换出资产按其账面价值进行终止确认，不确认损益。

【特别提示】

在涉及多项资产交换的会计处理中，尤其要注意以下两个问题：

1. 以公允价值为计量基础的情况下，如果换入的多项资产中有金融资产，需注意相关金融资产与其他换入资产的初始计量不同。

2. 对于换入的多项资产，应支付的相关税费通常应分别计入各相关资产的入账价值（与换入后分类为以公允价值计量且其变动计入当期损益的金融资产有关的费用计入当期损益）。

下面举例予以说明。

【例 8-9】以换出资产的公允价值为计量基础的多项资产交换。

资料：甲公司以一项账面价值400万元、公允价值450万元的无形资产和一项对丁公司的债券投资（初始投资成本600万元，公允价值750万元，划分为其他债权投资，累计确认的其他综合收益为150万元）与乙公司交换三项资产：一项对丙公司的股权投资（账面价值170万元，公允价值180万元，换入后作为以公允价值计量且其变动计入当期损益的金融资产），一套生产设备（原始价值1 200万元，累计折旧300万元，公允价值920万元），一幢厂房（原始价值90万元，累计折旧15万元，公允价值80万元），甲公司支付相关费用6万元（其中，与股票投资有关的费用1万元，相关设备的运输费等费用2万元，与厂房有关的费用3万元）。乙公司支付补价20万元。为简化起见，其他相关税费略。

要求：说明甲公司各项换入资产入账价值的计算过程，并编制有关会计分录。

分析：甲公司的有关计算及账务处理如下：

①计算各项换入资产入账价值：

换入的对丙公司的投资入账价值=180万元

换入的生产设备入账价值=920÷（920+80）×（450+750−20−180）+2=922（万元）

换入的厂房入账价值=80÷（920+80）×（450+750−20−180）+3=83（万元）

②甲公司确认非货币性资产交换的账务处理为：

借：交易性金融资产	1 800 000
投资收益	10 000

借：固定资产——设备　　9 220 000
　　　　　——厂房　　830 000
　　银行存款　　140 000
　贷：无形资产　　4 000 000
　　　资产处置损益　　500 000
　　　其他债权投资　　7 500 000
借：其他综合收益　　1 500 000
　贷：投资收益　　1 500 000

【例8-10】以换出资产账面价值为计量基础的多项资产交换。

资料：甲公司以一项账面价值400万元的无形资产和一项对丁公司的债券投资（初始投资成本600万元，公允价值750万元，划分为其他债权投资，累计确认的其他综合收益为150万元）与乙公司交换三项资产：一项对丙公司的股权投资（原账面价值140万元，换入后作为长期股权投资），一套生产设备（原始价值1 100万元，累计折旧300万元），一幢厂房（原始价值90万元，累计折旧30万元）。甲公司支付相关费用6万元（其中，与股票投资有关的费用1万元，相关设备的运输费等费用2万元，与厂房有关的费用3万元）。甲公司支付补价20万元。为简化起见，其他相关税费略。

要求：计算甲公司换入资产的入账价值总额以及各项换入资产的入账价值，并进行有关账务处理。

分析：

①换入资产入账价值总额=400+750+20+6=1 176（万元）

换入的对丙公司的投资入账价值=140÷（140+800+60）×（400+750+20）+1=164.8（万元）

换入的生产设备入账价值=800÷（140+800+60）×（400+750+20）+2=938（万元）

换入的厂房入账价值=60÷（140+800+60）×（400+750+20）+3=73.2（万元）

②甲公司确认非货币性资产交换的账务处理为：

借：长期股权投资　　1 648 000
　　固定资产——设备　　9 380 000
　　　　　——厂房　　732 000
　贷：无形资产　　4 000 000
　　　其他债权投资　　7 500 000
　　　银行存款　　260 000
借：其他综合收益　　1 500 000
　贷：投资收益　　1 500 000

智能测评8-2

专题讲解

如何确定非货币性资产交换中换入的金融资产的入账价值

【本章小结】

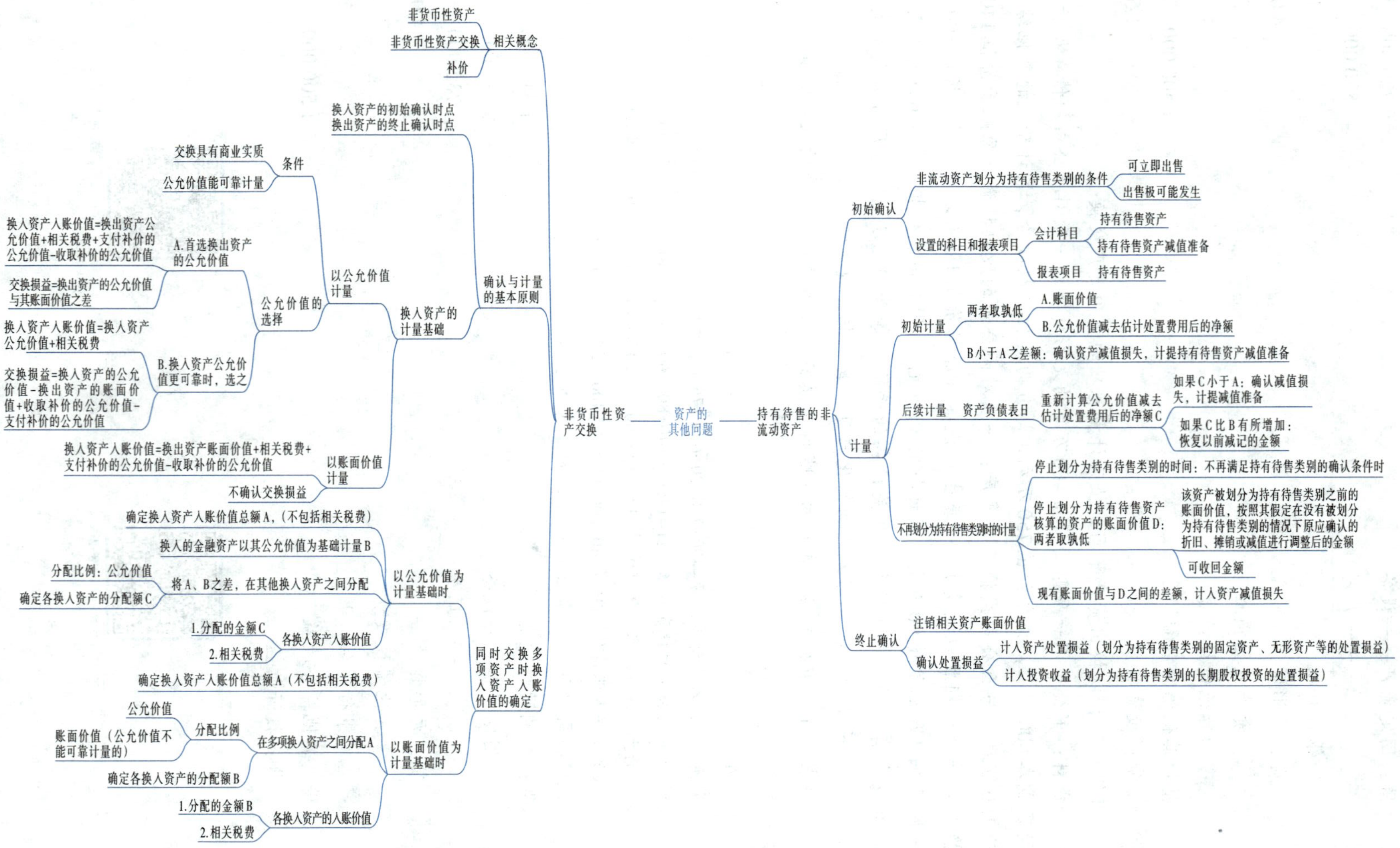
资产的其他问题
非货币性资产交换
相关概念
非货币性资产
非货币性资产交换
补价
确认与计量的基本原则
换入资产的初始确认时点
换出资产的终止确认时点
换入资产的计量基础
以公允价值计量
条件
交换具有商业实质
公允价值能可靠计量
公允价值的选择
A.首选换出资产的公允价值
换入资产入账价值=换出资产公允价值+相关税费+支付补价的公允价值-收取补价的公允价值
交换损益=换出资产的公允价值与其账面价值之差
B.换入资产公允价值更可靠时，选之
换入资产入账价值=换入资产公允价值+相关税费
交换损益=换入资产的公允价值-换出资产的账面价值+收取补价的公允价值-支付补价的公允价值
以账面价值计量
换入资产入账价值=换出资产账面价值+相关税费+支付补价的公允价值-收取补价的公允价值
不确认交换损益
同时交换多项资产时换入资产入账价值的确定
以公允价值为计量基础时
确定换入资产入账价值总额A，(不包括相关税费)
换入的金融资产以其公允价值为基础计量B
将A、B之差，在其他换入资产之间分配
分配比例：公允价值
确定各换入资产的分配额C
各换入资产入账价值
1.分配的金额C
2.相关税费
以账面价值为计量基础时
确定换入资产入账价值总额A（不包括相关税费）
在多项换入资产之间分配A
分配比例
公允价值
账面价值（公允价值不能可靠计量的）
确定各换入资产的分配额B
各换入资产的入账价值
1.分配的金额B
2.相关税费
持有待售的非流动资产
初始确认
非流动资产划分为持有待售类别的条件
可立即出售
出售极可能发生
设置的科目和报表项目
会计科目
持有待售资产
持有待售资产减值准备
报表项目
持有待售资产
计量
初始计量
两者取孰低
A.账面价值
B.公允价值减去估计处置费用后的净额
B小于A之差额：确认资产减值损失，计提持有待售资产减值准备
后续计量
资产负债表日
重新计算公允价值减去估计处置费用后的净额C
如果C小于A：确认减值损失，计提减值准备
如果C比B有所增加：恢复以前减记的金额
不再划分为持有待售类别时的计量
停止划分为持有待售类别的时间：不再满足持有待售类别的确认条件时
停止划分为持有待售资产核算的资产的账面价值D：两者取孰低
该资产被划分为持有待售类别之前的账面价值，按照其假定在没有被划分为持有待售类别的情况下原应确认的折旧、摊销或减值进行调整后的金额
可收回金额
现有账面价值与D之间的差额，计入资产减值损失
终止确认
注销相关资产账面价值
确认处置损益
计入资产处置损益（划分为持有待售类别的固定资产、无形资产等的处置损益）
计入投资收益（划分为持有待售类别的长期股权投资的处置损益）

■【问题与思考】

1.非流动资产划分为持有待售资产的条件是什么？

2.持有待售的非流动资产应怎样确认、计量与列报？

3.什么是非货币性资产？

4.如何界定资产交换交易是否属于非货币性资产交换？

5.非货币性资产交换的核心会计问题是什么？

6.如何理解非货币性资产交换中“商业实质”的含义及其对会计计量的影响？

7.非货币性资产交换中，如何对换入资产进行初始计量？

8.非货币性资产交换中，交换损益如何确认与计量？

■【财报跟踪】

从厦工股份2019年年度报告中可以发现，该公司的持有待售资产2019年的年末余额与年初余额相等。对此，你有何看法？

延伸阅读

处置组的持有待售及减值

第九章

负债（上）

■【学习目标】

通过对本章内容的学习，了解负债的分类与具体内容，掌握企业短期借款、应付票据、应付账款、应付职工薪酬以及应交税费等流动负债的确认与计量原则，掌握企业长期借款、应付债券等长期负债的确认与计量原则，明确各项流动负债、非流动负债在资产负债表中的列报原理。

■【财报引读】

三一重工年报中的流动负债与非流动负债信息

三一重工2019年年度财务报告中，资产负债表中的负债信息摘编见表9-1。

表9-1　三一重工2019年年度资产负债表中负债信息　单位：千元

项目	2019年12月31日	2018年12月31日
流动负债：		
短期借款	4 504 399	4 700 000
交易性金融负债		
衍生金融负债	20 159	7 595
应付票据	20	1 954
应付账款	1 126 074	1 154 164
预收款项	15 227	62 350
应付职工薪酬	72 519	28 414
应交税费	138 794	34 339
其他应付款	263 421	1 551 709
其中：应付利息		48 812
应付股利	26 444	16 857
持有待售负债		
一年内到期的非流动负债	1 205 381	487 000
其他流动负债	61 784	117 165
流动负债合计	7 407 778	8 144 690
非流动负债：		
长期借款	490 399	1 194 000
应付债券		4 033 475
其中：优先股		
永续债		
租赁负债		
长期应付款	20 428	111 106
长期应付职工薪酬		
预计负债	201 589	75 320
递延收益	11 797	6 969
递延所得税负债	139 914	8 991
其他非流动负债		
非流动负债合计	864 127	5 429 861
负债合计	8 271 905	13 574 551

一提到负债会计，人们自然会想到这样一些问题：流动负债包括哪些具体内容？非流动负债包括哪些具体内容？如何对一般企业常见的各种负债进行确认与计量？表9-1列出的正是一般企业常见的流动负债和非流动负债项目。其中，衍生金融负债、租赁负债将在高级财务会计课程里学习，预计负债将在本书第十章学习，递延收益、递延所得税负债的相关内容将在本书第十二章学习。除此之外的负债项目，均包含在本章的学习内容中。

第一节　负债概述

一、负债的分类

负债是指企业过去的交易或者事项形成的、预期会导致经济利益流出企业的现时义务。

负债可以从不同角度进行分类。

（一）流动负债与非流动负债

负债按偿还期限的不同分为流动负债和非流动负债。

流动负债是满足下列条件之一的负债：(1) 预计在一个正常营业周期中清偿；(2) 主要为交易目的而持有；(3) 自资产负债表日起一年内到期应予以清偿；(4) 企业无权自主地将清偿推迟至资产负债表日后一年以上。流动负债通常包括：短期借款、交易性金融负债、应付票据、应付账款、预收款项、应付职工薪酬、应交税费、应付股利、应付利息、其他应付款等。

非流动负债是流动负债以外的负债。非流动负债通常包括：长期借款、应付债券、长期应付款、长期应付职工薪酬、预计负债、递延所得税负债等。

现行的资产负债表中的负债，就是按流动负债和非流动负债两大类别分项报告的。

（二）金融负债与非金融负债

金融负债，是指企业符合下列条件之一的负债：(1) 向其他方交付现金或其他金融资产的合同义务；(2) 在潜在不利条件下，与其他方交换金融资产或金融负债的合同义务；(3) 将来须用或可用企业自身权益工具进行结算的非衍生工具合同，且企业根据该合同将交付可变数量的自身权益工具；(4) 将来须用或可用自身权益工具进行结算的衍生工具合同，但以固定数量的自身权益工具交换固定金额的现金或其他金融资产的衍生工具合同除外。

从上面金融负债的概念可以看出，金融负债的核心特征是“合同义务”，而偿付这个“合同义务”的对价形式主要是现金等金融资产。这是区分金融负债与非金融负债的关键。典型的代表在未来支付现金的合同义务的负债如短期借款、应付票据、应付账款、长期借款、应付债券等，属于金融负债；融资租赁的承租方在租赁合同下的系列应付金额，也构成金融负债。因政府的法定要求而应付的所得税、由主体的行为而产生的推定义务（如按照某些利润分享计划，当且仅当职工在企业工作一段特定期间才能分享利润，这样的计划就产生了“推定义务”），非产生于“合同义务”，属于非金融负债；预收账款形成的合同负债，因其偿付形式是商品或服务而非现金等金融资产，所以也属于非金融负债。

二、负债会计内容概要

负债的确认与计量，直接关系到负债信息在财务报表中的报告，更直接关系到企业的融资安排、日常经营乃至战略发展。

负债的初始确认与计量，主要解决负债的入账问题，这时，负债的确认条件、负债的类别界定、负债的金额确定，都是负债初始确认与计量环节要特别关注的焦点。

负债的后续计量，主要解决企业对所承担负债的期末报告价值的确定问题。对不同类别的负债，是以公允价值计量还是以摊余成本计量，公允价值如何确定，摊余成本如何确定，公允价值变动如何确认，负债的利息费用如何确认与计量，这一系列问题成为这个环节的学习重点。

负债的终止确认，要解决在什么条件下可以将负债予以转销以及怎样转销的问题。

根据现行的企业会计准则，负债的确认与计量基本规范如图 9-1 所示。

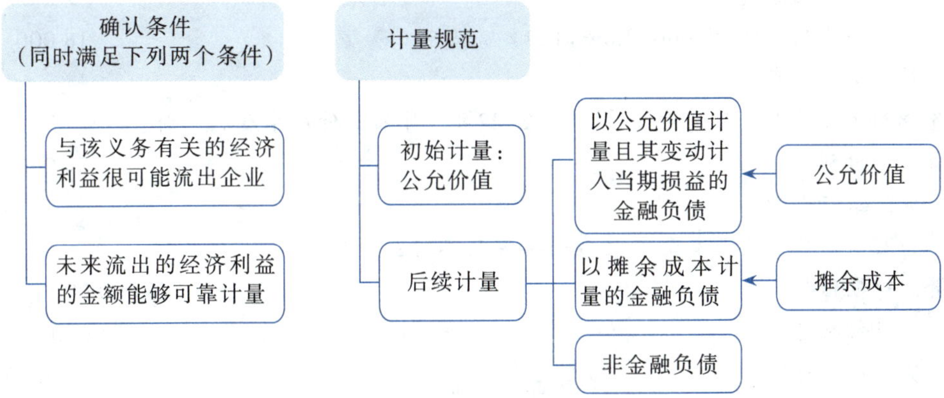

图 9-1　负债的确认与计量基本规范

■【财报跟踪】

三一重工2019年年度资产负债表中，除“交易性金融负债”和“衍生金融负债”两个项目按公允价值计量之外，其余流动负债项目基本上都是以摊余成本进行计量的。

接下来分别就流动负债和非流动负债，依循资产负债表中的列报顺序，逐一介绍各种负债的会计确认与计量。

智能测评 9-1

第二节　流动负债

一、短期借款

短期借款是企业向银行或其他金融机构借入的期限在一年以下（含一年）的各种借款。

短期借款形成的负债的核算内容包括借款本金的借入与偿还、相关利息的确认与支付。

首先，关于借款本金的会计处理。企业需设置“短期借款”科目，核算借款本金的借入和归还金额，本科目的贷方余额反映企业尚未偿还的短期借款。企业可在本科目下按借款种类、贷款人和币种进行明细核算。

其次，关于借款利息的处理。企业应在资产负债表日，按计算确定的短期借款利息费用，借记“财务费用”等科目，贷记“应付利息”“银行存款”等科目。

下面举例予以说明。

【例 9-1】甲企业2×21年6月末向银行借入一年期借款600万元，年利率为3.6%，企业按月预提利息费用、按季支付利息，到期偿还本金。

甲企业有关账务处理为：

①2×21年6月末取得借款时：

借：银行存款	6 000 000	
贷：短期借款		6 000 000

②每月确认利息费用时：

借：财务费用（6 000 000×3.6%÷12）	18 000	
贷：应付利息		18 000

③2×21年9月末、2×21年12月末、2×22年3月末支付每季度利息时：

借：应付利息	54 000	
贷：银行存款		54 000

④2×22年6月末偿还本金和最后一季度利息时：

借：短期借款	6 000 000	
应付利息	54 000	
贷：银行存款		6 054 000

二、应付票据与应付账款

（一）应付票据

应付票据是指企业因购买材料、商品和接受劳务等而开出、承兑商业汇票所形成的负债。

企业应设置“应付票据”科目，核算企业因购买材料、商品和接受劳务等而开出、承兑的商业汇票，并按债权人进行明细核算。

企业因购买材料、商品和接受劳务等开出、承兑商业汇票或以承兑商业汇票抵付货款、应付账款等，借记“材料采购”“库存商品”等科目，贷记本科目；支付的银行承兑汇票手续费，借记“财务费用”科目，贷记“银行存款”科目；支付到期票款，借记本科目，贷记“银行存款”科目；银行承兑汇票到期，企业无力支付票款的，按应付票据的票面金额，借记本科目，贷记“短期借款”科目；商业承兑汇票到期，企业无力支付票款的，按应付票据的票面金额，借记本科目，贷记“应付账款”科目；该科目的余额反映期末尚未到期的商业汇票的票面金额。

企业应当设置“应付票据备查簿”，详细登记商业汇票的种类、号数和出票日期、到期日、票面金额、交易合同号和收款人姓名或单位名称以及付款日期和金额等资料。应付票据到期结清时，在备查簿中应予注销。

【例 9-2】乙企业2×20年11月1日向甲企业购买一批原材料，对方所开具的增值税专用发票注明价款200 000元，增值税26 000元；货物已验收。乙企业开出不带息商业汇票一张，票面金额为226 000元，2×21年1月31日到期。其他资料略。

乙企业有关账务处理为：

①2×20年11月1日购买货物、开出商业汇票时：

借：原材料	200 000	
应交税费——应交增值税（进项税额）	26 000	
贷：应付票据		226 000

②2×21年1月31日，如果支付票款：

借：应付票据	226 000	
贷：银行存款		226 000

③如果该汇票是商业承兑汇票，票据到期时暂无力支付已到期票款：

借：应付票据	226 000	
贷：应付账款		226 000

④如果该汇票是银行承兑汇票，票据到期时暂无力支付已到期票款：

借：应付票据	226 000	
贷：短期借款		226 000

（二）应付账款

应付账款是企业与购买商品或接受劳务等日常经营活动相关的应向销售货物方或提供劳务方支付的款项，包括应付的购买货物或接受劳务的价款、增值税税款等。

应付账款应于购买的货物验收入库或接受劳务时按实际应支付金额予以确认。

企业应设置“应付账款”科目核算应付账款的增减变动和结余情况，并按债权人进行明细核算。

应付账款的账务处理举例见第三章。

三、应付职工薪酬

（一）职工薪酬的概念与内容

职工薪酬，是指企业为获得职工提供的服务或解除劳动关系而给予的各种形式的报酬或补偿。

1.职工的界定

这里的“职工”包括：①与企业订立劳动合同的所有人员，含全职、兼职和临时职工；②虽未与企业订立劳动合同但由企业正式任命的人员，如部分董事会成员、监事会成员等；③在企业的计划和控制下，虽未与企业订立劳动合同或未由其正式任命，但向企业所提供服务与职工所提供服务类似的人员，如通过企业与劳务中介公司签订用工合同而向企业提供服务的人员。

2.职工薪酬的内容

职工薪酬包括四部分内容：短期薪酬、离职后福利、辞退福利、其他长期职工福利。

（1）短期薪酬

短期薪酬是指企业在职工提供相关服务的年度报告期间结束后12个月内需要全部予以支付的职工薪酬，因解除与职工的劳动关系给予的补偿除外。

短期薪酬包括：

①职工工资、奖金、津贴和补贴，是指企业按照构成工资总额的计时工资、计件工资、支付给职工的超额劳动报酬等的劳动报酬，为了补偿职工特殊或额外的劳动消耗和因其他特殊原因支付给职工的津贴，以及为了保证职工工资水平不受物价影响而支付给职工的物价补贴等。

②职工福利费，是指企业向职工提供的生活困难补助、丧葬补助费、抚恤费、异地安家费、防暑降温费等职工福利支出。

③医疗保险费、工伤保险费和生育保险费等社会保险费，是指企业按照国家规定的基准和比例计算的、向社会保险经办机构缴存的医疗保险费、工伤保险费和生育保险费。

④住房公积金，是指企业按照国家规定的基准和比例计算的、向住房公积金管理机构缴存的住房公积金。

⑤工会经费和职工教育经费，是指企业为了改善职工文化生活、为职工学习先进技术和提高文化水平和业务素质，用于开展工会活动和职工教育及职业技能培训等相关支出。

⑥短期带薪缺勤，是指职工虽然缺勤但企业仍向其支付报酬的安排，包括年休假、病假、婚假、产假、丧假、探亲假等。短期带薪缺勤分为累积带薪缺勤和非累积带薪缺勤两种。其中，累积带薪缺勤是指带薪权利可以结转下期的带薪缺勤，即本期尚未用完的带薪缺勤权利可以在未来期间使用；非累积带薪缺勤是指带薪权利不能结转下期的带薪缺勤。我国企业职工的病、婚、产、丧、探工资通常就属于非累积带薪缺勤。

⑦短期利润分享计划，是指因职工提供服务而与职工达成的基于利润或其他经营成果提供薪酬的协议。

⑧其他短期薪酬，是指除上述薪酬以外的其他为获得职工提供的服务而给予的短期薪酬。

（2）离职后福利

离职后福利是指企业为获得职工提供的服务而在职工退休或与企业解除劳动关系之后，提供的各种形式的报酬和福利，短期薪酬和辞退福利除外。离职后福利包括退休福利（如养老金和一次性的退休支付）以及其他离职后福利（如离职后人寿保险和离职后医疗保障）。

离职后福利计划是指企业与职工就离职后福利达成的协议，或者企业为了向职工提供离职后福利而制定的规章或办法等。离职后福利计划按照企业承担的义务和风险情况分为设定提存计划和设定受益计划两种类型。其中，设定提存计划是指向独立的基金缴存固定费用后，企业不再承担进一步支付义务的离职后福利计划；设定受益计划是指除设定提存计划以外的离职后福利计划。

（3）辞退福利

辞退福利是指企业在职工劳动合同到期之前解除与职工的劳动关系，或者为鼓励职工自愿接受裁减而给予职工的补偿。报告期末一年之内支付的辞退福利，属于短期薪酬；报告期末一年之内不能完全支付的辞退福利，划分为其他长期职工福利。

（4）其他长期职工福利

其他长期职工福利是指除短期薪酬、离职后福利、辞退福利之外所有的职工薪酬，包括按照长期奖金计划发放的奖金、长期带薪缺勤、长期利润分享计划以及长期残疾福利等。

（二）应设置的会计科目

为了反映职工薪酬涉及的负债，企业应设置“应付职工薪酬”科目，核算企业根据有关规定计算确定的应付给职工的各种薪酬。企业确认的各项职工薪酬负债（辞退福利除外），借记“生产成本”“制造费用”“管理费用”“在建工程”“销售费用”等科目，贷记本科目；企业确认的辞退福利，借记“管理费用”科目，贷记本科目。支付职工薪酬时，按实际支付金额借记本科目，贷记“库存现金”“银行存款”“主营业务收入”等科目。本科目的期末贷方余额，反映企业应付未付的职工薪酬。

本科目可按职工薪酬的组成部分分别按“短期薪酬”“离职后福利”“辞退福利”“其他长期职工福利”进行明细核算。

（三）确认与计量的原则

1.短期薪酬的确认与计量

（1）一般短期薪酬

一般短期薪酬主要指除了短期带薪缺勤和短期利润分享计划之外的短期薪酬。

一般短期薪酬的确认原则是：企业应当在职工为企业提供服务的会计期间，将实际发生的各项短期薪酬确认为负债，并按照受益对象计入当期损益或有关资产成本。

一般短期薪酬的计量方法为：

①应付的工资、奖金、津贴和补贴，按实际应付金额进行计量。

②企业发生的职工福利费，应当在实际发生时根据实际发生额进行计量。职工福利费为非货币性福利的，应当按公允价值计量。企业将自产商品用作集体福利和个人消费，属于非货币性福利，相关负债需按公允价值计量，相关收入的确认、销售成本的结转以及相关税费的处理，与企业正常销售商品的会计处理相同；企业将外购商品作为非货币性福利提供给职工的，应当按该商品的公允价值和相关税费确定职工薪酬负债，并计入当期损益和相关资产成本。

③企业为职工缴纳的医疗保险费、工伤保险费、生育保险费等社会保险费和住房公积金，以及按规定提取的工会经费和职工教育经费，应当在职工为企业提供服务的会计期间，根据规定的计提基础和计提比例进行计量。

下面举例予以说明。

【例9-3】甲企业2×20年6月份应付工资、按规定办法计算的企业应缴纳医疗保险和住房公积金以及应结转的工会经费、职工教育经费等短期薪酬资料见表9-2。假定公司应预扣预缴的个人所得税为100 000元，代扣代缴的个人应负担的医疗保险费与住房公积金为900 000元。

表9-2 一般短期薪酬计算明细表

2×20年6月

单位：元

项目 部门	工资、奖金、津贴、补贴	医疗保险	住房公积金	工会经费	职工教育经费	合计
车间（生产人员）	6 000 000	600 000	630 000	120 000	90 000	7 440 000
车间（管理人员）	600 000	60 000	63 000	12 000	9 000	744 000
公司管理部门	700 000	70 000	73 500	14 000	10 500	868 000
销售部门	400 000	40 000	42 000	8 000	6 000	496 000
在建工程	300 000	30 000	31 500	6 000	4 500	372 000
合计	8 000 000	800 000	840 000	160 000	120 000	9 920 000

根据以上资料，甲企业6月份有关一般短期薪酬的账务处理为：

①确认应付短期薪酬时：

借：生产成本　　7 440 000
　　制造费用　　744 000
　　管理费用　　868 000
　　销售费用　　496 000
　　在建工程　　372 000
　贷：应付职工薪酬——短期薪酬　　9 920 000

②结转预扣预缴个人所得税、代扣代缴个人应负担的医疗保险和住房公积金时：

借：应付职工薪酬——短期薪酬　　1 000 000
　贷：应交税费——应交个人所得税　　100 000
　　　其他应付款　　900 000

③实际支付工资时：

借：应付职工薪酬——短期薪酬　　7 000 000
　贷：银行存款　　7 000 000

④缴纳医疗保险和住房公积金给社会保险经办机构和住房公积金管理机构时：

借：应付职工薪酬——短期薪酬　　1 640 000
　贷：银行存款　　1 640 000

⑤上缴个人所得税、个人应负担的医疗保险费和住房公积金时：

借：应交税费——应交个人所得税　　100 000
　　其他应付款　　900 000
　贷：银行存款　　1 000 000

⑥将工会经费和职工教育经费结转给公司有关部门或报销时：

借：应付职工薪酬——短期薪酬　280 000

　贷：银行存款、其他应付款等　280 000

【例 9-4】甲企业将其一批自产商品和一批外购商品发给职工作为福利。自产商品的成本为200万元，价格为300万元；外购商品的成本为190万元，公允价值为200万元。增值税税率为13%。

甲企业有关账务处理为：

①将自产商品作为职工福利时：

借：管理费用、生产成本等　3 390 000

　贷：应付职工薪酬　3 390 000

借：应付职工薪酬　3 390 000

　贷：主营业务收入　3 000 000

　　应交税费——应交增值税（销项税额）　390 000

借：主营业务成本　2 000 000

　贷：库存商品　2 000 000

②将外购商品用作职工福利时：

借：管理费用、生产成本等　2 260 000

　贷：应付职工薪酬　2 260 000

借：应付职工薪酬　2 260 000

　贷：主营业务收入　2 000 000

　　应交税费——应交增值税（进项税额转出）　260 000

借：主营业务成本　1 900 000

　贷：库存商品　1 900 000

（2）短期带薪缺勤

对于累积带薪缺勤，企业应当在职工提供服务从而增加了其未来享有的带薪缺勤权利时，确认与累积带薪缺勤相关的职工薪酬，并以因累积未行使权利而增加的预期支付金额计量。有些累积带薪缺勤在职工离开企业时，对于未行使的权利，职工有权获得现金支付，这种情况下，企业应当确认企业必须支付的、职工全部累积未行使权利的金额。企业应当根据资产负债表日因累积未使用权利而导致的预期支付的追加金额，作为累积带薪缺勤费用进行预计。

对于非累积带薪缺勤，在职工实际发生缺勤的会计期间确认与之相关的职工薪酬，会计期末无须将职工未享受的非累积带薪缺勤作为一项负债入账。而通常情况下，非累积带薪缺勤相关的职工薪酬已经包含在企业每期向职工发放的工资等薪酬中，所以，不必额外进行账务处理。

【例 9-5】[①]资料：某公司有100名员工，每人每年有5个工作日的带薪休假。未使用的可以结转下一年；下一年应首先使用当期权利，然后使用上年结转下来的部分（后进先出法）。职工离开公司时，对未使用的累积带薪年休假无权获得现金支付。2×21年，至12

① 本例资料根据《国际会计准则第19号——雇员福利》的示例改编。

月31日，每个员工的平均未使用权利为2天。公司根据过去的经验并预期这一经验会延续，预计92名员工在2×22年度将享受的带薪休假不超过4天，剩余8人平均每人将享受6天半带薪休假。假定这些员工平均每个工作日的工资为500元。

问题：2×21年年末该公司应确认多少负债？

分析：根据上述资料，该公司确认的负债应等于12天休假工资的未折现金额6 000元（500×8×1.5，即预计8人行使累积的带薪休假权利）。该公司确认该项负债的账务处理为：

借：生产成本、管理费用等　　6 000

　贷：应付职工薪酬——累积带薪缺勤　　6 000

（3）短期利润分享计划

利润分享计划同时满足下列条件的，企业应当确认相关的应付职工薪酬：

①企业因过去事项导致现在具有支付职工薪酬的法定义务或推定义务；

②因利润分享计划所产生的应付职工薪酬义务金额能够可靠估计。

属于下列三种情形之一的，视为义务金额能够可靠估计：①在财务报告批准报出之前企业已确定应支付的薪酬金额；②该短期利润分享计划的正式条款中包括确定薪酬金额的方式；③过去的惯例为企业确定推定义务金额提供了明显证据。

按照某些利润分享计划，当且仅当职工在企业工作一段特定期间才能分享利润。这样的计划就产生了“推定义务”：如果职工在企业工作到特定期间末，其提供的服务就会增加企业应付的金额。这种推定义务的计量反映了一种可能性：一些职工可能在离职时没有得到利润分享的支付。所以，职工只有在企业工作一段特定期间才能分享利润的，企业在计量利润分享计划产生的应付职工薪酬时，应当反映职工因离职而无法享受利润分享计划福利的可能性。

如果企业在职工为其提供相关服务的年度报告期间结束后12个月内，不需要全部支付利润分享计划产生的应付职工薪酬，该利润分享计划应当适用其他长期职工福利的有关规定。

【例9-6】乙企业的短期利润分享计划是：企业将其当年净利润的一定份额在次年支付给当年全年为企业提供服务的职工，支付方案为每人按当年净利润的0.03%支付。2×20年该企业职工中全年没有离开企业的人员为200人。当年净利润为1 000万元。

2×20年年末，企业对利润分享计划确认负债60万元（1 000×0.03%×200），同时确认有关成本费用：

借：管理费用、生产成本等　　600 000

　贷：应付职工薪酬　　600 000

2.离职后福利

我国现阶段企业为职工缴纳的养老保险和失业保险，采取的是设定提存方式。在设定提存计划下，企业应在职工为企业提供服务的会计期间，将根据设定提存计划计算的应缴存金额确认为负债，并计入当期损益或相关资产成本。根据设定提存计划，预期不会在职工提供相关服务的年度报告期结束后12个月内支付全部应缴存金额的，企业应当按照一定的折现率，将全部应缴存金额折现后计入应付职工薪酬。

【例9-7】丙企业2×20年6月份按有关规定计算的应为各类职工缴纳的养老保险、失业保险等离职后福利金额见表9-3。

表 9-3 **离职后福利计算明细表**

2×20 年 6 月 单位：元

项目 部门	养老保险费	失业保险费	合计
车间（生产人员）	600 000	120 000	720 000
车间（管理人员）	60 000	12 000	72 000
公司管理部门	70 000	14 000	84 000
销售部门	40 000	8 000	48 000
在建工程	30 000	6 000	36 000
合计	800 000	160 000	960 000

根据表 9-3，丙企业 6 月份有关离职后福利的账务处理为：

①确认应付离职后福利时：

借：生产成本 720 000
　　制造费用 72 000
　　管理费用 84 000
　　销售费用 48 000
　　在建工程 36 000
　贷：应付职工薪酬——离职后福利 960 000

②缴纳养老保险费和失业保险费给社会保险经办机构时：

借：应付职工薪酬——离职后福利 960 000
　贷：银行存款 960 000

3.辞退福利

辞退福利的确认原则是：企业向职工提供辞退福利的，应当在下列两者孰早日确认相关负债，并计入当期损益：（1）企业不能单方面撤回因解除劳动关系计划或裁减建议所提供的辞退福利时；（2）企业确认与涉及支付辞退福利的重组相关的成本或费用时。

辞退福利的计量原则是：企业应当按照辞退计划条款的规定，合理预计辞退福利产生的应付职工薪酬。

【例 9-8】丁企业 2×20 年 9 月末根据与部分员工（包括拟裁减部门的生产工人、管理人员）的辞退福利计划合理预计的未来 12 个月内将要支付的与该计划相关的应付职工薪酬为 80 万元。

丁企业有关账务处理为：

借：管理费用 800 000
　贷：应付职工薪酬——辞退福利 800 000

4.其他长期职工福利

企业对于其他长期职工福利进行确认与计量时应遵循的原则是：

（1）符合设定提存条件的，按设定提存计划相同的原则进行处理。

（2）除此之外的，适用设定受益计划的有关规定，确认长期职工福利净负债或净资产。报告期末，企业应将其他长期职工福利产生的职工薪酬成本确认为以下三个组成部分：①服务成本；②其他长期职工福利净负债或净资产的利息净额；③重新计量其他长期职工福利净负债或净资产所产生的变动。

为简化处理，上述项目的总净额应计入当期损益或相关资产成本。

值得一提的是，其他长期职工福利中的长期残疾福利，如果其水平取决于职工提供服务期间的长短，企业应当在职工提供服务的期间确认应付长期残疾福利义务，计量时应当考虑长期残疾福利支付的可能性和预期支付的期限；如果长期残疾福利与职工提供服务期限的长短无关，企业应当在导致职工长期残疾的事件发生的当期，确认应付长期残疾福利义务。

四、应交税费

（一）应交税费的种类及设置的会计科目

企业按照税法和相关法规规定计算确定的应缴纳的各种税费，主要包括：增值税、消费税、资源税、土地增值税、房产税、城镇土地使用税、车船税、印花税、城市维护建设税、教育费附加、企业所得税和耕地占用税等。

上述各项税费中，除了耕地占用税和印花税在实际缴纳时直接计入相关资产或费用之外，其余各项税费在尚未缴纳之前形成了企业的现时义务的，企业应设置“应交税费”科目对其进行确认与计量。所以，企业应在“应交税费”科目下按上述相关税费种类进行明细核算。

（二）应交增值税的确认与计量

增值税是以商品（含货物、加工修理修配劳务、服务、无形资产或不动产，以下统称为商品）在流转过程中产生的增值额作为计税依据而征收的一种流转税。增值税采取税款抵扣制度。企业购入商品支付的增值税（进项税额），可以从销售商品按规定收取的增值税（销项税额）中抵扣；销项税额抵扣进项税额之后的差额予以上缴。

1.应交增值税的明细科目设置

企业应交增值税业务比较复杂，涉及应交税费的明细科目比较多。图9-2对一般纳税人企业常用到的“应交税费”科目下与增值税有关的明细科目及其主要栏目进行了简要梳理。

2.一般纳税人企业主要增值税业务的会计处理

（1）一般购销业务

企业购进货物或应税劳务时，将支付（或应付）的增值税，借记“应交税费——应交增值税（进项税额）”科目，贷记“银行存款”“应付账款”等科目；企业销售货物或应税劳务时，将收到（或应收）的增值税，借记“银行存款”“应收账款”等科目，贷记“应交税费——应交增值税（销项税额）”科目。

下面举例予以说明。

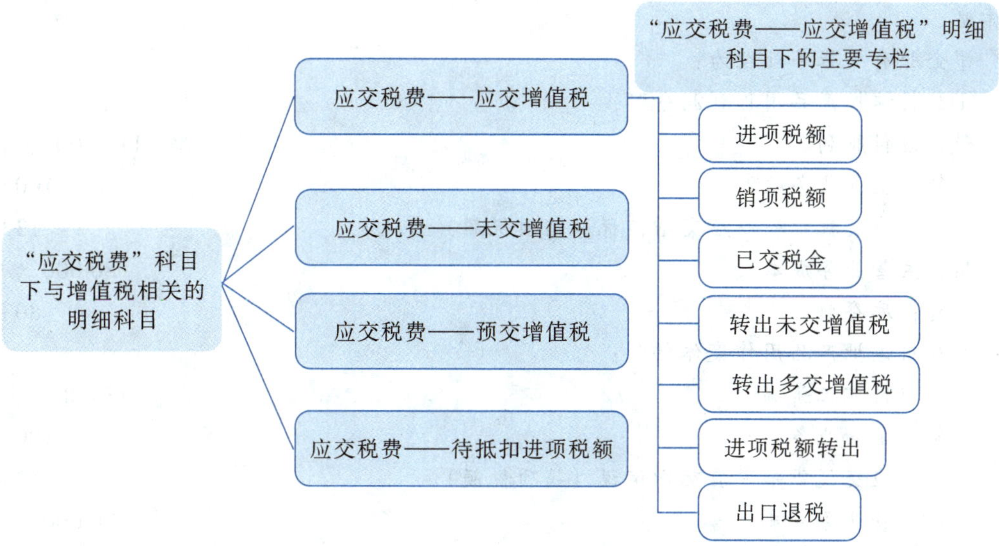

图9-2　一般纳税人企业"应交税费"科目下与增值税业务相关的明细科目及主要栏目

【例9-9】甲企业2×20年12月份购买原材料，支付货款及税款共339 000元，对方开具的增值税专用发票上注明的货款为300 000元、增值税为39 000元；企业支付货款及税款，货物验收入库。本月甲企业销售商品，开出的增值税专用发票上注明的价款为500 000元、增值税为65 000元，款项已收妥，相关销售具备确认收入的条件。

甲企业有关账务处理为：

①购买货物时：

借：原材料　300 000

　　应交税费——应交增值税（进项税额）　39 000

　贷：银行存款　339 000

②销售商品时：

借：银行存款　565 000

　贷：主营业务收入　500 000

　　　应交税费——应交增值税（销项税额）　65 000

（2）视同销售业务

根据增值税的有关规定，企业的下列行为视同销售：将自产、委托加工或购买的货物分配给股东或投资者；将自产、委托加工的货物用于集体福利或个人消费。

根据企业会计准则，企业将存货用作换取对被投资方的非货币性资产的，相关收入的处理适用收入准则的规定；企业将自产货物用作集体福利和个人消费的，属于非货币性福利，相关收入的确认、销售成本的结转以及相关税费的处理，与企业正常销售商品的会计处理相同。

【例9-10】甲企业库存商品中有一批成本为80 000元、市场售价（计税价格）为100 000元的自产产品，请分别根据以下情形进行相应的账务处理：（1）将该批产品分配给股东；（2）将该批产品用于职工福利；（3）将该批产品作为股权投资的一部分，投资于乙企业，从而成为乙企业的联营企业之一；（4）用于固定资产在建工程。增值税税率为13%，其他因素略。

甲企业有关账务处理为：

①如将该批产品用作利润分配：

借：应付股利　113 000

　贷：主营业务收入　100 000

　　　应交税费——应交增值税（销项税额）　13 000

借：主营业务成本　80 000

　贷：库存商品　80 000

②如将该批产品用作集体福利：

借：应付职工薪酬　113 000

　贷：主营业务收入　100 000

　　　应交税费——应交增值税（销项税额）　13 000

借：主营业务成本　80 000

　贷：库存商品　80 000

③如将该批产品用作对乙企业的股权投资：

借：长期股权投资　113 000

　贷：主营业务收入　100 000

　　　应交税费——应交增值税（销项税额）　13 000

借：主营业务成本　80 000

　贷：库存商品　80 000

④如将该批产品用于在建工程：

借：在建工程　93 000

　贷：库存商品　80 000

　　　应交税费——应交增值税（销项税额）　13 000

【特别提示】

视同销售业务在会计处理上不一定都确认销售收入，而税法上的“视同销售”则意味着：无论企业在进行会计处理时是否确认销售收入，都需要缴纳增值税。也就是说，企业无论是否确认营业收入，都要确认应交增值税销项税额。

（3）进项税额不予抵扣业务

外购项目（外购的货物、加工修理修配劳务、服务、无形资产或不动产）的进项税额不准予从销项税额中抵扣的情形主要有以下两种：

①外购时就确定用于适用简易计税方法的计税项目、免征增值税项目、集体福利和个人消费的。这种情形的外购项目的进项税额，不通过“应交税费——应交增值税（进项税额）”科目核算，而是计入相关成本费用。

②外购时已通过“应交税费——应交增值税（进项税额）”科目核算，后来发生非正常损失或改变用途的。这种情形的外购项目的进项税额，应在发生非正常损失或改变用途时，将不允许抵扣的进项税额，通过“应交税费——应交增值税（进项税额转出）”科目的贷方予以转出。

下面举例予以说明。

【例 9-11】甲企业2×21年9月份购入一批商品用于向生产工人发放职工福利。外购商品的价款为80 000元，增值税税率为13%，企业共支付90 400元。

甲企业有关账务处理为：

借：生产成本　90 400
　贷：应付职工薪酬　90 400
借：应付职工薪酬　90 400
　贷：银行存款　90 400

【例 9-12】甲企业2×21年9月份将一批库存的外购材料用于向企业管理人员发放职工福利。外购材料的成本为80 000元，计税价格为90 000元。增值税税率为13%。

甲企业有关账务处理为：

①材料入库时：

借：原材料　80 000
　　应交税费——应交增值税（进项税额）　10 400
　贷：银行存款　90 400

②用于职工福利时：

借：管理费用　90 400
　贷：应付职工薪酬　90 400
借：应付职工薪酬　90 400
　贷：原材料　80 000
　　　应交税费——应交增值税（进项税额转出）　10 400

【例 9-13】资料见例9-12。假定该批材料因管理不善导致失窃。

甲企业有关账务处理为：

①材料入库时：

借：原材料　80 000
　　应交税费——应交增值税（进项税额）　10 400
　贷：银行存款　90 400

②发现失窃时：

借：待处理财产损溢——待处理流动资产损溢　90 400
　贷：原材料　80 000
　　　应交税费——应交增值税（进项税额转出）　10 400

③报批处理之后：

借：管理费用　90 400
　贷：待处理财产损溢——待处理流动资产损溢　90 400

（4）缴纳增值税、预交增值税、未交增值税业务

企业按销项税额与进项税额之差缴纳当月应交的增值税时，借记“应交税费——应交增值税（已交税金）”科目，贷记“银行存款”科目。

企业预交增值税时，应借记“应交税费——预交增值税”科目，贷记“银行存款”科目。

月份终了，企业应将当月应交未交的增值税，借记“应交税费——应交增值税（转出未交增值税）”科目，贷记“应交税费——未交增值税”科目；对于当月多交的增值税和预交的增值税，借记“应交税费——未交增值税”科目，贷记“应交税费——应交增值税（转出多交增值税）”“应交税费——预交增值税”科目。

下面举例予以说明。

【例9-14】资料见例9-9。假定甲企业当月用银行存款26 000元缴纳应交增值税。

甲企业有关账务处理为：

借：应交税费——应交增值税（已交税金）　　26 000

　贷：银行存款　　26 000

【例9-15】资料见例9-14。假定本月上交增值税20 000元，期末未交增值税为6 000元。

甲企业有关账务处理为：

①上交增值税时：

借：应交税费——应交增值税（已交税金）　　20 000

　贷：银行存款　　20 000

②转出未交增值税时：

借：应交税费——应交增值税（转出未交增值税）　　6 000

　贷：应交税费——未交增值税　　6 000

③2×21年1月份上交上月未交增值税时：

借：应交税费——未交增值税　　6 000

　贷：银行存款　　6 000

【例9-16】某房地产开发企业2×20年7月预售房地产项目收取1 500万元总价款，预计一年半后交房。企业按照5%的预征率预交税款。

该企业有关账务处理为：

①预交增值税时：

借：应交税费——预交增值税　　750 000

　贷：银行存款　　750 000

②月末转账时：

借：应交税费——未交增值税　　750 000

　贷：应交税费——预交增值税　　750 000

【报表导向思考】增值税基本业务的确认与计量，对企业利润表是否产生影响？

在税款抵扣制度下，企业购进货物（或应税服务，下同）时支付进项税额、销售货物时收到销项税额以及上交应缴纳的增值税等基本业务的账务处理，对利润表并未产生影响。

3.小规模纳税企业增值税业务的会计处理

小规模纳税企业发生的应税行为适用简易征税方法计税，其增值税会计处理的要点主要有：（1）购买货物或接受应税劳务时，均不确认增值税进项税额，而是将支付款项全部计入购买货物或接受劳务的成本；（2）销售货物或提供应税劳务时，按销售额（不含税）和征收率（一般为3%）计算应缴纳的增值税，如果销售额和应纳税额是合并定价的，要将不含税销售额进行还原。

小规模纳税企业使用三栏式的“应交税费——应交增值税”明细账，不设具体栏目。

下面举例予以说明。

【例9-17】某小规模纳税企业2×20年8月份的相关业务有：支付银行存款56 500元购买原材料，取得的增值税专用发票注明价款50 000元、增值税6 500元。销售一批自产商品，含税价格103 000元，款项已收妥。该企业适用的增值税征收率为3%。

该企业有关账务处理为：

①购货时：

借：原材料	56 500	
贷：银行存款		56 500

②销售货物时：

借：银行存款	103 000	
贷：主营业务收入（103 000÷（1+3%））		100 000
应交税费——应交增值税（100 000×3%）		3 000

③缴纳增值税时：

借：应交税费——应交增值税	3 000	
贷：银行存款		3 000

（三）应交消费税的确认与计量

消费税是在对货物普遍征收增值税的基础上，选择少数消费品再征收的一个税种，主要是为了调节产品结构，引导消费方向，保证国家财政收入。消费税的纳税人是我国境内生产、委托加工、零售和进口《中华人民共和国消费税暂行条例》规定的应税消费品的单位和个人。消费税的征收分别采用从价定率和从量定额两种计税方法。实行从价定率计税办法征税的应税消费品，计税依据为应税消费品的销售额。实行从量定额计税办法征税时，计税依据通常是应税消费品的数量：属于销售的，为销售的应税消费品数量；属于自产自用的，为移送使用的应税消费品数量；属于委托加工的，为纳税人收回的应税消费品数量；进口的应税消费品数量，则为海关核定的应税消费品进口征税数量。

企业应通过“应交税费——应交消费税”明细科目对应交消费税进行核算。

1.销售应税消费品

企业将应税消费品直接对外销售的，按应交消费税，借记“税金及附加”科目，贷记“应交税费——应交消费税”科目；上交应交消费税时，借记“应交税费——应交消费税”科目，贷记“银行存款”等科目。

企业将应税消费品用于对外投资、利润分配、职工福利、在建工程等视同销售业务的，只要会计上确认了营业收入，就应当将应交消费税借记“税金及附加”科目；如果会计上没有确认营业收入，则需将应交消费税计入有关项目（如在建工程成本等）。

下面举例予以说明。

【例9-18】甲企业2×20年7月将其生产的应税消费品按销售合同销售给乙企业。所售商品的成本为80 000元，销售价格为100 000元，增值税税率为13%，消费税税率为10%。货款及增值税税款已经收到。

甲企业有关账务处理为：

①确认营业收入时：

借：银行存款　　113 000

　贷：主营业务收入　　100 000

　　应交税费——应交增值税（销项税额）　　13 000

②确认销售成本时：

借：主营业务成本　　80 000

　贷：库存商品　　80 000

③确认应交消费税时：

借：税金及附加　　10 000

　贷：应交税费——应交消费税　　10 000

【例 9-19】资料见例 9-18。如果甲企业将上述自产商品用于企业的固定资产建设工程，则甲企业有关账务处理为：

借：在建工程　　100 400

　贷：库存商品　　80 000

　　应交税费——应交增值税（销项税额）　　10 400

　　　　——应交消费税　　10 000

2.委托加工应税消费品

委托加工应税消费品，是指由委托方提供原料和主要材料、受托方收取加工费和代垫部分辅助材料加工的应税消费品。按照税法的规定，企业委托加工的应税消费品，由受托方在向委托方交货时代收代缴税款（委托加工或翻新改制金银首饰按规定应由受托方缴纳消费税的除外）。委托方在提货时支付给受托方由其代收代缴的消费税，应该如何进行会计处理，取决于委托方对收回的委托加工物资是连续用于生产还是直接出售。

如果委托方将委托加工的应税消费品用于连续生产应税消费品，提货时所缴纳的税款准予抵扣，借记“应交税费——应交消费税”科目，贷记“应付账款”“银行存款”等科目；待用委托加工的应税消费品生产出应纳消费税的产品出售时，再缴纳消费税。如果委托方将委托加工的应税消费品直接用于出售，提货时所缴纳的税款计入委托加工物资的成本；该产品出售时，不再缴纳消费税。

下面举例予以说明。

【例 9-20】甲企业委托乙企业加工一批应税消费品，发给乙企业的材料成本为 90 000 元、支付加工费用 30 000 元，提货时支付给乙企业由其代收代缴的消费税 3 000 元。

甲企业有关账务处理为：

（1）如果甲企业将收回的委托加工物资用于连续生产应税消费品：

①发出材料时：

借：委托加工物资　　90 000

　贷：原材料　　90 000

②支付加工费和消费税时：

借：委托加工物资　　30 000

　应交税费——应交消费税　　3 000

贷：银行存款 33 000

③委托加工物资验收入库时：

借：原材料 120 000

贷：委托加工物资 120 000

④假定在随后的连续生产过程中发生加工费用等30 000元：

借：生产成本 120 000

贷：原材料 120 000

借：生产成本 30 000

贷：应付职工薪酬、制造费用等 30 000

借：库存商品 150 000

贷：生产成本 150 000

⑤假定按200 000元的价格将连续加工后的产品对外销售，增值税税率为13%，消费税税率为10%：

借：银行存款、应收账款等 226 000

贷：主营业务收入 200 000

应交税费——应交增值税（销项税额） 26 000

借：主营业务成本 150 000

贷：库存商品 150 000

借：税金及附加 20 000

贷：应交税费——应交消费税 20 000

⑥缴纳消费税时：

借：应交税费——应交消费税 17 000

贷：银行存款 17 000

（2）如果甲企业将收回的委托加工物资直接出售：

①发出材料时：

借：委托加工物资 90 000

贷：原材料 90 000

②支付加工费和消费税时：

借：委托加工物资 33 000

贷：银行存款 33 000

③委托加工物资验收入库时：

借：原材料 123 000

贷：委托加工物资 123 000

④出售委托加工的应税消费品时，不再缴纳消费税。

（四）其他应交税费的确认与计量

企业应在“应交税费”科目下设置“应交资源税”“应交城市维护建设税”“应交房产税”“应交城镇土地使用税”“应交车船税”“应交所得税”等明细科目，核算相关的应交税费。

企业在确认上述各种应交税费义务时，贷记“应交税费”相关明细科目的同时，对于确认的应交资源税，借记“税金及附加”科目（销售应税产品）、“生产成本”或“制造费用”科目（自产自用应税产品）；对于确认的应交土地增值税，借记“税金及附加”科目（兼营房地产业务的企业）或者借记“固定资产清理”“在建工程”等科目（转让的国有土地使用权与其地上建筑物及其他附着物在“固定资产”“在建工程”科目核算的）；对于确认的应交城市维护建设税和教育费附加，借记“税金及附加”科目；对于确认的应交房产税、城镇土地使用税、车船税，借记“税金及附加”科目；对于确认的应交所得税，借记“所得税费用”科目。

（五）耕地占用税、印花税的确认与计量

耕地占用税是国家为了利用土地资源，加强土地管理，保护农用耕地而征收的一种税。耕地占用税以纳税人实际占用的耕地面积和规定税额一次性征收，所以，不需要通过“应交税费”科目核算。企业按规定计算缴纳耕地占用税时，借记“在建工程”等科目，贷记“银行存款”等科目。

印花税是对书立、领受购销合同等凭证的行为而征收的一种税，采取由纳税人根据规定自行计算应纳税额、购买并一次贴足印花税票的缴纳方法，所以，印花税也不必通过“应交税费”科目核算。企业应于购买印花税票时，直接借记“税金及附加”科目，贷记“银行存款”科目。

五、其他流动负债

（一）应付利息

企业按照合同约定应支付的利息，比如银行等金融企业吸收存款的应付利息、一般企业分期付息到期还本的借款的应付利息、企业债券的应付利息等，在尚未支付之前形成企业的负债，可通过设置“应付利息”科目进行核算。“应付利息”科目可按债权人进行明细核算。

企业在资产负债表日，应将按负债的合同利率计算确定的应付未付利息，借记“财务费用”“在建工程”“研发支出”等科目，贷记“应付利息”科目；实际支付利息时，借记“应付利息”科目，贷记“银行存款”等科目。本科目的期末贷方余额，反映企业应付未付的利息。

（二）应付股利

企业对于根据利润分配方案宣告分派的现金股利或利润所形成的负债，在“应付股利”科目进行核算。本科目可按投资者进行明细核算。企业根据利润分配方案中的应付现金股利或利润金额，借记“利润分配”科目，贷记本科目；实际支付时，借记本科目，贷记“银行存款”等科目。本科目期末贷方余额，反映企业应付未付的现金股利或利润。

（三）预收款项和其他应付款

预收款项是指企业除适用收入准则的因转让商品收到的预收款之外的预收款项。其他应付款是除应付票据、应付账款、预收款项、应付职工薪酬、应付利息、应付股利、应交税费、长期应付款等以外的其他各种应付、暂收的款项。企业应设置“预收账款”“其他应付款”科目对这些流动负债进行核算。（适用收入准则的因转让商品收到的预收款，将通过“合同负债”等科目进行核算，相关内容将在第十二章阐述）

六、上述各项流动负债在报表中的列报

报告期末，企业对于短期借款、应付票据、应付账款、应付职工薪酬、应交税费以及预收款项等流动负债，按各自相关会计科目的账面余额，在资产负债表的流动负债部分，分别在“短期借款”“应付票据”“应付账款”“应付职工薪酬”“应交税费”“预收款项”项目进行列报；对于应付股利、应付利息、其他应付款等流动负债，将相关会计科目的账面价值之和，在资产负债表流动负债部分的“其他应付款”项目列报。值得一提的是，“应付职工薪酬”科目中“其他长期职工福利”明细科目的账面余额，应在资产负债表中非流动负债部分予以列示。

智能测评 9-2

第三节　非流动负债

一、长期借款

长期借款是企业向银行或其他金融机构借入的期限在一年以上的各项借款。

企业对于长期借款，应设置“长期借款”科目进行核算。本科目可按贷款单位和贷款种类，分别按“本金”、“应计利息”（到期一次付息的长期借款）、“利息调整”进行明细核算。

企业借入长期借款，应按实际收到的金额，借记“银行存款”科目，贷记“长期借款——本金”科目，如有差额（借款费用等），借记“长期借款——利息调整”科目。

资产负债表日，企业应按摊余成本和实际利率计算确定的长期借款的利息费用，借记“财务费用”“在建工程”“制造费用”等科目；按合同利率计算确定的应付未付利息，贷记“长期借款——应计利息”或“应付利息”科目；按其差额，贷记“长期借款——利息调整”科目。实际利率与合同利率差别较小的，也可以采用合同利率计算确定利息费用。

归还长期借款本金时，借记“长期借款——本金”科目，贷记“银行存款”科目。同时，将利息调整余额转至“财务费用”“在建工程”“制造费用”等科目。

“长期借款”科目的期末贷方余额，反映企业尚未归还的长期借款。

下面举例予以说明。

【例 9-21】甲企业 2×21 年 2 月 1 日从某银行借入 3 000 万元借款，期限为 2 年，到期还本付息，合同利率为 5%，实际利率与合同利率相差不大，按合同利率计量利息费用。其

他资料略。

甲企业有关账务处理为：

①2×21年2月1日取得借款时：

借：银行存款 30 000 000

贷：长期借款——本金 30 000 000

②2×21年年末确认当年利息费用和应付利息时：

借：财务费用（30 000 000×5%÷12×11） 1 375 000

贷：长期借款——应付利息 1 375 000

③2×22年12月末确认当年利息费用和应付利息时：

借：财务费用（30 000 000×5%） 1 500 000

贷：长期借款——应付利息 1 500 000

④2×23年1月末确认当月利息费用和应付利息时：

借：财务费用（30 000 000×5%÷12×1） 125 000

贷：长期借款——应付利息 125 000

⑤2×23年1月末还本付息时：

借：长期借款——本金 30 000 000

——应付利息 3 000 000

贷：银行存款 33 000 000

二、应付债券

（一）应付债券确认与计量的内容

应付债券是企业发行的一年期以上的债券所形成的长期负债。股份有限公司或有限责任公司发行一般的公司债券时，会计确认与计量的内容主要有债券的发行、利息的确认、债券的偿还等；而对于发行的可转换公司债券，不仅需要将债券中的负债成分和权益成分分拆确认，还需要对债券转换成股票进行相应的会计处理。

1.一般的公司债券

（1）债券的发行——初始确认与计量

公司债券的发行，有面值发行、溢价发行和折价发行三种方式。通常情况下，当债券的票面利率等于实际利率（同期银行存款利率，下同）时，债券的发行价格等于债券的面值；当债券的票面利率高于实际利率时，债券的发行价格高于债券的面值，发行价格高于面值的部分即为溢价，溢价是发行方因以后各期需多支付利息而预先从投资者那里得到的补偿；当债券的票面利率低于实际利率时，债券的发行价格低于债券的面值，发行价格低于面值的部分即为折价，折价是发行方因以后各期将少支付利息而预先支付给投资者的补偿。与债券发行有关的会计处理中，一方面要按债券面值确认负债，另一方面要将债券溢价或折价作为“利息调整”进行确认，并在债券存续期内分期调整利息费用。

公司债券的发行，还会涉及发行费用的问题。为发行债券而支付的手续费、佣金等发行费用，抵减了发行债券实际收到的款项，可比照折价的处理原则，调整以后期间的利息费用。

（2）应付利息与利息费用的确认——后续计量

企业发行公司债券后至债券到期前，应当按期确认应付利息（亦称名义利息）和利息费用（亦称实际利息）。应付利息按照债券的票面价值与票面利率计算确定，利息费用则需要采用实际利率法按债券的期初摊余成本与实际利率计算确定。应付利息与利息费用之间的差额，就是利息调整的摊销额。反过来看，对于应付债券而言，溢价（及交易费用）的摊销，会使利息费用大于利息支付，而折价的摊销则会导致利息费用小于利息支付，所以，溢价（及交易费用）、折价的摊销实际上是对利息费用的调整。

（3）债券的偿还——终止确认

公司债券的偿还包括本金的偿还和利息的支付。公司债券到期时，发行企业需要按合同规定偿还债券本金。公司债券的利息分为到期一次支付和分期支付两种形式，发行企业需根据具体情况支付应付利息。

2. 可转换公司债券

企业发行的可转换公司债券，与上述一般情况下的公司债券在会计处理上有两个显著不同之处：一是在发行债券进行初始确认时，需要将债券中的负债成分和权益成分进行分拆，分别确认为负债和其他权益工具；二是在债券持有者按规定条件进行转换时，需要对相关负债进行终止确认，并结转原已确认的其他权益工具，同时确认由此增加的股本及股本溢价。

（二）科目设置与账务处理

企业应设置“应付债券”科目，来核算企业为筹集长期资金而发行债券的本金和利息。本科目可按“面值”“利息调整”“应计利息”进行明细核算。

“应付债券”科目各明细科目反映的内容可参见图9-3。

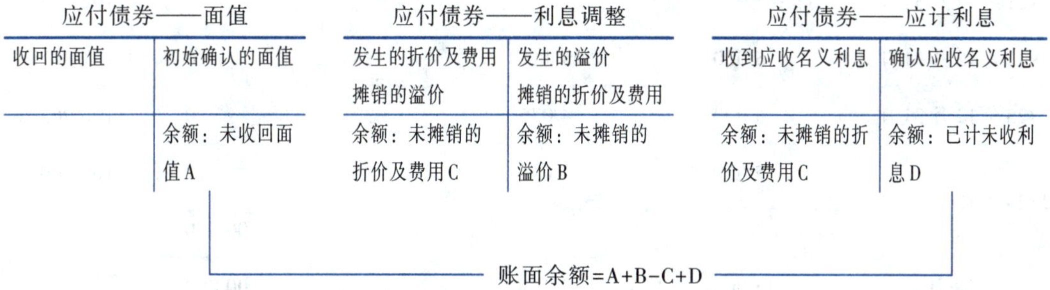

图9-3　“应付债券”科目核算内容示意图

下面举例予以说明。

【例9-22】甲企业2×20年年末按面值发行一笔债券，该债券本金1 000万元，利率5%，3年期，每年末支付当年利息、到期时一次还本。为简化起见，交易费用及其他因素略。

甲企业与此项筹资活动有关的账务处理为：

①2×20年年末，发行债券时：

借：银行存款　　10 000 000

　贷：应付债券——面值　　10 000 000

②2×21年年末，确认当年应付利息及利息费用时：

借：财务费用等 500 000

贷：应付利息 500 000

③支付利息时：

借：应付利息 500 000

贷：银行存款 500 000

④2×22年、2×23年年末确认当年应付利息及利息费用的相关账务处理同上。

⑤2×23年年末偿还本金时：

借：应付债券——面值 10 000 000

贷：银行存款 10 000 000

【例9-23】甲企业2×21年年末按102 776元（已扣除交易费用）发行一笔面值为100 000元、票面利率为5%、期限为3年、每年年末支付当年利息、到期一次还本的债券。为简化起见，其他因素略。

（1）有关计算如下：

①初始确认时，经测算，该债券实际利率为4%。

②有关指标计算结果见表9-4。

表9-4 摊余成本、应付利息、利息费用计算表 单位：元

日期	名义利息（应付利息）	实际利息（利息费用）	利息调整（溢价摊销）	偿还本金	摊余成本
	①=面值×名义利率	②=期初摊余成本×实际利率	③=①-②	④	⑤=上行⑤-③
2×21年12月31日	—	—	—	—	102 776
2×22年12月31日	5 000	4 111	889	0	101 887
2×23年12月31日	5 000	4 075	925	0	100 962
2×24年12月31日	5 000	4 038	962	0	100 000
				100 000	0
合计	15 000	12 224	2 776	100 000	—

（2）有关账务处理如下：

①2×21年年末，发行债券时：

借：银行存款 102 776

贷：应付债券——面值 100 000

——利息调整 2 776

②2×22年年末确认应付利息及利息费用时：

借：财务费用 4 111

应付债券——利息调整 889

贷：应付利息 5 000

③2×22年年末支付利息时：

借：应付利息 5 000

贷：银行存款 5 000

④2×23年年末确认应付利息及利息费用时：

借：财务费用 4 075

应付债券——利息调整 925

贷：应付利息 5 000

⑤2×23年年末支付利息时：

借：应付利息 5 000

贷：银行存款 5 000

⑥2×24年年末确认应付利息及利息费用时：

借：财务费用 4 038

应付债券——利息调整 962

贷：应付利息 5 000

⑦2×24年年末支付本金和当年利息时：

借：应付利息 5 000

应付债券——面值 100 000

贷：银行存款 105 000

【例9-24】乙企业2×20年年末按97 325元（已扣除交易费用）发行一笔面值为100 000元、票面利率为5%、期限为3年、到期一次还本付息（利息不计复利）的债券。为简化起见，其他因素略。

（1）乙企业与此项筹资活动有关的计算如下：

①经测算，该债券实际利率为6%。

②有关指标计算结果见表9-5。

表9-5 各期摊余成本、应付利息、利息费用计算表 单位：元

日期	名义利息（应付利息）	实际利息（利息费用）	利息调整（折价摊销）	偿还本金	摊余成本
	①=面值×名义利率	②=期初摊余成本×实际利率	③=②-①	④	⑤=上行⑤-③
2×20年12月31日	—	—	—	—	97 325
2×21年12月31日	5 000	5 840	840	0	98 165
2×22年12月31日	5 000	5 890	890	0	99 055
2×23年12月31日	5 000	5 945*	945	0	100 000
	—	—	—	100 000	0
合计	15 000	17 675	2 675	100 000	—

注：*本项目金额本应为5 943元（99 055×6%），因前面的计算中小数点保留位数，所以此项应倒轧得出5 945元（5 000+945），其中945=2 675-840-890。

（2）乙企业有关账务处理为：

①2×20年年末，发行债券时：

借：银行存款　　97 325

　　应付债券——利息调整　　2 675

　贷：应付债券——面值　　100 000

②2×21年年末确认应付利息及利息费用时：

借：财务费用　　5 840

　贷：应付债券——应计利息　　5 000

　　　　　　　——利息调整　　840

③2×22年年末确认应付利息及利息费用时：

借：财务费用　　5 890

　贷：应付债券——应计利息　　5 000

　　　　　　　——利息调整　　890

④2×23年年末确认应付利息及利息费用时：

借：财务费用　　5 945

　贷：应付债券——应计利息　　5 000

　　　　　　　——利息调整　　945

⑤2×23年年末偿还本金和利息时：

借：应付债券——面值　　100 000

　　　　　　——应计利息　　15 000

　贷：银行存款　　115 000

【例9-25】丙公司经批准于2×20年1月1日按面值发行3年期、一次还本、按年付息、票面利率为6%的可转换公司债券10 000 000元。该债券发行1年后可按每股10元的初始转换价格转换成每股面值1元的丙公司普通股，并按债券面值和应付利息之和除以股价确定转换的股份数。公司发行可转换债券时，二级市场上与该债券类似但未附有转换权的债券的市场利率为9%。假定债券持有人于2×21年1月1日将其持有的债券全部转换为丙公司的普通股股票。

丙公司有关账务处理为：

（1）计算所发行可转换公司债券的负债金额和权益金额：

①本金的现值（按9%的折现率计算的第3年年末应付10 000 000元的现值）

=10 000 000×0.7722=7 722 000（元）

②利息的现值（按9%的折现率计算的3年内每年应付的600 000元利息的现值）

=600 000×2.5313

=1 518 780（元）

③负债的公允价值（相当于未附转换权的类似债券的发行价格）

=7 722 000+1 518 780

=9 240 780（元）

（相当于折价759 220元）

④权益成分的金额（债券发行收入与负债入账价值之差）

=10 000 000−9 240 780

=759 220（元）

（2）计算投资人行使转换权时转换的股份数：

投资人行使转换权时转换的股份数=（10 000 000+600 000）÷10=1 060 000（股）

（3）有关账务处理为：

①2×20年1月1日发行可转换公司债券时：

借：银行存款　10 000 000

　　应付债券——可转换公司债券（利息调整）　759 220

　贷：应付债券——可转换公司债券（面值）　10 000 000

　　　其他权益工具　759 220

②2×20年12月31日确认本年应付利息和利息费用时：

借：财务费用　831 670

　贷：应付利息——可转换公司债券利息　600 000

　　　应付债券——可转换公司债券（利息调整）　231 670

③2×21年1月1日投资人行使转换权时：

借：应付债券——可转换公司债券（面值）　10 000 000

　　应付利息——可转换公司债券利息　600 000

　　其他权益工具　759 220

　贷：应付债券——可转换公司债券（利息调整）　527 550

　　　股本　1 060 000

　　　资本溢价——股本溢价　9 771 670

三、长期应付款

长期应付款，是指除长期借款和应付债券以外的其他各种长期应付款项，主要包括以具有融资性质的延期付款方式购入资产等发生的应付款项等。

企业需要设置“长期应付款”科目核算各项长期应付款的增减变动和结存情况，并在本科目下按长期应付款的种类和债权人进行明细核算。

与租赁资产有关的长期应付款的确认与计量，参见《高级财务会计》教材。

与具有融资性质的分期付款购买资产有关的长期应付款的确认与计量，参见第四章例4-2。

四、上述各项非流动负债在报表中的列报

报告期末，企业应将“长期借款”、“应付债券”和“长期应付款”科目的期末余额，分别在资产负债表非流动负债部分的“长期借款”、“应付债券”和“长期应付款”项目予以列报；各非流动负债科目余额中将于一年内到期的部分，则在流动负债部分的“一年内到期的非流动负债”项目列报。

【本章小结】

- 负债（上）负债的基本内容
  - 负债的分类
    - 流动负债与非流动负债
    - 金融负债与非金融负债
  - 流动负债的确认与计量
    - 短期借款
      - 本金的确认与计量
      - 利息的确认与计量
    - 应付票据、应付账款
      - 注意：应付票据与应收票据会计处理的对比
    - 应付职工薪酬
      - 短期薪酬
        - 短期薪酬的基本业务
          - 一般短期薪酬的会计处理
        - 短期薪酬的其他业务
          - 带薪缺勤的会计处理
          - 利润分享计划的会计处理
      - 离职后福利
        - 以设定提存计划为主
      - 辞退福利
        - 注意：计入管理费用
      - 其他长期职工福利
        - 在“应付职工薪酬”科目中核算
        - 在非流动负债部分列报
    - 应交税费
      - 应交增值税
        - 应交增值税的相关科目体系
          - 应交增值税（多栏式明细账）
          - 未交增值税（三栏式明细账）
          - 预交增值税（三栏式明细账）
        - 应交增值税的主要业务及其会计处理
          - 一般纳税人企业的主要业务
            - 一般购销业务
            - 视同销售业务
            - 进项税额不准予抵扣的业务
            - 进项税额抵扣情况发生变化的业务
            - 增值税的缴纳
          - 小规模纳税人企业的主要业务及其会计处理
            - 注意：简化方法（三栏式明细账）
        - 注意：应交增值税是否影响利润表？为什么？
      - 应交消费税的主要业务及其会计处理
        - 直接销售应税消费品的消费税处理
        - 视同销售业务的消费税处理
        - 委托加工应税消费品的消费税处理
        - 注意：应交消费税是怎样影响利润表的？为什么？
      - 其他税费的内容及其会计处理
        - 通过“应交税费”科目核算的其他各项应交税费
        - 不需要通过“应交税费”科目核算的税项
    - 其他流动负债
    - 各项流动负债在资产负债表中的列报
  - 非流动负债
    - 长期借款
      - 本金的确认与计量、利息的确认与计量
      - 注意：长期借款与短期借款在会计处理上的比较
    - 应付债券
      - 确认与计量的基本内容
      - “应付债券”科目体系
      - 基本业务的账务处理
        - 发行的一般公司债券
          - 面值、溢价、折价发行的各种情形下的初始确认与计量、后续计量、终止确认
          - 实际利率法确认利息费用
        - 发行的可转换债券
          - 负债成分与权益成分的分拆与确认
          - 注意：涉及一个所有者权益类科目“其他权益工具”
      - 注意：应付债券与债权投资在科目设置和会计处理上的比较
    - 长期应付款
    - 各项非流动负债在资产负债表中的列报

【问题与思考】

1. 什么是负债？
2. 如何对负债进行分类？
3. 如何对各种流动负债进行确认与计量？
4. 如何对各种非流动负债进行确认与计量？
5. 短期借款与长期借款的会计处理有何主要区别？
6. 如何对各项应交税费进行确认与计量？
7. 如何对应付职工薪酬进行确认与计量？
8. 如何对应付票据和应付账款进行确认与计量？
9. 应付债券的溢价或折价为什么要作为“利息调整”处理？
10. 应如何对应付债券进行确认与计量？

【思政要点】

负债管理中的依法融资

上海证券交易所于2021年4月1日发布了《上海证券交易所纪律处分决定书〔2021〕30号》，对宁夏远高实业集团有限公司、时任宁夏远高实业集团有限公司董事长兼总经理以及时任宁夏远高实业集团有限公司信息披露事务负责人予以公开谴责。据该决定书披露，宁夏远高实业集团有限公司分别于2016年4月11日、2018年11月20日、2019年3月8日和9月24日公开发行了4期公司债券，发行规模合计11.3亿元。经查明，发行人存在以下违规事实：未如实披露采矿权抵押备案相关情况，未按规定披露可能影响偿债能力及债券价格的重大事项，未按规定履行信用风险管理职责。

发行企业债券，是企业融资管理乃至发展战略中的重要决策。这个小案例说明，企业依法依规正确融资，对于企业的生存发展至关重要；依法依规正确做事，对于相关责任人的职业生涯也至关重要。

第十章 负债（下）

■【学习目标】

通过对本章内容的学习，了解债务重组、预计负债、借款费用三个负债专题的基本内容，掌握债务重组会计确认与计量的原则，掌握预计负债的确认条件和计量原则，掌握借款费用资本化与费用化的划分原则以及具体处理方法。

■【公司公告】

瓦房店轴承股份有限公司关于债务重组的公告（节选）

瓦房店轴承股份有限公司（股票简称：瓦轴B，股票代码：200706）是国内最大的轴承技术与产品研发和制造基地，经营范围主要包括轴承、轴承零部件、机械设备、汽车零配件及相关产品的制造与销售；轴承维修、保养及技术服务；机械设备和房屋的租赁；轴承和相关机械设备及计量仪器、仪表的检测。

2019年8月19日，瓦轴B董事会发布的《瓦房店轴承股份有限公司关于债务重组的公告》（公告编号2019-24）中，公告了三项债务重组方案：

1.日常经营性债务重组

为了优化企业债务结构，提高资金使用效率，瓦房店轴承股份有限公司（以下简称“本公司”）对2019年1—6月份公司日常经营性质的应付款项开展清理工作。此期间内，本公司与16家供应商签署了《债务重组协议书》，经友好协商，此部分供应商同意对本公司所欠的日常经营性质的债务作出让步，上述业务使得本公司债务重组收益约202万元。

2.因客户破产重整导致的债务重组

（1）北方重工集团有限公司破产重整

因本公司客户北方重工集团有限公司（以下简称“北方重工”）破产重整，应收货款无法全部收回，扣除已计提的坏账准备25万元，导致债务重组损失484.5万元。具体说明如下：北方重工至其重整前欠本公司货款，我公司申报并经对方管理人确认债权额为6 668 934.01元（含债权产生的利息296 000.43元，二季度已冲减财务费用）。因为此公司“重整计划”法院已裁定批准，本着利益最大化原则，经公司董事会审议，同意北方重工重整计划中关于非金融普通债权的“清偿方案（三）”，即：每家债权人30万元以下（含30万元）的债权部分，以现金方式于2019年12月31日前一次性清偿完毕；30万元以上的部分以现金清偿，清偿比例为20%，2019年12月31日前清偿5%，2020年12月31日前清偿7%，2021年12月31日前清偿8%。剩余部分豁免。

（2）大连隆汇工贸有限公司（大机床系企业）破产重整

根据大连机床系企业重整计划，（大连机床系企业为大连高金科技发展有限公司、大连机床集团有限责任公司等含本公司债务人大连隆汇工贸有限公司在内的进入重整程序的27家企业的合称），本公司经管理人确认的债权额11 879 777.72元，将通过现金、债转股方式进行清偿。根据大连机床系企业重整方案，本公司获得的具体清偿方案如下：416万元抵押债权现金受偿，剩余款中30万元现金受偿，其他100%债转股。公司将债转股742.3万元（7 423 089.69元）计入“其他权益工具投资”……

资料来源：深交所网站。

浏览上述公告信息可以发现，瓦轴B分别与其债权人（16家供应商）和债务人（北方重工、大连隆汇工贸有限公司）进行债务重组，采取的债务重组方式分别涉及以现金抵债、以债权转股权、修改偿债时间和金额等条款。那么，什么是债务重组？债务重组的方式有哪些？每种方式下应分别怎样进行确认与计量？债务重组过程中涉及的损益应如何进行处理？诸如此类的问题，我们将在本章的第一节中系统阐述。另外，本章还将就预计负债、借款费用这两个与负债相关的问题进行专门梳理。

第一节 债务重组

一、债务重组概述

（一）债务重组的定义

债务重组，是指在不改变交易对手方的情况下，经债权人和债务人协定或法院裁定，就清偿债务的时间、金额或方式等重新达成协议的交易。

相对于债务人而言的“债务”重组，对于债权人而言实际上等于是“债权”重组，为简化表述，通常用“债务重组”表述债务人与债权人之间的债务债权重组事项。同理，通常用“债务重组损益”表述债务人、债权人双方在债务债权重组中产生的利得或损失。

与2019年修订前的债务重组会计准则相比，现行的债务重组准则，既不强调债务人是否发生财务困难，也不强调债权人是否作出让步。只要债权人和债务人就债务条款重新达成了协议，就符合债务重组的定义。

（二）债务重组中债权、债务的范围

适用《企业会计准则第12号——债务重组》的债权、债务，是指《企业会计准则第22号——金融工具确认和计量》规范的债权、债务。针对租赁应收款和租赁应付款的债务重组，也属于本准则规范的范围。但是，针对合同资产、合同负债、预计负债进行的交易安排，不属于债务重组准则规范的范围。另外，下列各项业务也不适用债务重组准则：（1）通过债务重组形成企业合并的，适用《企业会计准则第20号——企业合并》；（2）债权人或债务人中的一方直接或间接对另一方持股且以股东身份进行债务重组的，或者债权人与债务人在债务重组前后均受同一方或相同的多方最终控制，且该债务重组的交易实质是债权人或债务人进行了权益性分配或接受了权益性投入的，适用权益性交易的有关会计处理规定。

（三）债务重组的方式

债务重组的方式主要包括：债务人以资产清偿债务、债务人将债务转为权益工具、修改其他条款以及一种以上前述方式的组合。

1.债务人以资产清偿债务

债务人以资产清偿债务，是指债务人转让其资产给债权人用以清偿债务的债务重组方式。债务人用以清偿债务的资产，通常包括已在资产负债表中确认的资产（比如现金、应收账款、长期股权投资、投资性房地产、固定资产、在建工程、生物资产、无形资产等），也可能包括不符合确认条件而未在资产负债表中确认的资产（比如债务人以未确认的内部品牌清偿债务，债权人在获得的商标权符合无形资产确认条件的前提下作为无形资产核算）。在少数情况下，债务人还可能以处置组清偿债务。这种重组方式，导致债权人将债权转为其他形式的资产。

2.债务人将债务转为权益工具

债务人将债务转为权益工具，是指债务人将债务转为股本或实收资本等权益工具的债务重组方式。这种重组方式，导致债权人将债权转为股权。

值得一提的是，在实务中，有些债务重组名义上采用“债转股”的方式，但同时附加相关条款，比如约定债务人在未来某个时点以某一金额回购股权，或债权人持有的股份享有强制分红权等。对于债务人而言，这些“股权”并非根据金融工具列报准则分类为权益工具的金融工具，从而不属于债务人将债务转为权益工具的债务重组方式。债权人和债务人还可能协议以一项同时包含金融负债成分和权益工具成分的复合金融工具替换原债权债务，这类交易也不属于债务人将债务转为权益工具的债务重组方式。

3.修改其他条款

修改其他条款，是指除上述两种方式以外的修改债权和债务其他条款的债务重组方式。这种重组方式主要有调整债务本金、改变债务利息、变更还款期限等。与以资产清偿债务和将债务转为权益工具的结果是终止确认了相关债权与债务不同，修改其他条款的债务重组方式的结果是形成重组债权和重组债务。

4.组合方式

债务重组实务中也有可能采取以上几种方式的组合，即同时采用以资产清偿债务、将债务转为权益工具以及修改债权和债务其他条款几种方式来清偿债务的债务重组方式。比如，将债务的一部分以资产清偿，一部分转为权益工具，其余部分则修改债务其他条款。

■【公司公告跟踪】

章首“公司公告”中瓦轴B与北方重工的债务重组方案，就涉及修改偿债比例和时间等条款的情形，而与大连隆汇工贸有限公司的债务重组，则采取了以现金偿还和将债务转为权益工具两种方式的组合。

二、债务重组的确认与计量

债务重组的当事人包括债务人、债权人两个会计主体，重组的结果可能导致双方相关债权、债务的终止确认，也可能导致相关偿债资产的出让与受让，可能导致相关权益工具及权益工具投资的确认，更有可能导致重组损益的确认。也就是说，不同的重组方式将涉及相关资产、负债、所有者权益的变动。与之相关的确认与计量，无疑是学习债务重组会计的重点。

下面，我们将分别阐述债权人和债务人债务重组的会计处理原则。

（一）债权人的确认与计量原则

1.以资产清偿债务或将债务转为权益工具

（1）对受让资产和债权转为的权益工具投资的计量

①受让的金融资产的初始计量。债权人受让的金融资产（包括以资产清偿债务中受让的金融资产以及将债务转为的其他权益工具投资），应当按照《企业会计准则第22号——金融工具确认和计量》的规定进行确认和计量。金融资产初始确认时按公允价值计量。

②受让的非金融资产的初始计量。债权人对于以资产清偿债务的重组方式中受让的资产和将债务转为权益工具的重组方式中债权转为的对联营企业或合营企业的权益性投资，原则上都按成本进行初始计量，这里的成本主要包括放弃债权的公允价值和可直接归属于相关资产的其他成本。

具体来讲，债务重组中债权人受让的存货，其成本包括放弃债权的公允价值和使该资产达到当前位置和状态所发生的可直接归属于该资产的税金、运输费、装卸费、保险费等其他成本；受让的投资性房地产，其成本包括放弃债权的公允价值和可直接归属于该资产的税金等其他成本；受让的固定资产，其成本包括放弃债权的公允价值和使该资产达到预定可使用状态前所发生的可直接归属于该资产的税金、运输费、装卸费、安装费、专业人员服务费等其他成本；受让的生物资产，其成本包括放弃债权的公允价值和可直接归属于该资产的税金、运输费、保险费等其他成本；受让的无形资产，其成本包括放弃债权的公允价值和可直接归属于使该资产达到预定用途所发生的税金等其他成本；受让的或债权转为的对联营企业或合营企业的权益性投资，其成本包括放弃债权的公允价值和可直接归属于该资产的税金等其他成本。

（2）对所放弃债权或转为权益工具的债权的终止确认

以资产清偿债务或者将债务转为权益工具方式进行债务重组的，债权人应当在确认相关资产的同时对所放弃债权按账面价值进行终止确认。

（3）与债务重组相关的损益的处理

由于受让的资产或转为权益工具的股权投资是按放弃债权的公允价值为计量基础的，而终止确认债权又是按所放弃债权的账面价值转销的，因此，债权人应将所放弃债权的公允价值与其账面价值之间的差额，计入当期损益。

2.采用修改其他条款方式进行债务重组

如果修改其他条款导致全部债权终止确认，债权人应当按照修改后的条款以公允价值计量重组债权，重组债权的确认金额与终止确认债权的账面价值之差，计入当期损益；如果修改其他条款未导致债权终止确认，债权人应根据相关债权的分类，继续以摊余成本、以公允价值计量且其变动计入其他综合收益或以公允价值计量且其变动计入当期损益进行后续计量。对于以摊余成本计量的债权，应当根据重新议定合同的现金流量变化情况，重新计量该重组债权的账面余额，并将相关利得或损失计入当期损益。

3.以多项资产清偿债务或者组合方式进行债务重组

一方面，债权人应当首先按照《企业会计准则第22号——金融工具确认和计量》的规定确认和计量受让的金融资产和重组债权，然后按照受让的金融资产以外的各项资产的公允价值比例，对放弃债权的公允价值扣除受让金融资产和重组债权确认金额后的净额进行分配，并在此基础上再将可直接归属于相关资产的其他成本计入有关资产的入账价值。另一方面，债权人应将所放弃债权的公允价值与其账面价值之间的差额，计入当期损益。

综上所述，可以看出：无论采用哪一种重组方式，债权人对所放弃的债权，都应按其账面价值进行终止确认；对受让的资产（金融资产除外）、转为的权益工具投资，都按放弃债权的公允价值和可直接归属于相关资产的其他成本进行初始计量；对受让的金融资产和确认的重组债权，则都需按金融工具会计准则的规范以其自身的公允价值为基础进行初始计量；如此会计处理时产生的差额，计入当期损益。

（二）债务人的确认与计量原则

1.以资产清偿债务方式进行债务重组

债务人应当在转让的相关资产和所清偿的债务符合终止确认条件时予以终止确认，所清偿债务账面价值与转让资产账面价值之间的差额计入当期损益。

2.将债务转为权益工具方式进行债务重组

债务人应当在所清偿债务符合终止确认条件时予以终止确认。债务人初始确认权益工具时应当按照权益工具的公允价值计量，权益工具的公允价值不能可靠计量的，应当按照所清偿债务的公允价值计量。所清偿债务账面价值与权益工具确认金额之间的差额，应当计入当期损益。

3.采用修改其他条款方式进行债务重组

如果修改其他条款导致全部债务终止确认，债务人应当按照公允价值计量重组债务，重组债务的确认金额与终止确认债务的账面价值之差，计入当期损益；如果修改其他条款未导致债务终止确认，债务人应根据未终止确认的债务的分类，继续以摊余成本、以公允价值计量且其变动计入当期损益或其他适当方式进行后续计量。对于以摊余成本计量的债务，应当根据重新议定合同的现金流量变化情况，重新计量该重组债务的账面价值，并将相关利得或损失计入当期损益。

4.以多项资产清偿债务或者组合方式进行债务重组

债务人应当按照公允价值确认和计量权益工具及重组债务，将所清偿债务的账面价值与所转让资产的账面价值、所确认的权益工具价值和所确认的重组债务价值之和的差额，计入当期损益。

综上所述，可以看出：无论采用哪一种重组方式，债务人对所清偿或所重组的债务都应按其账面价值进行终止确认，对出让的资产也按其账面价值进行终止确认，而对转为的权益工具和确认的重组债务则需按金融工具会计准则的规范以其自身的公允价值为基础进行初始计量，如此进行会计处理时产生的差额，计入当期损益。

【报表导向思考】与债务重组相关的损益计入当期损益，就是直接计入当期利润表。

依据2006年发布的《企业会计准则第12号——债务重组》，债务人的债务重组利得和债权人的债务重组损失，应分别记入“营业外收入”和“营业外支出”科目，从而分别反映在利润表的“营业外收入”和“营业外支出”项目中。

从2019年修订后的债务重组准则来看，我们至少应注意到以下三点：第一，由于不强调债权人作出“让步”，债权人就不一定必然确认债务重组损失，债务人也不一定必然确认债务重组利得。第二，双方如果需要确认与债务重组相关的损益，也不再记入“营业外收入”和“营业外支出”科目。第三，债权人确认的与债务重组相关的损益，记入“投资收益”科目；债务人确认的债务重组损益，则根据具体情况，分别记入“投资收益”或“其他收益——债务重组收益”科目。债务人使用“其他收益——债务重组收益”科目的情形有两种：一是以非金融资产清偿债务或者以包括金融资产和非金融资产在内的多项资产清偿债务时，不需要区分资产处置损益和债务重组损益，也不需要区分不同资产的处置损益，而是将所清偿债务账面价值与出让资产账面价值之间的差额，记入“其他收益——债务重组收益”科目；二是采用组合方式清偿债务时，除非此时仅涉及金融工具，否则，债务重组损益记入“其他收益——债务重组收益”科目。

修订后债务重组准则的上述变化，不仅从一个侧面体现了近几年相关会计规范对营业外收入、营业外支出的“瘦身”，也提醒我们在接下来的学习中要注意到利润表的新增项目：其他收益。

根据上述确认与计量的原则，将债务重组业务中债权人、债务人确认与计量的账务处理思路进行归纳，见表10-1。

表10-1 债权人、债务人确认与计量的账务处理思路归纳

重组方式		债权人的账务处理思路	债务人的账务处理思路
以资产抵债	以金融资产抵债	借：相关金融资产 [以公允价值为基础] B 投资收益 [A、B之差] 贷：应收账款等放弃的债权 [账面价值] A	借：应付账款等债务 [账面价值] A 贷：出让的相关金融资产* [账面价值] B 投资收益 [A、B之差] *如有累计在“其他综合收益”中的利得或损失，也应结转至当期损益或留存收益
	以非金融资产抵债	借：原材料等受让资产 [A+B] 借或贷：投资收益 [公允价值与账面价值之差] 贷：应收账款等放弃的债权 [账面价值] （以上两项合计：放弃的债权的公允价值A） 银行存款等 [其他成本] B	借：应付账款等债务 [账面价值] A 借或贷：其他收益 [A与（B+C）之差] 贷：原材料等 [账面价值] B 银行存款等 [其他成本] C
将债权转为权益工具	转为长期股权投资	借：长期股权投资 [A+B] 借或贷：投资收益 [公允价值与账面价值之差] 贷：应收账款等放弃的债权 [账面价值] （以上两项合计：放弃的债权的公允价值A） 银行存款等 [其他成本] B	借：应付账款等债务 [账面价值] A 资本公积、盈余公积等 [C] 借或贷：投资收益 [A、B之差] 贷：股本等 [权益工具公允价值*] B 银行存款等 [发行费用] C *权益工具的公允价值不能可靠计量的，按所清偿债务的公允价值计量
	转为其他权益工具投资	借：其他权益工具投资 [以公允价值为基础] B 投资收益 [A、B之差] 贷：应收账款等放弃的债权 [账面价值] A	
修改其他条款	全部债权终止确认的	借：应收账款——重组债权 [按修改后条款以公允价值计量] B 投资收益 [A、B之差] 贷：应收账款等放弃的债权 [账面价值] A	借：应付账款等债务 [账面价值] A 借或贷：投资收益、其他收益 [A、B之差] 贷：应付账款——重组债务 B* *按金融工具确认和计量准则进行计量
	被重组债权未终止确认的	对以摊余成本计量的债权： 借或贷：应收账款等 [重新计量账面余额，需调整的金额] 贷或借：投资收益	对以摊余成本计量的债务： 借或贷：投资收益 贷或借：应付账款等 [重新计量账面余额，需调整的金额]

【特别提示】实务中债务人是在债务重组合同签署日确认债务重组相关损益吗？

根据《企业会计准则第22号——金融工具确认和计量》有关金融负债终止确认的规定，债务人应在债务的现时义务解除时终止确认债务。由于债权人与债务人之间进行债务重组涉及债权和债务的认定、清偿方式和期限等的协商，通常需要经历较长时间（例如破产重整中进行的债务重组）。所以，债务人只有在相关债务的现时义务解除日才能终止确认债务，并确认相应的重组损益。换句话说，在签署债务重组合同的时点，如果债务的现时义务尚未解除，债务人不能确认债务重组相关损益。

下面举例予以说明。

【例10-1】甲企业于2×20年11月1日向乙企业赊购一批原材料，价格为3 000 000元，增值税为390 000元，货款及税款原定于3个月后付清。因甲企业出现严重的资金周转困难，无法按合同规定如期足额偿还债务，双方于2×21年2月10日签订债务重组协议，乙企业同意甲企业以在5日之内支付3 200 000元现金的方式了结此项债务。甲企业于2×21年2月14日用转账支票支付了3 200 000元给乙企业。

根据上述资料，甲、乙企业2×21年2月14日有关账务处理见表10-2。

表10-2　**以货币资金清偿债务双方的账务处理**　单位：元

甲企业			乙企业		
借：应付账款	3 390 000		借：银行存款	3 200 000	
贷：银行存款		3 200 000	投资收益	190 000	
投资收益		190 000	贷：应收账款		3 390 000

【例10-2】资料见例10-1。假定乙企业已于2×20年12月31日为该项应收账款计提了100 000元的坏账准备。

债务人甲企业的账务处理同例10-1，而债权人乙企业的账务处理为：

借：银行存款　3 200 000

　　坏账准备　100 000

　　投资收益　90 000

　贷：应收账款　3 390 000

【例10-3】甲企业于2×20年4月1日向乙企业购入一批原材料，价格为6 000 000元，增值税为780 000元，货款及税款共6 780 000元原定于3个月后付清，但甲企业没有按期偿还债务。双方于2×20年7月29日签订债务重组协议。协议约定，甲企业将以其持有的一项确认为交易性金融资产的对丙企业的股票投资和一项确认为其他权益工具投资的对丁企业的股票投资来抵偿所欠乙企业的6 780 000元应付账款。该交易性金融资产的账面价值为400 000元，重组前已确认的公允价值变动损失为10 000元，重组当日的公允价值为390 000元；该其他权益工具投资的账面价值为6 000 000元（包含原累积确认的公允价值变动利得50 000元），重组当日的公允价值为5 530 000元。2×20年7月30日双方办理了两项股权的转让手续。甲、乙企业分别支付7 000元、4 000元的相关费用。假定乙企业该项应收账款的公允价值等于账面价值。其他相关税费略。

假定乙企业将受让的股权投资区分两种情况进行处理：作为长期股权投资、作为以公允价值计量且其变动计入其他综合收益的金融资产。

根据上述资料，甲、乙企业2×20年7月30日有关账务处理见表10-3。

表10-3 以按公允价值计量的金融资产清偿债务双方的账务处理 单位：元

甲企业	乙企业
①确认债务重组： 借：应付账款 6 780 000 贷：交易性金融资产 390 000 其他权益工具投资 6 000 000 银行存款 7 000 投资收益 383 000 ②结转其他综合收益： 借：其他综合收益 50 000 贷：盈余公积、利润分配 50 000	如将受让资产作为长期股权投资： 借：长期股权投资 6 784 000 贷：应收账款 6 780 000 银行存款 4 000 如将受让资产作为以公允价值计量且其变动计入其他综合收益的金融资产： 借：其他权益工具投资 5 924 000* 投资收益 860 000 贷：应收账款 6 780 000 银行存款 4 000 *5 924 000=390 000+5 530 000+4 000

【例10-4】资料见例10-3，假定双方于2×20年7月29日签订的债务重组协议约定，甲企业以其所生产的一批A商品偿还此项债务。该批商品的账面价值为4 500 000元，市价为5 000 000元，增值税税率为13%。甲企业2×20年7月30日支付2 000元的运费将该批商品交付给乙企业，乙企业将其作为原材料核算。其他相关税费略。

根据上述资料，甲、乙企业2×20年7月30日有关账务处理见表10-4。

表10-4 以存货清偿债务双方的账务处理 单位：元

甲企业	乙企业
借：应付账款 6 780 000 贷：库存商品 4 500 000 应交税费——应交增值税（销项税额） 650 000 银行存款 2 000 其他收益——债务重组收益 1 628 000	借：原材料 6 130 000 应交税费——应交增值税（进项税额） 650 000 贷：应收账款 6 780 000

【例10-5】资料见例10-3。假定双方于2×20年7月29日签订的债务重组协议约定，甲企业以其一项固定资产抵偿该项债务，该项固定资产的账面原始价值为6 400 000元，累计已提折旧600 000元，经评估确认的净值为5 900 000元；甲企业支付了2 000元的拆卸、运输费用；乙企业支付了3 000元的安装费用之后，将该设备作为固定资产交付使用。其他相关税费略。

根据上述资料，甲、乙企业2×20年7月30日有关账务处理见表10-5。

表10-5 以固定资产清偿债务双方的账务处理 单位：元

甲企业	乙企业
①将固定资产转入清理： 借：固定资产清理 5 800 000 累计折旧 600 000 贷：固定资产 6 400 000 ②支付清理费用： 借：固定资产清理 2 000 贷：银行存款 2 000 ③用固定资产抵偿债务： 借：应付账款 6 780 000 贷：固定资产清理 5 802 000 其他收益——债务重组收益 978 000	①注销被重组的债权并受让固定资产： 借：在建工程 6 780 000 贷：应收账款 6 780 000 ②支付安装费用： 借：在建工程 3 000 贷：银行存款 3 000 ③将固定资产交付使用： 借：固定资产 6 783 000 贷：在建工程 6 783 000

【例10-6】资料见例10-3，假定双方于2×20年7月29日签订的债务重组协议约定，甲企业以其一项专利权抵偿该项债务。该项无形资产的账面原始价值为7 400 000元，已累计摊销350 000元，已计提减值准备50 000元。其他相关税费略。

根据上述资料，甲、乙企业2×20年7月30日有关账务处理见表10-6。

表10-6 以无形资产清偿债务双方的账务处理 单位：元

甲企业	乙企业
借：应付账款 6 780 000 其他收益——债务重组收益 220 000 无形资产减值准备 50 000 累计摊销 350 000 贷：无形资产 7 400 000	借：无形资产 6 780 000 贷：应收账款 6 780 000

【例10-7】甲企业2×20年4月30日因向乙企业购入一批原材料（价格为1 000 000元，增值税为130 000元）而开出面值为1 130 000元的6个月期的商业汇票。2×20年10月30日，甲企业与乙企业签订了债务重组协议。协议约定，甲企业以180 000股本企业普通股抵偿所欠乙企业的债务。甲企业的普通股面值为每股1元，市价为每股5元。甲企业支付1 000元的发行费用，乙企业支付1 000元的相关费用，并办理完股票登记手续。其他相关税费略。

根据上述资料，分别假定乙企业将转成的权益工具作为长期股权投资、指定为以公允价值计量且其变动计入其他综合收益的金融资产、分类为以公允价值计量且其变动计入当期损益的金融资产，进行甲、乙企业的相关账务处理。

双方的账务处理见表10-7。

表10-7　　将债务转为权益工具方式下双方的账务处理　　单位：元

甲企业	乙企业
借：应付票据　1 130 000 　贷：股本　180 000 　　资本公积——股本溢价　719 000 　　银行存款　1 000 　　投资收益　230 000	如果将转成的股权作为长期股权投资核算： 借：长期股权投资——甲企业　1 131 000 　贷：应收票据　1 130 000 　　银行存款　1 000
	如果将转成的股权指定为以公允价值计量且其变动计入其他综合收益的金融资产： 借：其他权益工具投资　901 000 　　投资收益　230 000 　贷：应收票据　1 130 000 　　银行存款　1 000
	如果将转成的股权分类为以公允价值计量且其变动计入当期损益的金融资产： 借：交易性金融资产　900 000 　　投资收益　231 000 　贷：应收票据　1 130 000 　　银行存款　1 000

【例10-8】2×20年年末甲企业欠乙企业的货款共1 160 000元。双方签订的债务重组协议约定的债务重组方式为：乙企业同意将甲企业的债务免除160 000元，重组债权（重组日的公允价值等于账面价值）的偿还日延至2×21年12月31日，并从债务重组日起以2%的年利率（等于实际利率）支付利息。

根据上述资料，甲、乙企业的有关计算及账务处理见表10-8。

表10-8　　修改其他条款的债务重组中双方的账务处理　　单位：元

甲企业	乙企业
①计算重组债务的公允价值。根据题意，重组债务的公允价值为1 000 000元。 ②债务重组日终止确认相关债务并确认重组债务： 借：应付账款　1 160 000 　贷：应付账款——重组债务　1 000 000 　　投资收益　160 000 ③2×21年12月31日偿还重组债务： 借：财务费用　20 000 　应付账款——重组债务　1 000 000 　贷：银行存款　1 020 000	①债务重组日终止确认相关债权并确认重组债权： 借：应收账款——重组债权　1 000 000 　　投资收益　160 000 　贷：应收账款　1 160 000 ②2×21年12月31日终止确认重组债权： 借：银行存款　1 020 000 　贷：财务费用　20 000 　　应收账款——重组债权　1 000 000

【例10-9】甲企业应付乙企业一笔进货款2 340 000元。2×20年12月31日，双方签订的债务重组协议约定：甲企业需在2×20年12月31日通过转让以下两项资产和债务转资本的方式偿还债务的60%，转让一项账面价值为700 000元、评估的公允价值为750 000元的土地使用权，转让其对丙企业的账面价值为300 000元、公允价值为350 000元的长期股权投资，交付100 000股面值为1元、市价为4元的甲企业普通股；剩余债务免除36 000元后的余额（公允价值等于900 000元）延至2×21年12月31日还清，并从债务重组日起以2%

的利率（等于实际利率）按年支付利息。乙企业已为该项债权计提坏账准备40 000元。其他相关税费略。

根据上述资料，甲、乙企业有关账务处理见表10-9。

表10-9　　以组合方式清偿债务时双方的账务处理　　单位：元

甲企业	乙企业
①债务重组日偿还部分债务并确认重组债务： 借：应付账款　2 340 000 　贷：无形资产　700 000 　　长期股权投资——丙企业　300 000 　　股本　100 000 　　资本公积——股本溢价　300 000 　　应付账款——重组债务　900 000 　　其他收益——债务重组收益　40 000	①债务重组日终止确认部分债权并确认重组债权（假定被重组的债权的公允价值等于账面价值）： 借：无形资产　700 000 　长期股权投资——丙企业　326 700 　　　　　　——甲企业　373 300 （以上三项：(A-B)的差额按比例分配） 　应收账款——重组债权　900 000（自身公允价值）B 　坏账准备　40 000 　贷：应收账款　2 340 000 （坏账准备、应收账款：账面价值等于公允价值A）
②2×21年12月31日确认当年利息费用并偿还重组债务： 借：应付账款——重组债务　900 000 　　财务费用　18 000 　贷：银行存款　918 000	②2×21年12月31日确认当年利息收入并收回重组债权： 借：银行存款　918 000 　贷：应收账款——重组债权　900 000 　　财务费用　18 000

【公司实务】赛象科技债务重组公告

天津赛象科技股份有限公司（赛象科技，002337）关于与宁夏神州轮胎有限公司进行债务重组的公告："为了加速应收账款清收，防范经营风险，天津赛象科技股份有限公司（以下简称"赛象科技"或"公司"）拟与宁夏神州轮胎有限公司（以下简称"宁夏神州"）于2020年6月12日在天津签署三份《债权债务重组协议》，针对宁夏神州欠付赛象科技部分应收账款人民币12 755 245.00元进行债务重组，宁夏神州以电汇形式向本公司支付货款人民币10 204 196.00元，剩余人民币2 551 049.00元视为债务重组损失，此款项收到后，涉及上述应收款项的债权债务关系完全解除。"

要求：根据上述资料，分别进行债务重组日债务重组双方的有关账务处理（假定债务重组日收到汇款）。

公司实务参考答案

专题讲解：债务重组相关损益记入什么报表项目

智能测评10-1

第二节 预计负债

一、相关概念

预计负债与或有事项有关，下面先来看几个相关概念。

（一）或有事项

或有事项，是指过去的交易或事项形成的，其结果须由某些未来事项的发生或不发生才能决定的不确定事项。常见的或有事项主要包括：未决诉讼或未决仲裁、债务担保、产品质量保证（含产品安全保证）、亏损合同、重组义务、环境污染整治、承诺等。

或有事项具有以下特征：

1.或有事项是由过去的交易或者事项形成的

或有事项作为一种不确定事项，是由企业过去的交易或者事项形成的。这里有两层含义，一方面，或有事项的现状是过去交易或者事项引起的客观存在；另一方面，未来可能发生的自然灾害、交通事故、经营亏损等事项，不属于或有事项准则规范的或有事项。

2.或有事项的结果具有不确定性

或有事项的结果具有不确定性，是指或有事项的结果是否发生具有不确定性或者或有事项的结果预计将会发生，但发生的具体时间或金额具有不确定性。例如有些未决诉讼，被告是否会败诉，在案件审理过程中有时是难以确定的，需要根据法院判决情况加以确定。再如，某企业因生产排污治理不力并对周围环境造成污染而被起诉，如无特殊情况，该企业很可能败诉。但是，在诉讼成立时，该企业因败诉将支出多少金额，或者何时将发生这些支出，可能是难以确定的。

3.或有事项的结果须由未来事项决定

或有事项对企业是有利影响还是不利影响，或已知是有利影响或不利影响但影响多大，在或有事项发生时是难以确定的，只能由未来不确定事项的发生或不发生才能证实。例如，企业为其他单位提供债务担保，该担保事项最终是否会要求企业履行偿还债务的连带责任，一般只能看被担保方的未来经营情况和偿债能力。如果被担保方经营情况和财务状况良好且有较好的信用，那么企业将不需要履行该连带责任。只有在被担保方到期无力还款时，企业（担保方）才承担偿还债务的连带责任。

从或有事项的概念可以看出，或有事项与不确定性有关。但是，存在不确定性的不一定都是或有事项，即：会计处理过程中存在的不确定性并不都形成或有事项准则所规范的或有事项。例如，折旧的提取虽然涉及对固定资产净残值和使用寿命的估计，具有一定的不确定性，但固定资产原值是确定的，其价值最终会转移到成本或费用中也是确定的，因此折旧不是或有事项。对资产减值准备的估计，也是同样的道理。

（二）或有资产

或有资产，是指过去的交易或者事项形成的潜在资产，其存在须通过未来不确定事项的发生或不发生予以证实。或有资产作为一种潜在资产，其结果具有较大的不确定性，只有随着经济情况的变化，通过某些未来不确定事项的发生或不发生才能证实其是否会形成企业真正的资产。例如，甲企业向法院起诉乙企业侵犯了其专利权。法院尚未对该案件进行公开审理，甲企业是否胜诉尚难判断。对于甲企业而言，将来可能胜诉而获得的赔偿属于一项或有资产，但这项或有资产是否会转化为真正的资产，要由法院的判决结果确定。如果终审判决结果是甲企业胜诉，那么这项或有资产就转化为甲企业的一项资产。如果终审判决结果是甲企业败诉，那么或有资产就消失了，自然不会形成甲企业的资产。

所以，会计上对或有资产不予以确认。

（三）几个“义务”的概念

或有事项准则所指的义务包括法定义务和推定义务。

法定义务，是指因合同、法规或其他司法解释等产生的义务，通常是企业在经济管理和经济协调中，依照经济法律、法规的规定必须履行的责任。比如，企业与其他企业签订销货合同产生的产品质量保证义务，就属于法定义务。企业从事矿山开采、建筑施工、危险品生产以及道路交通运输等高危企业，按照国家有关规定提取的安全费，也属于法定义务。如果拟定中的新法律的具体条款还未最终确定，并且仅当该法律基本确定会按草拟的文本颁布时才形成义务，该义务应视为法定义务。

推定义务，是指因企业的特定行为而产生的义务。企业的特定行为，泛指企业以往的习惯做法、已公开的承诺或已公开宣布的经营政策。由于以往的习惯做法，或通过这些承诺或公开声明，企业向外界表明了它将承担特定的责任，从而使受影响的各方形成了其将履行那些责任的合理预期。例如，甲公司是一家石油企业，其经营活动中已经造成了对土地的污染。虽然其经营所在国尚无环境方面的立法，但是，甲公司已广泛向社会宣称其将对生产经营可能产生的环境污染进行整治。甲公司为此承担的污染土地整治义务就属于推定义务。

企业是否需要履行相关的法律义务或推定义务？这就要看相关义务是潜在义务还是现时义务。

潜在义务，是指结果取决于不确定未来事项的可能义务。也就是说，潜在义务最终是否转变为现时义务，由某些未来不确定事项的发生或不发生才能决定。比如，乙企业起诉甲企业有侵权行为，在法院尚未受理该诉讼的情况下，对于甲企业而言，可能的赔偿就是潜在义务。

现时义务，是指企业在现行条件下已承担的义务。上述举例中，销售产品的企业所承担的产品质量保证义务、提取安全费的企业所负有的完善和改进企业或者项目安全生产条件的义务以及企业宣称将要履行的污染治理义务，都属于现时义务。

（四）或有负债

或有负债，是指过去的交易或者事项形成的潜在义务，其存在须通过未来不确定事项的发生或不发生予以证实；或过去的交易或者事项形成的现时义务，履行该义务不是很可能导致经济利益流出企业或该义务的金额不能可靠计量。

这里的“不是很可能”如何界定？图10-1是对或有事项会计准则关于事件发生的“可能性”的几个层次的简示。

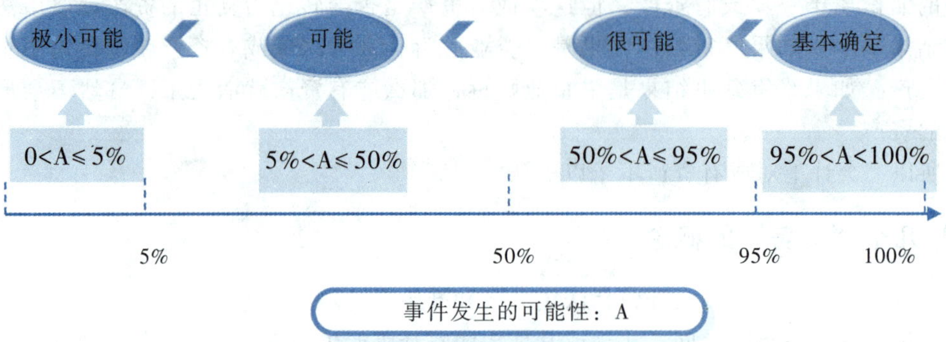

图10-1 “可能性”的层次界定

可见，或有负债即使是现时义务，该义务的履行“不是很可能”导致经济利益流出是指导致经济利益流出的可能性小于（或等于）50%。

综上所述，或有负债可能是潜在义务，也可能是现时义务。作为潜在义务，自然不符合负债的确认条件；作为现时义务，或有负债在经济利益流出的可能性或金额计量的可靠性方面，也不符合负债的确认条件。所以，会计上对或有负债不予以确认。

（五）预计负债

根据《企业会计准则第13号——或有事项》，预计负债应是与或有事项有关的义务中满足规定的确认条件的那部分义务。

二、预计负债的确认与计量

（一）初始确认条件

与或有事项相关的义务同时满足下列条件的，应当确认为预计负债：

1.该义务是企业承担的现时义务；

2.履行该义务很可能导致经济利益流出企业；

3.该义务的金额能够可靠地计量。

与或有事项有关的义务是或有负债还是应确认为预计负债，判断的流程如图10-2所示。

与或有事项有关的义务在符合上述规定的条件时应确认为预计负债，这就意味着：企业应设置“预计负债”会计科目，对预计负债进行初始确认、后续计量以及终止确认；资

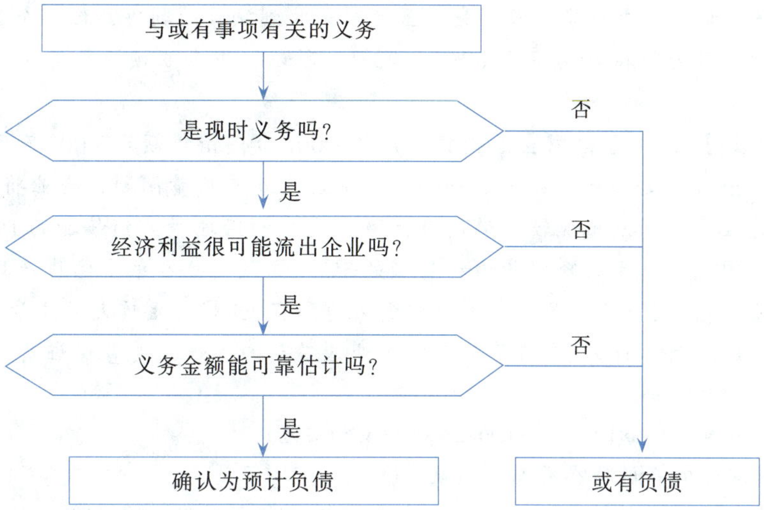

图10-2　预计负债与或有负债的判断

产负债表日，企业还需将“预计负债”科目的期末余额在资产负债表中单设的“预计负债”项目中予以报告。

【报表导向思考】为什么“预计负债”构成资产负债表中的一个单独项目？

与或有事项有关的义务，在资产负债表的负债部分仅有“预计负债”一个项目，这是因为：预计负债与或有负债都是与或有事项有关的义务，前者符合负债的确认条件，所以予以确认；后者不符合负债的定义及确认条件，所以不应予以确认，从而也不可能在报表中列报。

预计负债与应付账款等负债相比有所不同。尽管两者都是现时义务，但前者在未来的偿付时间和金额上毕竟还存在不确定性。所以，在资产负债表中，预计负债、应付账款等负债项目，要分别列报。

（二）初始计量

预计负债应当按照履行相关现时义务所需支出的最佳估计数进行初始计量。

1.最佳估计数的确定

最佳估计数的确定应当区分以下两种情况处理：

（1）所需支出存在一个连续范围（或区间，下同），且该范围内各种结果发生的可能性相同，则最佳估计数应当按照该范围内的中间值，即上下限金额的平均数确定。

（2）所需支出不存在一个连续范围，或者虽然存在一个连续范围但该范围内各种结果发生的可能性不相同。在这种情况下，最佳估计数按照如下方法确定：

①或有事项涉及单个项目的，按照最可能发生金额确定。“涉及单个项目”是指或有事项涉及的项目只有一个，如一项未决诉讼、一项未决仲裁或一项债务担保等。

②或有事项涉及多个项目的，按照各种可能结果及相关概率计算确定。“涉及多个项目”是指或有事项涉及的项目不止一个，如在产品质量保证中，提出产品保修要求的可能有许多客户。相应地，企业对这些客户负有保修义务。

【例10-10】2×20年年末，甲企业因未按合同约定及时交货而延误乙企业的正常生产，被乙企业提起诉讼要求赔偿经济损失。虽然尚未收到法院的判决，但甲企业估计很有可能需要支付的赔款金额在40万元到60万元之间。所以，甲企业预计负债的最佳估计数为50万元。

【例10-11】2×20年，甲企业销售A产品1 000台，销售额为3 000万元。甲企业的产品质量保证条款规定：产品售出后一年内，如发生正常质量问题，企业将免费负责修理。根据以往的经验，如果出现较小的质量问题，发生的修理费为销售额的1%；而如果出现较大的质量问题，发生的修理费为销售额的3%。据预测，本年度已售产品中，有90%不会发生质量问题，有8%将发生较小的质量问题，有2%将发生较大的质量问题。

根据上述资料，计算2×20年年末甲企业应确认与A产品质量保证有关的预计负债金额（最佳估计数）如下：

预计负债金额=3 000×1%×8%+3 000×3%×2%=4.2（万元）

2.计量预计负债时需要考虑的因素

企业在确定最佳估计数时，应当综合考虑与或有事项有关的风险、不确定性和货币时间价值等因素。

（1）风险和不确定性。风险是对过去的交易或事项结果的变化可能性的一种描述。风险的变动可能增加预计负债的金额。企业在不确定的情况下进行判断需要谨慎，使得收益或资产不会被高估，费用或负债不会被低估。企业需要谨慎从事，充分考虑与或有事项有关的风险和不确定性，既不能忽略风险和不确定性对或有事项计量的影响，也要避免对风险和不确定性进行重复调整，从而在低估和高估预计负债金额之间寻找平衡点。

（2）货币时间价值。预计负债的金额通常应当等于未来应支付的金额，但未来应支付金额与其现值相差较大的，如油气井及相关设施或核电站的弃置费用等，应当按照未来应支付金额的现值确定。因货币时间价值的影响，资产负债表日后不久发生的现金流出，要比一段时间之后发生的同样金额的现金流出负有更大的义务。所以，如果预计负债的确认时点距离实际清偿有较长的时间跨度，货币时间价值的影响重大，那么在确定预计负债的金额时，应考虑采用现值计量，即通过对相关未来现金流出进行折现后确定最佳估计数。将未来现金流出折算为现值时，需要注意以下三点：①用来计算现值的折现率，应当是反映货币时间价值的当前市场估计和相关负债特有风险的税前利率。②风险和不确定性既可以在计量未来现金流出时作为调整因素，也可以在确定折现率时予以考虑，但不能重复反映。③随着时间的推移，即使在未来现金流出和折现率均不改变的情况下，预计负债的现值将逐渐增长。企业应当在资产负债表日，对预计负债的现值进行重新计量。

（3）未来事项。在确定预计负债的金额时，企业应当考虑可能影响履行现时义务所需金额的相关未来事项。也就是说，如果有足够的客观证据表明相关未来事项将会发生，则应当在预计负债计量中予以考虑相关未来事项的影响，但不应考虑预期处置相关资产形成的利得。预期的未来事项对预计负债的计量可能较为重要。例如，某核电企业预计在生产结束时清理核废料的费用将因未来技术的变化而显著降低。那么，该企业因此确认的预计负债金额应当反映有关专家对技术发展以及清理费用减少作出的合理预测。但是，这种预计需要得到相当客观的证据予以支持。

3.预期可获得补偿不应抵减预计负债

企业清偿预计负债所需支出全部或部分预期由第三方补偿的，补偿金额只有在基本确定能够收到时才能作为资产单独确认，而不能作为预计负债金额的扣减。确认的补偿金额应为基本确定能够收到的金额，不应当超过预计负债的账面价值。

【例10-12】资料见例10-10。在乙企业向甲企业索赔的本诉讼案例中，甲企业延迟交货的起因在于丙企业，所以甲企业还可从丙企业获得35万元的赔偿，且这项金额基本确定能收到。在这种情况下，甲企业应分别确认一项50万元的预计负债和一项35万元的其他应收款。如果甲企业基本确定能从乙企业获得50万元的赔偿，则应分别确认一项50万元的预计负债和一项50万元的其他应收款。

（三）后续计量及终止确认

企业应当在资产负债表日对预计负债的账面价值进行复核。有确凿证据表明该账面价值不能真实反映当前最佳估计数的，应当按照当前最佳估计数对该账面价值进行调整。

企业对已经确认的预计负债，应在实际支出发生时进行终止确认。

（四）基本业务的账务处理

企业应设置“预计负债”科目，核算企业确认的对外提供担保、未决诉讼、产品质量保证、重组义务、亏损性合同以及预计弃置费等预计负债的增减变动和结余情况。本科目可按形成预计负债的交易或事项进行明细核算。

下面举例说明确认与计量预计负债的账务处理。

1.未决诉讼或未决仲裁

未决诉讼对于原告来讲，可能形成一项或有资产；对于被告而言，则可能形成一项潜在义务或现时义务。未决仲裁对于当事人双方而言，也有可能形成一方的一项或有资产，并形成另一方的一项潜在义务或现时义务。如果该现时义务符合确认为预计负债的条件，则需确认为预计负债。

如果前期资产负债表日已确认的预计负债金额与企业当期实际发生的诉讼损失金额两者之间存在差额，要区分不同情况进行会计处理：（1）如果原来的估计金额是在当时情况下的合理预计，可将该差额直接计入或冲减当期营业外支出；（2）如果原来的估计金额与当时情况严重不符，则对该差额按照重大会计差错更正的方法进行处理。

如果企业在前期资产负债表日因确实无法合理预计诉讼损失而未确认预计负债，实际发生损失的当期，需将相关损失直接计入当期营业外支出。

资产负债表日后至财务报告批准报出日之间发生的需要调整或需要说明的未决诉讼，按照资产负债表日后事项进行会计处理。

下面举例予以说明。

【例10-13】资料见例10-12。2×20年年末的该未决诉讼使甲企业承担一项现时义务，该义务的履行很可能导致甲企业要向乙企业支付50万元的诉讼赔款；另外，基本确定能从丙企业获得的预期赔偿为35万元。2×21年1月20日收到法院判决，甲企业赔偿乙企业50万元；1月25日收到丙企业的赔款35万元。

甲企业有关账务处理为：

①2×20年年末确认预计负债和预期可获得赔偿时：

借：营业外支出	500 000	
贷：预计负债——未决诉讼		500 000
借：其他应收款——丙企业	350 000	
贷：营业外收入		350 000

②2×21年1月20日向乙企业支付赔偿时：

借：预计负债——未决诉讼	500 000	
贷：银行存款		500 000

③收到丙企业赔偿时：

借：银行存款	350 000	
贷：其他应收款——丙企业		350 000

【例10-14】资料见例10-13。假定法院判决的实际赔付金额为60万元或40万元，则甲企业支付赔偿款时：

①如果法院判决的实际赔付金额为60万元，支付赔偿款时：

借：预计负债——未决诉讼	500 000	
营业外支出	100 000	
贷：银行存款		600 000

②如果法院判决的实际赔付金额为40万元，则支付赔偿款时：

借：预计负债——未决诉讼	500 000	
贷：银行存款		400 000
营业外支出		100 000

2.产品质量保证

对于产品质量保证，企业需在符合负债确认条件的情况下，于销售成立时确认预计负债。在后续计量过程中，企业应注意以下几点：

如果发现保证费用的实际发生额与预计数相差较大，应及时对预计比例进行调整；如果企业针对特定批次产品确认预计负债，则在保修期结束时，应将“预计负债——产品质量保证”科目的余额冲销，同时冲减销售费用；已对其确认预计负债的产品，如企业不再生产了，应在相应的产品质量保证期满后，将“预计负债——产品质量保证”科目的余额冲销，不留余额。

下面举例予以说明。

【例10-15】资料见例10-11。假定甲企业在销售A产品之后的一年内实际支付修理费用40 000元。

甲企业有关账务处理为：

①2×20年年末确认预计负债时：

借：销售费用	42 000	
贷：预计负债——产品质量保证		42 000

②2×21年实际发生修理费用时：

借：预计负债——产品质量保证	40 000	

贷：应付职工薪酬等　　40 000

③保修期满冲回多计预计负债时：

借：预计负债——产品质量保证　　2 000

贷：销售费用　　2 000

3.债务担保

在债务担保业务中，提供担保的一方在被担保方无法履行合同时，往往需要承担连带责任，从而有可能涉及预计负债的确认。

【例 10-16】资料：2×20 年 12 月，A、B、C 三个公司分别从银行贷款 1 000 万元、2 000 万元和 3 000 万元，贷款期限分别为 1 年、2 年和 3 年。甲企业分别为这三个公司的贷款提供 50%、80% 和 100% 的担保。2×21 年年初，A 公司因财务状况出现严重问题，贷款逾期未还，银行已经起诉 A 公司和甲企业，甲企业根据掌握的情况估计因承担连带责任很可能要赔偿 200 万元；B 公司的经营环境发生重大变化，估计年底不能如期偿还到期债务，甲企业可能承担的损失金额目前尚无法合理预计；C 公司的经营状况比较正常，尚无不能偿还到期债务的迹象。

问题：甲企业是否需要确认相关的预计负债？如何确认？

分析：根据上述资料，甲企业对 A 公司的债务担保符合确认预计负债的条件，需要确认很可能支付的赔偿义务。所以，有关账务处理为：

借：营业外支出　　2 000 000

贷：预计负债——债务担保　　2 000 000

4.亏损合同

亏损合同产生的义务满足预计负债确认条件的，应当确认为预计负债。其中，亏损合同，是指履行合同义务不可避免会发生的成本超过预期经济利益的合同。企业与其他单位签订的商品销售合同、劳务合同、租赁合同等，均可能变为亏损合同。

企业对亏损合同进行会计处理，需要遵循以下两点：

（1）如果与亏损合同相关的义务不需支付任何补偿即可撤销，企业通常就不存在现时义务，不应确认预计负债；如果与亏损合同相关的义务不可撤销，企业就存在了现时义务，同时满足该义务很可能导致经济利益流出企业和金额能够可靠地计量的，通常应当确认预计负债。

（2）亏损合同存在标的资产的，应当对标的资产进行减值测试并按规定确认减值损失，如果预计亏损超过该减值损失，应将超过部分确认为预计负债；合同不存在标的资产的，亏损合同相关义务满足预计负债确认条件时，应当确认为预计负债。

【例 10-17】资料：甲企业 2×20 年 6 月份签订了一笔销售合同，合同约定生产 4 台工程机械车，每台售价人民币 100 万元。截至 2×20 年 12 月 31 日，甲企业仅完成了第一台和第二台车的生产。其中第一台车的生产成本 98 万元；由于原材料市场的变化，第二台车的生产成本升至 108 万元，第三台和第四台车尚未开始生产。预计第三、第四台的单位生产成本将达到 110 万元。销售合同规定，如果企业不能按期于 2×21 年 6 月份交付商品，乙企业将对甲企业处以总价款 30% 的违约金。假定不考虑相关税费。

问题：此时的销售合同是否可判定为亏损合同？是否需要计提预计负债以及存货跌价准备？

分析：首先，根据本例的现有信息来看，履行合同义务不可避免会发生26万元的损失。该销售合同已构成亏损合同。其次，应为该合同的标的资产计提跌价准备6万元。再次，由于预计损失超过减值损失20万元，所以，应确认预计负债20万元。

甲企业有关账务处理为：

①2×20年12月31日确认存货跌价损失时：

借：资产减值损失　　60 000

　贷：存货跌价准备　　60 000

②2×20年12月31日确认预计负债时：

借：营业外支出　　200 000

　贷：预计负债——亏损合同　　200 000

③2×21年第三、第四台产品生产完工后，将原已确认的预计负债冲减生产成本时：

借：预计负债——亏损合同　　200 000

　贷：库存商品　　200 000

至此，4台产品的账面成本为400万元（400=426−26，其中426=98+108+110+110，26=6+20）。亏损合同的累计亏损26万元已预先通过计入"资产减值损失"和"营业外支出"减少了上年度利润。

5.重组义务

重组是指企业制定和控制的，将显著改变企业组织形式、经营范围或经营方式的计划实施行为。属于重组的事项主要包括：（1）出售或终止企业的部分业务；（2）对企业的组织结构进行较大调整；（3）关闭企业的部分营业场所，或将营业活动由一个国家或地区迁移到其他国家或地区。企业应当将重组与企业合并、债务重组区别开。因为重组通常是企业内部资源的调整和组合，谋求现有资产效能的最大化；企业合并是在不同企业之间的资本重组和规模扩张；债务重组是在不改变交易对手方的情况下，经债权人和债务人协定或法院裁定，就清偿时间、金额或方式等重新达成协议的交易。

企业只有在承诺出售部分业务（即签订了约束性出售协议）时，才能确认因重组而承担的重组义务。企业因重组而承担了重组义务，并且同时满足预计负债确认条件时，才能确认预计负债。首先，同时存在下列情况的，表明企业承担了重组义务：（1）有详细、正式的重组计划，包括重组涉及的业务、主要地点、需要补偿的职工人数、预计重组支出、计划实施时间等。（2）该重组计划已对外公告。重组计划已对外公告，是指重组计划已开始实施，或已向受其影响的各方通告了该计划的主要内容，从而使各方形成了对该企业将实施重组的合理预期。其次，需要判断重组义务是否同时满足预计负债确认条件，即判断其承担的重组义务是否是现时义务、履行重组义务是否很可能导致经济利益流出企业、重组义务的金额是否能够可靠计量。只有同时满足这三个确认条件，才能将重组义务确认为预计负债。

企业应当按照与重组有关的直接支出确定预计负债金额，计入当期损益。其中，直接支出是企业重组必须承担的直接支出，不包括留用职工岗前培训、市场推广、新系统和营销网络投入等支出。由于企业在计量预计负债时不应当考虑预期处置相关资产的利得或损失，在计量与重组义务相关的预计负债时，不考虑处置相关资产（厂房、店面，有时是一个事业部整体）可能形成的利得或损失，即使资产的出售构成重组的一部分也是如此。这些利得或损失应当单独确认。

下面举例予以说明。

【例 10-18】甲企业董事会决定关闭一个事业部。如果有关决定尚未传达到受影响的各方，也未采取任何措施实施该项决定，该公司就没有开始承担重组义务，不应确认预计负债；如果有关决定已经传达到受影响的各方并使各方对企业将关闭事业部形成合理预期，通常表明企业开始承担重组义务，同时满足该义务很可能导致经济利益流出企业和金额能够可靠地计量的，应当确认预计负债。

6.预计弃置费用

预计弃置费用通常是指根据国家法律和行政法规、国际公约等规定，企业承担的环境保护和生态恢复等义务所确定的预期支出，如油气资产、核电站核设施等的弃置和恢复环境义务。预计弃置费用的金额与其现值相比，通常存在较大差异，需要考虑货币时间价值。所以，对于这些特殊行业的特定固定资产，企业应当根据《企业会计准则第13号——或有事项》，按照现值计算确定预计弃置费用中应计入固定资产成本的金额和相应的预计负债。在固定资产的使用寿命内按照预计负债的摊余成本和实际利率计算确定的利息费用应计入财务费用，不调整固定资产成本。

根据财政部2014年1月17日颁布的《企业会计准则解释第6号》，由于技术进步、法律要求或市场环境变化等原因，特定固定资产的履行弃置义务可能发生支出金额、预计弃置时点、折现率等变动而引起的预计负债变动，应按照如下原则调整固定资产的成本：

（1）对于预计负债的减少，以该固定资产账面价值为限扣减固定资产成本。如果预计负债的减少额超过该固定资产的账面价值，超过部分确认为当期损益。

（2）对于预计负债的增加，增加该固定资产成本。

下面举例予以说明。

【例 10-19】甲企业经国家审批建造一个核电站，2×20年1月1日，该项设备建造完成并交付使用，建造成本共90 000 000元，预计使用寿命10年。由于该核电站的主体设备核反应堆将会对当地的生态环境产生一定的影响，根据法律规定，企业应在该项设备使用期满后将其拆除，并对造成的污染进行整治。经测算，预计弃置费用为1 000 000元。假定折现率（即实际利率）为5%，则2×20年1月1日测算的预计弃置费用的现值为613 900元。假定2×22年年初根据最新掌握的信息，预计该固定资产的弃置费用将比原先的预计金额高出200 000元。经过重新测算，预计负债的余额应比现有余额增加135 365元。

甲企业有关账务处理为：

①2×20年年初，对固定资产进行初始确认时：

借：固定资产——生产用固定资产	90 613 900	
贷：在建工程		90 000 000
预计负债——预计弃置费		613 900

②2×20年年末，确认当年应负担的利息费用时：

借：财务费用	30 695	
贷：预计负债——预计弃置费		30 695

③2×21年年末，确认当年应负担的利息费用时：

借：财务费用　　32 230

　贷：预计负债——预计弃置费　　32 230

④2×22年年初，调整预计负债账面价值时：

借：固定资产——生产用固定资产　　135 365

　贷：预计负债——预计弃置费　　135 365

智能测评10-2

第三节　借款费用

一、借款费用的内容

（一）借款费用的含义

借款费用，是指企业因借款而发生的利息及其他相关成本。作为借入资金所付出的代价，借款费用包括借款利息、折价或溢价的摊销、辅助费用以及因外币借款而发生的汇兑差额等。

1.借款利息，是指因借款而发生的应付利息（即名义利息），包括企业向银行等金融机构借入资金而发生的应付利息、发行公司债券发生的应付利息以及为购建或者生产符合资本化条件的资产而承担的带息债务所发生的应付利息等，其金额是按借款的本金或债券的面值与票面利率（名义利率）计算确定。

2.折价或溢价的摊销，是指折价或溢价发行债券情况下的每期折价或溢价的摊销。折价或溢价的摊销，实际上是对利息的调整：将名义利息调整为实际利息。对于应付债券而言，通常情况下，按实际利率法计算确定的实际利息等于名义利息与折价摊销额之和或等于名义利息与溢价摊销额之差。

3.辅助费用，是指因借款而发生的手续费、佣金、印刷费之类的费用。这些费用作为安排借款的交易费用，属于借款的代价，应构成借款费用的组成部分。根据《企业会计准则第22号——金融工具确认和计量》，按摊余成本计量的金融负债，其相关交易费用应当计入初始确认金额。企业的借入资金通常属于按摊余成本计量的金融负债，所以，其辅助费用的发生减少了相关借款的初始确认金额，从而辅助费用的摊销亦如折价的摊销，构成对利息费用的调整。

4.因外币借款而发生的汇兑差额，是指外币借款中由于汇率变动导致的借款本金及应付利息的记账本位币金额发生的变动。这种变动是外币借款需要承受的风险，属于借款的代价，构成借款费用的组成部分。

可见，借款费用上述因素中的前三项都会影响利息费用，换句话说，利息费用是按实际利率法计算确定的实际利息，其影响因素有三个：名义利息、折价或溢价的摊销、相关辅助费用。从这个意义上来说，借款费用包括利息费用和外币借款折算差额。

（二）专门借款与符合资本化条件的资产

专门借款，是指为购建或者生产符合资本化条件的资产而专门借入的款项。

符合资本化条件的资产，是指需要经过相当长时间（通常为1年或1年以上）的购建或生产活动才能达到预定可使用或可销售状态的固定资产、投资性房地产和存货等资产，以及符合条件的建造合同成本、确认为无形资产的研发支出。

专门借款以外的借款，属于一般借款。

二、借款费用的确认与计量

（一）借款费用的确认

借款费用的确认主要关系到将借款费用资本化还是费用化的问题。企业对于所发生的借款费用，符合资本化条件的，应该予以资本化，计入有关资产的建造或生产成本；不能进行资本化处理的，应该费用化，计入当期损益。

1.借款费用资本化的时点

借款费用允许开始资本化，必须同时满足以下三个条件：资产支出已经发生、借款费用已经发生、为使资产达到预定可使用或可销售状态所必要的购建或者生产活动已经开始。

（1）资产支出已经发生，是指包括支付现金、转移非现金资产和承担带息债务形式所发生的支出已经发生。其中，支付现金，是指用货币资金支付符合资本化条件的资产的购建或者生产支出；转移非现金资产，是指企业将自己的非现金资产直接用于符合资本化条件的资产的购建或者生产；承担带息债务，是指企业为了购建或者生产符合资本化条件的资产所需物资等而承担的带息应付款项（如带息应付票据）。

比如，甲企业用银行存款购买为建造固定资产所需用的物资、支付有关职工薪酬、向工程承包商支付工程进度款等，这些支出均属于资产支出；乙企业将自己生产的钢材等产品，用于符合资本化条件的产品的生产，也属于资产支出。再比如，丙企业因建设长期工程，于2×20年7月1日购入一批工程用物资，开出一张20万元的带息银行承兑汇票，期限为3个月，票面年利率为4%。该事项虽未使企业直接支付现金，但自7月1日开出承兑汇票开始企业就要为这笔债务承担代价——支付利息，所以，该带息债务发生之时意味着资产支出已经发生。

（2）借款费用已经发生，是指企业已经发生了因购建或者生产符合资本化条件的资产而专门借入款项的借款费用或者所占用的一般借款的借款费用。

比如，丁企业于2×20年7月1日为建造一艘预期2×21年年末完工的工程船，从银行专门借入款项3 000万元，当日开始计息。在2×20年7月1日即应当认为借款费用已经发生。

（3）为使资产达到预定可使用或可销售状态所必要的购建或者生产活动已经开始，是指符合资本化条件的资产的实体建造或者生产工作已经开始，如主体设备的安装、厂房的实际开工建造等。它不包括仅仅持有资产但没有发生为改变资产形态而进行的实质上的建造或者生产活动。

比如，戊企业为了建设厂房于2×20年2月初购置了建筑用地，但是尚未开工兴建房屋，有关房屋实体建造活动也没有开始，在这种情况下，仅意味着资产支出已经发生，并不意味着为使资产达到预定可使用状态所必要的购建活动已经开始。而如果戊企业于当年3月初建造该厂房的工程开工了，则为使资产达到预定可使用状态所必要的购建活动已经开始。

企业只有在同时具备上述三个条件的情况下，才可以将有关借款费用开始资本化。

2.借款费用资本化的暂停

符合资本化条件的资产在购建或者生产过程中发生非正常中断且中断时间连续超过3个月的，应当暂停借款费用的资本化。中断的原因必须是非正常中断，属于正常中断的，相关借款费用仍可资本化。

正常中断，通常是由于企业管理决策上的原因或者其他不可预见的原因等所导致的中断。比如，企业因与施工方发生了质量纠纷，或者工程、生产用料没有及时供应，或者资金周转发生了困难，或者施工、生产发生了安全事故，或者发生了与资产购建、生产有关的劳动纠纷等原因，导致资产购建或者生产活动发生中断，均属于非正常中断。

正常中断通常仅限于因购建或者生产符合资本化条件的资产达到预定可使用或者可销售状态所必要的程序，或者事先可预见的不可抗力因素导致的中断。比如，某些工程建造到一定阶段必须暂停下来进行质量或者安全检查，检查通过后才可继续下一阶段的建造工作，这类中断是在施工前可以预见的，而且是工程建造必须经过的程序，属于正常中断。某些地区的工程在建造过程中，由于可预见的不可抗力因素（如雨季或冰冻季节等原因）导致施工出现停顿，也属于正常中断。

在实务中，企业应当遵循“实质重于形式”等原则来判断借款费用暂停资本化的时间，如果相关资产购建或者生产的中断时间较长而且满足其他规定条件，则相关借款费用应当暂停资本化。

3.借款费用资本化的终止

购建或者生产符合资本化条件的资产达到预定可使用或者可销售状态时，借款费用应当停止资本化。

购建或者生产符合资本化条件的资产达到预定可使用或者可销售状态的判断依据主要有：（1）符合资本化条件的资产的实体建造（包括安装）或者生产活动已经全部完成或实质上已经完成；（2）所购建或者生产的符合资本化条件的资产与设计要求、合同规定或者生产要求相符或者基本相符，即使有极个别与设计要求、合同规定或者生产要求不相符之处，也不影响其正常使用或者销售；（3）继续发生在所购建或生产的符合资本化条件的资产上的支出金额很少或者几乎不再发生。

如果所购建或者生产的符合资本化条件的资产的各部分是分别建造、分别完工的，企业应当分情况界定借款费用停止资本化的时点。所购建或者生产的符合资本化条件的资产的各部分分别完工，且每部分在其他部分继续建造或者生产过程中可供使用或者可对外销售，且为使该部分资产达到预定可使用或者可销售状态所必要的购建或者生产活动实质上已经完成的，应当停止与该部分资产相关的借款费用的资本化，因为该部分资产已经达到了预定可使用或者可销售状态。如果企业购建或者生产的资产的各部分分别完工，但必须等到整体完工后才可使用或者对外销售，应当在该资产整体完工时停止借款费用的资本化。在这种情况下，即使各部分资产已经完工，也不能够认为该部分资产已经达到了预定可使用或者可销售状态，企业只能在所购建固定资产整体完工时，才能认为资产已经达到了预定可使用或者可销售状态，借款费用方可停止资本化。

（二）借款费用的计量

借款费用的计量需要解决的问题是如何确定资本化的借款费用金额和费用化的借款费用金额。

1.资本化的借款费用的计量

（1）利息费用金额的确定

①为购建或者生产符合资本化条件的资产而借入专门借款的，应当以专门借款当期实际发生的利息费用，减去将尚未动用的借款资金存入银行取得的利息收入或进行暂时性投资取得的投资收益后的金额，确定专门借款应予资本化的利息金额。

②为购建或者生产符合资本化条件的资产而占用了一般借款的，企业应当根据累计资产支出超过专门借款部分的资产支出加权平均数乘以所占用一般借款的资本化率，计算确定一般借款应予资本化的利息金额。资本化率应当根据一般借款加权平均利率计算确定。

③每一会计期间的利息资本化金额，不应当超过当期相关借款实际发生的利息金额。

（2）外币专门借款汇兑差额金额的确定

在资本化期间内，外币专门借款本金及其利息因汇率变动产生的汇兑差额，作为资本化金额，计入符合资本化条件的资产的成本。

2.费用化的借款费用的计量

每一会计期间的借款费用中，不符合资本化条件的部分，就是费用化的金额，主要包括：专门借款和为购建或者生产符合资本化条件的资产而占用的一般借款，相关的借款费用中不符合资本化条件的部分；未用于购建或者生产符合资本化条件的资产的一般借款的借款费用；除外币专门借款之外的其他外币借款本金及其利息所产生的汇兑差额。

下面举例说明借款费用的确认与计量。

【例 10-20】甲企业于2×20年7月1日正式动工兴建一幢厂房，工期预计为1年零6个月，工程采用出包方式，工程款共6 000万元，分别于2×20年7月1日、2×21年1月1日和2×21年7月1日分三次等额支付。甲企业为该厂房建造工程于2×20年7月1日取得专门借款2 500万元，借款期限为2年，年利率为5%。随后又在2×21年1月1日取得专门借款3 500万元，借款期限为2年，年利率为6%。借款利息每6个月支付一次。其他资料：名义利率与实际利率相同；闲置的借款资金均用于固定收益债券短期投资，该短期投资月收益率为0.5%。该厂房于2×21年12月31日完工，达到预定可使用状态。

甲企业相关会计处理如下：

（1）有关计算：

①资本化期间，借款费用资本化金额的计算见表10-10。

表10-10 资本化期间的借款费用资本化金额计算表 单位：万元

期间	实际利息费用	闲置借款的投资收益	资本化的利息费用
2×20年7月1日—2×20年12月31日	2 500×5%÷2=62.5	500×0.5%×6=15	62.5-15=47.5
2×21年1月1日—2×21年6月30日	（2 500×5%+3 500×6%）÷2=167.5	2 000×0.5%×6=60	167.5-60=107.5
2×21年7月1日—2×21年12月31日	（2 500×5%+3 500×6%）÷2=167.5	0	167.5
合计	397.5	75	322.5

②停止资本化之后各期的借款费用费用化金额，有关计算见表10-11。

表10-11 借款费用费用化金额计算表 单位：万元

期间	实际利息费用
2×22年1月1日—2×22年6月30日	（2 500×5%+3 500×6%）÷2=167.5
2×22年7月1日—2×22年12月31日	3 500×6%÷2=105
合计	272.5

（2）2×20年有关账务处理（会计分录金额以万元表示，后同）：

①7月1日借入专门借款2 500万元：

借：银行存款 2 500

　贷：长期借款 2 500

②7月1日支付工程款2 000万元：

借：在建工程 2 000

　贷：银行存款 2 000

③年末确认当年下半年利息费用和债券利息收益：

借：在建工程 47.5

　　应收利息（或银行存款） 15

　贷：应付利息 62.5

④年末支付名义利息：

借：应付利息 62.5

　贷：银行存款 62.5

（3）2×21年有关账务处理：

①1月1日借入专门借款：

借：银行存款 3 500

　贷：长期借款 3 500

②1月1日支付工程款2 000万元：

借：在建工程 2 000

　贷：银行存款 2 000

③6月30日确认上半年利息费用和债券利息收益：

借：在建工程　　107.5

　　应收利息（或银行存款）　　60

　贷：应付利息　　167.5

④6月30日支付上半年名义利息：

借：应付利息　　167.5

　贷：银行存款　　167.5

⑤7月1日支付工程款：

借：在建工程　　2 000

　贷：银行存款　　2 000

⑥年末确认当年下半年利息费用：

借：在建工程　　167.5

　贷：应付利息　　167.5

⑦年末支付下半年名义利息：

借：应付利息　　167.5

　贷：银行存款　　167.5

⑧工程验收交付使用：

借：固定资产　　6 322.5

　贷：在建工程　　6 322.5

（4）2×22年有关账务处理：

①6月30日确认上半年利息费用：

借：财务费用　　167.5

　贷：应付利息　　167.5

②6月30日支付上半年名义利息并偿还第一笔专门借款的本金：

借：应付利息　　167.5

　　长期借款　　2 500

　贷：银行存款　　2 667.5

③年末确认当年下半年利息费用：

借：财务费用　　105

　贷：应付利息　　105

④年末支付下半年名义利息并偿还第二笔专门借款的本金：

借：应付利息　　105

　　长期借款　　3 500

　贷：银行存款　　3 605

【例10-21】为了建造一条预计工期为14个月的新产品生产线，甲企业2×20年年末按1 027.76万元（已扣除相关辅助费用）发行一笔面值为1 000万元、票面利率为5%、期限为3年、每年年末支付当年利息、到期一次还本的债券。经测算，该债券的实际利率为4%。2×21年1月份，公司陆续购进工程用物资600万元；2月1日开始了该工程的实体建造活动，2—4月份，发生各项有关支出427.76万元。5月1日、7月1日先后发生资产支出300万元和200万元，系占用5月1日借入、利率为6%的一般借款；11月初又发生资产支出600万元，是占用了11月1日借入的利率为7%的一般借款。两笔一般借款都是到期还本付息（利息按单利计算）、期限为2年。2×22年3月末，该生产线完工并达到预定可使用状态。为简化起见，假定一般借款的实际利率等于票面利率，辅助费用及其他因素略。

甲企业有关账务处理为：

(1) 有关计算：

①专门借款（公司债券）利息费用的计算，见表10-12。

表10-12　专门借款的利息费用计算表　单位：万元

日期	名义利息（应付利息）	实际利息（利息费用）	利息调整（溢价摊销）	摊余成本
	①=面值×名义利率	②=期初摊余成本×实际利率	③=①-②	④=上行④-③
2×20年12月31日	—	—	—	1 027.76
2×21年12月31日	50	41.11	8.89	1 018.87
2×22年12月31日	50	40.75	9.25	1 009.62
2×23年12月31日	50	40.38	9.62	1 000
合计	150	122.24	27.76	0

②一般借款资本化率：

一般借款利息资本化率（年）=（500×6%+600×7%）÷（500+600）×100%=6.55%

③所占用一般借款的利息费用的计算，见表10-13。

表10-13　占用的一般借款的利息费用计算表　单位：万元

项目		资产支出金额	资产支出的加权平均数	一般借款的利息费用		
				总额	资本化的金额	费用化的金额
2×21年	5月1日	300	300×8÷12=200	500×6%×8÷12+600×7%×2÷12=27	400×6.55%=26.2	27-26.2=0.8
	7月1日	200	200×6÷12=100			
	11月1日	600	600×2÷12=100			
	合计	1 100	400			
2×22年	1—3月	1 100	1 100×3÷12=275	500×6%×3÷12+600×7%×3÷12=18	275×6.55%=18.0125>18 所以，资本化金额=18	0
	4—12月	0	0	500×6%×9÷12+600×7%×9÷12=54	0	54
2×23年	1—4月第一笔一般借款	0	0	500×6%×4÷12=10	0	10
	1—10月第二笔一般借款	0	0	600×7%×10÷12=35	0	35

④计算新生产线建设成本：

新生产线建设成本=600+427.76+300+200+600+37.68+10.19+26.2+18=2 219.83（万元）

（2）与专门借款有关的账务处理如下（会计分录金额以万元表示，后同）：

①2×20年年末发行债券时：

借：银行存款　1 027.76

　贷：应付债券——面值　1 000

　　　　　　——利息调整　27.76

②2×21年年末确认应付利息及利息费用时：

借：财务费用（41.11−37.68）　3.43

　　在建工程（41.11÷12×11）　37.68

　　应付债券——利息调整　8.89

　贷：应付利息　50

③2×21年年末支付利息时：

借：应付利息　50

　贷：银行存款　50

④2×22年年末确认应付利息及利息费用时：

借：财务费用（40.75−10.19）　30.56

　　在建工程（40.75÷12×3）　10.19

　　应付债券——利息调整　9.25

　贷：应付利息　50

⑤2×22年年末支付利息时：

借：应付利息　50

　贷：银行存款　50

⑥2×23年年末确认应付利息及利息费用时：

借：财务费用　40.38

　　应付债券——利息调整　9.62

　贷：应付利息　50

⑦2×23年年末支付债券本金和当年利息时：

借：应付利息　50

　　应付债券——面值　1 000

　贷：银行存款　1 050

（3）与一般借款有关的账务处理如下：

①2×21年5月1日借入第一笔一般借款时：

借：银行存款　500

　贷：长期借款——本金　500

②2×21年11月1日借入第二笔一般借款时：

借：银行存款　600

　贷：长期借款——本金　600

③2×21年年末确认当年的应付利息及利息费用时：

借：财务费用　　0.8
　在建工程　　26.2
　贷：长期借款——应付利息　　27

④2×22年3月末确认1—3月份的应付利息及利息费用时：

借：在建工程　　18
　贷：长期借款——应付利息　　18

⑤2×22年年末确认4—12月份的应付利息及利息费用时：

借：财务费用　　54
　贷：长期借款——应付利息　　54

⑥2×23年4月末确认第一笔一般借款当年的应付利息及利息费用时：

借：财务费用　　10
　贷：长期借款——应付利息　　10

⑦2×23年4月末偿还第一笔一般借款的本金和利息时：

借：长期借款——本金　　500
　　　　——应付利息　　60
　贷：银行存款　　560

⑧2×23年10月末确认第二笔一般借款当年的应付利息及利息费用时：

借：财务费用　　35
　贷：长期借款——应付利息　　35

⑨2×23年10月末偿还第二笔一般借款的本金和利息时：

借：长期借款——本金　　600
　　　　——应付利息　　84
　贷：银行存款　　684

【例10-22】甲企业以人民币作为记账本位币[①]。该企业在2×20年7月1日正式开工兴建一处海外物流基地，工期预计为1年零6个月，工程采用出包方式。企业于2×20年6月30日借入7月1日开始计息的外币借款1 000万美元，并于2×20年7月1日支付给施工承包方。2×21年12月31日工程达到预定可使用状态。该笔外币借款的年利率为6%，到期日为2×22年6月30日，到期一次还本付息，利息按单利计算。相关日期的汇率资料为：2×20年6月30日，1美元=7.10元人民币；2×20年7月1日，1美元=7.10元人民币；2×20年12月31日，1美元=7.20元人民币；2×21年12月31日，1美元=7.30元人民币；2×22年6月30日，1美元=7.36元人民币。为简化起见，假定实际利率等于名义利率，其他相关因素略。

甲企业有关会计处理如下：

（1）有关计算见表10-14。

① 与记账本位币及外币折算会计相关的具体内容，请参见《高级财务会计》教材。

表 10-14 **外币借款的借款费用计算表** 单位：万元

期间	利息	因汇率变动产生的汇兑差额		借款费用合计		
		本金的汇兑差额	利息的汇兑差额	合计	资本化金额	费用化金额
2×20年下半年	1 000×6%÷2×7.20=216	1 000×（7.20−7.10）=100	0	316	316	0
2×21年	1 000×6%×7.30=438	1 000×（7.30−7.20）=100	1 000×6%÷2×（7.30−7.20）=3	541	541	0
2×22年上半年	1 000×6%÷2×7.36=220.8	1 000×（7.36−7.30）=60	1 000×6%×1.5×（7.36−7.30）=5.40	286.20	0	286.20
合计	874.80	260	8.40	1 143.20	857	286.20

（2）有关账务处理为（会计分录金额以万元表示）：

①2×20年6月30日借入款项：

借：银行存款——美元户 7 100

贷：长期借款——美元户（本金） 7 100

②2×20年7月1日支付工程款：

借：在建工程 7 100

贷：银行存款——美元户 7 100

③2×20年年末计息：

借：在建工程 216

贷：长期借款——美元户（应付利息） 216

④2×20年年末确认本金的汇兑差额：

借：在建工程 100

贷：长期借款——美元户（本金） 100

⑤2×21年年末计息：

借：在建工程 438

贷：长期借款——美元户（应付利息） 438

⑥2×21年年末确认本金及上年利息的汇兑差额：

借：在建工程 103

贷：长期借款——美元户（本金） 100

——美元户（应付利息） 3

⑦2×21年年末工程达到预定可使用状态：

借：固定资产 7 957

贷：在建工程 7 957

⑧2×22年6月30日计息、确认汇兑差额：

借：财务费用 286.20

贷：长期借款——美元户（本金） 60

——美元户（应付利息） 226.20

⑨2×22年6月30偿还本金及利息：

借：长期借款——美元户（本金） 7 360

——美元户（应付利息） 883.20

贷：银行存款——美元户 8 243.20

智能测评 10-3

■【本章小结】

- 负债（下）（三个专题）
  - 债务重组
    - 债务重组：在不改变交易对手方的情况下，经债权人和债务人协定或法院裁定，就清偿债务的时间、金额或方式等重新达成协议的交易
    - 四种方式
      - 以资产清偿债务
      - 将债务转为权益工具
      - 修改其他条款
      - 组合方式
    - 会计处理的要点
      - 债权人
        - 按账面价值终止确认放弃的债权
        - 受让的资产或转为的权益工具投资基本上按放弃债权的公允价值和支付的其他成本计量
        - 修改其他条款的情况下需按公允价值确认“重组债权”
        - 重组损益
          - 主要是放弃债权的公允价值与其账面价值之差
          - 计入当期损益（投资收益）
      - 债务人
        - 按账面价值终止确认重组的债务
        - 按账面价值终止确认出让的偿债资产
        - 按公允价值确认债务转为的权益工具
        - 修改其他条款的情况下需按公允价值确认“重组债务”
        - 重组损益
          - 区分具体情况分别计入“投资收益”或“其他收益”
          - 不单独确认资产处置损益
  - 预计负债
    - 与或有事项有关的几个概念：或有事项、或有资产、或有负债、预计负债
    - 与或有事项有关的义务
      - 同时具备规定的三个条件的，确认为预计负债
        - 注意：哪三个条件
        - 注意：从负债定义看预计负债的确认
        - 注意：比较预计负债与应付账款等一般负债
      - 不具备确认为预计负债条件的，属于或有负债，不予确认
    - 预计负债的计量
      - 初始计量：最佳估计数
        - 所需支出存在一个连续范围的，如何估计？
        - 不存在连续范围的，如何估计？
        - 应考虑哪些影响因素？
      - 后续计量
        - 资产负债表日的复核
        - 根据复核后结果的调整
    - 从常见的或有事项看预计负债的会计处理
  - 借款费用
    - 借款费用的内容
      - 借款利息、折价或溢价的摊销、辅助费用
      - 汇兑差额
    - 相关概念
      - 专门借款
      - 符合资本化条件的资产
    - 借款费用的确认：资本化还是费用化？
      - 资本化：计入相关资产成本；费用化：计入当期损益（财务费用）
      - 资本化的时点和时段界定
        - 开始资本化的时点（资本化需具备的条件）
        - 暂停资本化的情形
        - 停止资本化
    - 借款费用的计量
      - 资本化金额的确定
      - 费用化金额的确定

【问题与思考】

1.什么是债务重组？
2.债务重组的方式有哪几种？
3.各种债务重组方式下重组双方分别怎样进行确认与计量？
4.什么是或有事项？常见的或有事项有哪些？
5.与或有事项有关的义务具备哪些条件时确认为预计负债？为什么？
6.预计负债如何进行确认与计量？
7.预计负债在报表中如何列报？
8.什么是借款费用？借款费用包括哪几方面内容？
9.借款费用在什么情况下可以资本化？如何资本化？
10.如何进行借款费用资本化、费用化的具体会计处理？

第十一章

所有者权益

■【学习目标】

通过对本章内容的学习，了解所有者权益的含义与内容，掌握一般企业所有者权益的确认与计量原则及其应用，明确所有者权益在资产负债表中的列报原理。

■【财报引读】

三一重工2019年度母公司资产负债表部分信息摘编

表11-1是对三一重工2019年度母公司资产负债表所有者权益部分信息的摘编。

表11-1 资产负债表所有者权益部分信息 单位：千元

项目	2019年12月31日	2018年12月31日
所有者权益（或股东权益）		
实收资本（或股本）	8 426 246	7 800 711
其他权益工具		368 996
其中：优先股		
永续债		
资本公积	5 592 828	1 384 775
减：库存股	839 552	111 106
其他综合收益	570 424	277 101
专项储备		
盈余公积	2 725 603	2 682 267
未分配利润	8 851 424	10 550 301
所有者权益（或股东权益）合计	25 326 973	22 953 045

表11-1的所有项目都是一般企业的所有者权益项目。那么，传统的所有者权益项目有哪些？近年新增的所有者权益项目有哪些？如何理解其他权益工具？库存股为什么作为所有者权益的减项？专项储备又是如何形成的？各项所有者权益如何进行具体的确认与计量？浏览三一重工的上述所有者权益信息，不仅会引起我们对这些具体问题的关注，更提醒我们应该对所有者权益的内涵有明确的理解，对各项所有者权益如何进行确认、计量与报告有系统的把握。

第一节 所有者权益概述

一、所有者权益的概念

所有者权益是指企业资产扣除负债后由所有者享有的剩余权益。公司的所有者权益又称为股东权益。

任何形式的企业，都要核算其所有者权益；不同企业形式下的所有者所拥有的权益不尽相同。个人独资企业的所有者与企业密不可分，企业的财产也是所有者个人的财产。所以，从权利和义务上来看，所有者对企业出资多少、是否追加投资或减少投资、采取什么样的经营方式等事项，都由所有者个人决定，所有者对企业的债务承担无限责任。合伙企业作为合伙人聚合而成的联合体，是一种以合同关系为基础的企业组织形式。合伙人对企业财产权益的表现形式只是依照合伙协议所确定的财产收益份额或者比例；合伙人对于合伙企业不能清偿的到期债务承担无限连带责任。公司是区别于独资企业和合伙企业的企业形式。公司是指股东依法以投资方式设立，以营利为目的，以其认缴的出资额或认购的股份为限对公司承担责任，公司以其全部独立法人财产对公司债务承担责任的企业法人。《中华人民共和国公司法》（以下简称《公司法》）所称公司是指在中国设立的有限责任公司和股份有限公司。根据《公司法》，有限责任公司的设立条件之一是“有符合公司章程规定的全体股东认缴的出资额”；股份有限公司的设立条件之一也是“有符合公司章程规定的全体发起人认购的股本总额或者募集的实收股本总额”。股东的出资是公司设立的基础，其所形成的投入资本成为公司所有者权益的基本要素。公司设立后在持续经营的过程中积累的留存收益，成为所有者权益的另一个重要组成部分。

所有者权益作为“剩余权益”，在金额上等于资产减去负债后的余额。从资产的来源上看，所有者权益是与负债相对而言的。所有者投入企业的资产一般不需归还，可长期使用；债权人投入企业的资产形成企业的负债，企业需要如期偿还；企业清算时，对企业资产的要求权，债权人优先于所有者。所以，所有者权益为剩余权益。

二、所有者权益的内容

传统意义上的企业所有者权益，来源于投入资本和留存收益。投入资本，是指所有者投入企业的资本，包括实收资本或股本（构成企业注册资本或股本的金额），以及资本溢价或股本溢价（投入资本超过注册资本或股本的溢价）。留存收益是企业历年实现的净利润留存于企业的部分，包括盈余公积和未分配利润。

随着会计环境的不断变化，会计实务的不断扩展，会计确认与计量内容的不断丰富，所有者权益的来源也有所发展。从现行会计实务来看，企业可能发行普通股以外的其他权益工具，可能因以权益结算的股份支付和采用权益法核算的长期股权投资产生其他资本公积，也可能因某些直接计入所有者权益的利得或损失而产生其他综合收益。因此，其他权益工具、其他资本公积、其他综合收益的确认，扩大了所有者权益的内容。

根据财政部2019年颁布的一般企业财务报表格式，一般企业资产负债表格式中所有者权益的内容如图11-1所示。

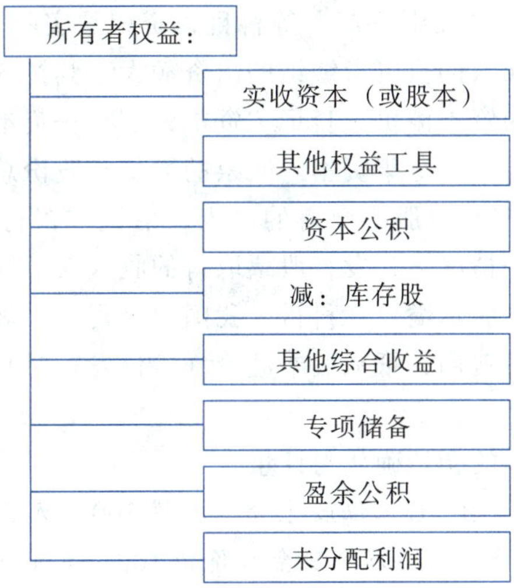

图11-1　一般企业所有者权益的内容

三、所有者权益会计内容概要

实收资本的初始确认与计量以及增资减资对实收资本的影响、其他权益工具的确认与计量、资本溢价（或股本溢价）以及其他资本公积的确认与计量、库存股的确认及其对企业资本的影响、其他综合收益的内容及其确认与计量、专项储备的提取与使用、盈余公积的提取与使用、利润分配及未分配利润的形成等，都构成所有者权益会计确认与计量的主要内容。

第二节　实收资本与资本公积

一、实收资本

实收资本是指投资者已经向企业缴纳的资本，是投资者投入资本形成法定资本的价值。实收资本的意义在于：实收资本的取得，是设立企业的基础，使投资者成为企业的所有者；实收资本是企业可以长期使用的主要资金来源，一般不需偿还；实收资本的构成比例，是确定所有者在企业所有者权益中所占份额和对企业决策权的依据，是企业进行利润分配的依据，也是企业清算时确定所有者对净资产要求权的依据。

（一）设置的会计科目及初始确认与计量

有限责任公司需设置“实收资本”科目，核算投资者投入的实收资本及其增减变动情况。股份有限公司应以“股本”科目取代“实收资本”科目，并按面值登记股本总额及其变动情况。“实收资本（或股本）”科目的期末余额在资产负债表中“实收资本（或股本）”项目列报。

有限责任公司在初建时，企业对于所收到各投资者按照公司章程投入企业的资本，借记“银行存款”“固定资产”“无形资产”等科目，贷记“实收资本”科目。企业增资时，如有新的投资者加入，新加入的投资者缴纳的出资额大于其按约定比例计算的其在注册资本中所占份额的部分，作为资本溢价，贷记“资本公积——资本溢价”科目。

股份有限公司通过发行股票募集资本。股票的面值与股份总数的乘积为股本总额。按面值发行股票的情况下，按发行股票取得的收入，借记“银行存款”等科目，贷记“股本”科目；溢价发行股票的情况下，发行股票取得的收入大于股本总额的差额，作为股本溢价，贷记“资本公积——股本溢价”科目。我国《公司法》规定不得折价发行股票。股票发行手续费、佣金等发行费用，抵减股本溢价（溢价发行时）或计入当期损益（按面值发行时）。

下面举例说明实收资本的初始确认与计量。

【例 11-1】甲企业由A、B、C三位股东分别出资300万元设立。按投资协议，A股东出资300万元现金，B股东出资200万元现金和价值100万元的无形资产，C股东则投入一套价值300万元的新设备。

甲企业收到三方出资时的有关账务处理为：

借：银行存款	5 000 000	
无形资产	1 000 000	
固定资产	3 000 000	
贷：实收资本		9 000 000

【例 11-2】甲企业两年前成立，注册资本为900万元。经过两年的运营，积累下留存收益200万元。现在准备增资以便扩大企业规模。投资人D出资350万元成为新加入的股东，企业注册资本增至1 200万元。

甲企业收到D股东出资时的账务处理为：

借：银行存款	3 500 000	
贷：实收资本		3 000 000
资本公积——资本溢价		500 000

【例 11-3】乙企业通过券商等中介机构发行普通股股票1 000万股，每股面值1元，发行价格为每股3元。共支付发行费用10 000元。

乙企业收到股票发行款的有关账务处理为：

借：银行存款	29 990 000	
贷：股本		10 000 000
资本公积——股本溢价		19 990 000

（二）实收资本的增减变动

1.增资途径与减资原因

企业增加或减少注册资本简称增资或减资。企业应根据实际需要，依照法定条件和程序进行增资或减资。

（1）增资的一般途径。企业一般可以通过以下三条途径增资：①将资本公积转增资本；②将盈余公积转增资本；③现有股东或新股东投资。

(2) 增资的其他途径。企业还可以通过以下途径实现增资：①债务重组业务中将重组债务转为资本；②将可转换公司债券转换为股本；③以权益结算的股份支付的行权；④发放股票股利。

(3) 减资的原因。企业可能会因为资本过剩或发生重大亏损而需要减资。因资本过剩而减资，往往需要发还投资；如因重大亏损而减资，则需要将所减资本与未弥补亏损对冲，相当于用资本弥补亏损。

对于上述增资途径和减资原因，以下几个问题值得注意：

首先，无论是增资中的资本公积转增资本、盈余公积转增资本以及发放股票股利，还是减资中的用资本弥补亏损，都不会带来所有者权益总额的变化，只是改变了所有者权益的内部构成。

其次，资本公积、盈余公积转增资本时，应按原投资者所持股份同比例增加各股东的股权。

最后，因资本过剩而减资时，如果是股份有限公司，要通过回购股份来发还股款。这时，由于股票的回购价格和发行价格可能不同，股份的回购和注销在时间上也可能不一致，就会涉及对"库存股"的核算。

2.增资、减资的账务处理原则

企业将资本公积、盈余公积转增资本时，借记"资本公积——资本溢价（或股本溢价）""盈余公积"科目，贷记"实收资本"或"股本"科目。

企业收到原投资人或新投资人新投入资本时，借记"银行存款"等有关科目，贷记"实收资本"或"股本"等科目。

企业在债务重组业务中将债务转为资本的账务处理见第九章，可转换债券持有人行权将其持有的公司债券转换成股票的有关账务处理见例11-10，以权益结算的股份支付的行权的账务处理见《高级财务会计》教材有关章节。

有限责任公司和一般企业发还投资时，按减资金额借记"实收资本"科目，贷记"银行存款"等科目。

股份有限公司发还股款，通过设置"库存股"科目进行核算。

企业因重大亏损而减资时，按减少资本的金额，借记"实收资本"或"股本"科目，贷记"利润分配——未分配利润"科目。

（三）库存股的确认与计量

企业因减少注册资本、股东因对股东大会作出的公司合并或分立决议持有异议而要求企业回购股份以及为奖励职工等各种原因而收购的本公司股票，在转让或注销之前形成库存股。

库存股通过"库存股"科目按回购成本进行核算。本科目的借方登记回购股份的实际成本，贷方登记注销或转让的库存股的金额，期末借方余额反映企业持有的尚未转让或注销的库存股的金额，在资产负债表中作为所有者权益的减项列报。

回购股份时，按实际支付的回购款，借记"库存股"科目，贷记"银行存款"等科目。

如果注销库存股，按注销股票面值和注销股数计算的股票面值总额借记“股本”科目，按注销库存股的账面余额贷记“库存股”科目，按两者之间的贷方差额贷记“资本公积——股本溢价”科目；两者之间的差额如为借方差额，则借记“资本公积——股本溢价”科目（冲减原发行溢价），股本溢价不足冲减的应依次借记“盈余公积”“利润分配——未分配利润”科目。如果转让库存股，按实际收到的金额，借记“银行存款”等科目，按转让库存股的账面余额贷记“库存股”科目，按两者之间的贷方差额贷记“资本公积——股本溢价”科目；两者之间的差额如为借方差额，则借记“资本公积——股本溢价”科目（冲减原发行溢价），股本溢价不足冲减的应依次借记“盈余公积”“利润分配——未分配利润”科目。如果将收购的股份奖励给本企业职工作为以权益结算的股份支付，在职工行权时按实际收到的金额借记“银行存款”等科目，按根据职工获取奖励股份的实际情况确定的金额，借记“资本公积——其他资本公积”科目，按奖励库存股的账面余额贷记“库存股”科目，按差额贷记或借记“资本公积——股本溢价”科目。

下面举例予以说明。

【例11-4】甲企业经股东大会批准，于2×20年3月末按每股5元的价格回购本公司普通股200 000股。该股票每股面值1元，原发行价格为每股4元。办理完减资手续后将回购的股票注销。回购前企业盈余公积、未分配利润的余额分别为100 000元、700 000元。

甲企业有关账务处理为：

①回购时，按回购成本确认库存股：

借：库存股	1 000 000	
贷：银行存款		1 000 000

②注销时：

借：股本	200 000	
资本公积——股本溢价	600 000	
盈余公积	100 000	
利润分配——未分配利润	100 000	
贷：库存股		1 000 000

二、资本公积

资本公积顾名思义是直接由资本的原因形成的公积金。资本溢价（或股本溢价）最能体现资本公积来自资本这一本质特征，所以企业增资时用资本溢价转增资本似乎是顺理成章；也正是资本公积的这一特征，能够解释为什么资本公积不能用于弥补亏损。

资本公积包括资本溢价（或股本溢价）和其他资本公积。

企业应设置“资本公积”科目，对资本公积进行确认与计量，并设置“资本溢价（或股本溢价）”和“其他资本公积”明细科目进行明细核算。“资本公积”科目的期末余额在资产负债表的“资本公积”项目中列报。

（一）资本溢价的确认与计量

资本溢价，是指企业收到投资者出资额超出其在注册资本或股本中所占份额的部分。

有限责任公司设置“资本公积——资本溢价”科目核算企业收到投资者超额缴入资本，股份有限公司则通过“资本公积——股本溢价”科目核算企业收到所发行股票的超面值缴入资本。

投资者投入资本、企业增资减资等原因导致资本溢价确认与计量的举例，见例11-1至例11-4。

同一控制下企业合并涉及的资本溢价、收购少数股权或保留控制权情况下的处置部分股权等“权益性交易”导致的资本溢价的确认与计量，参见《高级财务会计》教材。

（二）其他资本公积的确认与计量

其他资本公积，是指除资本溢价（或股本溢价）以外的资本公积。其他资本公积主要由以下交易或事项引起：采用权益法核算的长期股权投资、以权益结算的股份支付。

1.采用权益法核算的长期股权投资

企业采用权益法核算对被投资方的长期股权投资时，要根据被投资方除净损益、其他综合收益和利润分配以外所有者权益的其他变动调整长期股权投资的账面价值，同时确认其他资本公积。具体来讲，当被投资方实收资本或股本发生变动、资本溢价或股本溢价发生变动（比如，被投资方接受其他股东的资本性投入、被投资方发行可分离交易的可转换公司债券中包含的权益成分、以权益结算的股份支付、其他股东对被投资方增资导致投资方持股比例变动等），在不影响投资方对被投资方实施重大影响或共同控制的前提下，投资方就需要根据在被投资方所有者权益账面价值中所占份额的变动，通过“长期股权投资——其他权益变动”科目调整股权投资的账面价值，并将此调整额计入资本公积（其他资本公积）。举例可参见例7-13。

2.以权益结算的股份支付

以权益结算的股份支付是指企业为获得职工或其他方的服务而以股份或其他权益工具作为对价进行结算的交易。企业换取职工或其他方提供服务的，应将各期取得的服务（按股份支付准则规定的方法进行计量）计入相关资产成本或当期费用，借记“生产成本”“管理费用”等科目，贷记“资本公积——其他资本公积”科目；在行权日，应按依据职工或其他方实际行权的权益工具数量计算确定的金额，借记“资本公积——其他资本公积”科目，按实际计入实收资本或股本的金额，贷记“实收资本（或股本）”科目，将两者之差记入“资本公积——资本溢价（或股本溢价）”科目。与股份支付有关的内容参见《高级财务会计》教材。

智能测评 11-1

第三节　其他权益工具

其他权益工具是企业发行在外的除普通股（作为实收资本或股本）以外的按照金融负债与权益工具划分原则分类为权益工具的其他权益工具。

一、权益工具与金融负债的区分

权益工具，是指能够证明拥有某个企业在扣除所有负债后的资产中的剩余权益的合同。权益工具的常见例子如企业发行的不可回售的普通股、优先股（不包括可赎回优先股），企业发行的、使持有者有权以固定价格购入固定数量该企业普通股的认股权证等。发行股票的企业，所得股款构成企业的投入资本，这些投入资本代表着股东对企业净资产的权益。可见，权益工具的发行，会增加发行方的所有者权益。

（一）区分权益工具与金融负债的意义

就金融工具合同而言，金融工具合同的签订，使合同的一方形成金融资产，同时，使另一方形成金融负债或权益工具。由于所有者权益是所有者享有的企业资产扣除负债后的剩余权益，所有者权益与负债的区分至关重要，而正确理解权益工具与金融负债的区分原则更加重要，因为有些情况下两者的区分比较复杂。最简单的例子就是：企业发行的普通股形成发行方的权益工具，而企业发行的债券通常形成发行方的金融负债。稍微复杂一点的例子，比如：以权益结算的股份支付和以现金结算的股份支付，分别属于权益工具和金融负债；有些金融工具的法定形式表现为权益，但实质上却是负债（如可赎回优先股）；而有些金融工具则可能同时兼有权益工具和金融负债的特征（如可转换债券）。更为复杂一些的例子，比如：企业发行的、须用自身权益工具进行结算的金融工具，可能因为结算方式不同，导致金融负债与权益工具的确认结果不同。

（二）区分权益工具与金融负债的基本原则

区分权益工具与金融负债的基本原则有两个：一是是否存在无条件地避免交付现金或其他金融资产的合约义务；二是是否通过交付固定数量的自身权益工具结算。具体来讲，同时满足下列条件的，发行方应当将发行的金融工具分类为权益工具：（1）该工具不包括交付现金或其他金融资产给其他方，或在潜在不利条件下与其他方交换金融资产或金融负债的合同义务。（2）将来须用或可用自身权益工具结算该金融工具的，如该金融工具为非衍生工具，不包括交付可变数量的自身权益工具进行结算的合同义务；如为衍生工具，企业只能通过以交付固定数量的自身权益工具换取固定数额的现金或以其他金融资产结算该金融工具。不能分类为权益工具的金融工具，发行方应将其划分为金融负债。

下面举例对上述两个基本原则加以说明。

【例 11-5】关于是否包括交付现金或其他金融资产给其他方的合约义务。

以企业发行的普通股和普通债券为例。企业发行的普通股，没有包括交付现金或其他金融资产给其他单位的合同义务的，应确认为权益工具（实收资本或股本），如例 11-3；而企业发行的普通债券，因存在未来交付现金给其他单位以偿还支付本息和的合同义务，就不应确认为权益工具，而应确认为金融负债（应付债券），如例 9-24。

【例 11-6】关于是否在潜在不利条件下与其他方交换金融资产或金融负债的合同义务。

以企业发行的可转换债券为例。由于可转换债券赋予了债券持有人按规定条件在潜在有利的条件下将其持有的企业债券转换成企业股票的权利，所以，发行方企业对该债券应当在初始确认时将其包含的负债成分和权益成分进行分析，并将合同义务成分（潜在不利的条件下与其他方交换金融负债）确认为金融负债（应付债券），将权益成分确认为权益工具（其他权益工具）。

【例 11-7】须以自身权益工具结算的金融工具合同，涉及金融负债的。

资料：①甲企业与乙企业签订合同约定，甲企业以100万元等值的本企业股票偿还所欠乙企业的债务。②甲企业与丙企业签订合同约定，甲企业以100盎司黄金等值的本企业股票偿还所欠丙企业的债务。

分析：

①与乙企业的合同中，甲企业需要偿还的负债金额是固定的，为100万元，但甲企业需交付的自身权益工具数量却是随着股票市价的变动而变动的。所以，甲企业发行的该金融工具应被分类为金融负债。

②与丙企业的合同中，甲企业需要偿还的负债金额是随着黄金价格的变动而变动的，需交付的自身权益工具数量是随着股票市价的变动而变动的。所以，甲企业发行的该金融工具应被分类为金融负债。

【例 11-8】须以自身权益工具结算的金融工具合同，涉及金融负债或权益工具的。

资料：甲企业与丁企业签订一份看涨期权合同，该合同赋予丁企业一项于一年后以每股102元的行权价向甲企业购入1 000股甲企业普通股的权利。

问题：假定期权结算分别采取以下两种方式：①以普通股总额结算；②以现金净额结算。哪种方式下应确认金融负债？哪种方式下应确认权益工具？

分析：

方式①，与丁企业签订的合同中，以普通股总额结算意味着，甲企业需在丁企业行权时以固定数量的本企业股票1 000股与丁企业交换固定金额的现金102 000元。这种“固定换固定”的情形下甲企业应对该合同确认权益工具。

方式②，与丁企业签订的合同中，以现金净额结算意味着，在丁企业行权时，如果股票市价高于行权价，甲企业需以现金向丁企业交付两者之差。也就是说，甲企业在签出这份期权合约时不能完全避免未来向丁企业支付现金的义务。所以，这种情形下甲企业应对该合同确认金融负债。

（三）关于优先股、永续债的分类

近些年企业融资实务中出现的优先股、永续债，使发行方将其划分为金融负债还是权益工具的问题成为所有者权益会计的重要内容之一。对于优先股，如果发行方不能无条件地避免交付现金的义务，就需将其分类为金融负债。比如，企业发行的优先股，按合同规定，每年需按面值的6%的股息率支付优先股股息，则发行方应将该强制付息合同确认为金融负债；而如果企业发行的优先股，按合同条款规定，股利的发放由发行方根据相应的议事机制自主决定，则发行方应将该合同确认为权益工具。再比如，甲企业发行可赎回优先股，合同条款规定，如果企业的控股股东发生变更（假定这种变更并不受企业控制），甲企业必须按面值赎回该优先股。由于甲企业不能无条件地避免赎回股份的义务，所以，应将该工具分类为金融负债。永续债的发行方在确定永续债的会计分类是权益工具还是金融负债时，除了根据上述金融负债与权益工具的区分规定外，还应考虑到期日、清偿顺序等有关因素。比如，如果永续债合同明确规定无固定到期日且持有方在任何情况下均无权要求发行方赎回该永续债或清算的，通常表明发行方没有交付现金或其他金融资产的合同义务；再比如，如果合同规定发行方清算时永续债劣后于发行方发行的普通债券和其他债务，通常表明发行方没有交付现金或其他金融资产的合同义务。而表明发行方没有交付现金或其他金融资产的合同义务，也就意味着应将其所发行的永续债确认为权益工具（其他权益工具）。

二、其他权益工具的确认与计量

企业应设置“其他权益工具”科目，核算企业发行的除普通股以外的归类为权益工具的各种金融工具。“其他权益工具”科目可按所发行其他权益工具的种类进行明细核算。

其他权益工具基本业务的确认与计量应遵循的原则主要有：

1.发行方发行的金融工具归类为权益工具的，应按实际收到的对价扣除直接归属于权益性交易的交易费用后的金额，借记“银行存款”等科目，贷记“其他权益工具”科目。

2.在存续期间分派股利或利息的，应作为利润分配处理，借记“利润分配——应付优先股股利、应付永续债利息等”科目，贷记“应付股利——优先股股利、永续债利息”科目。

3.发行方发行的金融工具为复合金融工具的，应按实际收到的金额，借记“银行存款”等科目，按负债成分的公允价值，贷记“应付债券”等相关科目，按实际收到的金额扣除负债成分的公允价值后的金额，贷记“其他权益工具”科目。

4.发行方按合同条款约定赎回所发行的除普通股以外的分类为权益工具的金融工具，按赎回价格，借记“库存股——其他权益工具”科目，贷记“银行存款”科目；注销所购回的金融工具时，按该工具对应的其他权益工具的账面价值，借记“其他权益工具”科目，按该工具的赎回价格，贷记“库存股——其他权益工具”科目，按两者之差额借记或贷记“资本公积——资本溢价（或股本溢价）”科目，资本溢价（或股本溢价）不够冲减的，依次冲减盈余公积和未分配利润。

5.发行方按合同条款将发行的除普通股以外的金融工具转换为普通股的，按该工具对应的其他权益工具的账面价值，借记“其他权益工具”科目，贷记“实收资本（或股本）”科目，按两者之差额贷记“资本公积——资本溢价（或股本溢价）”科目。对转股时金融工具的账面价值不足转换为1股普通股而以现金或其他金融资产支付的，还需按支付的现金或其他金融资产金额，贷记“银行存款”等科目。

“其他权益工具”科目的期末余额在资产负债表的“其他权益工具”项目中列报。

下面举例予以说明。

【例11-9】以固定数量的自身权益工具交换固定金额的现金或其他金融资产的衍生工具合同。

资料：2×20年2月1日，甲企业与丁企业签订一份看涨期权合同，该合同赋予丁企业一项于2×21年1月31日以每股102元的行权价向甲企业购入1 000股甲企业普通股的权利，同时使甲企业承担一项支付1 000股普通股的义务。另补充其他资料：甲企业普通股每股市价，2×20年2月1日为100元，2×20年12月31日为104元，2×21年1月31日为104元；该看涨期权的公允价值，2×20年2月1日为5 000元，2×20年12月31日为3 000元，2×21年1月31日为2 000元。

问题：甲企业对所发行的该期权合同应如何进行账务处理？

分析：这是一个甲企业签出股票看涨期权的例子。如果丁企业在2×21年1月31日行权，则甲企业将以固定数量的自身权益工具交换固定金额102 000元的现金，相当于丁企业的行权将导致甲企业按固定价格卖出固定数量的本企业股票，所以，甲企业应将该期权确认为权益工具。

甲企业有关账务处理为：

①2×20年2月1日发行期权时：

借：银行存款　5 000

　贷：其他权益工具　5 000

②2×21年1月31日丁企业行权时：

借：银行存款　102 000

　　其他权益工具　5 000

　贷：股本　1 000

　　　资本公积——股本溢价　106 000

【报表导向思考】对于其他权益工具，为什么不确认其公允价值变动？

在例11-9中，甲企业将发行的期权合同确认为其他权益工具之后，并未在2×20年12月31日和2×21年1月31日就该期权公允价值的变动对其他权益工具的账面价值进行调整。这是因为：其他权益工具属于所有者权益，所有者权益账面价值的任何增减变动，取决于对有关资产或负债价值变动的确认。

如果将例11-9的结算方式改为以现金净额结算，则甲企业的有关账务处理为：

①2×20年2月1日发行期权时：

借：银行存款　5 000

　贷：衍生工具——看涨期权*　5 000

*确认为金融负债。

②2×20年12月31日确认期权公允价值减少时：

借：衍生工具——看涨期权　2 000

　贷：公允价值变动损益　2 000

③2×21年1月31日确认期权公允价值减少时：

借：衍生工具——看涨期权　1 000

　贷：公允价值变动损益　1 000

④2×21年1月31日丁企业行权时：

借：衍生工具——看涨期权　2 000*

　贷：银行存款　2 000**

*按账面价值终止确认金融负债；

**按股票市价超过丁企业行权价的差额将现金净额支付给丁企业。

可见，对以公允价值进行后续计量的资产或负债而言，如有公允价值变动，需要确认公允价值变动利得或损失，其结果是：一方面，使相关资产或负债的期末账面价值等于公允价值，满足了在资产负债表中按公允价值进行计量的要求；另一方面，无论将公允价值变动损益计入当期损益还是计入其他综合收益，在调整了有关资产或负债的账面价值的同时，也确认了公允价值变动对所有者权益的影响，这也是“资产-负债=所有者权益”会计等式的必然要求。

这也就解释了为什么企业发行普通股之后，虽然持有本企业股票的投资方可能会确认所持股权投资的公允价值变动，而发行方不能确认其股本或股本溢价的增减变动。

【例 11-10】可转换债券。

资料：某企业在第1年年初按每份面值1 000元发行了2 000份可转换债券，期限为3年，年名义利率为6%，每年年末支付利息；每份债券可在到期前的任何时间转换为250股普通股。发行该债券时，不具备转换选择权的类似债券的市场利率为9%。该企业将发行的该债券归类为以摊余成本计量的金融负债。

问题：该企业应如何进行会计处理？

分析：（1）将金融负债与权益工具进行分拆：

①本金的现值：按9%折现率计算的第3年年末应付面值2 000 000元的现值为1 544 367元。

②利息的现值：按9%折现率计算的3年内每年应付利息120 000元的现值为303 755元。

③负债部分总额：面值的现值与利息的现值之和为1 848 122元（1 544 367+303 755）。

④债券发行收入：2 000 000元。

⑤权益部分金额：151 878元（2 000 000-1 848 122）。

（2）该企业有关账务处理为：

①初始确认：

借：银行存款	2 000 000	
应付债券——利息调整	151 878	
贷：应付债券——面值		2 000 000
其他权益工具		151 878

②与应付债券的后续计量有关的账务处理略。

③企业在持券人将债券转换成本企业股票时，一方面，要对应付债券账面价值予以终止确认，并确认转换而形成的股本、资本公积（股本溢价）等；另一方面，将其他权益工具的账面余额151 878元结转记入“资本公积——股本溢价”科目。

智能测评 11-2

第四节　其他综合收益

一、其他综合收益的内容

其他综合收益，是指企业根据其他会计准则的规定未在当期损益中确认的各项利得或损失。

其他综合收益包括以下两类内容：以后会计期间不能重分类进损益的其他综合收益和以后

会计期间满足规定条件时将重分类进损益的其他综合收益，两类的具体项目如图11-2所示。

- 1.以后会计期间不能重分类进损益的其他综合收益：
  - 重新计量设定受益计划净负债或净资产导致的变动
  - 其他权益工具投资的公允价值变动
  - 权益法下不可转损益的其他综合收益
  - 企业自身信用风险公允价值变动
  - …
- 2.以后会计期间将重分类进损益的其他综合收益：
  - 权益法下可转损益的其他综合收益
  - 其他债权投资的公允价值变动
  - 金融资产重分类计入其他综合收益的金额
  - 其他债权投资信用减值准备
  - 现金流量套期储备
  - 外币财务报表折算差额
  - …

图11-2　其他综合收益的分类及具体项目

第一类其他综合收益，即：以后会计期间（相关资产或负债终止确认的期间）不能重分类进损益的其他综合收益，主要有三项内容，一是与设定受益计划净负债或净资产价值变动有关的利得或损失，二是其他权益工具投资的公允价值变动利得或损失，三是企业自身信用风险变动导致的以公允价值计量且其变动计入当期损益的金融负债的公允价值变动利得或损失。被投资方如果确认了这三项其他综合收益，还将导致采用权益法核算对其长期股权投资的投资方相应地确认此类其他综合收益。

第二类其他综合收益，即：以后会计期间（相关资产或负债终止确认的期间）将重分类进损益的其他综合收益，主要包括六项内容。其中，其他债权投资的公允价值变动和信用减值准备以及金融资产重分类计入其他综合收益的内容，主要与金融资产有关；现金流量套期储备属于套期会计的内容，外币财务报表折算差额则与合并财务报表相关（见《高级财务会计》教材）。被投资方如果确认了这五项其他综合收益，还将导致采用权益法核算对其长期股权投资的投资方相应地确认此类其他综合收益。

值得一提的是，上述其他综合收益项目未在本教材相关章节中予以介绍，将通过“高级财务会计”课程进行学习。

【报表导向思考】

1.为什么要将某些利得或损失单独报告为其他综合收益?

从报告其他综合收益的要求来看，图11-2中的事项属于企业与所有者之间的交易之外的、导致企业所有者权益增减变动的事项，其所产生的利得或损失应计入所有者权益。而以什么方式计入所有者权益，与这些利得或损失的特征有关。因上述利得或损失与投入资本无直接关联，不能计入实收资本和资本溢价；上述利得或损失往往与所持特定资产（或负债）的价值变动有关，持产损益本就属于尚未实现的损益，而这些持产损益基本上又是预期不会在近期实现的，不宜将其计入当期损益。所以，企业应将这些不计入当期损益的利得或损失单独报告为其他综合收益。

2.为什么某些其他综合收益在将来不能重分类进损益？

在相关资产（或负债）终止确认时，需将与设定受益计划有关的净资产或净负债价值变动和其他权益工具投资累积确认的公允价值变动损益结转至留存收益，而不是重分类进损益。因为与设定受益计划相关的其他综合收益在职工退休时或退休后支付退休金时进行结转，不应该影响结转期的当期损益；而其他权益工具投资在初始确认时就是被指定为以公允价值计量且其变动计入其他综合收益的金融资产（而非将公允价值变动计入损益）。

二、其他综合收益的确认与计量

企业应设置“其他综合收益”科目，并按具体内容设置“其他债权投资公允价值变动”“其他权益工具投资公允价值变动”“其他债权投资信用减值准备”“权益法下不可转损益的其他综合收益”“权益法下可转损益的其他综合收益”等明细科目，对各项直接计入所有者权益的利得或损失进行确认与计量。

企业确认其他综合收益时，借记或贷记“其他综合收益”科目，贷记或借记“其他债权投资”“其他权益工具投资”“信用减值损失”“长期股权投资”等相关科目，结转其他综合收益时，贷记或借记“其他综合收益”科目，借记或贷记“投资收益”“盈余公积”“利润分配”等相关科目。“其他综合收益”科目的期末余额在资产负债表中“其他综合收益”项目列报。

有关其他综合收益会计处理的举例，在前面多章曾有涉及。下面再补充几例予以说明。

【例 11-11】甲企业对乙企业的长期股权投资采用权益法核算，持股比例为20%。2×20年乙企业确认其他债权投资公允价值变动利得100万元。2×22年年初甲企业出售了对乙企业的此项投资。其他资料略。

甲企业与其他综合收益有关的账务处理为：

①按比例确认其他综合收益及权益法下长期股权投资账面价值的调整：

借：长期股权投资——其他综合收益　　200 000

　贷：其他综合收益　　200 000

②将该项股权投资出售时，结转原已确认的其他综合收益至当期损益：

借：其他综合收益　　200 000

　贷：投资收益　　200 000

【例 11-12】甲企业对丙企业的长期股权投资采用权益法核算，持股比例为30%。丙企业通过中介机构用900万元存出投资款购入丁企业股票，并指定为以公允价值计量且其变动计入其他综合收益的金融资产；2×20年年末该金融资产的公允价值为850万元。2×21年2月初，甲企业以对丙企业的股权投资与戊企业交换一套专用设备。其他资料略。

甲企业与其他综合收益有关的账务处理为：

①2×20年年末，确认权益法下长期股权投资账面价值的调整和其他综合收益：

借：其他综合收益　　150 000

　贷：长期股权投资——其他综合收益　　150 000

②2×21年2月非货币性资产交换交易中对其他综合收益的结转：

借：盈余公积、利润分配　　150 000

　贷：其他综合收益　　150 000

智能测评11-3

第五节　留存收益

留存收益包括盈余公积和未分配利润。盈余公积是在向投资人分配利润之前从税后利润中提取的公积金，主要用于弥补亏损、转增资本以及企业未来的长远发展。未分配利润是企业提取盈余公积和向股东分配股利（或利润）之后的尚未分配利润。盈余公积与未分配利润的相同之处是：两者都是利润的留存，前者按各年净利润的一定比例提存，后者是历年未分配利润的滚存；但两者的用途有所不同，前者只能用于指定用途，后者则还可以用于在以后期间向所有者进行分配。从这个意义上来说，盈余公积的提取限制了向所有者过量分配利润。

一、盈余公积

（一）盈余公积的来源

企业的盈余公积来自对利润的提存。根据《公司法》等有关法规的规定，企业当年实现的净利润，在按规定弥补亏损之后，应按如下顺序进行分配：（1）提取法定盈余公积；（2）提取任意盈余公积；（3）向投资者分配利润或股利。

公司制企业的盈余公积分为法定盈余公积和任意盈余公积两部分。法定盈余公积和任意盈余公积的区别在于其计提依据不同，前者依据国家的法律或行政规章进行提取，后者依据企业的具体情况由企业自行决定提取。法定盈余公积按照净利润的10%提取；公司的法定盈余公积累计额达到公司注册资本的50%以上时，可不再提取；公司的法定盈余公积不足以弥补以前年度亏损的，应当在用当年利润弥补亏损之后，再提取法定盈余公积。任意盈余公积由公司根据股东会或者股东大会决议，在提取法定盈余公积之后从净利润中提取。

（二）盈余公积的用途

企业提取的盈余公积，按规定可用于以下几个方面：

1.弥补亏损

企业发生的亏损，一般有三种弥补方式：一是用以后年度实现的税前利润弥补。根据现行有关规定，税前利润弥补亏损的期限为五年。二是用以后年度的税后利润予以弥补。对于五年税前弥补期限内实现的利润不足弥补的亏损，在此后期间用税后利润予以弥补。三是由公司董事会提议经股东大会批准用盈余公积予以弥补。企业发生重大亏损的情况下可能会进行减资处理，相当于用资本弥补亏损。

2.转增资本

企业根据股东大会决议，用盈余公积转增资本后，盈余公积余额不得少于转增前注册资本的25%。企业为股份有限公司或有限责任公司的，要按原股东所持股份同比例增加各股东的股权，相当于用盈余公积派送新股。

3.扩大企业生产经营

盈余公积的提取，客观上限制了向所有者过量分配利润，从而给企业留下了更多的发展资金。

4.分配股利

企业当年没有利润，原则上不得分配股利，但为了维护企业信誉，企业可用盈余公积分配股利。用盈余公积分配股利必须符合下列条件：(1) 用盈余公积弥补亏损后，该项公积金仍有结余；(2) 用盈余公积分配股利时，股利率不能太高，不得超过股票面值的6%；(3) 分配股利后，法定盈余公积不得低于注册资本的25%。

(三) 设置的会计科目及确认与计量的原则

1.设置的会计科目

盈余公积的核算是通过“盈余公积”科目进行的。“盈余公积”科目核算盈余公积的提取与使用，分别设置“法定盈余公积”“任意盈余公积”明细科目进行明细核算。本科目的期末余额在资产负债表中“盈余公积”项目列报。

2.确认与计量的原则

(1) 企业提取盈余公积时，借记“利润分配——提取法定盈余公积（或提取任意盈余公积）”科目，贷记“盈余公积”科目。

(2) 企业用盈余公积弥补亏损时，借记“盈余公积”科目，贷记“利润分配——盈余公积补亏”科目。

(3) 企业用盈余公积转增资本时，借记“盈余公积”科目，贷记“实收资本”科目；企业为股份有限公司和有限责任公司的，经股东大会决议，用盈余公积派送新股时，按派送新股计算的金额借记“盈余公积”科目，按股票面值和派送新股总数计算的股票面值总额贷记“股本”科目。

(4) 企业用盈余公积分配股利时，借记“盈余公积”科目，贷记“应付股利”科目；支付股利时，借记“应付股利”科目，贷记“银行存款”等科目。

【特别提示】

1.外商投资企业可在“盈余公积”科目下设置“储备基金”“企业发展基金”等明细科目进行明细核算。提取时，借记“利润分配——提取储备基金、提取企业发展基金”等科目，贷记“盈余公积——储备基金、企业发展基金”科目。

2.金融企业按规定从净利润中提取的一般风险准备，其确认与计量的原理与盈余公积相似，但要专设“一般风险准备”科目进行确认。提取时，借记“利润分配——提取一般风险准备”科目，贷记“一般风险准备”科目。

3.高危行业企业的专项储备与一般企业的盈余公积的比较。专项储备，是指高危行业的企业按国家规定提取的安全生产费。根据财政部2009年6月发布的《企业会计准则解释第3号》的相关规定，高危行业的企业按国家规定提取的安全生产费，应当计入相关产品的成本或当期损益，同时转入“专项储备”科目。企业提取安全生产费时，借记“生产成本”“制造费用”等科目，贷记“专项储备”科目；使用提取的安全生产费时，借记“在建工程”等科目，贷记“银行存款”“应付职工薪酬”等科目；按形成的固定资产成本冲减专项储备时，借记“专项储备”科目，贷记“累计折旧”科目。该固定资产在以后期间不再计提折旧。“专项储备”科目的账面余额在资产负债表中所有者权益部分单项列示。

虽然盈余公积与专项储备都是指定用途的所有者权益项目，但两者却有显著区别。一方面，两者的形成来源不同。盈余公积是从净利润中提取出来的，专项储备则是通过计入成本费用的方式（从而减少净利润）积累的。另一方面，两者的具体用途不同。盈余公积主要用于弥补亏损、转增资本等，或者通过限制利润的过量分配为企业积累发展用的资金；而专项储备则专门用于企业安全生产措施方面。

二、未分配利润

（一）设置的会计科目

未分配利润的核算是通过“利润分配”科目进行的。“利润分配”科目核算当年利润的分配（或亏损的弥补）和历年分配（或弥补）后的余额。本科目应当分别设置“提取法定盈余公积”“提取任意盈余公积”“应付现金股利或利润”“转作股本的股利”“盈余公积补亏”“未分配利润”等明细科目进行明细核算。

（二）会计处理的原则

企业按规定从净利润中提取各项盈余公积时，借记“利润分配——提取法定盈余公积”“利润分配——提取任意盈余公积”科目，贷记“盈余公积——法定盈余公积”“盈余公积——任意盈余公积”科目。

根据经股东大会或类似机构决议分配现金股利或利润的，应于宣派现金股利或利润时，借记“利润分配——应付现金股利或利润”科目，贷记“应付股利”科目。

根据经股东大会或类似机构决议分配股票股利的，应于实际分派股票股利时，借记“利润分配——转作股本的股利”科目，贷记“实收资本（或股本）”科目。

用盈余公积补亏时，借记“盈余公积——法定盈余公积”“盈余公积——任意盈余公积”科目，贷记“利润分配——盈余公积补亏”科目。

年末结转已分配利润时，应将“利润分配”科目下各明细科目余额转入“未分配利润”明细科目，结转后，除“未分配利润”明细科目以外，“利润分配”科目的其余明细科目均无余额。

“利润分配——未分配利润”科目的年末余额也就是“利润分配”科目的年末余额，反映企业的未分配利润（贷方余额）或未弥补亏损（借方余额），并在资产负债表中“未分配利润”项目列报（未弥补亏损用“-”号表示）。

【报表导向思考】为什么这两种利润分配业务不需要进行账务处理？

1.用当年实现的利润弥补以前年度的未弥补亏损，不需要专门编制会计分录，因为结转当年利润的会计分录会自动抵减“利润分配——未分配利润”科目的借方余额。

2.宣告分配股票股利（送股）时，不需要进行账务处理，因为如果进行账务处理，就得编制如下会计分录：

借：利润分配——转作股本的股利
　贷：应付股利

可是，应付给股东的股票股利并不构成公司的负债（因为将来实际支付股票股利时并不会导致企业经济利益的流出），上述处理产生的“应付股利”科目余额就需要在资产负债表中的所有者权益部分报告，而不能在流动负债部分报告。所以，宣告分配股票股利时不要进行账务处理，而是待实际分派股票股利时，进行如下账务处理：

借：利润分配——转作股本的股利
　贷：实收资本（或股本）

下面举例予以说明。

【例 11-13】分配利润。

资料：甲企业2×20年年初未分配利润1 000万元，当年实现净利润7 810万元。2×20年股东会议决议通过的利润分配方案是：按当年净利润的10%提取法定盈余公积，按净利润的5%提取任意盈余公积；宣派现金股利共4 000万元、股票股利1 000万股，每股面值1元。2×21年2月10日支付现金股利、办理完新增股本的股权登记手续和增资手续。

要求：进行甲企业结转利润、分配利润、结转利润分配的有关账务处理。

解答：甲企业有关账务处理如下：

①2×20年年末，结转全年实现的净利润时：

借：本年利润	78 100 000	
贷：利润分配——未分配利润		78 100 000

②提取盈余公积时：

借：利润分配——提取法定盈余公积	7 810 000	
——提取任意盈余公积	3 905 000	
贷：盈余公积——法定盈余公积		7 810 000
——任意盈余公积		3 905 000

③宣告分配现金股利时：

借：利润分配——应付现金股利	40 000 000	
贷：应付股利		40 000 000

④2×21年2月10日支付现金股利时：

借：应付股利	40 000 000	
贷：银行存款		40 000 000

⑤2×21年2月10日发放股票股利时：

借：利润分配——转作股本的股利　　10 000 000

　贷：股本　　10 000 000

⑥结转已分配利润时：

借：利润分配——未分配利润　　61 715 000

　贷：利润分配——提取法定盈余公积　　7 810 000

　　　　　　——提取任意盈余公积　　3 905 000

　　　　　　——应付现金股利　　40 000 000

　　　　　　——转作股本的股利　　10 000 000

将上述账务处理过程用丁字账表示如图11-3所示（金额单位：万元）。

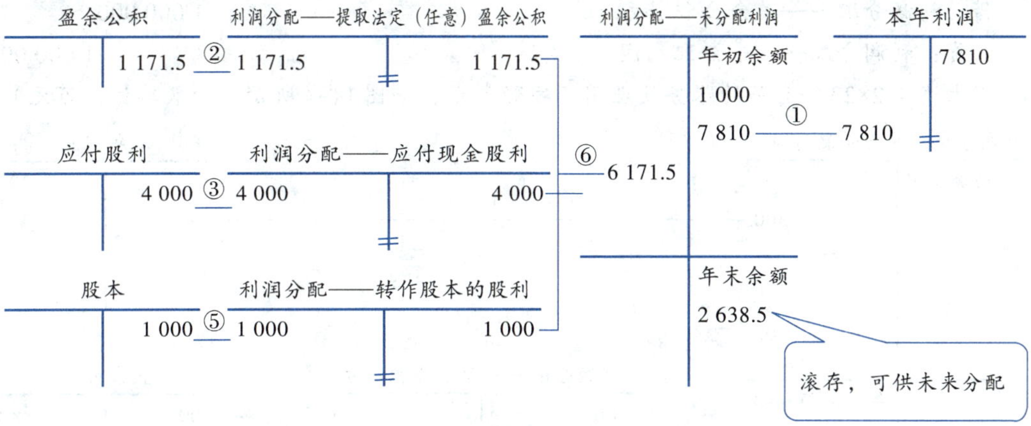

图11-3　利润分配账务处理示意图

【例11-14】弥补亏损。

资料：乙企业2×20年年初未分配利润为0，当年发生亏损400万元。根据规定，该企业可以在未来5年之内用税前利润弥补亏损400万元。2×21年、2×22年该企业利润总额均为0。2×23年实现利润总额300万元；为了保证明年实现利润后能向股东分配股利，企业决定本年用盈余公积弥补以前年度亏损100万元。假定各年均无法确定未来能否实现利润；各年也均无纳税调整。

要求：进行乙企业的有关会计处理。

解答：由于无法预计未来弥补亏损期间内实现利润的金额，乙企业在2×20年、2×21年、2×22年年末都不需确认递延所得税资产和纳税利益。由于无纳税调整事项，2×20年的会计亏损与纳税亏损相等。在可用税前利润弥补以前年度亏损的期间，结转利润总额至“利润分配”科目的账务处理能实现自动弥补亏损，所以，不必专门编制利润补亏的会计分录。

乙企业有关账务处理为：

（1）2×20年年末，结转全年发生亏损时：

借：利润分配——未分配利润　　4 000 000

　贷：本年利润　　4 000 000

“利润分配——未分配利润”科目期末借方余额400万元，为未弥补亏损。

（2）2×23年年末：

①结转当年实现的利润总额时：

借：本年利润　　3 000 000

　贷：利润分配——未分配利润　　3 000 000

结转当年实现利润的账务处理，自动弥补亏损300万元，未弥补亏损还有100万元。

②用盈余公积弥补亏损时：

借：盈余公积　　1 000 000

　贷：利润分配——盈余公积补亏　　1 000 000

用盈余公积弥补亏损之后，未弥补亏损为0。

③结转已用盈余公积弥补的亏损时：

借：利润分配——盈余公积补亏　　1 000 000

　贷：利润分配——未分配利润　　1 000 000

将上述与2×23年有关的账务处理用丁字账表示，如图11-4所示（金额单位：万元）。

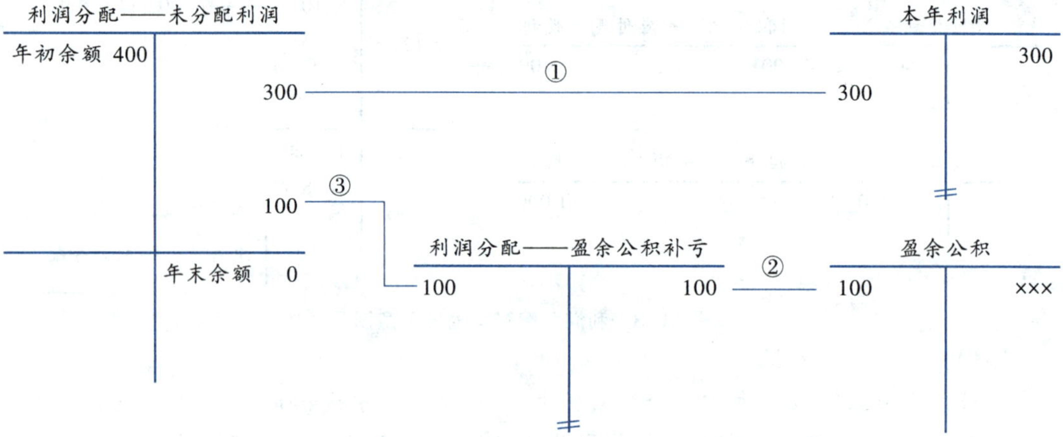

图11-4　弥补亏损账务处理示意图

由以上两例可见，“利润分配——未分配利润”明细科目的年末余额也就是“利润分配”科目的年末余额。

智能测评11-4

【本章小结】

所有者权益

- 概念与内容
  - 所有者权益是指企业资产扣除负债后由所有者享有的剩余权益
  - 内容构成
    - 注意：传统的内容包括投入资本和留存收益
    - 注意：现行的内容构成发生了哪些变化？
- 实收资本与资本公积
  - 实收资本和资本公积的含义
  - 实收资本的会计处理
    - 科目设置及初始确认与计量
    - 增资、减资的会计处理
    - 库存股的会计处理
  - 资本公积的会计处理
    - 科目设置
    - 资本溢价（或股本溢价）的会计处理
    - 其他资本公积的会计处理
- 其他权益工具
  - 其他权益工具的含义
  - 其他权益工具的会计处理
    - 科目设置：其他权益工具
    - 确认与计量的原则
- 其他综合收益
  - 其他综合收益的含义与分类
    - 其他综合收益与资本公积、留存收益的区别
    - 其他综合收益分为哪两类？为什么？
  - 其他综合收益的会计处理
    - 科目设置：其他综合收益
    - 确认与计量的原则
- 留存收益
  - 盈余公积、未分配利润的含义
  - 盈余公积的会计处理
    - 科目设置
    - 提取与使用的会计处理
  - 未分配利润的会计处理
    - 科目设置
    - 利润的分配
    - 亏损的弥补

■【问题与思考】

1.什么是所有者权益？所有者权益的组成内容有哪些？
2.直接计入所有者权益的利得或损失主要有哪些内容？
3.如何理解库存股的性质？
4.什么是资本溢价？什么是其他资本公积？如何理解两者的不同？
5.盈余公积和未分配利润同为留存收益，两者有何不同？
6.如何进行利润分配的会计处理？
7.弥补亏损的方式有哪些？分别怎样进行会计处理？

第十二章

收入、费用、利润

■【学习目标】

通过对本章内容的学习，了解收入、费用和利润的相关概念，掌握收入、费用、利润确认与计量的原则及其应用。

■【财报引读】

三一重工2019年度的利润表信息（局部）

表12-1是三一重工2019年度母公司利润表部分信息的摘编。

表12-1　三一重工2019年度利润表部分信息　单位：千元

项目	2019年度	2018年度
一、营业收入	3 660 310	7 612 425
减：营业成本	3 579 517	6 561 082
税金及附加	12 565	19 034
销售费用	54 442	88 462
管理费用	359 848	205 699
研发费用		56 454
财务费用	-86 023	47 155
其中：利息费用	322 856	417 950
利息收入	373 213	291 878
加：其他收益	32 329	15 121
投资收益	888 932	1 858 199
公允价值变动收益（损失以“-”号填列）	10 606	2 872
信用减值损失（损失以“-”号填列）	-155 590	
资产减值损失（损失以“-”号填列）	-2 759	4 986
资产处置收益（损失以“-”号填列）	-724	1 283
二、营业利润（亏损以“-”号填列）	512 755	2 517 000
加：营业外收入	3 669	2 347
减：营业外支出	75 526	63 420
三、利润总额（亏损总额以“-”号填列）	440 898	2 455 927
减：所得税费用	7 535	295 448
四、净利润（净亏损以“-”号填列）	433 363	2 160 479
⋮	⋮	⋮

浏览上表，我们可以看出收入、费用、利润之间的基本关系。但是，有些具体问题还需思考：企业的营业收入包含哪些内容？三一重工2019年度的营业收入是在什么条件下

确认的，又是如何计量的？营业成本与管理费用是否都属于费用？销售费用与营业外支出在计算利润的过程中都是作为减项，两者在性质上有什么不同？其他收益与营业外收入在计算利润的过程中都是作为加项，两者在性质上又有什么不同？除了我们在前面学过的债务人在债务重组过程中确认的部分重组损益计入其他收益之外，其他收益还包括什么内容？营业外收入、营业外支出各自包括哪些内容？所得税费用是如何确认与计量的？本章将就这些与收入、费用和利润的确认与计量相关的问题，进行系统阐述。

第一节 收入确认与计量的基本内容

一、收入概述

（一）收入的含义与分类

1.收入的含义

收入，是指企业在日常活动中形成的、会导致所有者权益增加的、与所有者投入资本无关的经济利益的总流入。

收入与利得是一组相近的概念，两者的共同点是：都是会导致所有者权益增加的、与所有者投入资本无关的经济利益的总流入；两者的不同点是：收入与日常活动有关，利得与非日常活动有关。这里的“日常活动”是指企业为完成其经营目标所从事的经常性活动以及与之相关的其他活动。比如，工业企业生产并销售产品、商品流通企业销售商品、咨询公司提供咨询服务、软件公司为客户开发软件、安装公司提供安装服务、建筑公司提供建造服务等，所带来的经济利益总流入都是收入，而工业企业处置固定资产形成的经济利益的总流入就不属于收入。收入构成企业经济利益总流入的主要来源。

收入与费用是一组相对的概念，两者的共同点是：都与企业的日常活动有关，都与企业与所有者之间的交易无关；两者的区别在于：收入会导致所有者权益的增加和经济利益的流入，费用则会导致所有者权益的减少和经济利益的流出。在大多数情况下，收入与费用存在内在的因果关系，收入的取得往往以费用的发生为代价（如销售成本、销售费用）或者收入的取得有时会导致费用的发生（如所得税费用），所以，确认收入往往要求同时确认与之相关的费用。比如，确认商品销售收入时，就要确认商品销售成本。

2.收入的分类

企业可以从不同的角度对收入进行分类。

按照企业从事日常活动的性质不同，收入分为销售商品收入、提供劳务收入、让渡资产使用权收入、建造合同收入等。销售商品收入是通过销售商品而实现的收入，比如工业企业销售其生产的产品、商业企业销售其购进的商品以及企业销售原材料、包装物等其他存货等，所实现的收入都属于销售商品收入；提供劳务收入是通过提供劳务而实现的收入，比如咨询公司提供咨询服务、软件公司为客户开发软件、安装公司提供安装服务、建造承包商提供建造服务等，所实现的收入都属于提供劳务收入；让渡资产使用权收入是通过出让资产使用权而实现的收入，比如商业银行对外贷款、租赁公司出租资产等实现的收入，属于让渡资产使用权收入。

按照与收入相关的日常活动在企业的重要性不同，收入分为主营业务收入和其他业务收入。主营业务收入是指企业为完成其经营目标所从事的经常性活动所实现的收入，其他业务收入是指与企业为完成其经营目标所从事的经常性活动相关的活动所实现的收入。主营业务收入往往构成企业收入的主要来源，比如工业企业的产品销售收入、商业企业的商品销售收入、咨询公司的咨询服务收入、商业银行的利息收入、保险公司的保费收入等，都属于相关企业的主营业务收入。其他业务收入一般情况下在企业收入中所占比重不高，比如工业企业出售不需用的原材料、出租无形资产等获得的收入，都属于其他业务收入。

（二）收入会计内容概要

企业销售商品和提供服务的收入应在何时以何金额予以确认？确认的收入应该记入什么会计科目，从而记入利润表的什么项目？收入确认与计量的五步法模型是怎样解决收入的确认与计量问题的？除了企业正常的销售商品、提供服务的收入确认与计量问题之外，收入会计如何解决附有销售退回条款等特定交易的确认与计量问题？诸如此类的问题，构成了收入会计确认与计量主要内容。

综上所述，收入会计的内容概要如图 12-1 所示。

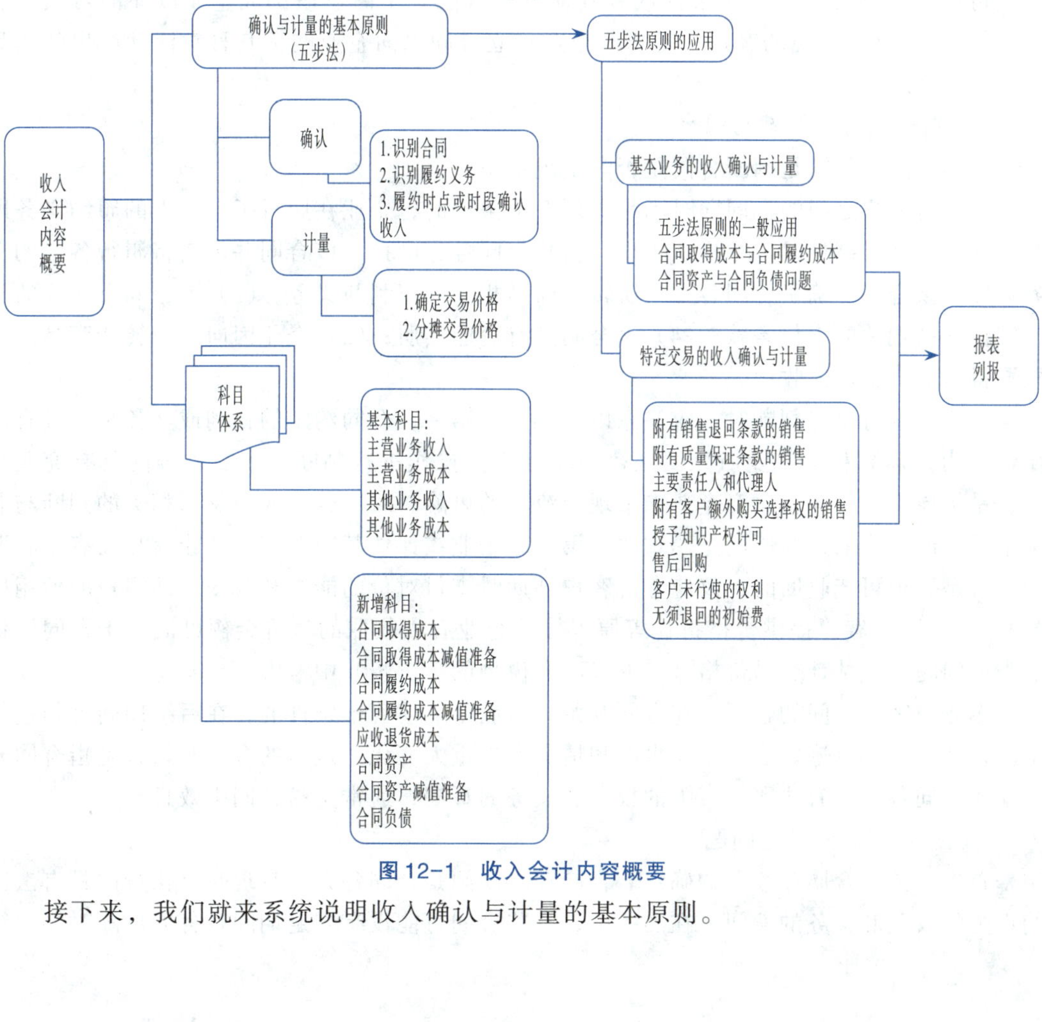

图 12-1　收入会计内容概要

接下来，我们就来系统说明收入确认与计量的基本原则。

二、收入确认与计量的“五步法”

收入确认与计量的原则是：企业应当在履行了合同中的履约义务，即在客户取得相关商品（或服务，下同）控制权时，按预计有权获得的金额确认收入。这个原则涉及五个步骤，也称为“五步法”模型，该模型下对收入确认与计量的流程如图12-2所示。

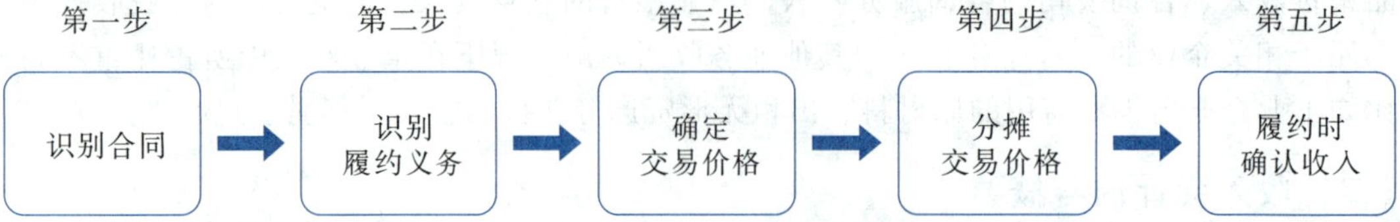

图12-2 收入确认与计量的流程

图12-2中的第一步、第二步和第五步，主要与收入的确认有关；而第三步和第四步，则直接关系到收入的计量。

（一）识别与客户订立的合同

这里所说的合同，是指双方或多方之间订立有法律约束力的权利义务的协议。合同的形式可以是书面形式、口头形式或者其他形式（隐含于商业惯例或企业以往的习惯做法中，等等）。这里所说的客户，是指与企业订立合同以向企业购买其日常活动产出的商品并支付对价的一方。

1.识别合同时的关键问题

识别合同，关键是判断合同是否满足规定条件。

企业与客户之间的合同同时满足下列五个条件的，企业在履行了合同中的履约义务即客户取得商品控制权时方可确认收入：（1）合同各方已批准该合同并承诺将履行各自的义务；（2）该合同明确了合同各方与所转让商品相关的权利与义务；（3）该合同有明确的与所转让商品相关的支付条款；（4）该合同具有商业实质；（5）企业因向客户转让商品而有权取得的对价很可能收回。

企业在进行上述判断时，应注意以下三点：第一，合同约定的权利或义务是否具有法律约束力，需要根据企业所处的法律环境和实务操作进行判断。第二，合同具有商业实质，是指履行该合同将改变企业未来现金流量的风险、时间分布或金额，相关的判断与非货币性资产交换的判断原则是一致的。第三，企业在评估其因向客户转让商品而有权收取的对价是否很可能收回时，仅应考虑客户到期时支付对价的能力和意图（即客户的信用风险）。至于因向客户提供价格折让等原因导致企业有权收取的对价金额可能低于合同标价之类的问题，在估计交易价格（“五步法”模型的第三步）中考虑。

企业与客户之间的合同，在合同开始日即满足上述五个条件的，在后续期间无须进行重新评估，除非有迹象表明相关事实和情况发生重大变化。这里的合同开始日是指合同开始赋予合同各方具有法律约束力的权利和义务的日期，通常是指合同生效日。

2.识别合同时的其他问题

首先，关于合同存续期的确定。合同存续期间是合同各方拥有现时可执行的具有法律约束力的权利和义务的期间。在实务中，有些合同可能没有固定期间且各方可随时要求终止或变更合同、有的合同可定期自动续约等。企业应确定合同存续期并在该期间内对合同进行会计处理。

其次，关于合同合并。企业与同一客户或该客户的关联方同时订立或在相近时间内先后订立的两份或多份合同，在满足规定条件时可以合并为一份合同进行会计处理。

最后，关于合同变更。经合同各方批准对原合同范围或价格作出变更时，企业应当区分以下三种情况进行会计处理：一是将合同变更部分作为单独合同；二是将合同变更作为原合同终止及新合同订立；三是将合同变更部分作为原合同的组成部分。

（二）识别合同中的各单项履约义务

这里所说的“履约义务”是指合同中企业向客户转让可明确区分商品的承诺。合同开始日，企业应当对合同进行评估，识别该合同所包含的各单项履约义务，并确定各单项履约义务是在某一时段内履行还是在某一时点履行。识别出合同中包含的各单项履约义务，是为了在接下来的步骤里对各单项履约义务进行计量并在履行了该义务时确认收入。

企业在下列两种情况下应当将向客户转让商品的承诺作为单项履约义务：第一，企业向客户转让可明确区分商品（或商品的组合）的承诺；第二，企业向客户转让一系列实质相同且转让模式相同的、可明确区分商品的承诺。

企业向客户承诺的商品同时满足下列条件的，应当作为可明确区分商品：一是客户能够从该商品本身或从该商品与其他易于获得的资源一起使用中受益，即该商品能够明确区分；二是企业向客户转让该商品的承诺与合同中的其他承诺可单独区分，即转让该商品的承诺在合同中是可明确区分的。

上述“可明确区分商品”的识别流程如图12-3所示。

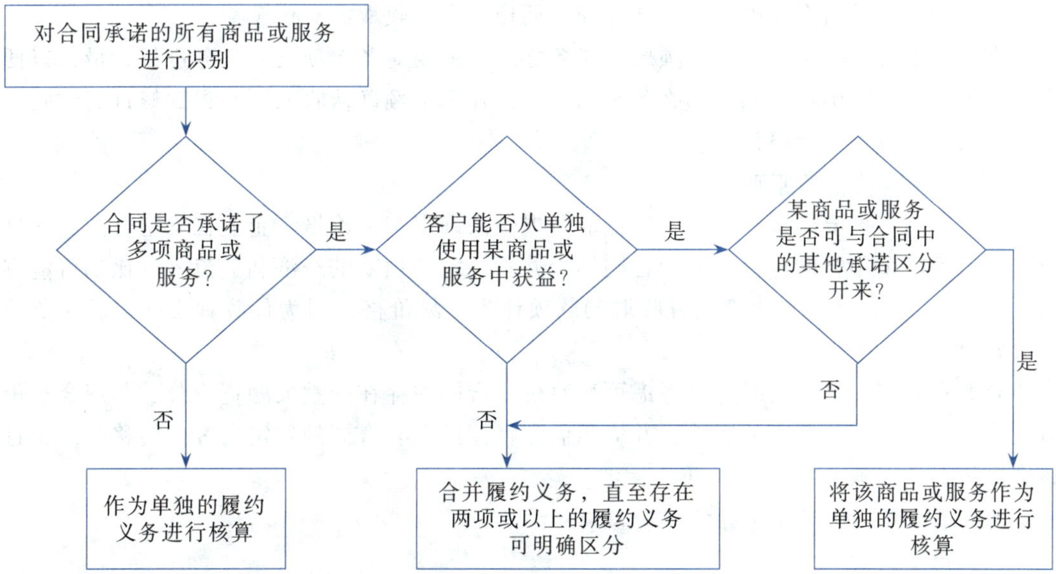

图12-3　合同中所包含的各单项履约义务的识别流程

下面举例予以说明。

【例 12-1】[①]资料：A软件开发商与B客户签订一份合同，约定转让软件许可证、实施安装服务，并在未来的两年内提供未明确规定的软件更新和技术支持。该开发商也单独出售软件许可证、安装服务和技术支持；安装服务包括为各类用户更改网页屏幕；安装服务通常由其他企业执行，并且不会对软件作出重大修改。该软件在没有更新和技术支持的情况下仍可正常运行。

问题：如何识别A软件开发商与B客户订立的合同中的履约义务？

分析：首先，软件是在其他商品和服务之前交付的，并且在没有更新和技术支持的情况下仍可正常运行，客户能从单独使用中获益，或从将其与其他商品和服务一起使用中获益；其次，安装服务并未对软件本身作出重大修改，是软件开发商承诺的单独产出。所以，A软件开发商对本合同识别出四项履约义务：软件许可证、安装服务、软件更新、技术支持。

【例 12-2】资料：见例12-1。另假定合同明确规定：作为安装服务的一部分，软件将作重大定制以增加重要功能从而使软件能与客户使用的其他定制软件应用程序对接。其他企业也能提供此类定制安装服务。

问题：如何识别A软件开发商与B客户订立的合同中的履约义务？

分析：A软件开发商使用许可证和定制安装服务作为投入，已生产出合同所列明的组合产出（具特定功能的集成软件系统）。尽管定制安装服务可由其他主体提供，但基于许可证的承诺不可与定制安装服务单独区分开来，所以，软件许可证和定制安装服务不可明确区分，从而识别出三项履约义务：定制安装服务（包括软件许可证）、软件更新、技术支持。

（三）确定交易价格

交易价格，是指企业因向客户转让商品而预期有权收取的对价金额。

在识别了合同中包含的各单项履约义务之后，就要对各单项履约义务进行计量，以便在符合确认条件时确认收入。那么各履约义务按什么金额确认收入呢？根据修订后的收入准则，收入应按交易价格计量。

1.确定交易价格的原则

企业应当根据合同条款，结合以往的习惯做法确定交易价格。企业在确定合同的交易价格时，不能采用合同标价，因为合同标价并不一定是预期的经济利益流入（比如可能有折扣等因素）；也不能将代第三方收取的款项计入交易价格，因为代收款实际上属于负债（如增值税）。

企业在确定交易价格时应当考虑可变对价、合同中存在的重大融资成分、非现金对价以及应付客户对价等因素的影响，并应当假定将按照现有合同的约定向客户转移商品，且该合同不会被取消、续约或变更。

2.确定交易价格时应考虑的影响因素

（1）可变对价

企业与客户的合同中约定的对价金额可能是固定的，也可能有所变化。产生可变对价

---

① 本章多数例题改编自第15号国际财务报告准则的示例。

的因素通常有：折扣、价格折让、返利、退款、奖励积分、激励措施、业绩奖金、索赔等。此外，企业有权收取的对价金额将根据一项或多项或有事项的发生而有所不同，也会带来可变对价。

可变对价的金额按其最佳估计数确定。企业应当按照期望值或最有可能发生金额确定可变对价的最佳估计数。选择哪一种估计方法，要以能够更好地预测其有权收取的对价金额为原则，并且对于类似合同应当采用相同的方法进行估计。期望值是按照各种可能发生的对价金额及相关概率计算确定的金额；最有可能发生金额是一系列可能发生的对价金额中最可能发生的单一金额，即合同最可能产生的单一结果。如果企业拥有大量具有类似特征的合同，企业据此估计合同可能产生多个结果时，采用期望值法估计可变对价通常比较恰当；而当合同仅有两个可能结果时，采用最可能发生金额估计可变对价也许是恰当的。

【例 12-3】按期望值法估计可变对价。

某运输企业与某旅游景区订立的一年期运输服务合同约定：运输企业为该景区提供游客运输服务，年固定收入50万元；根据游客候车时间、准点率，将有奖励0至15万元。企业根据经验和流量预计，估计获得各种奖励的可能性见表12-2。

表 12-2　**企业估计的获得各种奖励的可能性**

获得奖励金额（元）	可能性
0	35%
50 000	30%
100 000	30%
150 000	5%

根据上述资料，企业可变对价的估计以及交易价格的确定如下：

①企业采用期望值法估计的可获得奖励金额=0×35%+50 000×30%+100 000×30%+150 000×5%=52 500（元）

②交易价格=500 000+52 500=552 500（元）

值得一提的是，运营期间、实际结算之前，每个资产负债表日企业要对可变对价进行持续的估计和调整。

【例 12-4】按最可能发生金额估计可变对价。

甲企业与乙企业签订固定造价合同，在乙企业的厂区内为其建造一栋大数据中心，合同价款为600万元。合同还约定：该项工程完工以后将参加省级优质工程奖的评选，如果能够获奖，乙企业将额外奖励甲企业30万元（一等奖）或20万元（二等奖）。甲企业估计极有可能获得二等奖。

本例中，按最可能发生金额估计的可变对价为20万元，甲企业确定的交易价格是620万元。

【例 12-5】按最可能发生金额估计可变对价。

甲企业与乙企业签订商品销售合同，合同价款200万元，乙企业在收到商品后即支付增值税进项税额26万元，其后2个月之内支付货款。合同约定，如果乙企业在收到货物之后的1个月之内支付货款，可享受2%的现金折扣。甲企业根据以往的经验估计乙企业极可能享受这个现金折扣。

本例中，按最可能发生金额估计的可变对价为4万元，甲企业确定的交易价格是196万元。

> 【特别提示】计入交易价格的可变对价的金额限制。
>
> 企业按照期望值或最可能发生金额确定可变对价金额之后，计入交易价格的可变对价金额还需满足下面这个限制条件：包含可变对价的交易价格应当不超过在相关不确定性消除时累计已确认的收入极可能不会发生重大转回的金额。企业应当将满足这个限制条件的可变对价金额计入交易价格。设置这个限制条件的目的是避免因为一些不确定因素的发生导致之前已经确认的收入发生转回。

（2）合同中存在重大融资成分

当企业将商品的控制权转移给客户的时间与客户付款的时间不一致时（如以赊销的方式销售商品，或者要求客户支付预付款），如果合同各方在合同中（或者以隐含的方式）约定的付款时间为客户或企业就该交易提供了重大融资利益，则合同中包含了重大融资成分。

在评估合同中是否存在重大融资成分时，企业应当考虑所有相关的事实和情况，包括：①已承诺的对价金额与已承诺商品的现销价格之间的差额。②下列两项的共同影响：一是企业将承诺的商品转让给客户与客户支付相关款项之间的预计时间间隔；二是相关市场的现行利率。实务中具体进行评估时，如果企业向客户转让商品或服务的时间与客户付款的时间间隔不超过一年，可以不考虑合同中存在的重大融资成分；超过一年的，如果相关事实和情况表明合同中约定的付款时间并未向客户或企业就转让商品或服务的交易提供重大融资利益，则认为合同中没有包含重大融资成分。

实务关注

企业向客户转让商品或服务的时间与收款时间间隔较长的情况下，如何判断是否具有重大融资成分？

合同中存在重大融资成分的，企业应当按照假定客户在取得商品控制权时即以现金支付的应付金额（即现销价格）确定交易价格。在确定重大融资成分的金额时，应使用将合同对价的名义金额折现为商品的现销价格的折现率，该折现率一经确定不得因后续市场利率或客户信用风险等情况的变化而变更。企业确定的交易价格与合同承诺的对价金额之间的差额，应当在合同期内采用实际利率法进行摊销。

【例12-6】资料：2×20年12月31日乙企业销售一批办公设备，合同价格为1 000 000元，企业与购货方签订的合同约定：购货方采用分期付款的方式分别于2×20—2×23年年末分四次支付购买设备款，2×20年年末支付400 000元，以后的每年年末分别支付200 000元。该批商品的现销价格是897 380元。其他因素略。

问题：乙企业确定的交易价格为多少？

分析：本例中，商品的现销价格是897 380元，所以，乙企业确定的交易价格是897 380元。

【例12-7】资料：2×21年1月1日，甲企业与乙企业签订一份合同，向乙企业销售一成套设备，合同约定，设备将于2×22年年底交货，设备的控制权在交货时转移。乙企业可以选择在合同签订时支付5 000 000元或者在交货时支付5 618 000元。乙企业选择了前一种支付方式。

问题：甲企业确定的交易价格为多少？

分析：本例中，商品控制权转移时乙企业以现金支付的金额是5 618 000元，所以，甲企业确定的交易价格是5 618 000元。

【特别提示】

以下情形中的合同未包含重大融资成分：(1) 客户就商品支付了预付款，且可以自行决定这些商品的转让时间（例如，企业向客户出售其发行的储值卡，客户可随时持卡到该企业购物等）；(2) 客户承诺支付的对价中有相当大的部分是可变的，该对价金额或付款时间取决于某一未来不受企业或客户控制的事项是否发生（例如，按照实际销量收取的特许权使用费）；(3) 合同承诺的对价金额与现销价格之间的差额是由于向客户或企业提供融资利益以外的其他原因所导致，且该差额与产生该差额的原因是相称的（例如，合同约定的支付条款目的是向企业或客户提供保护以防止另一方未能依照合同充分履行其部分或全部义务）。

(3) 非现金对价

非现金对价包括实物资产、无形资产、股权、客户提供的广告服务等。当企业因转让商品而有权向客户收取的对价是非现金形式时，企业通常应按照非现金对价在合同开始日的公允价值确定交易价格。非现金对价的公允价值可能因对价的形式而发生变动（比如非现金对价是股票的，股票本身的价格会发生变动），也可能因其形式以外的原因而发生变动。合同开始日后，非现金对价的公允价值因其对价形式以外的原因而发生变动的，应当作为可变对价，按照与计入交易价格的可变对价金额的限制条件相关的规定进行处理；合同开始日后，非现金对价的公允价值因其对价形式而发生变动的，该变动金额不应计入交易价格。

(4) 应付客户对价

企业在向客户转让商品的同时，需要向客户或第三方支付对价的，应当将该应付对价冲减交易价格，但应付客户对价是为了向客户取得其他可明确区分商品的除外。这里的应付客户对价还包括可以抵减客户应付企业金额的相关项目金额，如优惠券、兑换券等。这里的第三方通常指向企业的客户购买本企业商品的一方，即处于企业分销链上的“客户的客户”。企业应付客户对价是为了自客户取得其他可明确区分商品的，应当采用与企业其他采购相一致的方式确认所购买的商品。这时，如果企业应付客户对价超过自客户取得商品的公允价值的，超过金额应当作为应付客户对价冲减交易价格；自客户取得的可明确区分商品公允价值不能合理估计的，企业应当将应付客户对价全额冲减交易价格。

在对应付客户对价冲减交易价格进行会计处理时，企业应当在确认相关收入与支付（或承诺支付）客户对价两者孰晚的时点冲减当期收入。

(四) 将交易价格分摊至各单项履约义务

当合同中包含两项或多项履约义务时，才有交易价格的分摊问题。

1.分摊交易价格的一般原则

当合同中包含两项或多项履约义务时，企业应在合同开始日按照各单项履约义务所承诺商品的单独售价的相对比例，将交易价格分摊至各单项履约义务，以便完成各单项履约义务的计量。

这里的单独售价是指企业向客户单独销售商品的价格。单独售价无法直接观察的，企业应当综合考虑其能够合理取得的全部相关信息，采用市场调整法、成本加成法、余值法等方法合理估计单独售价。企业应当最大限度地采用可观察信息，并对类似的情况采用一致的估计方法。

市场调整法、成本加成法、余值法

【例12-8】有可观察的单独售价。

资料：甲企业定期单独出售产品A、B和C，单独售价分别为40 000元、55 000元和45 000元。甲企业与乙企业订立一项合同：以100 000元的价格出售产品A、B和C，甲企业将在不同时点履行针对每项产品的履约义务。

问题：甲企业应如何确定产品A、B、C各自应分摊的交易价格？

分析：按上述分摊原则，根据可观察的单独售价分摊交易价格的计算过程见表12-3。

表12-3 交易价格分摊计算表（市场调整法） 金额单位：元

产品	交易价格的分摊	
	分摊比例	分摊的金额
A	40 000÷（40 000+55 000+45 000）×100%=28.57%	100 000×28.57%=28 570
B	55 000÷（40 000+55 000+45 000）×100%=39.29%	100 000×39.29%=39 290
C	45 000÷（40 000+55 000+45 000）×100%=32.14%	100 000×32.14%=32 140

【例12-9】无可观察的单独售价。

资料：甲企业定期单独出售产品A和B，单独售价分别为40 000元和55 000元。甲企业与乙企业订立一项合同：以120 000元的价格出售产品A、B和C，C为新产品，企业尚未有定价。甲企业将在不同时点履行针对每项产品的履约义务。

问题：甲企业应如何确定产品A、B、C各自应分摊的交易价格？

分析：按上述分摊原则，采用余值法分摊交易价格的计算过程见表12-4。

表12-4 交易价格分摊计算表（余值法） 单位：元

产品	交易价格的分摊
A	40 000
B	55 000
C	25 000=120 000-（40 000+55 000）

2.分摊交易价格的其他问题

（1）分摊合同折扣

这里所说的合同折扣，是指合同中各单项履约义务所承诺商品的单独售价之和高于合同交易价格的金额。当有确凿证据表明合同折扣仅与合同中一项或多项（而非全部）履约义务相关的，企业应将该合同折扣分摊至相关的一项或多项履约义务。

【例12-10】分摊合同折扣。

资料：甲企业定期单独出售产品A、B和C，单独售价分别为40 000元、55 000元和45 000元。另外，甲企业还定期将产品B和C一同按60 000元的价格出售。2×21年9月1日甲企业与某客户订立一项合同：以100 000元的价格出售产品A、B和C，并需要分别在

2×21年12月末、2×22年3月末和6月末履行交付三项产品的履约义务。

问题：甲企业应如何确定产品A、B、C各自应分摊的交易价格？

分析：首先，该合同包含针对整项交易的折扣40 000元（因为按单独售价计算，三项产品合计售价应该为140 000元）。

其次，该40 000元的折扣仅与转让产品B、C的承诺相关，应在产品B、C之间分摊。

所以，分摊交易价格的相关计算见表12-5。

表12-5 交易价格分摊计算表 单位：元

产品	交易价格的分摊		
	分摊的金额	计算过程	分摊的折扣
A	40 000		0
B	33 000	55 000÷（55 000+45 000）×100%×60 000=33 000	22 000
C	27 000	45 000÷（55 000+45 000）×100%×60 000=27 000	18 000

（2）分摊可变对价

合同中包含可变对价的，在各履约义务之间如何分摊？主要注意三个问题。第一，在同时满足下列两个条件的前提下，企业应将可变对价及可变对价的后续变动额全部分摊至与之相关的某项履约义务：条件一是可变对价的条款专门针对企业为履行该项履约义务或转让该项可明确区分商品所做的努力（或所导致的结果）；条件二是企业在考虑了合同中的全部履约义务以及支付条款后，将合同对价中的可变金额部分分摊至该项履约义务或该项可明确区分商品符合分摊交易价格的目标。第二，对于不满足上述条件的可变对价以及可变对价的后续变动额，以及可变对价及其后续变动额中未满足上述条件的剩余部分，企业应按照分摊交易价格的一般原则，将其分摊至合同中的各项履约义务。第三，对于已履行的履约义务，其分摊的可变对价后续变动额应调整变动当期的收入。

（3）交易价格的后续变动

合同开始日后，交易价格发生后续变动的，企业应当按照在合同开始日所采用的基础将该后续变动金额分摊至合同中的各履约义务，但企业不得因合同开始日之后单独售价的变动而重新分摊交易价格。

（五）履行每一单项履约义务时确认收入

前面曾经提及收入的确认原则是：企业应当在履行了合同中的履约义务，即在客户取得相关商品（或服务）控制权时，确认收入。现在的问题是，企业将商品控制权转移给客户，该转移可能在某一时点发生（即履约义务完成时），也可能在某一时段内发生（即履行履约义务的过程中）。这就要求企业分情况进行处理：对于在某一时点履行履约义务的，企业应当综合分析控制权转移的迹象，判断转移时点，以便在该时点确认收入；对于在某一时段内履行履约义务的，企业应当选取恰当的方法确定履约进度，以便按履约进度确认履约时段内各期的收入。

1.在某一时点履行的履约义务的收入确认

对于在某一时点履行的履约义务，企业应当在客户取得相关商品控制权的时点确认收入。

（1）“取得商品控制权”的含义

取得商品控制权，是指能够主导该商品的使用并从中获得几乎全部的经济利益，也包括有能力阻止其他方主导该商品的使用并从中获得经济利益。

从上面对取得商品控制权的界定可以发现，取得商品控制权同时包括以下三项要素：一是能力（企业只有在客户拥有现时权利，能够主导该商品的使用并从中获得几乎全部经济利益时，才能确认收入）；二是主导该商品的使用（客户在其活动中有权使用该商品，或者能够允许或阻止其他方使用该商品）；三是能够获得几乎全部经济利益（商品的经济利益是指该商品的潜在现金流量）。

（2）判断客户是否取得商品控制权应考虑的迹象

判断客户是否取得商品控制权应考虑以下五个迹象：①企业就该商品享有现时收款权利，即客户负有现时付款义务；②企业已将该商品的法定所有权转移给客户，即客户已拥有该商品的法定所有权；③企业已将该商品实物转移给客户，即客户已占有该商品实物；④企业已将该商品所有权上的主要风险和报酬转移给客户，即客户已取得该商品所有权上的主要风险和报酬；⑤客户已接受该商品。

值得一提的是，客户占有了某项商品实物并不意味着一定就取得了商品的控制权，反之亦然。比如，委托代销安排、售后代管商品安排等。

下面举例说明在履行履约义务的时点确认收入的会计处理。

【例 12-11】一般销售业务。

资料见例 12-10。甲企业于2×21年12月末按合同规定向客户转移了产品A的控制权，该产品的成本为38 000元。企业开具的发票金额为40 000元，增值税为5 200元，货款及税款均已通过转账方式收妥。甲企业有关账务处理为：

①确认收入：

借：银行存款	45 200	
贷：主营业务收入		40 000
应交税费——应交增值税（销项税额）		5 200

②确认销售成本：

借：主营业务成本	38 000	
贷：库存商品		38 000

【例 12-12】涉及现金折扣的销售业务。

资料见例 12-5。另假定该商品的控制权在乙企业收到商品时即发生转移；该商品的成本为180万元。甲企业有关账务处理为：

①将商品交付给乙企业时，确认收入：

借：银行存款	260 000	
应收账款	1 960 000	
贷：主营业务收入		1 960 000
应交税费——应交增值税（销项税额）		260 000

②确认销售成本：

借：主营业务成本	1 800 000	

贷：库存商品 1 800 000

③如果销售商品后1个月之内收到货款：

借：银行存款 1 960 000

贷：应收账款 1 960 000

④如果销售商品后1个月之内未收到货款：

借：应收账款 40 000

贷：主营业务收入 40 000

然后，于收到货款时：

借：银行存款 2 000 000

贷：应收账款 2 000 000

【例12-13】具有重大融资成分的分期收款销售业务。

资料见例12-6。另补充资料：增值税130 000元于商品交付客户时一次收取。商品的成本为800 000元。乙企业在转移商品控制权时的账务处理为：

①2×20年年末，根据乙企业确定的交易价格确认收入，并反映税款及第一笔货款的收取：

借：长期应收款 600 000

银行存款 530 000

贷：主营业务收入 897 380

未实现融资收益* 102 620

应交税费——应交增值税（销项税额） 130 000

②确认销售成本：

借：主营业务成本 800 000

贷：库存商品 800 000

*以后3年年末分别确认200 000元的收款额，并按实际利率法将未实现融资收益冲减当期财务费用。

【例12-14】委托代销业务。

资料：甲企业与乙公司签订了委托代销A商品2 000件的合同，根据合同，对外销售单价为100元，甲企业按不含增值税销售价格的10%向乙公司支付手续费；在商品没有售出之前乙公司没有义务向甲企业支付货款（除非该商品在乙公司存放期间由于乙公司的责任发生毁损或丢失）；乙公司没有包销责任，未售出商品将退回甲企业；甲企业则有权要求收回尚未销售的商品或销售给其他客户。该商品的单位成本65元；本报告期乙公司全部对外销售，开具的增值税专用发票上的销售价格为200 000元，增值税为26 000元，乙公司收到款项，并向甲企业开具代销清单、支付货款；甲企业根据代销清单向乙公司开具增值税专用发票并支付手续费。假定手续费适用的增值税税率为6%。其他因素略。

问题：委托代销业务的双方分别怎样进行会计处理？

分析：甲企业只有在乙公司将货物出售给最终客户时才能确认收入，因为甲企业将货物发送给乙公司时，乙公司并未取得货物的控制权。乙公司对受托代销的商品应先确认相关资产和负债，在将商品销售给最终客户之后才可以将相关资产和负债进行终止确认并按应收的代销手续费确认收入。

(1) 甲企业有关账务处理为：

①发出委托代销商品时：

借：发出商品	130 000	
贷：库存商品		130 000

②收到代销清单时：

借：应收账款	226 000	
贷：主营业务收入		200 000
应交税费——应交增值税（销项税额）		26 000
借：主营业务成本	130 000	
贷：发出商品		130 000
借：销售费用	20 000	
应交税费——应交增值税（进项税额）	1 200	
贷：应收账款		21 200

③与乙公司结清货款：

借：银行存款	204 800	
贷：应收账款		204 800

(2) 乙公司有关账务处理为：

①收到代销商品时：

借：受托代销商品	200 000	
贷：受托代销商品款		200 000

②对外销售时（给客户开具增值税专用发票）：

借：银行存款	226 000	
贷：受托代销商品		200 000
应交税费——应交增值税（销项税额）		26 000

③向委托方出具代销清单、收到委托方开具的增值税专用发票时：

借：受托代销商品款	200 000	
应交税费——应交增值税（进项税额）	26 000	
贷：应付账款		226 000

④向委托方支付货款并从委托方收取手续费：

借：应付账款	226 000	
贷：银行存款		204 800
其他业务收入		20 000
应交税费——应交增值税（销项税额）		1 200

2.在某一时段内履行的履约义务的收入确认

对于在某一时段内履行履约义务的，企业应当在履约期间内按履约进度确认收入。这里主要的问题有三个：一是如何判断某项履约义务属于在某一时段内（而不是某一时点）履行的；二是如何确定履约进度；三是履约时段内各期如何根据履约进度确认当期收入。

(1) 属于在某一时段内履行履约义务的条件

满足下列条件之一的，属于在某一时段内履行的履约义务，从而需在相关期间内确认相关收入：

①客户在企业履约的同时就取得并消耗企业履约所带来的经济利益。企业在履约过程中持续地向客户转移企业履约所带来的经济利益的，该履约义务属于在某一时段内履行的履约义务。

②客户能够控制企业履约过程中在建的商品。企业在履约过程中在建的商品包括在产品、在建工程、尚未完成的研发项目、正在进行的服务等，如果客户控制了在建的商品，就意味着客户在企业提供商品的过程中就能获得与该商品相关的利益，那么，该履约义务属于在某一时段内履行的履约义务。

③企业履约过程中所产出的商品具有不可替代用途，且该企业在整个合同期间内有权就累计至今已完成的履约部分收取款项。值得一提的是，这里的具有不可替代用途，是指因合同限制或实际可行性限制，企业不能轻易地将商品用于其他用途；这里的有权就累计至今已完成的履约部分收取款项，是指在由于客户或其他方原因终止合同的情况下，企业有权就累计至今已完成的履约部分收取能够补偿其已发生成本和合理利润的款项，并且该权利具有法律约束力。

下面举例说明是否属于在某一时段内履约的判断。

【例 12-15】2×20 年 12 月 1 日甲企业与乙企业签订合同，在乙企业的厂区内按乙企业的设计要求为乙企业建造一栋厂房，工期为 4 个月。在建造过程中，乙企业有权修改厂房设计，并与甲企业重新协商设计变更后的合同价款；乙企业每月末按当月工程进度向甲企业支付工程款；如果乙企业终止合同，已完成建造部分的厂房归乙企业所有。

分析：本例合同的相关条款均表明作为客户的乙企业能够控制在建的厂房，所以，甲企业提供的这项厂房建造服务属于在某一时段内履行的履约义务，应在建造期间内按履约进度确认收入。

【例 12-16】资料：甲企业是一家造船企业。甲企业与乙企业签订了一份按照乙企业的具体要求设计和建造船舶的合同。甲企业在自己的厂区完成该船舶的建造，乙企业无法控制在建过程中的船舶；甲企业如果想把船舶出售给其他客户，需发生重大改造成本。合同约定，如果乙企业单方面解约，需向甲企业支付相当于合同总价 30% 的违约金，且建造中的船舶归甲企业所有。假定该合同只包括一项履约义务，即设计与建造乙企业所需船舶。

问题：对于甲企业而言，设计与建造船舶是否属于在某一时段内履行的履约义务？

分析：首先，乙企业没有在甲企业设计与建造该艘船舶的同时取得并消耗甲企业建造过程带来的经济利益；其次，乙企业不能控制在建的船舶；再次，虽然该船舶具有不可替代用途（因为如要出售给乙企业之外的其他企业，甲企业将发生重大改造成本），但甲企业在乙企业单方面解约时仅可向其收取相当于合同总价 30% 的违约金，说明甲企业在整个合同期间内无权就累计至今已完成的履约部分收取能够补偿其已发生成本和合理利润的款项。综上所述，甲企业为乙企业设计并建造船舶这个履约义务不属于在某一时段内履行的履约义务。

（2）履约进度的确定方法

确定履约进度的方法主要有产出法和投入法。

①产出法的基本原理

产出法是根据已转移给客户的商品对于客户的价值确定履约进度的方法。产出法下通常可采用的产出指标有：实际测量的完工进度、评估已实现的结果、已达到的里程碑、时间进度、已完工或交付的产品等。当选择的产出指标无法计量控制权已转移给客户的商品时，不应采用产出法。实务中的一种方便操作是：当企业向客户开具发票的对价金额与向客户转让增量商品价值直接相一致时，企业直接按照发票对价金额确认收入（比如企业按照固定的费率以及发生的工时向客户开具账单）。

产出法通常能客观地反映履约进度，但如果无法直接观察获得有关产出指标，就可以采用投入法。

②投入法的基本原理

投入法是根据企业履行履约义务的投入确定履约进度的方法。投入法下常用的投入指标有：投入的材料数量、花费的人工工时或机器工时、发生的成本和时间进度等。采用已发生的成本作为投入指标时，投入法也称为成本法；企业从事的工作或发生的投入在整个履约期间内平均发生时，企业也可以在各期平均确认收入，这种做法可称为直线法。

成本法下，按照累计实际发生的成本占预计总成本的比例确定履约进度，这里的累计实际发生成本包括企业向客户转移商品过程中所发生的直接成本和间接成本，如直接人工、直接材料、分包成本以及其他与合同相关的成本。采用成本法计算履约进度时需要从累计实际已发生成本中扣除如下成本：与初始活动（该初始活动并没有向客户转移企业承诺的服务）有关的投入，因企业生产效率低下等原因导致的非正常消耗，与企业履行履约义务的进度不成比例的已发生成本。另外，施工中尚未安装、使用或耗用的商品或材料成本，如果在合同开始日就预期将能满足下列四个条件的，则采用成本法确定履约进度时也不应包括这些成本：该商品或材料不可明确区分，即不构成单项履约义务；客户先取得该商品或材料的控制权，之后才接受与之相关的服务；其成本相对于预计总成本而言是重大的；企业自第三方采购，且未深入参与其设计与制造，对于包含该商品的履约义务而言，企业是主要责任人。成本法下计算履约进度时从累计实际发生成本中扣除的成本，通常仅以其发生额为限确认收入。

下面举例说明履约进度确定方法的应用。

【例 12-17】计算履约进度时扣除部分已发生成本。

资料：2×20 年 11 月，甲企业与客户签订一项装修一栋办公楼并安装电梯的合同。甲企业认为已承诺的装修服务（包括安装电梯）构成一项在一段时间内履约的单项履约义务。合同总金额为 500 万元，预计合同总成本为 400 万元（包括电梯采购成本 150 万元、其他成本 250 万元）。2×20 年 12 月电梯运抵该建筑时客户已验收，并取得对电梯的控制权。预计 2×21 年 4 月安装电梯。至 2×20 年 12 月 31 日已发生成本共 200 万元（其中，购买电梯成本 150 万元，其他成本 50 万元）。增值税略。

问题：甲企业采用成本法计量履约进度时，如何计算至 2×20 年 12 月末该合同的履约进度？

分析：计算履约进度时的已发生成本中不应包含电梯采购成本。因为：第一，安装电梯不构成单项履约义务；第二，客户先取得该电梯的控制权，之后才接受与之相关的安装服务；第三，电梯采购成本相对于预计合同总成本而言是重大的；第四，电梯由甲企业自第三方采购，虽然其为主要责任人（不是代理人）但其并未深入参与其设计与制造。

所以，至 2×20 年 12 月末该合同的履约进度计算如下：

履约进度=不包括电梯成本的累计已发生成本÷不包括电梯成本的合同总成本×100%

=（200-150）÷（400-150）×100%=20%

【特别提示】

1.每一资产负债表日，企业应对履约进度进行重新评估；

2.当客观环境发生变化时，企业也应对履约进度进行重新评估；

3.对于每一项履约义务，只能采用一种方法确定其履约进度；

4.履约进度不能合理确定时，应按预计能得到合理补偿的已发生成本金额确认收入。

（3）按履约进度确认收入

在期末按履约进度确认当期收入时，首先应根据累计履约进度确认至本报告期末累计应确认的收入，然后减去此前已累计确认的收入，从而确定本期应确认的收入。用公式表示如下：

本期确认的收入=合同总收入×至本期末累计履约进度-以前期间已确认的收入

本期应确认的营业成本的计算同理。

下面举例予以说明。

【例12-18】资料见例12-17。甲企业确认收入的有关计算见表12-6。

表12-6　　2×20年12月末应确认营业收入和营业成本计算表

2×20年12月末应确认的营业收入	2×20年12月末应确认的营业成本
不包括电梯收入的合同总收入×履约进度+电梯收入 =（500-150）×20%+150 =350×20%+150 =70+150 =220（万元）	不包括电梯成本的合同总成本×履约进度+电梯成本 =（400-150）×20%+150 =250×20%+150 =50+150 =200（万元）
备注：由于在计算履约进度时剔除了电梯成本因素，本期确认的收入金额实际上包含两项内容：与电梯无关的收入70万元和与电梯有关的收入150万元。同理，本期确认的营业成本也包含两项内容：与电梯无关的营业成本50万元和与电梯有关的营业成本150万元。对于电梯，仅以其实际成本发生额为限确认收入。	

甲企业有关账务处理如下：

①发生有关合同成本时：

借：合同履约成本（1 500 000+500 000）　　2 000 000

　贷：银行存款等　　2 000 000

②确认本期营业收入时：

借：应收账款等　　2 200 000

　贷：主营业务收入　　2 200 000

③确认本期营业成本时：

借：主营业务成本　　2 000 000

　贷：合同履约成本　　2 000 000

如果截至2×21年3月末，该合同履约进度达到70%。2×21年3月确认第一季度营业收入和营业成本时的账务处理为（此处为简化起见按季度确认收入）：

借：应收账款等　　1 750 000

　贷：主营业务收入（3 500 000×70%-700 000）　　1 750 000

借：主营业务成本（2 500 000×70%-500 000）　　1 250 000

　贷：合同履约成本　　1 250 000

上述账务处理中，涉及了“合同履约成本”。接下来我们就来看一下与合同成本有关的内容。

三、合同取得成本、合同履约成本

（一）合同取得成本

企业为取得合同发生的增量成本预期能够收回的，应当作为合同取得成本确认为一项资产。这里的增量成本，是指企业不取得合同就不会发生的成本，如销售佣金等。

合同取得成本摊销期限不超过一年的，可以在发生时计入当期损益。企业为取得合同发生的、预期不能收回的支出，也应在发生时计入当期损益，除非这些支出明确由客户负担。比如无论是否取得合同都会发生的差旅费、投标费、为准备投标资料而发生的相关费用等。

企业应设置“合同取得成本”“合同取得成本减值准备”等科目，对合同取得成本进行确认与计量。

（二）合同履约成本

企业为履行合同可能发生的各种成本中，属于存货、固定资产、无形资产相关会计准则规范范围的，按照前述存货、固定资产、无形资产等章节的内容进行会计处理；不属于上述相关会计准则规范范围的，如果满足确认为合同履约成本的条件，应当作为合同履约成本确认为一项资产，否则应于发生时计入当期损益。

作为合同履约成本进行确认的成本需同时满足以下三个条件：一是该成本与一份当前或预期取得的合同直接相关；二是该成本增加了企业未来用于履行（包括持续履行）履约义务的资源；三是该成本预期能够收回。

企业应设置“合同履约成本”“合同履约成本减值准备”等科目，对合同履约成本进行确认与计量。

下面举例说明合同成本的确认与计量。

【例 12-19】A企业是一家咨询公司，赢得了向一家新客户提供咨询服务的竞标。企业为取得该合同发生了45 000元的成本，其中，与尽职调查有关的外部法律费用10 000元，提交投标书等的差旅费用10 000元，向销售员工支付的佣金25 000元。假定合同取得成本的摊销期限为2年。

分析：对于向员工支付佣金而形成的取得合同增量成本25 000元，企业应确认为一项资产，因为预期能够通过未来咨询费收回该成本；对于外部法律费用、差旅费用，无论是否取得合同都将发生，应于发生时确认为费用。所以，A企业确认合同取得成本的账务处理为：

借：合同取得成本　　25 000

　　管理费用　　20 000

　贷：银行存款等　　45 000

【例12-20】B公司是一家信息技术服务公司。该公司与一家客户订立了一项为期5年的管理客户信息技术数据中心的服务合同，合同可随后每次续约1年。客户的平均服务期限为7年。B公司在与客户签署合同时向员工支付10 000元的销售佣金。在提供服务之前，公司设计和构建了一个供公司内部使用的与客户系统相连接的技术平台。这一平台并不会转让给客户，但将用于向客户交付服务。构建技术平台发生的初始成本如下：设计服务支出40 000元，硬件支出120 000元，购买与开发软件的支出90 000元，数据中心的迁移测试支出100 000元。B公司经过分析，认为应分别将硬件支出和软件支出确认为固定资产和无形资产，对数据中心的迁移测试支出经判断认为应确认为与合同成本相关的资产，相关合同取得成本和合同履约成本按7年进行摊销。所以，B公司确认合同成本的有关账务处理为：

借：合同取得成本　　10 000

　　固定资产　　120 000

　　无形资产　　90 000

　　合同履约成本　　140 000

　贷：银行存款等　　360 000

【例12-21】资料见例12-15。另假定：合同对价为1 400万元，客户需在合同开始日预付工程价款300万元，工程全部完工时再支付1 100万元。甲企业预计合同总成本为1 000万元，签约当年发生各种履约成本600万元，按成本法确定履约进度。工程按期完工并顺利移交。相关税费及其他因素略。

甲企业确认合同履约成本的相关账务处理如图12-4所示（金额单位：万元）。

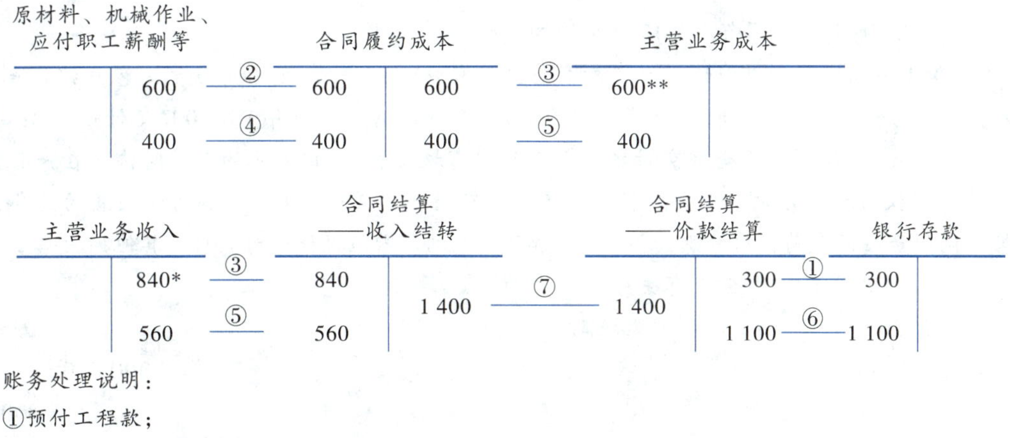

账务处理说明：

①预付工程款；

②第一年发生合同履约成本；

③确认第一年营业收入（*840=1 400×60%）、营业成本（**600=1 000×60%）；

④第二年发生合同履约成本；

⑤确认第二年营业收入（560=1 400−840）、营业成本（400=1 000−600）；

⑥收到工程尾款；

⑦结清合同结算明细科目。

图12-4　合同成本、合同结算账务处理流程示意图

（三）合同成本在报表中的列报

报告期末，合同取得成本的账面价值列入资产负债表中的“其他流动资产”项目或“其他非流动资产”项目报告；合同履约成本的账面价值列入资产负债表中的“存货”项目或“其他非流动资产”项目报告。

四、合同资产、合同负债

（一）合同资产

专题讲解

合同资产

合同资产，是指企业已向客户转让商品而有权收取对价的权利，且该权利取决于时间流逝以外的其他因素。

合同资产与应收账款都是销售方企业拥有的有权收取合同对价的权利。但两者有所不同：应收账款代表的是无条件收取合同对价的权利，即企业仅仅随着时间的流逝就可收款；而合同资产并不是一项无条件收款权，除了时间流逝因素之外，该权利的实现还取决于其他条件。因此，两者承担的风险是不同的，应收账款仅承担信用风险，合同资产则除承担信用风险之外，还可能承担履约风险等其他风险。

企业应设置“合同资产”科目核算这种有条件收款权，并按合同进行明细核算。企业在客户实际支付合同对价或在该对价到期应付之前，已经向客户转让了商品控制权的，应当按因已转让商品而有权收取的对价金额，借记本科目，贷记“主营业务收入”“其他业务收入”等科目；企业取得无条件收款权时，借记“应收账款”等科目，贷记本科目。涉及增值税的，还应进行相应处理。企业还应设置“合同资产减值准备”科目，核算合同资产的减值准备。

下面举例说明合同资产与应收账款的比较。

【例 12-22】2×20年11月10日，甲企业与客户订立一项以1 000万元向客户销售产品A和产品B的合同，合同要求2×20年12月10日交付产品A，2×21年1月10日交付产品B；并规定只有当A、B两项产品全部交付之后甲企业才有权收取1 000万元的合同对价。在产品交付时其控制权转移给客户。甲企业经过分析，将交付产品A和产品B识别为两项履约义务，分摊至两项产品的交易价格分别为300万元和700万元。增值税税率为13%，其他因素略。

根据上述资料，甲企业有关账务处理为：

①2×20年12月10日交付产品A时：

借：合同资产	3 390 000	
贷：主营业务收入		3 000 000
应交税费——应交增值税（销项税额）		390 000

②2×21年1月10日交付产品B时：

借：应收账款	11 300 000	
贷：合同资产		3 390 000
主营业务收入		7 000 000
应交税费——应交增值税（销项税额）		910 000

③收到货款时：

借：银行存款　　11 300 000

　贷：应收账款　　11 300 000

（二）合同负债

专题讲解

合同负债

合同负债，是指企业已收或应收客户对价而应向客户转让商品的义务。这里的“已收”是指企业在向客户转让商品之前客户已经支付了合同对价的情形，这里的“应收”则是指企业在向客户转让商品之前已经取得了无条件收取合同对价权利的情形。

企业应设置“合同负债”科目核算这种已收或应收客户对价而应向客户转让商品的义务，并按合同进行明细核算。企业应当在客户实际支付款项与到期应支付款项两者孰早的时点，按该已收或应收金额，借记“银行存款”“应收账款”等科目，贷记本科目；企业向客户转让相关商品时，借记本科目，贷记“主营业务收入”等科目。本科目的期末余额，反映企业在向客户转让商品之前，已经收到的合同对价或已经取得的无条件收取合同对价的权利的金额。

【特别提示】

企业因转让商品收到的预收款适用收入准则进行处理时，不再使用“预收账款”科目。

下面举例说明合同负债的确认与计量。

【例 12-23】转让商品之前，客户已经预付了合同对价。

承例 12-7，2×21 年 1 月 1 日，甲企业与乙企业签订一份合同，向乙企业销售一成套设备，合同约定，设备将于 2×22 年年底交货，设备的控制权在交货时转移。乙企业可以选择在合同签订时支付 5 000 000 元或者在交货时支付 5 618 000 元。乙企业选择了前一种支付方式，从而甲企业确定的交易价格是 5 618 000 元。本例中按照上述两种方法计算的内含利率为 6%。其他因素略。

甲企业有关账务处理为：

①2×21 年 1 月 1 日收到货款时，确认合同负债以及未确认融资费用：

借：银行存款　　5 000 000

　　未确认融资费用　　618 000

　贷：合同负债　　5 618 000

②2×21 年 12 月 31 日确认融资成分的影响时：

借：财务费用（5 000 000×6%）　　300 000

　贷：未确认融资费用　　300 000

③2×22 年 12 月 31 日确认融资成分的影响时：

借：财务费用（5 300 000×6%）　　318 000

　贷：未确认融资费用　　318 000

④2×22 年 12 月 31 日确认收入时：

借：合同负债　　5 618 000

贷：主营业务收入 5 618 000

【例 12-24】企业已经取得了无条件收取合同对价的权利。

资料：2×20年12月31日，甲企业与客户订立了一项于2×21年3月31日转让合同对价为100 000元商品的不可撤销合同。合同要求客户在2×20年12月31日预先支付合同对价。客户在2×21年2月1日支付了对价。甲企业于2×21年3月31日转让了相应的商品。其他因素略。

甲企业有关账务处理为：

①2×20年12月31日确认应收款时：

借：应收账款 100 000

贷：合同负债 100 000

②2×21年2月1日收到客户预付款时：

借：银行存款 100 000

贷：应收账款 100 000

③2×21年3月31日履行履约义务时：

借：合同负债 100 000

贷：主营业务收入 100 000

【例 12-25】资料：2×20年10月31日，甲企业与乙企业订立一项以150元/件的价格向乙企业销售A商品的合同。合同规定，若乙企业在未来12个月内购买的A商品超过10万件，则销售单价将追溯下调为125元/件。合同对价将在商品控制权转移给乙企业时收取。在确定交易价格时，甲企业估计乙企业未来12个月的购货量能够达到10万件。2×20年12月31日，首批发货1 000件，乙企业取得该批商品的控制权。其他因素略。

问题：甲企业2×20年12月31日资产负债表中“合同负债”项目的报告价值是多少？

分析：甲企业2×20年12月31日，首批发货1 000件，确认收入的账务处理为：

借：银行存款（150×1 000） 150 000

贷：主营业务收入（125×1 000） 125 000

合同负债（25×1 000） 25 000

由此可见，2×20年12月31日资产负债表中“合同负债”项目的报告价值为25 000元。

【报表导向思考】

例12-25中甲企业2×20年年末资产负债表中“合同负债”项目报告价值25 000元意味着什么？

首先，根据题意可知，这个25 000元是合同对价与交易价格的差额（也就是与批量折扣相关的可变对价）。作为甲企业2×20年年末资产负债表中“合同负债”项目的报告价值，这个差额代表了甲企业按合同对价已收客户货款中超过交易价格并将于2×21年10月31日退还给客户的款项。

其次，只要对这种批量折扣所带来的可变对价的估计没有发生变化，“合同负债”项目的报告价值会随着发货批次的增加而增加，直到退还给客户时通过按其余额借记“合同负债”科目、贷记“银行存款”科目的账务处理，方得以终止确认。

最后，如果对这种批量折扣所带来的可变对价的估计发生了变化，应对“合同负债”科目账面余额进行调整，并相应调整已确认的收入，从而资产负债表中“合同负债”项目的报告价值反映调整后的未来退款义务。

（三）合同资产、合同负债在报表中的列报

报告期末，企业应分别根据“合同资产”“合同负债”科目相关明细科目的期末余额，分析填列资产负债表中的“合同资产”“合同负债”项目或其他项目。

同一合同下的合同资产和合同负债应当以净额列示，其中净额为借方余额的，应当根据其流动性在“合同资产”或“其他非流动资产”项目中填列，已计提减值准备的，还应减去“合同资产减值准备”科目中相关的期末余额后的金额填列；其中净额为贷方余额的，应当根据其流动性在“合同负债”或“其他非流动负债”项目中填列。

由于同一合同下的合同资产和合同负债应当以净额列示，企业也可以设置“合同结算”科目（或其他类似科目），以核算同一合同下属于在某一时段内履行的履约义务涉及与客户结算对价的合同资产或合同负债，并在此科目下设置“合同结算——价款结算”科目反映定期与客户进行结算的金额，设置“合同结算——收入结转”科目反映按履约进度结转的收入金额。资产负债表日，“合同结算”科目的期末余额在借方的，根据其流动性在“合同资产”或“其他非流动资产”项目中填列；期末余额在贷方的，根据其流动性在“合同负债”或“其他非流动负债”项目中填列。

智能测评12-1

第二节　特定交易的收入确认与计量

一、附有销售退回条款的销售

（一）会计处理原则

附有销售退回条款的销售是指客户依照有关合同有权退货的销售方式。这种销售方式下，会计处理的原则主要有：

1.企业应当在客户取得相关商品控制权时，按照预期有权收取的对价金额确认收入，将预期退还的金额确认为负债（预计负债）；按预期将退回商品在转让时的账面价值，扣除收回该商品预计要发生的成本（包括退回商品的价值减损）后的余额，确认为一项资产（应收退货成本）；按照所转让商品的账面价值扣除应收退货资产后的净额，确认营业成本。

2.如果合同约定企业有权向客户收取一定金额的退货费，则企业在估计预期有权收取的对价金额时，应将预计收取的退货费包括在内（即增加营业收入）；对于预计发生的退货成本，应从退货资产中扣除（相当于增加营业成本）。

3.如果实际退货数量与原估计退货数量不符，相应调整营业收入与营业成本。每一资产负债表日，企业应对未来销售退回情况进行重新评估，根据重估情况重新计量相关资产

(应收退货成本）和负债（预计负债）；如有变化，作为会计估计变更处理。

4.如果客户取得商品控制权时企业无法确定预期有权收取的对价金额，企业不可将可变对价计入交易价格，因此暂时不能确认收入。待退货期满后，根据实际退货情况按照预期有权收取的对价金额确定交易价格，确认收入。

下面举例予以说明。

【例12-26】附有销售退回条款的销售的基本业务。

资料：2×20年11月1日甲企业向乙公司销售健身器材5 000件，单位售价500元，单位成本400元，开出增值税专用发票，销售价格为250万元，增值税税额为32.50万元。商品控制权已转移给乙公司，货款及税款未收到。按合同约定，乙公司应于12月1日之前支付货款，在2×21年2月末之前有权退回商品。甲企业根据以往的经验估计该批健身器材退货率在10%。

甲企业有关账务处理为：

①2×20年11月1日销售商品时确认收入：

借：应收账款	2 825 000	
贷：主营业务收入（2 500 000×90%）		2 250 000
预计负债（2 500 000×10%）		250 000
应交税费——应交增值税（销项税额）		325 000

②确认营业成本和应收退货成本时：

借：主营业务成本（2 000 000×90%）	1 800 000	
应收退货成本（2 000 000×10%）	200 000	
贷：库存商品		2 000 000

③2×20年12月1日之前收到款项时：

借：银行存款	2 825 000	
贷：应收账款		2 825 000

④2×21年2月收到退回的商品时（假定退回500件*）：

借：库存商品	200 000	
贷：应收退货成本		200 000
借：应交税费——应交增值税（销项税额）	32 500	
预计负债	250 000	
贷：银行存款		282 500

*如果2×21年2月收到退回的商品是400件，则有关账务处理为：

借：库存商品	160 000	
主营业务成本	40 000	
贷：应收退货成本		200 000
借：应交税费——应交增值税（销项税额）	26 000	
预计负债	250 000	
贷：银行存款		226 000
主营业务收入		50 000

【例12-27】收取退货费和发生退货成本。

资料见例12-26。另假定：合同约定每件退货商品收取退货费60元。甲企业销售商品时预计每件商品的退货成本为40元。甲企业2×20年11月1日确认营业收入和营业成本的账务处理为：

①销售商品确认收入时：

借：应收账款　2 825 000

　贷：主营业务收入（2 500 000×90%+60×500）　2 280 000

　　预计负债（2 500 000×10%-60×500）　220 000

　　应交税费——应交增值税（销项税额）　325 000

②确认营业成本和应收退货成本时：

借：主营业务成本（2 000 000×90%+40×500）　1 820 000

　应收退货成本（2 000 000×10%-40×500）　180 000

　贷：库存商品　2 000 000

【例12-28】重估退货率。

资料见例12-26。另假定：2×20年12月31日甲企业根据近期商品销售的反馈信息重新估计该批健身器材的退货率为8%。甲企业2×20年11月1日确认营业收入和营业成本以及应收退货成本和预计负债的账务处理，与例12-26相同，但在2×20年12月31日及以后收到退货时需根据重新估计的8%退货率进行如下账务处理：

①2×20年12月31日调整负债余额时：

借：预计负债（500×5 000×2%）　50 000

　贷：主营业务收入　50 000

②2×20年12月31日调整应收退货资产余额时：

借：主营业务成本（400×5 000×2%）　40 000

　贷：应收退货成本　40 000

③2×21年2月收到退回的商品时（假定退回400件）：

借：库存商品　160 000

　贷：应收退货成本　160 000

借：应交税费——应交增值税（销项税额）　26 000

　预计负债　200 000

　贷：银行存款　226 000

【例12-29】无法确定预期有权收取的对价金额。

资料见例12-26。另假定：合同约定客户在2×21年2月末之前有权退回商品，并支付货款及税款；该种商品为新产品，甲企业没有关于退货率的历史数据及其他可参考信息。

甲企业有关账务处理为：

①2×20年11月1日销售商品时不能确认收入，只能按成本转账：

借：应收退货成本　2 000 000

　贷：库存商品　2 000 000

②2×21年2月末收到退回的商品时（假定退回500件）：

借：库存商品　200 000

贷：应收退货成本　　200 000

③按交易价格确认收入时：

借：银行存款（或应收账款）　　2 542 500

贷：主营业务收入　　2 250 000

应交税费——应交增值税（销项税额）　　292 500

④确认营业成本时：

借：主营业务成本　　1 800 000

贷：应收退货成本　　1 800 000

（二）应收退货成本和应付退货款在报表中的列报

报告期末，确认为资产的应收退货成本，应当根据其流动性在“其他流动资产”或“其他非流动资产”项目列报；确认为预计负债的应付退货款，应当根据其流动性在“其他流动负债”或“预计负债”项目列报。

【特别提示】

以下情形不属于销售退回：（1）客户取得商品控制权之前退回商品；（2）客户换取商品（类型、质量、状况、价格均同）；（3）客户按合约以质量有瑕疵的商品换取正常商品（按附有质量保证条款的销售处理）。

二、附有质量保证条款的销售

附有质量保证条款的销售的关键会计问题是判断某项具体的质量保证是否属于单项履约义务，以便确定是否需要将交易价格分摊给该质量保证并单独确认该质量保证的收入。

附有质量保证条款的销售的会计处理原则是：

首先，要区分质量保证的种类。质量保证有两类：一是保证类质量保证；二是服务类质量保证。前者是为了向客户保证所销售的商品符合既定标准，后者则是在向客户保证所销售的商品符合既定标准之外提供了一项单独的服务。

其次，在明确了质量保证的种类之后，就要判断哪一类质量保证或什么条件的质量保证属于单项履约义务。企业应当对其所提供的质量保证的性质进行分析，对于客户能够选择购买的质量保证，作为单项履约义务；对于客户虽然不能选择单独购买的质量保证，但该质量保证属于服务类质量保证的，也应作为单项履约义务。

最后，确定会计处理方法。对于作为单项履约义务的质量保证，应对其分摊交易价格并确认收入；对于不能作为单项履约义务的质量保证，应对其按与或有事项有关的义务进行处理。企业提供的质量保证同时包含保证类和服务类质量保证的，应按上述原则分别进行会计处理；无法合理区分的，应将这两类质量保证一起作为单项履约义务进行会计处理。

将上述会计处理原则归纳如图12-5所示。

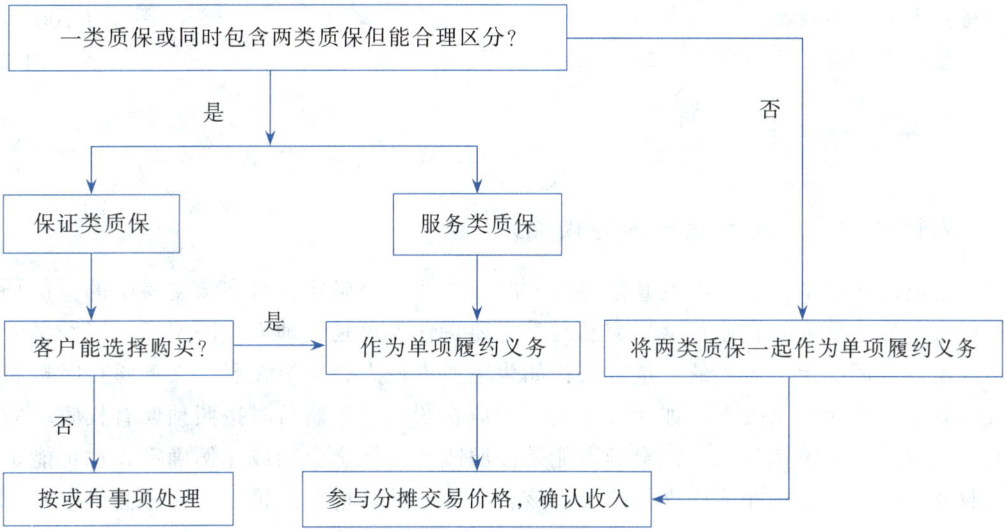

图 12-5　附有质量保证条款的销售的会计处理原则示意图

下面举例予以说明。

【例 12-30】甲公司与客户签订一项电脑销售合同，合同约定对其经销的电脑提供两项质保义务：一是90天保质期内保证型质保（免费）；二是90天以后3年之内服务型质保（有偿）。销售电脑和延长质保期的交易价格共为36 000元，其中：电脑的售价为34 000元，服务型质保的售价为2 000元。销售商品时甲公司估计保证型质保义务的费用的最佳估计数为200元。实际履行两项义务时，发生的支出分别为200元和1 700元。其他相关税费略。

甲公司有关账务处理为：

①销售时，将延长期内的服务型质保作为单项履约义务处理。

确认营业收入、营业成本（假定成本为31 000元）时：

借：银行存款等	36 000	
贷：主营业务收入		34 000
合同负债		2 000
借：主营业务成本	31 000	
贷：库存商品		31 000

②销售时，对保证型质保按或有事项处理：

销售商品时确认预计发生的保修费：

借：销售费用	200	
贷：预计负债		200

③销售后90天内提供保证型质量保证服务时：

借：预计负债	200	
贷：应付职工薪酬等		200

④90天之后至3年之内提供服务型质量保证服务时：

借：合同负债	2 000	
贷：主营业务收入		2 000

借：主营业务成本　　1 700

　贷：原材料、应付职工薪酬等　　1 700

三、主要责任人与代理人

（一）为什么要区分主要责任人与代理人

当企业向客户销售商品涉及其他参与方时，企业应当确定自身在该交易中的身份是主要责任人还是代理人。企业在从事交易时是主要责任人还是代理人，决定了对履约义务性质的认定，从而决定了收入的计量方法：如为主要责任人，应当在履约义务履行时按照已收或应收对价总额确认收入；如为代理人，则应在履约义务履行时按照预期有权收取的佣金或手续费的金额确认收入（该金额可能是按照既定的佣金金额或比例确定，也可能是按照已收或应收对价总额扣除应支付给提供该特定商品的其他方的价款后的净额确定）。

（二）判断主要责任人与代理人的基本原则

企业应当根据其承诺的性质（也就是履约义务的性质）确定其在某项交易中的身份是主要责任人还是代理人。企业承诺自行向客户提供特定商品的，其身份是主要责任人；企业承诺安排他人提供特定商品的，即企业是为他人提供协助的，其身份就是代理人。

在确定企业承诺的性质时，企业应当首先识别向客户提供的特定商品。这里的特定商品，是指向客户提供的可明确区分的商品或可明确区分的一揽子商品，该特定商品也包括享有由其他方提供的商品的权利。例如旅行社销售的机票向客户提供了乘坐航班的权利，团购网站销售的餐券向客户提供了在指定餐厅用餐的权利等。

在确定企业承诺的性质时，企业还应当评估企业在将特定商品转让给客户之前是否控制该商品。如果企业在将特定商品转让给客户之前控制该商品，表明企业的承诺是自行向客户提供该商品，或者委托另一方（包括分包商）代其提供该商品，因此，企业是主要责任人；相反，企业在将特定商品转让给客户之前不控制该商品的，表明企业的承诺是安排他人向客户提供该商品，是为他人提供协助，因此，企业是代理人。

（三）企业作为主要责任人的情形

企业作为主要责任人的情形包括：（1）企业自该第三方取得商品或其他资产的控制权后，再转让给客户；（2）企业能够主导该第三方代表本企业向客户提供服务，说明企业在提供相关服务给客户之前能够控制该服务；（3）企业自该第三方取得商品控制权后，通过提供重大的服务将该商品与其他商品整合成合同约定的某组合产出转让给客户。

实务关注

零售百货行业联营模式下百货商场是主要责任人还是代理人？

【例 12-31】甲公司是一家旅行社。假定该旅行社可以采用两种方式向旅客提供机票：方式一是先从航空公司购买一定数量的折扣机票，然后按自行决定的价格向旅客销售机票，未售出的机票也不能退还给航空公司；方式二是代旅客从航空公司购买机票，本旅行社只收取购票手续费。如果采用方式一，该旅行社就是主要责任人，这时，购买的机票确认为存货，向旅客销售的机票按预期有权收取的对价金额确认收入；如果采用方式二，该旅行社就是代理人，仅按收取的购票手续费确认收入。

四、附有客户额外购买选择权的销售

企业向客户授予额外购买选择权的形式包括销售激励、客户奖励积分、未来购买商品的折扣券以及合同续约选择权等。

附有客户额外购买选择权的销售的关键会计问题是判断所授予的额外购买选择权是否能作为单项履约义务，以便确定是否需要与该合同下原本销售的商品一起按单独售价比例分摊交易价格。

对于附有客户额外购买选择权的销售，其会计处理的原则是：企业应当评估该选择权是否向客户提供了一项重大权利。企业向客户提供重大权利的，作为单项履约义务，从而与该合同下原本销售的商品一起按单独售价比例分摊交易价格，并在客户未来行使购买选择权时或者该选择权失效时，确认与该单项履约义务相关的收入。这里必然涉及两个问题：一是如何判断授予客户的权利是否重大；二是额外购买选择权的单独售价无法直接观察时怎么处理。在考虑授予客户的选择权是否重大时，应根据其金额和性质综合判断。客户虽然有额外购买选择权，但客户行使该选择权购买商品时的价格反映了这些商品单独售价的，不应被视为企业向该客户提供了一项重大权利。客户额外购买选择权的单独售价无法直接观察的，企业应综合考虑客户行使和不行使该选择权所能获得的折扣的差异、客户行使该选择权的可能性等全部相关信息后，予以合理估计。

下面举例予以说明。

【例 12-32】授予客户折扣券。

资料：甲企业按100元的价格销售A商品，并提供给购买商品的客户一张40%的折扣券，客户可以在未来30天内用该折扣券购买不超过100元的任何商品。作为季节性促销的一部分，企业计划在未来30天内针对所有商品提供10%的折扣，该10%的折扣不得与40%的折扣券同时使用。企业估计80%的客户将使用该折扣券，且额外购买的商品金额平均为50元。增值税及其他相关税费略。

问题：甲企业应如何确认收入？

分析：首先，由于所有客户在未来30天内购买商品时都将享有10%的折扣，销售A商品的合同中唯一向客户提供重大权利的折扣是10%之外的增量折扣，即30%。企业应将提供增量折扣的承诺作为销售A商品的合同中的一项履约义务进行会计处理。

因此，应确定折扣券的单独售价，并在销售A商品和按折扣券兑换商品这两个单项履约义务之间分摊交易价格。有关计算见表12-7。

表12-7　确定折扣券履约义务单独售价及分摊交易价格的计算表　金额单位：元

履约义务	单独售价	分摊交易价格	
		分摊率	分摊金额
1.A商品	100	100÷112×100% =89%	100×89%=89
2.折扣券	50×30%×80%=12	12÷112×100%=11%	100×11%=11
合计	112	100%	100

甲企业转让A商品控制权时确认收入的有关账务处理为：

借：银行存款等　　100

　贷：主营业务收入　　89

　　合同负债　　11

客户使用折扣券购买商品或30天期限到期时，企业再将11元的合同负债确认为收入。

【例12-33】授予客户奖励积分。

资料：某商场2×20年10月1日推出一项客户忠诚度计划：客户每购买10元商品即被授予1个积分，每个积分从次月开始在购买本商场的商品时按1元折扣兑现。当月客户购买了100 000元的商品，获得10 000个积分；该商场预计这些奖励积分中将有9 500个积分被兑现，基于兑换可能性计算出的每个积分单独售价为0.95元（共9 500元）。2×20年11月份、12月份客户分别兑换了4 500个积分和4 000个积分。2×20年12月末商场根据掌握的最新情况对积分兑换率进行了重估，预计客户将兑换的积分总数为9 700个。

问题：该商场将如何确认各期商品销售收入？

分析：首先，商场认为其为客户提供的积分兑换承诺赋予了客户重大权利，应当作为单项履约义务，从而需在销售商品和积分兑换承诺这两项履约义务之间分摊交易价格，有关计算见表12-8。

表12-8　交易价格分摊计算表　金额单位：元

履约义务	单独售价	分摊交易价格	
		分摊率	分摊金额
1.销售商品	100 000	100 000÷109 500×100%=91.32%	100 000×91.32%=91 320
2.兑换积分的承诺	9 500	9 500÷109 500×100%=8.68%	100 000×8.68%=8 680
合计	109 500	100%	100 000

该商场的相关账务处理为：

①2×20年10月确认收入时：

借：银行存款等　　100 000

　贷：主营业务收入　　91 320

　　合同负债　　8 680

②2×20年11月确认本月积分兑换收入时：

借：合同负债（4 500÷9 500×8 680）　　4 112

　贷：主营业务收入　　4 112

③2×20年12月根据重估的积分兑换率确认本月积分兑换收入时：

借：合同负债　　3 494

　贷：主营业务收入（（8 500÷9 700）×8 680−4 112）　　3 494

五、授予知识产权许可

授予知识产权许可，是指企业授予客户对企业拥有的知识产权享有相应权利。常见的知识产权包括软件和技术、影视和音乐等的版权、特许经营权以及专利权、商标权和其他版权等。

企业向客户授予知识产权许可的关键会计问题是判断授予客户的知识产权许可是否构成单项履约义务，以及如果构成单项履约义务，该义务属于在某一时段内履行的还是在某一时点履行的，以便确定如何确认收入。

授予知识产权许可的会计处理基本原则归纳如图12-6所示。

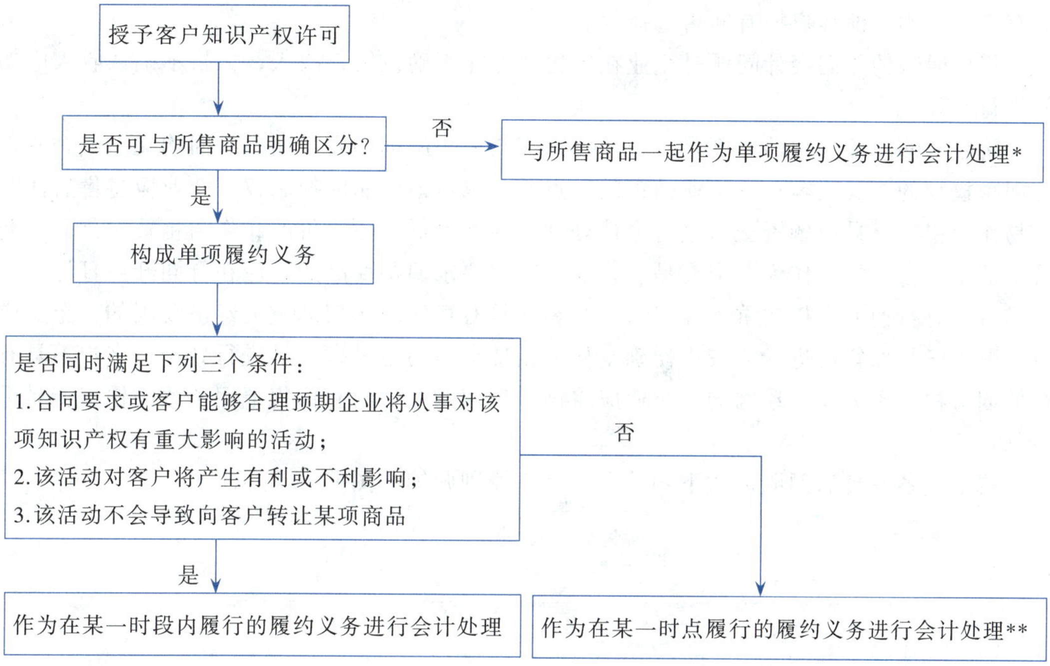

*两种情形：

1.该许可构成有形商品的组成部分且对于该商品的正常使用不可或缺（如内嵌于设备的软件）；

2.客户只有将该许可与相关服务一起使用才能从中获益（如只有企业提供在线服务客户才能访问相关内容的许可）。

**对于约定按客户实际销售或使用情况（如按照客户的销售额）收取特许权使用费的，确认收入的时点为客户后续销售或使用行为实际发生与企业履行相关履约义务两者孰晚。

图12-6　授予客户知识产权许可的会计处理基本原则示意图

【例12-34】资料：甲公司是一家著名的足球俱乐部。甲公司授权乙公司在其设计生产的服装、帽子、水杯及毛巾等产品上使用甲公司球队的名称和图标，授权期限为2年。合同约定，甲公司收取的合同对价由两部分构成：一是200万元的固定金额的使用费；二是按照乙公司销售上述产品所取得销售额的5%收取提成。乙公司预期甲公司会继续参加当地顶级球赛并取得优异成绩。

问题：甲公司应如何确认收入？

分析：第一，该合同仅包含一项履约义务：授予使用权许可。第二，乙公司能够合理预期甲公司将从事对该项许可有重大影响的活动；该活动对乙公司将产生有利影响；该活动不会导致甲公司向乙公司转让任何可明确区分的商品。所以，该合同属于在某一时段内履行的履约义务，200万元的固定使用费在2年内平均确认收入。第三，按销售额计算的提成收入，则在乙公司销售行为发生时（晚于甲公司履行义务）确认。

六、售后回购

售后回购，是指企业销售商品的同时承诺或有权选择日后再将该商品购回的销售方式。售后回购通常有三种形式：一是企业和客户约定企业有义务回购该商品，即存在远期安排；二是企业有权利回购该商品，即企业拥有回购选择权；三是客户要求企业回购时企业有义务回购，即客户拥有回售选择权。

售后回购的关键会计问题是企业在销售时点能否确认销售收入，如果不确认收入应如何进行处理。

售后回购会计处理的原则是：企业因存在与客户的远期安排而负有回购义务或企业享有回购权利的，表明客户在企业销售的时点并未取得该商品的控制权，企业应将售后回购交易作为租赁交易或融资交易进行会计处理：回购价低于原售价的，作为租赁交易；回购价不低于原售价的，作为融资交易。企业应客户要求回购商品的，应在合同开始日评估客户是否具有行使回售权的重大经济动因：客户具有行使回售权的重大经济动因的，企业应将回购价格与原售价进行比较以便确定作为租赁交易还是融资交易进行处理；客户不具有行使回售权的重大经济动因的，企业应将该售后回购作为附有销售退回条款的销售交易进行处理。

将上述各种售后回购形式下相关会计处理原则归纳如图12-7所示。

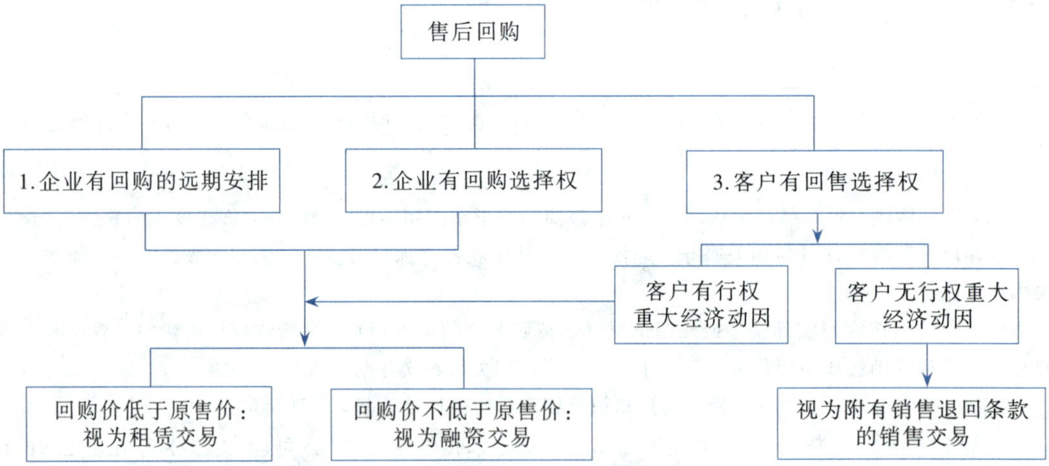

图12-7 售后回购交易会计处理原则示意图

下面举例予以说明。

【例12-35】资料：甲企业与乙企业签订一项售后回购交易合同：甲企业4月1日向乙企业销售商品，价格100万元；甲企业有权于8月31日将所售商品按110万元回购价予以购回。该商品的成本为75万元，4月1日货款已收妥。相关税费略。

问题：甲企业应如何进行会计处理？

分析：根据题意，企业有回购选择权，且回购价不低于原售价，所以，甲企业应将此项交易作为融资交易进行处理。账务处理的参考思路如下：

①4月1日：

借：发出商品	750 000	
贷：库存商品		750 000
借：银行存款	1 000 000	
贷：其他应付款		1 000 000

②4月至7月每月末：

借：财务费用	20 000	
贷：其他应付款		20 000*

*此处为简化起见按直线法计算各期利息费用。

③8月31日若行使回购权：

借：财务费用	20 000	
其他应付款	1 080 000	
贷：银行存款		1 100 000
借：库存商品	750 000	
贷：发出商品		750 000

④8月31日若不行使回购权：

借：其他应付款	1 080 000	
贷：主营业务收入		1 000 000
财务费用		80 000
借：主营业务成本	750 000	
贷：发出商品		750 000

七、客户未行使的权利

这里所说的客户未行使的权利，是指无须退回的预收款。企业根据销售合同向客户收取的预收款，赋予了客户在未来从企业取得商品的权利并使企业承担了未来向客户转让商品的义务，所以，企业应将预收的款项确认为合同负债，待未来履行相关履约义务时再将该负债转为收入。但有些情况下，客户可能会放弃部分或全部合同权利，比如放弃储值卡的使用等。这时，企业应如何处理已预收的款项，即是否将合同负债转为收入？

对于客户可能放弃的合同权利，企业预期将有权获得与客户所放弃的合同权利相关的金额的，应当按照客户行使合同权利的模式按比例将上述金额确认为收入；否则，企业只有在客户要求企业履行剩余履约义务的可能性极低时，才能将相关负债余额转为收入；如果相关法律规定，企业所收取的、与客户未行使权利相关的款项须转交给其他方的（例如，法律规定无人认领的财产需上交政府），企业不应将相关负债确认为收入。

将以上会计处理原则归纳如图12-8所示。

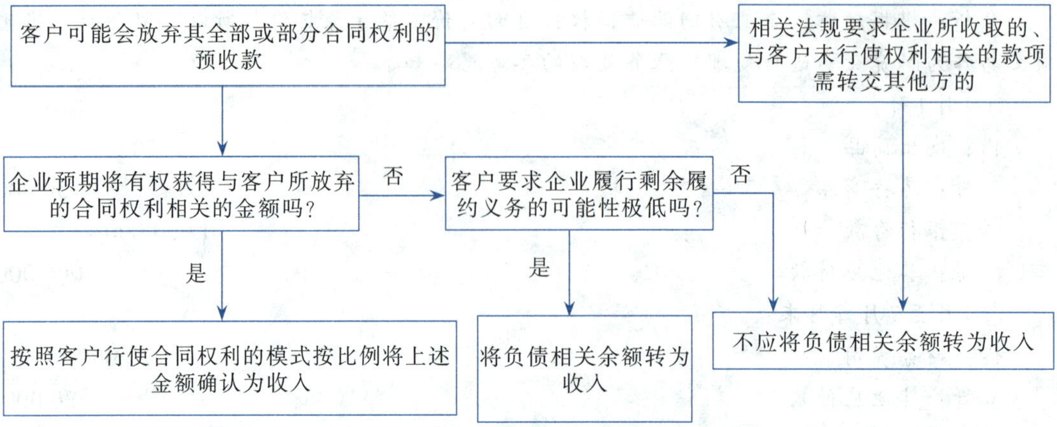

图12-8　无须退回的预收款会计处理原则示意图

下面举例予以说明。

【例12-36】资料：2×20年甲企业向客户销售了面值为100元的储值卡5 000张，持卡客户可在企业经营的任一家门店使用该卡消费。根据以往的经验，企业预期将有相当于储值卡面值5%的部分不会被消费。企业在客户消费时发生增值税纳税义务，税率为13%。假定截至2×20年年末客户使用该卡消费的金额为200 000元。

问题：2×20年甲企业应确认的收入金额为多少？甲企业应如何进行账务处理？

分析：

（1）2×20年甲企业应确认的收入金额包括两部分内容，计算如下：

①与本年客户消费的金额相关的收入=200 000÷（1+13%）=176 991（元）

②对预期将有权获得与客户未行使的合同权利相关的金额（预计不会被消费的储值卡金额）按客户行使合同权利的模式比例确认的收入9 315元，即：

预计不会被消费的储值卡金额=500 000×5%=25 000（元）

预计不会被消费的储值卡本年应确认的收入金额=［25 000×200 000÷（500 000−25 000）］÷（1+13%）=9 315（元）

（2）甲企业2×20年有关账务处理为：

①销售储值卡时：

借：库存现金等　　500 000
　贷：合同负债　　442 478
　　　应交税费——待转销项税额　　57 522

②在客户消费时根据消费金额确认收入：

借：合同负债　　176 991
　　应交税费——待转销项税额　　23 009
　贷：主营业务收入　　176 991
　　　应交税费——应交增值税（销项税额）　　23 009

③依客户行权模式按比例将无须退回的预收款确认为收入时：

借：合同负债　　9 315
　　应交税费——待转销项税额　　1 211
　贷：主营业务收入　　9 315

贷：应交税费——应交增值税（销项税额） 1 211

八、无须退回的初始费

企业在合同开始日（或邻近合同开始日）向客户收取的无须退回的初始费通常包括入会费、接驳费、初装费等。与无须退回的初始费相关的主要会计问题是：企业应于何时、如何对收取的初始费确认收入。

企业对无须退回的初始费，应在收取时评估其是否与向客户转让已承诺的商品相关以及该商品是否构成单项履约义务，并根据相关的评估结果进行相应的会计处理。有关评估内容及会计处原则归纳如图12-9所示。

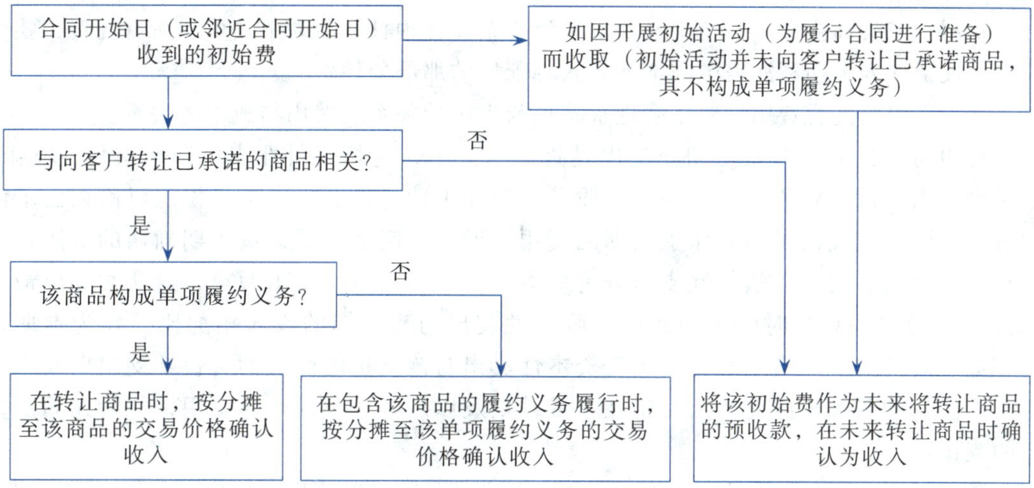

图12-9 无须退回的初始费会计处理原则示意图

下面举例予以说明。

【例12-37】资料：甲企业经营一家会员制健身俱乐部。2×20年企业与100名顾客签订了2年期的合同：客户交50元的入会费，用于补偿俱乐部为客户进行注册登记、准备会籍资料以及制作会员卡等初始活动所花费的成本；入会后可以随时在该俱乐部健身，年费2 000元；入会费和年费无须返还。

问题：甲企业2×20年应如何进行会计处理？

分析：甲企业承诺提供的服务是健身服务，收取入会费时并未向客户提供其所承诺的服务，入会费是为补偿初始活动而收取的，相当于客户为取得健身服务所支付对价的一部分。企业应将其作为预收款，与收取的年费一起在2年内分摊确认为收入，即：每年按每位会员确认25元的收入。甲企业有关账务处理如下：

①收到入会费时：

借：库存现金等 5 000

贷：合同负债（50×100） 5 000

智能测评12-2

②确认第一年收入时：

借：合同负债（5 000÷2） 2 500

银行存款等（2 000×100） 200 000

贷：主营业务收入 202 500

第三节 费用确认与计量的基本内容

一、费用的含义与确认原则

(一) 费用的含义

费用是指企业日常活动中发生的、会导致所有者权益减少的、与向所有者分配利润无关的经济利益的总流出。

费用有广义和狭义之分。广义的费用泛指企业各种日常活动中发生的所有耗费，狭义的费用仅指计入本期利润表中与本期收入相配比的那部分耗费。

从广义的角度看费用，要正确理解费用与支出的关系、费用与成本的关系。

费用与支出的关系很密切。支出是资产的流出，包括偿付性支出和非偿付性支出。偿付性支出一般与费用无关，如支付股利。但如果偿付性支出发生于偿还以前期已承诺的负债，则该项支出虽不列作支出期的费用，但因其起因于承诺负债期确认的费用，因而与前期费用有关。非偿付性支出分为资本性支出和收益性支出两类，这两类支出最终都归结为费用，只是时间不同而已。收益性支出与支出期的收入相配比，作为本期费用，如一般情况下的借款利息支出；资本性支出与该支出的受益期（包括支出期及未来若干期间）的收入相配比，因而将在本受益期及以后各受益期转为费用，如购建固定资产的支出。

费用与成本既有联系又有区别。费用与成本都是资产的流出，但前者多与一定期间的收入相联系，后者则与一定的对象相关联。费用的发生是成本得以形成的基础，成本是费用的对象化。如存货的采购费用，在存货入库后便构成存货的采购成本；产品的生产费用，在产品完工后便形成产品的生产成本。

从狭义的角度看费用，要正确理解费用与收入的关系、费用与损失的关系。

费用与收入是一组相对的会计要素。企业为了取得营业收入而持有各种资产，资产的耗用是为了有新的、更多的资产流入，所以，多数情况下费用的发生以取得收入为目标，有时费用的发生源自收入的取得，如所得税费用等。无论如何，费用与收入在大多数情况下存在内在的因果关系，费用为收入的取得而发生，费用要以与之相关的收入来弥补。这种内在联系要求会计上对一定期间的收入与相关的费用进行配比处理，企业以二者相抵之差额确认本期经营成果。

费用与损失是一组相近的概念，两者的共同点是：都是会导致所有者权益减少的、与向所有者分配利润无关的经济利益的总流出；两者的不同点是：费用与日常活动有关，损失与非日常活动有关。费用是为了带来收入而发生的资源耗费，是有目的的经济利益流出，虽然有时费用的发生并未带来收入，但企业支付费用的初衷是将其作为获取收入的代价；而损失则是并不带来收入的资源耗费，与企业获取收入的努力无直接关系，企业经营者总是力图避免损失的发生。虽然费用和损失最终都将导致企业所有者权益的减少，但费用可视为收入的配比要素，而损失则仅仅是收益的扣减因素。

综上所述，广义费用与狭义费用的关系如图12-10所示。

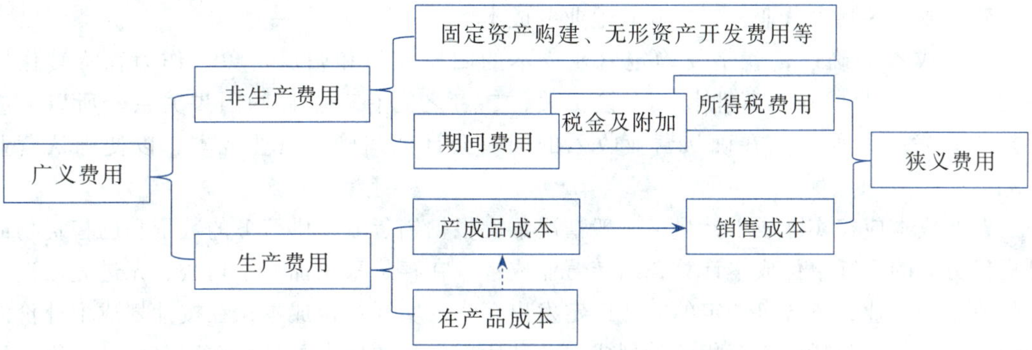

图12-10　广义费用与狭义费用的关系

（二）确认费用时需要划清的几个界限

企业在对费用进行确认时，应当划清以下几个界限：

（1）划清生产费用与非生产费用的界限。生产费用是指与企业日常生产经营活动有关的费用，比如生产产品所发生的材料费用、人工费用等；非生产费用是指不属于生产费用的费用，比如购建固定资产所发生的费用。

（2）划清生产费用与产品成本的界限。生产费用的归集与分配与一定期间相联系，而产品成本则与一定数量和品种的产品相联系。换言之，一定期间发生的生产费用，既有可能对象化为本期完工产品成本的一部分，又有可能积淀为本期期末在产品成本中的一部分；而一定期间完工的产品成本中，既包括本期为该产品的制造而发生的费用，也包括前期在该产品的制造上所发生的费用。

（3）划清生产费用与期间费用的界限。生产费用最终构成产品成本，期间费用则直接计入当期损益。

（4）划清费用与损失的界限。就一般企业而言，计入某一特定期间利润表与本期收入相配比的费用主要包括：由本期已销售产品的生产成本转化而来的、应与本期营业收入相配比的营业成本；与本期营业收入相配比的税金及各项附加费；本期发生的、不能归入特定产品而应直接计入当期损益的期间费用；应计入本期损益的所得税费用等。计入某一特定期间利润表的损失，则主要包括资产减值损失、信用减值损失、公允价值变动损失、投资损失、处置非流动资产损失等。

（三）费用的确认基础

费用的确认应以权责发生制原则和配比原则为基础。一方面，凡属本期的费用，不论款项是否支付，均应确认为本期费用；凡不属于本期的费用，即使在本期支付款项，也不能确认为本期费用。另一方面，凡与本期收入相关的费用，均应列入本期利润表，以便确定相关的利润。这就解释了为什么确认营业收入的同期要确认相关的营业成本。

二、营业成本

营业成本是指企业在一定会计期间为销售商品、提供劳务或从事其他经营活动而发生的成本。

营业成本包括主营业务成本和其他业务成本。

营业成本的确认，就是要确定营业成本的归属期间和归属对象。作为存货转作销售的部分，营业成本与营业收入直接相关，二者之间有着明显的因果关系。所以，应根据权责发生制原则，在确认营业收入的同一会计期间确认营业成本，以便确认营业毛利。

营业成本应按实际成本计量，一般情况下，根据销货或提供劳务的数量和已售货物或已提供劳务的实际单位成本计算，结转营业成本。在存货采用加权平均法、先进先出法等计价方法的企业，按各自选定的方法确定发出存货的实际单位成本；在按计划成本计价的企业，营业成本包括已售存货的计划成本及其所应负担的成本差异；在库存商品按售价计价的企业，营业成本按已销商品的售价扣除所结转的进销差价来反映。

营业成本通过“主营业务成本”和“其他业务成本”科目核算。营业成本可以在每次实现销售时逐项入账，亦可于期末集中入账。确认营业成本时，借记“主营业务成本”“其他业务支出”科目，贷记“库存商品”“分期收款发出商品”等有关存货科目（销售产品或商品）或“生产成本”“劳务成本”等科目；已销售商品或产品发生退货时，如以前已结转营业成本，则借记有关存货科目，贷记“主营业务成本”科目；期末结转“主营业务成本”“其他业务成本”科目余额时，借记“本年利润”科目，贷记“主营业务成本”“其他业务成本”科目。经结转后营业成本科目应无余额。

三、税金及附加

这里的税金及附加，是指企业经营活动发生的消费税、城市维护建设税、资源税、教育费附加及房产税、城镇土地使用税、车船税、印花税等相关税费。

税金及附加应在确认营业收入的当期予以确认，以便与营业收入配比，计算确定营业利润。税金及附加的核算通过“税金及附加”科目。对于本期应缴纳的各种税金及附加费，借记本科目，贷记“应交税费”“其他应付款”等科目；期末结转本科目余额时，借记“本年利润”科目，贷记本科目。经结转后本科目应无余额。

四、期间费用

（一）期间费用的内容

期间费用，是指不能直接或间接归属于某个特定对象、容易确定其发生期间，因而应在发生当期计入当期损益的费用，包括管理费用、销售费用及财务费用。

1.管理费用

管理费用，是指企业为组织和管理企业生产经营所发生的管理费用，包括企业在筹建期间内发生的开办费、董事会和行政管理部门在企业的经营管理中发生的或者应由企业统一负担的公司经费（包括行政管理部门职工工资及福利费、物料消耗、低值易耗品摊销、办公费和差旅费等）、工会经费、董事会费（包括董事会成员津贴、会议费和差旅费等）、聘请中介机构费、咨询费（含顾问费）、诉讼费、业务招待费、技术转让费、无形资产研发过程中发生的费用化支出和无形资产的摊销，以及企业生产车间（部门）和行政管理部门等发生的固定资产修理费用等。

2.销售费用

销售费用，是指企业在销售商品和材料、提供劳务的过程中发生的各种费用，包括企业销售商品过程中发生的运输费、装卸费、包装费、保险费、展览费和广告费、商品维修费、预计产品质量保证损失等，以及为销售本企业商品而专设的销售机构（含销售网点、售后服务网点等）的职工薪酬、业务费、折旧费、固定资产修理费等费用。

3.财务费用

财务费用，是指企业为筹集生产经营所需资金等而发生的筹资费用，包括利息支出（减利息收入）、汇兑损失（减汇兑收益）以及相关的手续费等。财务费用中不包括予以资本化的筹资费用。

（二）期间费用的会计处理

为了核算期间费用，企业需要设置“管理费用”“销售费用”“财务费用”科目，并分别在“管理费用”“销售费用”“财务费用”科目中按费用项目设置明细科目进行明细核算。

发生各项期间费用时，一般情况下，企业应根据有关原始凭证按实际发生金额，借记“管理费用”“销售费用”“财务费用”科目，贷记“库存现金”“银行存款”“应付职工薪酬”“原材料”“累计折旧”“累计摊销”等科目；对于汇兑收益、利息收入（非金融企业）等，则借记有关科目，贷记“财务费用”等科目。期末，“管理费用”“销售费用”“财务费用”科目的余额结转至“本年利润”科目后应无余额。

五、所得税费用

智能测评12-3

为了对所得税费用进行确认与计量，企业应设置“所得税费用”科目，并按“当期所得税费用”和“递延所得税费用”进行明细核算。接下来就系统介绍所得税费用的确认与计量。

第四节　所得税费用

一、所得税会计方法概述

所得税会计的处理方法按是否确认递延所得税分为应付税款法、纳税影响会计法两类；纳税影响会计法按是否根据变化了的税率调整递延所得税余额，分为递延法和债务法两种；而债务法又按着眼于利润表还是着眼于资产负债表分为利润表债务法和资产负债表债务法两种。这些方法之间的关系如图12-11所示。

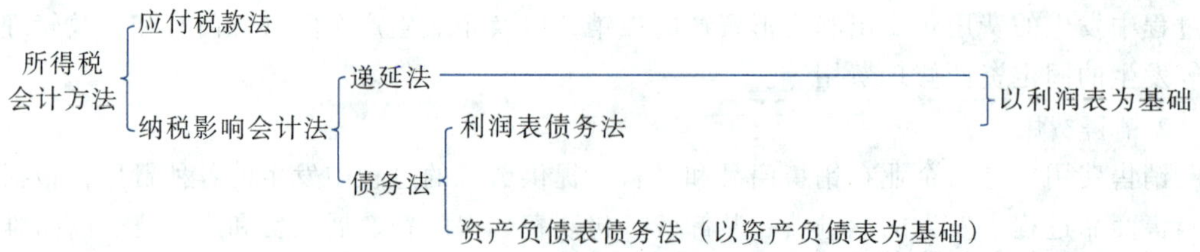

图 12-11　所得税会计的基本方法关系图

根据我国现行会计准则，企业所得税费用的确认与计量应采用资产负债表债务法。

二、资产负债表债务法的含义

资产负债表债务法，是从资产负债表出发，将资产、负债按会计准则确定的账面价值与按税法确定的计税基础之间的暂时性差异对未来期间的纳税影响，在资产负债表中予以递延，并根据每一会计期间确认的递延所得税和应交所得税确认当期所得税费用的会计处理方法。

采用资产负债表债务法对所得税费用进行确认与计量的基本流程是：

（1）根据当期应税利润和所得税税率，确定当期应交所得税。

（2）根据本期发生的暂时性差异和相关税率计算确定本期应确认的递延所得税：

①对资产负债表中除递延所得税资产和递延所得税负债以外的资产、负债，根据会计准则的规定确定其账面价值，按税法规定确定其计税基础；

②比较有关资产、负债的账面价值与计税基础，确定暂时性差异；

③区分应纳税暂时性差异和可抵扣暂时性差异，确定暂时性差异对未来的纳税影响（先确定递延所得税负债或递延所得税资产的期末应有余额，然后将其与递延所得税负债或递延所得税资产的期初余额相比较，确定当期应确认的递延所得税负债或递延所得税资产金额）。

（3）根据当期应交所得税和当期应确认的递延所得税金额，确认当期所得税费用。

上述流程中应关注的关键会计问题如图 12-12 所示。

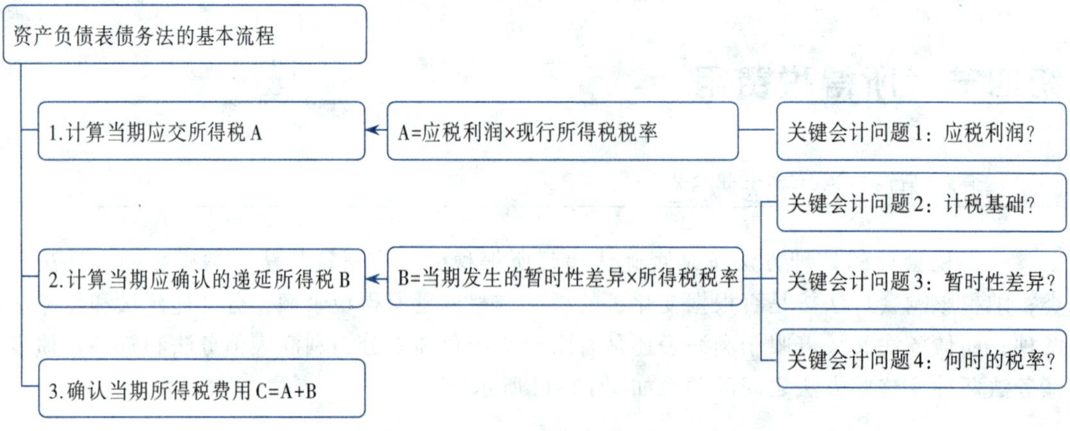

图 12-12　资产负债表债务法的步骤及关键会计问题

资产负债表债务法下各期确认所得税费用账务处理的基本思路如下：

借：所得税费用　　　　［A±B］

借或贷：递延所得税资产
　贷或借：递延所得税负债　｝［本期应确认或转回的递延所得税B］

　贷：应交税费——应交所得税［当期应交所得税A］

接下来我们就分别从当期所得税和递延所得税两个层面梳理所得税费用确认与计量的思路。

三、当期所得税的确认与计量

当期所得税即当期应交所得税，是指企业按照税法规定计算确定的针对当期交易或事项应缴纳的所得税，其计算公式为：

当期应交所得税=当期应纳税所得额×现行所得税税率

应纳税所得额，是根据税收法规确定的一定期间内据以缴纳所得税的利润，亦称为应税所得或应税利润，通常是在会计利润（即利润总额）的基础上按照税收规范对会计利润与应税利润之间的差异进行调整。会计利润与应税利润的差异主要包括：按会计准则计入损益而按税法规定不应计入应税收入的收入或利得以及不允许税前扣除的费用或损失；按会计准则不计入损益而按税法规定应计入应税收入的收入或利得以及允许税前扣除的费用或损失；按会计准则本期计入损益而按税法规定应于以后期间计入应税收入的收入或利得以及允许税前扣除的费用或损失；按会计准则以后期间计入损益而按税法规定应于本期计入应税收入的收入或利得以及允许税前扣除的费用或损失。应税利润的计算过程用公式表示如下：

应税利润 = 会计利润 + 会计上计入利润表而税法不允许税前扣除的费用或损失 − 会计上计入利润表而税法不计入应税收入的收入或利得 + 会计上不计入利润表而税法计入应税收入的收入或利得 − 会计上不计入利润表而税法允许税前扣除的费用或损失 + 会计上本期计入利润表而税法允许以后期间税前扣除的费用或损失 − 会计上本期计入利润表而税法允许以后期间计入应税收入的收入或利得 + 税法允许本期计入应税收入而会计上将于以后期间计入利润表的收入或利得 − 税法允许本期税前扣除而会计上将于以后期间计入利润表的费用或损失

【例12-38】2×20年乙企业实现利润总额1 000万元；当年确认持有国债的利息收入160万元；支付罚款20万元；确认交易性金融资产公允价值变动利得3万元；计提存货跌价准备从而确认存货跌价损失0.8万元。该企业适用的所得税税率为25%。

根据上述资料，该企业2×20年应税利润以及应交所得税的计算及账务处理如下：

①有关计算：

应税利润=10 000 000−1 600 000+200 000−30 000+8 000=8 578 000（元）

应交所得税=8 578 000×25%=2 144 500（元）

②确认应交所得税的账务处理为：

借：所得税费用	2 144 500	
贷：应交税费——应交所得税		2 144 500

【特别提示】

不论企业采用哪一种所得税会计处理方法，每个会计期间都要根据应税利润和现行税率计算确定当期应交所得税。应付税款法仅以当期应交所得税金额作为当期确认的所得税费用金额，而资产负债表债务法与应付税款法的区别在于，它不仅要确认当期所得税，还要确认递延所得税。

四、递延所得税的确认与计量

（一）计税基础

1.资产的计税基础

资产的计税基础，是指企业收回资产账面价值过程中，计算应税利润时按照税法规定可以自应税经济利益中抵扣的金额。这里的“收回资产账面价值过程”可以理解为从现在到终止确认这一未来期间，这里的“可以自应税经济利益中抵扣的金额”实际上是指某一项资产在未来期间计税时可以税前扣除的总金额。

资产的多样性决定了资产计税基础确定方法的非单一性，下面从计税基础与账面价值两者关系的角度进行梳理。

（1）计税基础等于账面价值。大多数情况下，资产的计税基础等于其账面价值。

一方面，如果在未来计税期间相关资产带来的经济利益需纳税，则该资产的计税基础就是指在按照税法规定未来计税时可以税前扣除的金额，这也是资产计税基础概念中涉及的基本情形。其中，未来计税时可以税前扣除的金额，在资产初始确认时就是取得成本，即取得时的账面价值；在此后的某一资产负债表日就是账面价值（对固定资产、无形资产等长期资产而言，是折余价值、摊余成本）。

另一方面，如果在未来计税期间相关资产带来的经济利益不需纳税，则该资产的计税基础等于其账面价值。比如，未来收回时不会产生纳税义务的应收贷款、不征税的应收股利以及相关收入已经计税的应收账款，就属于这种情形。

（2）计税基础不等于账面价值。计税基础不等于账面价值的情形主要有三类：

第一类情形是，资产的后续计量中涉及计提减值准备、确认公允价值变动损益。这种情况下，按税法规定已确认的未实现损失（资产减值损失、公允价值变动损失）或利得需在未来实际发生时才准予税前扣除（或计税），所以此类资产在某一资产负债表日的计税基础是指确认资产减值损失或公允价值变动损益之前的价值。

第二类情形是，会计准则和税收法规对某项固定资产的折旧方法（或折旧年限）的规定有所不同，会导致特定报告期末相关资产的账面价值不等于计税基础。

第三类情形是，某些特殊业务因税法有特别规定而导致资产初始确认时就不按取得成本确定计税基础。比如，免税合并时按会计准则确认的合并商誉，按税法规定未来不可在税前扣除任何金额，从而其计税基础为零。

【例12-39】资料见例12-38，另假设2×20年年末乙企业某些资产的资料如下：

（1）应收账款期末账面余额为800 000元，未计提坏账准备；交易性金融资产在资产负债表中的报告价值为400 000元，当年确认的交易性金融资产公允价值变动利得在利润表中的报告价值为30 000元。

（2）全部存货类科目期末账面余额为170 000元，存货跌价准备期末账面余额为20 000元（其中当期计提存货跌价准备8 000元）。

（3）无形资产期末账面余额为700 000元，累计摊销期末账面余额为100 000元，无形资产减值准备期末账面余额为90 000元，无形资产在资产负债表中的报告价值为510 000元。

（4）使用上述资产产生的收入以及处置利得都是应税项目。

根据上述资料，确定2×20年年末乙企业各相关资产的计税基础。其计算过程见表12-9。

表12-9　2×20年年末有关资产的计税基础　单位：元

项目	计税基础
应收账款	800 000
交易性金融资产	400 000-30 000=370 000
存货	170 000
无形资产	700 000-100 000=600 000

2.负债的计税基础

专题讲解

如何确定负债的计税基础？

负债的计税基础，是指负债的账面价值减去未来期间计算应税利润时按照税法规定可予以抵扣的金额。这里的“未来期间”是指负债的偿还期间，这里的“可予以抵扣的金额”是指可予以税前扣除的与负债有关的费用或损失，而对那些与费用或损失无关却与收入有关的负债而言，“可予以抵扣的金额”则应解释为“非应税收入”。所以，负债的计税基础用公式表示如下：

负债的计税基础=账面价值-未来可予以税前扣除的费用（或损失）

或　　　　　　=账面价值-未来的非应税收入

负债的计税基础也可以归纳为如下两种情况：

（1）计税基础等于账面价值。如果负债的初始确认和终止确认即入账与偿还都不影响会计利润和应税利润，则该负债的计税基础等于其账面价值，因为这里不涉及“税前扣除”和“应税收入”。比如，通常情况下确认的应付购货款、应付借款（本金）等负债，就属于这种情况。

如果负债的初始确认影响会计利润，但负债的偿还却不会产生纳税义务，即未来可予抵扣的金额为零，则其计税基础也等于账面价值。比如，应付利息，与其相关的费用已于税前扣除（初始确认时既影响会计利润，也影响应税利润）；应付罚款，与其相关的费用或损失不得税前扣除（初始确认时影响会计利润，不影响应税利润）；应付职工薪酬（与其相关的费用一部分已于税前扣除但超过扣除标准的部分不允许税前扣除），等等。诸如此类的负债都因未来的偿还不会产生纳税义务从而导致计税基础等于账面价值。

（2）计税基础不等于账面价值。如果负债的初始确认影响会计利润，并影响不同期间的应税利润，则负债的计税基础不一定等于账面价值，比如与产品保修费用有关的预计负债。

如果负债的终止确认与收入有关，相关负债的计税基础就应是该负债的账面价值减去未来期间非应税收入的金额（如预收销货款）。

【例12-40】资料见例12-39，另假设乙企业2×20年因销售产品向客户承诺提供3年的保修服务，并将符合预计负债确认条件的100万元保修费用确认为当年的销售费用，当年尚未发生保修支出。根据上述资料，该项预计负债在乙企业2×20年12月31日资产负债表中的账面价值为100万元。税法规定，相关的费用在该负债偿还即实际发生产品保修支出的期间方允许税前扣除。

乙企业2×20年年末确定该项预计负债的计税基础=账面价值-未来可予税前扣除的费用=100-100=0

（如果税法规定在产品保修支出实际发生的期间只允许税前扣除80万元的费用，则2×20年年末该项预计负债的计税基础=账面价值-未来可予税前扣除的费用=100-80=20（万元））

（二）暂时性差异

1.与资产、负债相关的暂时性差异

暂时性差异，主要是指资产、负债的账面价值与其计税基础不同而产生的差额。

暂时性差异按其对未来应税利润的影响不同，分为应纳税暂时性差异和可抵扣暂时性差异两类。应纳税暂时性差异，是指在确定未来收回资产或清偿负债期间的应税利润时，将导致应税金额的暂时性差异。可抵扣暂时性差异，是指在确定未来收回资产或清偿负债期间的应税利润时，将产生可抵扣金额的暂时性差异。资产的账面价值大于其计税基础的差额和负债的账面价值小于其计税基础的差额，就属于应纳税暂时性差异；反之，资产的账面价值小于其计税基础的差额和负债的账面价值大于其计税基础的差额，就属于可抵扣暂时性差异。

【例12-41】资料见例12-39、例12-40。乙企业2×20年年末确定的各类暂时性差异见表12-10。

表12-10　2×20年年末有关资产、负债的暂时性差异计算表　单位：元

项目	账面价值	计税基础	暂时性差异	
			可抵扣暂时性差异	应纳税暂时性差异
应收账款	800 000	800 000	0	0
交易性金融资产	400 000	370 000		30 000
存货	150 000	170 000	20 000	
无形资产	510 000	600 000	90 000	
预计负债	1 000 000	0	1 000 000	
合计	—		1 110 000	30 000

2.特殊项目产生的暂时性差异

除了资产、负债外，某些特殊项目也会产生暂时性差异。比如，按照税法规定可以结转以后年度的未弥补亏损（可抵扣亏损）和税款抵减，由于其能减少未来期间的应纳税所得额和应交所得税，应视同可抵扣暂时性差异处理。

【例 12-42】丙公司2×20年度的利润总额为-500万元；取得国债利息收入等免税收入50万元。按税法规定，丙公司的亏损可以在未来5年用税前利润弥补。丙公司2×20年的应税利润=-500-50=-550（万元），所以，2×20年年末确定的可由以后期间税前利润弥补的亏损为550万元，即产生可抵扣暂时性差异550万元。

（三）递延所得税确认与计量的基本原则

确认递延所得税就是确认暂时性差异对未来的纳税影响。换句话说，根据应纳税暂时性差异和适用的税率计算的结果就是未来需要多缴纳所得税的义务，即递延所得税负债；根据可抵扣暂时性差异和适用的税率计算的结果就是未来得以少缴纳所得税的权利，即递延所得税资产。在对递延所得税进行确认与计量的过程中，应遵循以下基本原则：

1.除明确规定的不确认递延所得税负债和递延所得税资产的情况以外，企业对所有的应纳税暂时性差异均应确认相关的递延所得税负债，对所有的可抵扣暂时性差异均应确认相关的递延所得税资产。确认递延所得税资产时应以未来期间可能取得的应纳税所得额为限。

2.无论暂时性差异的转回期间如何，确认的递延所得税负债和递延所得税资产都不要求折现。

3.对递延所得税资产和递延所得税负债进行计量时，应采用暂时性差异转回期间即预期收回该资产或清偿该负债期间的适用税率。

4.企业在资产负债表日，应当对递延所得税资产的账面价值进行复核。如果未来期间很可能无法取得足够的应纳税所得额用以利用可抵扣暂时性差异带来的利益，应当减记递延所得税资产的账面价值。比如，在预计可利用可弥补亏损或税款抵减的未来期间内很可能取得足够的应税利润时，应当以很可能取得的应税利润为限，确认相应的递延所得税资产，同时减少确认当期的所得税费用。

企业应设置“递延所得税资产”和“递延所得税负债”科目，对递延所得税进行初始确认与计量、后续计量以及终止确认，并将这两个会计科目的期末余额，分别在资产负债表中的“递延所得税资产”和“递延所得税负债”项目予以列报。

根据上述基本原则对递延所得税进行确认与计量，不仅涉及在资产负债表中报告递延所得税资产和递延所得税负债，而且直接对利润表产生影响：对未来需要多纳税的纳税义务的确认，增加了本期确认的所得税费用；对未来可以少纳税的纳税利益的确认，则减少了本期确认的所得税费用。

下面举例予以说明。

【例 12-43】资料见例12-41，另假定乙企业适用的所得税税率为25%。乙企业2×20年年末计算确定的递延所得税余额、本期确认金额及有关账务处理如下：

①递延所得税资产期末余额=1 110 000×25%=277 500（元）

递延所得税负债期末余额=30 000×25%=7 500（元）

②本期应确认的递延所得税资产=期末余额277 500-期初余额3 000*=274 500（元）

本期应确认的递延所得税负债=期末余额7 500-期初余额0=7 500（元）

*3 000=（20 000-8 000）×25%，系与存货相关的暂时性差异导致的递延所得税资产期初余额。

③本期确认递延所得税的账务处理：

借：递延所得税资产　　274 500

　贷：所得税费用　　274 500

借：所得税费用　　7 500

　贷：递延所得税负债　　7 500

如将以上两个账务处理合并，则：

借：递延所得税资产　　274 500

　贷：递延所得税负债　　7 500

　　　所得税费用　　267 000

【例 12-44】资料见例 12-42。丙公司 2×20 年年末确定的可抵扣暂时性差异为 550 万元，所得税税率为 25%。丙公司 2×20 年年末应确认的递延所得税资产为 137.50 万元（550×25%）。

2×20 年年末确认递延所得税资产的账务处理为：

借：递延所得税资产　　1 375 000

　贷：所得税费用　　1 375 000

【例 12-45】资料见例 12-44。假定丙公司 2×21 年的利润总额为 100 万元，预计可税前弥补亏损在未来 4 年中仅将产生 300 万元的税前利润。不考虑其他暂时性差异。

问题：丙公司 2×21 年年末应如何进行会计处理？

分析：首先，当年产生税前利润 100 万元，相当于可抵扣暂时性差异转回 100 万元，递延所得税资产应因此而转销 25 万元（100×25%）；其次，根据对未来可税前弥补亏损期间应纳税所得额的重新估计，可知"递延所得税资产"科目的年末余额应以 75 万元（300×25%）为限，遂应对递延所得税资产账面价值进行调整。因此，2×21 年年末有关账务处理为：

①因暂时性差异的转回而转销递延所得税资产时：

借：所得税费用　　250 000

　贷：递延所得税资产　　250 000

至此，"递延所得税资产"科目的账面余额为 112.50 万元。

②因未来很可能产生的应纳税所得额的变化而调减递延所得税资产的账面价值时：

借：所得税费用　　375 000

　贷：递延所得税资产　　375 000

至此，"递延所得税资产"科目的账面余额为 75 万元。

【报表导向思考】

1.关于递延所得税期末余额与本期发生额之间的关系。

递延所得税资产和递延所得税负债的账面余额，在资产负债表中分别以两个项目单独列报，代表着报告期末的未来可抵扣的税额和未来应缴纳的税额，显然是递延的所得税"余额"。该余额按报告期末可抵扣暂时性差异或应纳税暂时性差异的余额与相关税率的乘积来确定。所以，确定计税基础、暂时性差异乃至递延所得税余额，是从资产负债表的角度看问题的，是"余额"概念。而递延所得税的期末应有余额与期初余额之差，就是本期需要借记或贷记的金额，即"发生额"。比如，例 12-43 中递延所得税资产的本期借记金额 274 500 元，就是期末应有余额 277 500 元与期初余额 3 000 元的差额。

递延所得税资产或递延所得税负债在各期的“发生额”，实际上可能包括三个具体内容：一是因本期发生暂时性差异而初始确认的递延所得税；二是根据所得税税率变化或预期未来期间可能取得的应纳税所得额的变化等原因对递延所得税账面余额的调整（后续计量）；三是以前发生的暂时性差异在本期转回而应终止确认的递延所得税。比如，例12-43中递延所得税资产本期借记的274 500元，就是本期因发生可抵扣暂时性差异而初始确认的递延所得税；例12-45中，递延所得税资产本期贷记的625 000元中，就有调减的375 000元和转回的250 000元。

2.关于当期确认（或转回、调整，下同）的递延所得税与所得税费用之间的关系。

利润表中的“所得税费用”显然是一个“发生额”的概念，其主要受到两个因素的影响：当期应交的所得税和当期递延的所得税。比如例12-38和例12-43，因当期应交所得税而确认所得税费用2 144 500元，因当期确认递延所得税而贷记所得税费用267 000元，当期所得税费用为两者之差1 877 500元。

【例12-46】丁公司2×20年年末确定可抵扣暂时性差异600万元，所得税税率为25%。假定2×21年年末可抵扣暂时性差异仍为600万元，所得税税率改为20%。

2×21年年末根据税率变化调减递延所得税资产的账务处理为：

借：所得税费用　　300 000

　贷：递延所得税资产　　300 000

【特别提示】

对递延所得税资产和递延所得税负债进行计量采用暂时性差异转回期间即预期收回该资产或清偿该负债期间的适用税率，以使递延所得税资产的账面余额能够真正代表未来经济利益的流入或流出金额，这正是“债务法”的核心要求。因此，如果发生暂时性差异时并不确知暂时性差异转回期间的所得税税率，企业应按当期所得税税率计算确认递延所得税；如果在发生暂时性差异时就确知暂时性差异转回期间的所得税税率，企业应按该所得税税率计算本期应确认的递延所得税；如果在确认了递延所得税之后的某一期间所得税税率发生了变化，企业应按变化了的所得税税率对递延所得税资产和递延所得税负债账面价值进行调整。

（四）递延所得税确认与计量的其他问题

1.不确认递延所得税的情形

有些情况下，虽然资产、负债的账面价值与其计税基础不同，产生了应纳税暂时性差异或可抵扣暂时性差异，但出于各方面考虑，所得税会计准则中规定不确认相应的递延所得税负债或递延所得税资产。这样的情形主要包括：

（1）商誉的初始确认。非同一控制下的企业合并中，企业合并成本大于合并中取得的被购买方可辨认净资产公允价值份额的差额，按照会计准则规定应确认为商誉。如因会计与税收的划分标准不同，按照税法规定作为免税合并的情况下，计税时不认可商誉的价值，即从税法角度看，商誉的计税基础为零。对于按会计规范确定的商誉账面价值与按税法规范确定的商誉计税基础之间的差额所形成的应纳税暂时性差异，所得税会计准则规定不确认与其相关的递延所得税负债。值得一提的是，免税合并条件下的商誉初始确认涉及的递延所得税负债不予确认，并不意味着任何情况下都不确认与商誉有关的递延所得税。如果按照会计准则规定在非同一控制下企业合并中确认了商誉，并且按照所得税法的规定该商誉在初始确认时其计税基础等于账面价值，该商誉在后续计量过程中因会计准则规定与税法规定不同产生暂时性差异的，应当确认相关的所得税影响。与合并商誉的初始确认有关的内容，参见《高级财务会计》教材。

（2）除企业合并以外的其他交易或事项中，如果该项交易或事项发生时既不影响会计利润，也不影响应税利润，则所产生的资产、负债的初始确认金额如与其计税基础不同，形成应纳税暂时性差异或可抵扣暂时性差异的，交易或事项发生时不确认相应的递延所得税负债或递延所得税资产。这主要是考虑到由于交易发生时既不影响会计利润，也不影响应税利润，如果确认递延所得税负债或递延所得税资产，会导致有关资产、负债在初始确认时调整账面价值，有违历史成本计量原则，影响会计信息的可靠性。

（3）与长期股权投资相关的递延所得税。与对子公司、联营企业、合营企业的投资等相关的应纳税暂时性差异，一般应确认相关的递延所得税负债，但同时满足以下两个条件的除外：一是投资企业能够控制暂时性差异转回的时间；二是该暂时性差异在可预见的未来很可能不会转回。满足上述条件时，投资企业可以运用自身的影响力决定暂时性差异的转回，如果不希望其转回，则在可预见的未来该项暂时性差异不会转回，从而对未来期间不会产生所得税影响，无须确认相应的递延所得税负债。企业根据上述条件不确认与对联营企业、合营企业等的投资相关的递延所得税负债时，应有明确的证据表明其能够控制有关暂时性差异转回的时间，比如通过与其他投资者签订协议等，从而能够控制被投资单位的利润分配政策。

对于采用权益法核算的长期股权投资，其账面价值与计税基础产生的暂时性差异是否应确认相关的所得税影响，应考虑该项投资的持有意图。一方面，如果企业拟长期持有该项投资，因初始投资成本的调整产生的暂时性差异预计未来期间不会转回，则不存在对未来期间的所得税影响；因确认投资损益产生的暂时性差异，如果在未来期间逐期分回现金股利或利润时免税，也不存在对未来期间的所得税影响；因确认应享有被投资单位其他权益的变动而产生的暂时性差异，在长期持有的情况下，对于采用权益法核算的长期股权投资账面价值与计税基础之间的差异一般不确认相关的所得税影响。另一方面，对于采用权益法核算的长期股权投资，如果投资企业改变持有意图拟对外出售，按照税法相关规定，企业在转让或者处置投资资产时，投资资产的成本准予扣除。在持有意图由长期持有转变为拟近期出售的情况下，因长期股权投资账面价值与计税基础不同产生的有关暂时性差异，均应确认相关的所得税影响。

下面举例予以说明。

【例 12-47】资料：2×20 年丁公司进行内部研究开发形成的无形资产，在当年末达到预定用途（尚未开始摊销），其成本为 100 万元；预计摊销年限为 10 年。假定按税法相关规定，研究开发支出形成无形资产的，按照无形资产成本的 150% 摊销。

问题：丁公司 2×20 年年末、2×21 年年末应分别如何进行会计处理？

分析：2×20 年年末，按税法规定可予未来期间税前扣除的金额为 150 万元（100×150%），即其计税基础为 150 万元，其账面价值为 100 万元，于是产生了 50 万元的可抵扣暂时性差异。但是，由于该项无形资产并非产生于企业合并，同时在初始确认时既不影响会计利润也不影响应税利润，因此，期末将100万元的研发支出确认为无形资产的同时，不应确认相关的递延所得税资产。2×21年年末，该无形资产期末账面价值为90万元（100-100÷10），其计税基础则为135万元（150-150÷10），两者之差45万元可抵扣暂时性差异对未来的纳税影响11.25万元（45×25%）应予以确认。所以，丁公司有关账务处理为：

①2×20年年末，确认无形资产时：

借：无形资产 1 000 000

贷：研发支出——资本化支出 1 000 000

②2×21年年末，计提摊销时：

借：管理费用等 100 000

贷：累计摊销 100 000

③2×21年年末，确认递延所得税资产时：

借：递延所得税资产 112 500

贷：所得税费用 112 500

2.特殊交易或事项中涉及的递延所得税问题

（1）与直接计入所有者权益的交易或事项相关的所得税

与当期及以前期间直接计入所有者权益的交易或事项相关的当期所得税及递延所得税应当计入所有者权益。直接计入所有者权益的交易或事项主要有：对会计政策变更采用追溯调整法或对前期差错更正采用追溯重述法调整期初留存收益的、其他债权投资和其他权益工具投资公允价值的变动计入所有者权益的、同时包含负债及权益成分的金融工具在初始确认时计入所有者权益的、自用房地产转为采用公允价值模式计量的投资性房地产时公允价值大于账面价值的差额计入其他综合收益的情况等。

【例12-48】资料见例12-43。假定2×20年年末乙企业持有的金融资产不是分类为“交易性金融资产”而是分类为其他债权投资，其他资料不变。乙企业2×20年年末确认递延所得税的账务处理为：

借：递延所得税资产 274 500

贷：所得税费用 274 500

借：其他综合收益 7 500

贷：递延所得税负债 7 500

（2）与企业合并有关的递延所得税

与企业合并有关的递延所得税的确认主要包括三个方面：一是非同一控制下企业合并的合并日，按照会计准则规定将取得的被购买方可辨认净资产按公允价值进行初始计量，但若其计税基础等于原账面价值，由此导致的暂时性差异的纳税影响要予以确认，并调整合并商誉。二是取得的被购买方可抵扣暂时性差异的处理。在企业合并中，购买方取得被购买方的可抵扣暂时性差异，在购买日不符合递延所得税资产确认条件的，不应予以确认。购买日后12个月内，如取得新的或进一步的信息表明购买日的相关情况已经存在，预期被购买方在购买日可抵扣暂时性差异带来的经济利益能够实现的，应当确认相关的递延所得税资产，同时减少商誉，商誉不足以冲减的，差额部分确认为当期损益。除上述情况以外，确认与企业合并相关的递延所得税资产，应当计入当期损益（所得税费用），不得调整合并商誉。三是对合并前合并方已经存在的可抵扣暂时性差异的处理。企业合并发生后，合并方对于合并前本企业已经存在的可抵扣暂时性差异及未弥补亏损等，可能因为企业合并后估计很可能产生足够的应税利润利用可抵扣暂时性差异，从而确认相关的递延所得税资产。该递延所得税资产的确认不应作为企业合并的组成部分，所以不影响企业合并中应予确认的商誉或者因企业合并成本小于合并中取得的被购买方可辨认净资产公允价值的份额应计入合并当期损益的金额。

（3）与股份支付相关的当期及递延所得税

与股份支付相关的支出在按照企业会计准则确认为成本费用时，其相关的所得税影响应区别于税法的规定进行处理：如果税法规定与股份支付相关的支出不允许税前扣除，则不形成暂时性差异；如果税法规定与股份支付相关的支出允许税前扣除，在按照企业会计准则确认成本费用的期间内，企业应当根据会计期末取得的信息估计可税前扣除的金额计算确定其计税基础及由此产生的暂时性差异，符合确认条件的情况下应当确认相关的递延所得税。其中，预计未来期间可税前扣除的金额超过会计准则规定确认的与股份支付相关的成本费用的，则超过部分的所得税影响应直接计入所有者权益。

智能测评12-4

与企业合并、股份支付相关的内容，参见《高级财务会计》教材。

第五节 利润

一、利润的组成

利润是企业在一定会计期间的经营成果。利润的内容包括收入减去费用后的净额、直接计入当期利润的利得和损失等；利润的项目则包括营业利润、利润总额、净利润。

根据现行的利润表格式，各利润项目的具体组成如下：

营业利润=营业收入-营业成本-税金及附加-销售费用-管理费用-研发费用-财务费用+其他收益（-损失）+投资收益（-损失）+净敞口套期收益（-损失）+公允价值变动收益（-损失）-信用减值损失-资产减值损失+资产处置收益（-损失）

利润总额=营业利润+营业外收入-营业外支出

净利润=利润总额-所得税费用

以上公式中：“营业收入”是指企业经营业务所实现的收入总额，包括主营业务收入和其他业务收入；营业成本是指企业经营业务所发生的实际成本总额，包括主营业务成本和其他业务成本；税金及附加是指企业因从事生产经营活动而按税法规定缴纳的应从营业收入中抵扣的税金及附加费；销售费用、管理费用、财务费用，是指企业发生的、直接计入当期损益的期间费用；研发费用是指企业进行研究与开发过程中发生的费用化支出，以及计入管理费用的自行开发无形资产的摊销；其他收益是指企业计入其他收益的政府补助以及其他与日常活动相关且计入其他收益的项目；投资收益（或损失）是指企业以各种方式对外投资所取得的收益（或所发生的损失）；净敞口套期收益（或损失）是指净敞口套期下被套期项目累计公允价值变动转入当期损益的金额或现金流量套期储备转入当期损益的金额；公允价值变动收益（或损失）是指企业交易性金融资产等公允价值变动形成的应计入当期损益的利得（或损失）；信用减值损失是指企业对金融资产计提信用减值准备而确认的损失；资产减值损失是指企业对相关资产计提坏账准备、跌价准备和减值准备而确认的损失；资产处置收益（或损失），反映企业出售划分为持有待售的非流动资产（金融工具、长期股权投资和投资性房地产除外）或处置组（子公司和业务除外）时确认的处置利得或损失，以及处置未划分为持有待售的固定资产、在建工程、生产性生物资产及无形资产而产生的处置利得或损失；营业外收入、营业外支出是指企业发生的与日常活动无直接关系的各项利得、损失；所得税费用是指企业确认的当期应承担的所得税费用。

上述关于利润各组成项目的内容，大多数在前面的学习过程中都涉及了，接下来着重介绍一下其他收益、营业外收入和营业外支出确认与计量的具体内容。净敞口套期收益（或损失）的相关内容见《高级财务会计》教材。

二、其他收益的确认与计量

其他收益是指企业计入其他收益的政府补助以及其他与日常活动相关且计入其他收益的项目。目前一般企业与其他收益有关的常见业务主要有：政府补助、债务重组中债务人以非金融资产清偿债务时确认的重组损益等。债务重组业务涉及的其他收益内容见本书第九章。下面主要介绍政府补助涉及的其他收益。

政府补助是指企业从政府无偿取得的货币性资产或非货币性资产。政府补助的主要形式包括：政府对企业的无偿拨款、税收返还、财政贴息，以及无偿给予的非货币性资产等。企业从政府取得的资源，如果与企业销售商品或提供服务等活动密切相关，且是商品或服务的对价的组成部分，适用《企业会计准则第14号——收入》，比如新能源汽车补贴等；所得税减免，适用《企业会计准则第18号——所得税》。

根据政府补助给企业带来经济利益或者弥补相关成本费用的形式不同，将政府补助分为两类：与资产相关的政府补助（企业取得的、用于购建或以其他方式形成长期资产的政府补助）和与收益相关的政府补助（与资产相关的政府补助之外的政府补助）。

企业通常在能够满足政府补助所附条件以及能够收到政府补助时才能对政府补助进行确认。政府补助的会计处理有两种方法：总额法、净额法。

总额法，是指在确认政府补助时将政府补助全额确认为收益的方法。总额法下，与收益相关的政府补助直接计入当期损益；与资产相关的政府补助需先确认为递延收益，然后再在相关资产使用寿命内，按合理、系统的方法分期计入损益。总额法下，无论选择将收到的政府补助直接计入当期损益还是通过递延收益分期计入各期损益，与日常活动相关的才计入其他收益，而与日常活动无关的则计入营业外收入。在判断政府补助是否与日常活动相关时，可以从以下两个方面来观察：该补助所补偿的成本费用是否属于营业利润之中的项目；该补助是否与日常销售等经营活动密切相关。

净额法，是指将政府补助冲减相关资产账面价值或冲减有关成本费用的方法。采用净额法处理与资产相关的政府补助时，冲减资产价值的方式是：如果取得补助在前而确认相关资产在后，先确认为递延收益，相关资产达到预定可使用状态或预定用途时冲减资产账面价值；如果确认相关资产在前而取得补助在后，取得补助时直接冲减资产账面价值。

企业可以根据具体情况选择采用总额法或净额法对政府补助进行会计处理。对同类业务只能选择一种方法；会计处理方法一经选择，不得随意变更。

政府补助会计处理方法的选择及具体会计处理思路如图12-13所示。

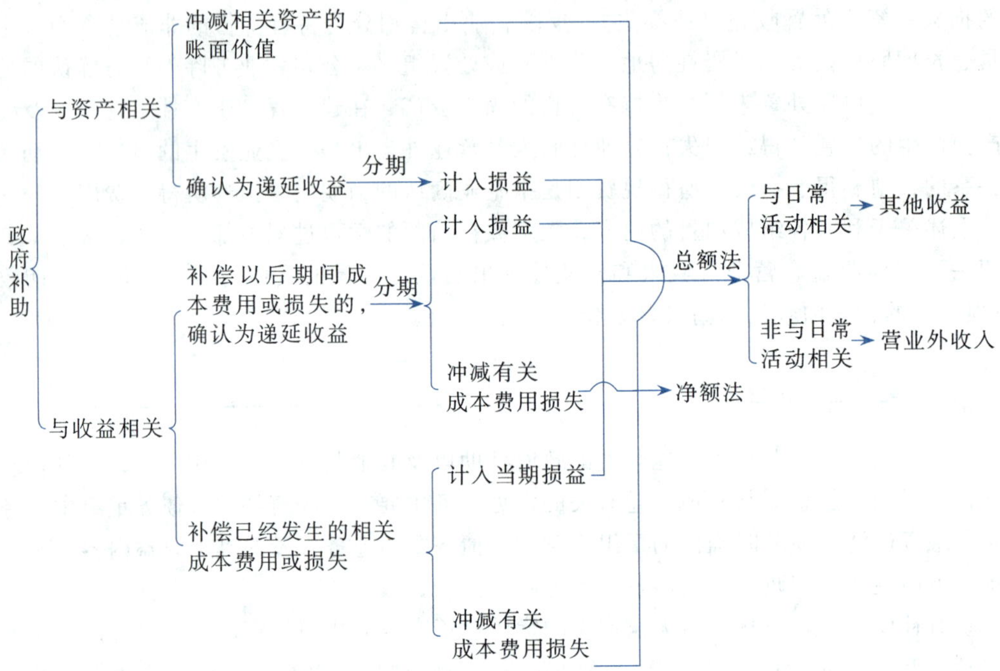

图12-13　政府补助会计处理方法简图

企业应设置“其他收益”科目核算各项其他收益的发生和结转情况。发生各项其他收益时，借记或贷记有关科目，贷记或借记本科目；期末将本科目余额结转至“本年利润”科目，结转后本科目应无余额。

企业还应设置“递延收益”科目，核算收到的将于以后相关期间计入各期损益或冲减相关期间成本费用的政府补助。该科目的期末余额在资产负债表的非流动负债部分单项列示。

下面举例予以说明。

【例12-49】与资产相关的政府补助。

甲企业2×20年1月初向政府有关部门提交了360万元的补助申请，作为对其购置环保设备的补贴，2月20日企业购入了不需要安装的环保设备并交付使用，购买成本为540万元；2月末企业收到了此项补贴款。该设备的预计使用寿命为10年，采用直线法计提折旧(不考虑净残值)。相关税费略。

分别选择采用总额法和净额法进行的2×20年第一季度的相关账务处理比较见表12-11。

由表12-11中的账务处理可见，甲企业对收到的政府补助采用两种不同方法核算，对3月份税前利润的影响都是一样的，只是净额法以少提30 000元折旧费的方式增加当期税前利润，而总额法以增加30 000元其他收益的方式增加当期税前利润。

表 12-11　与资产相关的政府补助账务处理比较　单位：元

业务	总额法	净额法
2×20年2月20日购入设备	借：固定资产　5 400 000 贷：银行存款　5 400 000	借：固定资产　5 400 000 贷：银行存款　5 400 000
2×20年2月末收到补贴款	借：银行存款　3 600 000 贷：递延收益　3 600 000	借：银行存款　3 600 000 贷：固定资产　3 600 000
2×20年3月份计提折旧	借：管理费用等　45 000 贷：累计折旧　45 000	借：管理费用等　15 000 贷：累计折旧　15 000
2×20年3月份分摊递延收益	借：递延收益　30 000 贷：其他收益　30 000	—

【例 12-50】与收益相关的政府补助。

乙企业2×20年7月发生两笔政府补助：一是因其自主研发生产的软件符合增值税即征即退政策，在提交退税申请后经主管税务机关审核后的应收退税款为20万元；二是因遭受重大水灾而收到政府补助资金300万元。乙企业的有关账务处理为：

借：其他应收款　200 000

　贷：其他收益　200 000

借：银行存款　3 000 000

　贷：营业外收入　3 000 000

三、营业外收支的确认与计量

营业外收入和营业外支出虽然与企业日常活动没有直接关系，但两者带来的利得和损失无疑会对企业利润总额产生影响。另外，营业外收入、营业外支出并无内在配比关系，应当分别核算，不得互相抵销。

（一）营业外收入

营业外收入主要包括：与企业日常活动无关的政府补助、盘盈利得、捐赠利得（企业接受股东或股东的子公司直接或间接的捐赠，经济实质属于股东对企业的资本性投入的除外）。

企业应设置“营业外收入”科目核算各项营业外收入的取得和结转情况。取得各项营业外收入时，借记有关科目，贷记本科目；期末结转余额时，借记本科目，贷记“本年利润”科目；结转后本科目应无余额。

（二）营业外支出

营业外支出主要包括：公益性捐赠支出、非常损失、盘亏损失、非流动资产毁损或报废损失等。

企业应设置“营业外支出”科目核算各项营业外支出的发生和结转情况。发生各项营业外支出时，借记本科目，贷记有关科目；期末结转余额时，借记“本年利润”科目，贷记本科目；结转后本科目应无余额。

四、利润的结转与分配

（一）利润的结转

企业应设置“本年利润”科目核算当年实现的净利润（或发生的净亏损）。

企业期（月）末结转利润时，应将各损益类科目的余额转入本科目，结平各损益类科目。结转后，本科目的贷方余额为当期实现的净利润；借方余额则为当期发生的净亏损。

年度终了，企业应将本年实现的净利润，从“本年利润”科目转入“利润分配——未分配利润”科目，借记“本年利润”科目，贷记“利润分配——未分配利润”科目；如为净亏损则做相反的会计分录。结转后本科目应无余额。

【例 12-51】甲企业2×20年1—11月已结转净利润7 000万元。当年12月份确认的损益情况为：主营业务收入9 000万元，其他业务收入1 200万元，其他收益100万元，投资净收益200万元，公允价值变动净收益400万元，营业外收入100万元，主营业务成本6 000万元，其他业务成本900万元，税金及附加100万元，销售费用700万元，管理费用1 000万元，财务费用800万元，信用减值损失10万元，资产减值损失30万元，营业外支出50万元，所得税费用600万元。甲企业12月末结转利润的账务处理为：

①结转收入、利得：

借：主营业务收入	90 000 000	
其他业务收入	12 000 000	
其他收益	1 000 000	
投资收益	2 000 000	
公允价值变动损益	4 000 000	
营业外收入	1 000 000	
贷：本年利润		110 000 000

②结转费用、损失：

借：本年利润	101 900 000	
贷：主营业务成本		60 000 000
其他业务成本		9 000 000
税金及附加		1 000 000
销售费用		7 000 000
管理费用		10 000 000
财务费用		8 000 000
信用减值损失		100 000
资产减值损失		300 000
营业外支出		500 000
所得税费用		6 000 000

③结转全年实现的净利润：

借：本年利润　　　　　　　　　　　　　　　　　　　　78 100 000

　贷：利润分配——未分配利润　　　　　　　　　　　　　　　78 100 000

将上述账务处理用丁字账表示如图12-14所示（金额用万元表示）。

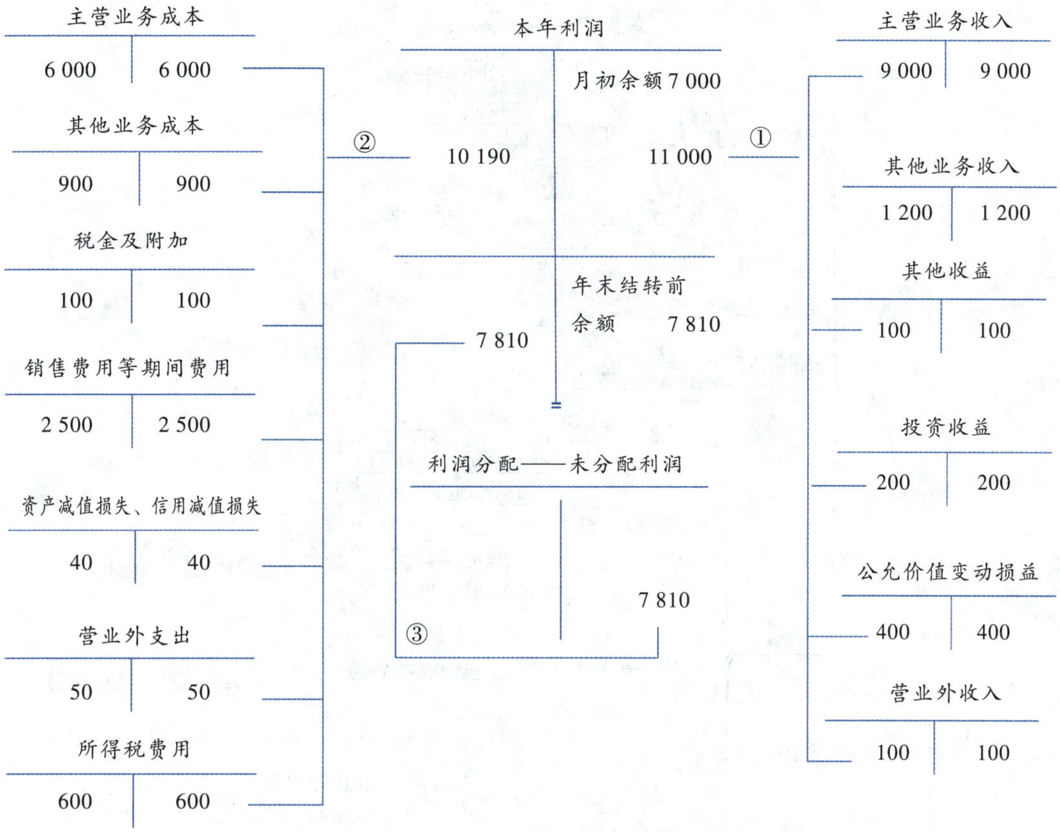

图12-14　结转利润的账务处理流程示意图

（二）利润的分配

利润分配是指将税后净利润按照规定的分配顺序，在企业及其投资者之间进行分配。企业的利润分配关系到有关各方的利益，必须遵循国家有关法规、政策和制度的规定。利润分配的有关会计处理详见第十一章。

智能测评12-5

■【本章小结】

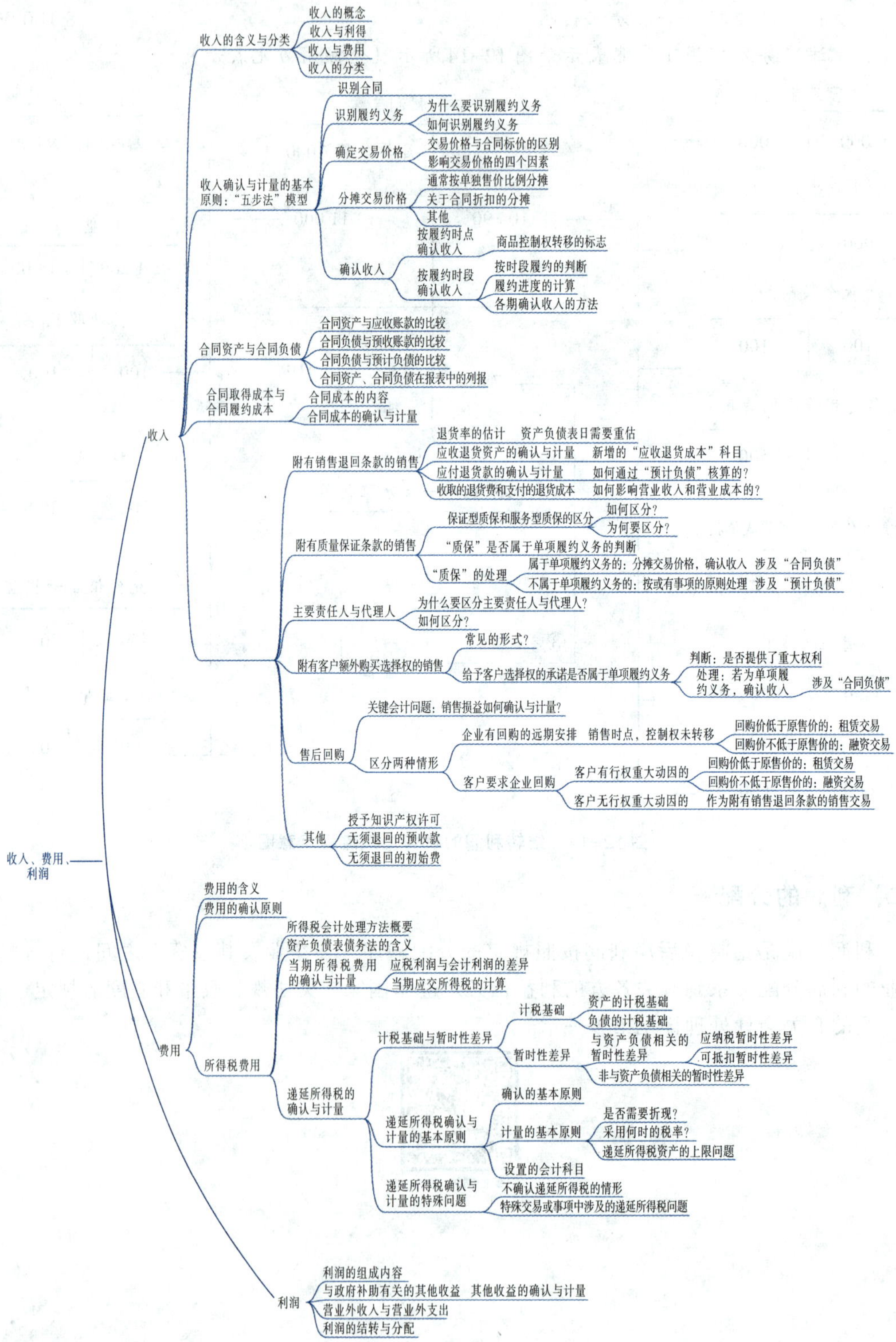
收入、费用、利润
收入
收入的含义与分类
收入的概念
收入与利得
收入与费用
收入的分类
收入确认与计量的基本原则："五步法"模型
识别合同
识别履约义务
为什么要识别履约义务
如何识别履约义务
确定交易价格
交易价格与合同标价的区别
影响交易价格的四个因素
分摊交易价格
通常按单独售价比例分摊
关于合同折扣的分摊
其他
确认收入
按履约时点确认收入
商品控制权转移的标志
按履约时段确认收入
按时段履约的判断
履约进度的计算
各期确认收入的方法
合同资产与合同负债
合同资产与应收账款的比较
合同负债与预收账款的比较
合同负债与预计负债的比较
合同资产、合同负债在报表中的列报
合同取得成本与合同履约成本
合同成本的内容
合同成本的确认与计量
附有销售退回条款的销售
退货率的估计 资产负债表日需要重估
应收退货资产的确认与计量 新增的"应收退货成本"科目
应付退货款的确认与计量 如何通过"预计负债"核算的？
收取的退货费和支付的退货成本 如何影响营业收入和营业成本的？
附有质量保证条款的销售
保证型质保和服务型质保的区分
如何区分？
为何要区分？
"质保"是否属于单项履约义务的判断
"质保"的处理
属于单项履约义务的：分摊交易价格，确认收入 涉及"合同负债"
不属于单项履约义务的：按或有事项的原则处理 涉及"预计负债"
主要责任人与代理人
为什么要区分主要责任人与代理人？
如何区分？
附有客户额外购买选择权的销售
常见的形式？
给予客户选择权的承诺是否属于单项履约义务
判断：是否提供了重大权利
处理：若为单项履约义务，确认收入 涉及"合同负债"
售后回购
关键会计问题：销售损益如何确认与计量？
区分两种情形
企业有回购的远期安排 销售时点，控制权未转移
回购价低于原售价的：租赁交易
回购价不低于原售价的：融资交易
客户要求企业回购
客户有行权重大动因的
回购价低于原售价的：租赁交易
回购价不低于原售价的：融资交易
客户无行权重大动因的 作为附有销售退回条款的销售交易
其他
授予知识产权许可
无须退回的预收款
无须退回的初始费
费用
费用的含义
费用的确认原则
所得税费用
所得税会计处理方法概要
资产负债表债务法的含义
当期所得税费用的确认与计量
应税利润与会计利润的差异
当期应交所得税的计算
递延所得税的确认与计量
计税基础与暂时性差异
计税基础
资产的计税基础
负债的计税基础
暂时性差异
与资产负债相关的暂时性差异
应纳税暂时性差异
可抵扣暂时性差异
非与资产负债相关的暂时性差异
递延所得税确认与计量的基本原则
确认的基本原则
计量的基本原则
是否需要折现？
采用何时的税率？
递延所得税资产的上限问题
设置的会计科目
递延所得税确认与计量的特殊问题
不确认递延所得税的情形
特殊交易或事项中涉及的递延所得税问题
利润
利润的组成内容
与政府补助有关的其他收益 其他收益的确认与计量
营业外收入与营业外支出
利润的结转与分配

【问题与思考】

1.什么是收入？如何对收入进行分类？收入的确认与计量有何意义？

2.如何理解收入确认与计量五步法模型的基本原理？

3.如何识别合同？

4.如何识别履约义务？

5.什么是交易价格？如何确定交易价格？

6.如何在多项履约义务之间分摊交易价格？

7.如何判断商品控制权是否转移给了客户？

8.如何判断履约义务是在某一时点履行的还是在某一时段内履行的？

9.如何确定履约进度？

10.如何理解合同资产、合同负债？

11.如何理解合同取得成本、合同履约成本？

12.如何对附有销售退回条款的销售进行会计处理？

13.如何对附有质量保证条款的销售进行会计处理？

14.如何对附有客户额外购买选择权的销售进行会计处理？

15.为何要对交易中涉及的主体区分主要责任人和代理人？如何区分？

16.如何进行售后回购的会计处理？

17.什么是费用？如何理解广义费用与狭义费用？

18.为什么将管理费用、销售费用和财务费用界定为期间费用？各项期间费用分别包括哪些具体内容？期间费用应如何进行确认与计量？

19.什么是利润、营业利润、利润总额、净利润？

20.如何进行利润的结转？

第十三章

财务报表的编制

■【学习目标】

通过对本章内容的学习，了解财务报表的业务流程和财务报表的编制程序，掌握各财务报表的结构，掌握资产负债表、利润表和所有者权益变动表各项目的填列方法，掌握现金流量表的编制原理，理解四张报表之间的内在联系。

■【财报导读】

三一重工母公司2019年度其他综合收益信息在财务报表中的列报

表13-1、表13-2分别是对三一重工2019年度的母公司资产负债表、利润表部分信息的摘编。

表13-1 资产负债表部分信息 单位：千元

项目	2019年12月31日	2018年12月31日
所有者权益（或股东权益）：		
实收资本（或股本）	8 426 246	7 800 711
⋮	⋮	⋮
其他综合收益	570 424	277 101
⋮	⋮	⋮
所有者权益（或股东权益）合计	25 326 973	22 953 045

表13-2 利润表部分信息 单位：千元

项 目	2019年度	2018年度
⋮	⋮	⋮
四、净利润（净亏损以“-”号填列）	433 363	2 160 479
五、其他综合收益的税后净额	299 252	277 572
（一）不能重分类进损益的其他综合收益	300 455	
1.重新计量设定受益计划变动额		
2.权益法下不能转损益的其他综合收益	279 933	
3.其他权益工具投资公允价值变动	20 522	
4.企业自身信用风险公允价值变动		
（二）将重分类进损益的其他综合收益	-1 203	277 572
1.权益法下可转损益的其他综合收益		
2.其他债权投资公允价值变动		
⋮	-426	279 658
6.外币财务报表折算差额	-777	-2 086
六、综合收益总额	732 615	2 438 051

浏览上述信息，我们发现一个问题：三一重工母公司2019年的其他综合收益信息，不仅在资产负债表中有所报告，在利润表中也有反映。那么，现在的问题是：资产负债表中的其他综合收益信息与利润表中的其他综合收益信息是什么关系？其他综合收益相关信息在其他报表中是否还有列报？实际上，我们在这里仅仅是把其他综合收益信息的列报作为一个切入点，旨在引发大家对财务报表的具体内容、编制方法、诸报表有关项目的内在联系等知识点的关注，因为对这些知识点的关注，不仅有助于对前面12章内容的融会贯通，更有助于完整把握企业财务报表信息的生成过程，有助于更好地分析利用财务信息。

第一节　财务报表编制概述

一、财务报表的概念与构成

（一）财务报表的概念

财务报表也称会计报表，是对企业财务状况、经营成果和现金流量的结构性表述。财务报表至少应当包括资产负债表、利润表、现金流量表、所有者权益变动表和报表附注。财务报表信息的列报与披露须以企业会计准则为规范。

（二）财务报表的构成

财务报表的构成可以从不同的分类进行观察。

1.从财务报表反映的内容来看

从反映的内容来看，财务报表至少包括资产负债表、利润表、现金流量表、所有者权益变动表和报表附注。

资产负债表是反映企业在某一特定日期的财务状况的报表。通过该表可以了解企业在报告期末的资产、负债、所有者权益及其相互关系，由于资产负债表揭示了企业在特定日期的财务状况，因而也称为财务状况表。

利润表是反映企业在一定会计期间的经营成果的报表。通过该表可以了解企业报告期内经营业绩的主要来源与构成。

现金流量表是反映企业在一定会计期间的现金和现金等价物流入和流出情况的报表。由于现金流量表分别列报经营活动、投资活动和筹资活动现金流量，所以，通过该表可以了解企业报告期内与各类活动有关的现金和现金等价物的增减变动情况。

所有者权益变动表是反映构成所有者权益的各组成部分在一定期间的增减变动情况的报表。该表全面反映企业在一定期间所有者权益变动的情况，这些情况不仅局限于所有者权益总量的增减变动，还包括所有者权益增减变动的重要结构性信息，所以，通过该表可以了解所有者权益增减变动的根源。

报表附注是对在资产负债表、利润表、现金流量表和所有者权益变动表等报表中列示项目的文字描述或明细资料，以及对未能在这些报表中列示项目的说明等。

值得一提的是，财务报表的上述各组成部分具有同等的重要程度。

2.从财务报表的编制主体来看

从编制主体来看，财务报表包括每个企业编制的个别财务报表和母公司编制的合并财务报表两类。

个别财务报表由每个企业自行编制，反映的是同时作为一个独立的会计主体和法人主体的单一企业的财务状况、经营成果和现金流量信息。合并财务报表由母公司编制，反映的是母公司及其子公司构成的企业集团整体的财务状况、经营成果和现金流量信息，企业集团不是一个独立的法人主体，但合并财务报表使其成为经济意义上的一个报告主体。

3.从财务报表的编制时间基础来看

从编制的时间基础来看，财务报表包括年度财务报表和中期财务报表。

年度财务报表是按一个完整会计年度编制的财务报表，中期财务报表则是以短于一个完整的会计年度的报告期间为基础而编制的财务报表，比如月报、季报、半年报等。

企业内部控制应用指引第14号——财务报告

二、财务报表的业务流程

与财务报表有关的业务包括财务报表的编制、对外提供以及分析利用三个部分，从而财务报表的业务流程就包括财务报表的编制流程、对外提供流程、分析利用流程三个阶段。由于财务报表构成财务报告的主体内容，所以，依据“财务报告业务流程图”梳理的财务报表业务流程如图13-1所示。

从图13-1不难看出，从制订财务报表编制方案到审核之前的各环节，属于财务报表的编制阶段；从审核到对外提供的各环节，属于对外提供阶段；除此之外，制定财务分析制度、编写财务分析报告、根据分析中发现的问题进行整改落实，这些环节则都归属于分析利用阶段。

财务报表编制阶段实际上包含编制前的基础工作和具体编制两大环节。基础工作主要有制订财务报表编制方案、确定重大事项的会计处理、清查资产核实债务以及结账四个重要节点。企业财务部门制订并由部门负责人审核财务报表编制方案，主要明确财务报表编制方法、编制程序、职责分工、编报时间安排等内容；在依据财务报表编制方案正式编制财务报表之前，企业一方面要确认债务重组、非货币性交易、公允价值的计量、收购兼并、资产减值等对当期有重大影响的主要事项及其会计处理，另一方面要组织财务部门和相关部门进行资产清查、减值测试和债权债务核实工作；在编制年度财务报表之前，企业还应在日常定期核对信息的基础上完成对账、调账、差错更正等事项，然后实施关账和结账操作。

结账之后，企业的财务部门就进入本企业财务报表即个别财务报表的具体编制环节（企业集团的母公司则还需要在母公司和子公司个别财务报表的基础上编制合并财务报表）。

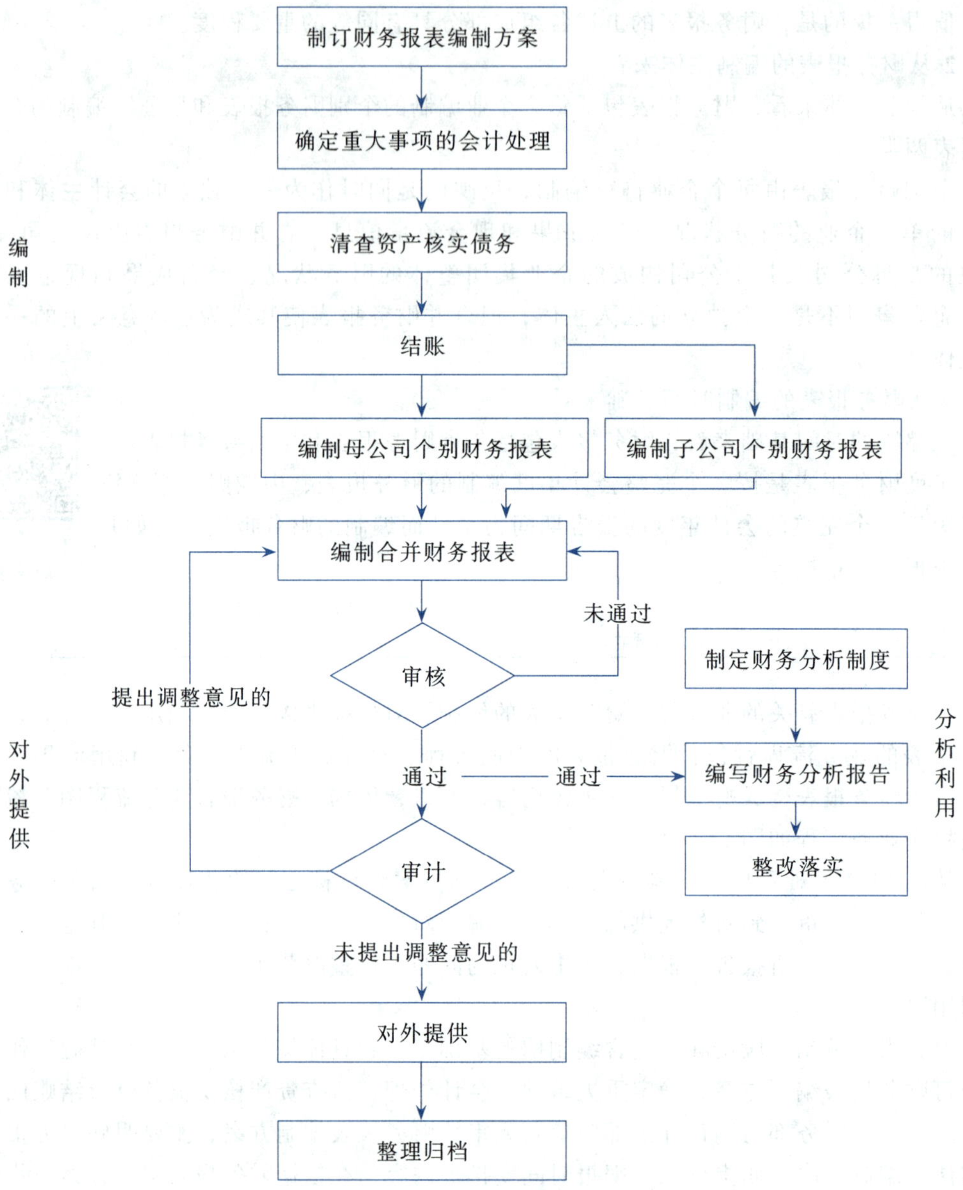

图 13-1 财务报表业务流程

三、财务报表列报的基本要求

《企业会计准则第30号——财务报表列报》提出了财务报表列报的基本要求，主要有以下几个方面：

1.依据按照各项会计准则确认和计量的结果编制财务报表。企业应当根据实际发生的交易和事项，按照《企业会计准则——基本准则》和其他各项会计准则的规定进行确认和计量，在此基础上编制财务报表。企业应当在附注中对这一情况作出声明，只有遵循了企业会计准则的所有规定时，财务报表才应当被称为“遵循了企业会计准则”。同时，企业不应以附注披露代替对交易或事项的确认和计量。如果按照各项会计准则规定披露的信息不足以让报表使用者了解特定交易或事项对企业财务状况、经营成果和现金流量的影响，企业还应当披露其他的必要信息。

2.列报基础。企业应当以持续经营为基础编制财务报表。在编制财务报表的过程中，企业管理层应当利用所有可获得信息来评价企业自报告期末起至少12个月的持续经营能力。企业处于非持续经营状态时，应当采用清算价值等其他基础编制财务报表，比如破产企业的资产采用可变现净值计量、负债按其预计的结算金额计量，非持续经营情况下，企业应在附注中声明财务报表未以持续经营为基础列报、披露未以持续经营为基础的原因以及财务报表的编制基础。

3.权责发生制。除现金流量表按照收付实现制原则进行编制外，其他财务报表按照权责发生制原则进行编制。

4.列报的一致性。财务报表项目的列报应当在各个会计期间保持一致，不得随意变更（这一要求不仅针对财务报表中的项目名称，还包括财务报表项目的分类、排列顺序等方面），但下列情况除外：会计准则要求改变财务报表项目的列报、企业经营业务的性质发生重大变化或对企业经营影响较大的交易或事项发生后变更财务报表项目的列报能够提供更可靠、更相关的会计信息。

5.依据重要性原则单独或汇总列报项目。如果某个项目单独看不具有重要性，可将其与其他项目汇总列报，如果具有重要性，则应当单独列报。具体来讲，性质或功能不同的项目，应当在财务报表中单独列报，但不具有重要性的项目除外；性质或功能类似的项目，其所属类别具有重要性的，应当按其类别在财务报表中单独列报；某些项目的重要性程度不足以在资产负债表、利润表、现金流量表或所有者权益变动表中单独列示，但对附注具有重要性的，则应当在附注中单独披露。

6.报表项目金额间的互相抵销。财务报表中的资产项目和负债项目的金额、收入项目和费用项目的金额、直接计入当期利润的利得项目和损失项目的金额，不得互相抵销，即不得以净额列报，但其他会计准则另有规定的除外。以下三种情况不属于抵销：一组类似交易形成的利得和损失以净额列示的；资产或负债项目按扣除备抵项目后的净额列示的；非日常活动产生的利得和损失，以同一交易形成的收益扣减相关费用后的净额列示更能反映交易实质的。

7.比较信息的列报。列报当期财务报表时，至少应当提供所有列报项目上一个可比会计期间的比较数据，以及与理解当期财务报表相关的说明，其他会计准则另有规定的除外。

8.报表表首的列报。企业应当在财务报表的显著位置至少披露下列各项：编报企业的名称、资产负债表日或财务报表涵盖的会计期间、货币名称和单位，财务报表是合并财务报表的应当予以标明。

9.报告期间。企业至少应当按年编制财务报表，年度财务报表涵盖的期间短于一年的，应当披露年度财务报表的涵盖期间短于一年的原因以及报表数据不具可比性这一事实。

智能测评13-1

第二节　资产负债表、利润表、所有者权益变动表的编制

一、资产负债表的编制

（一）资产负债表的格式

资产负债表的结构主要有账户式、报告式和财务状况式三种。我国现行的资产负债表采用的是账户式结构，即根据“资产=负债+所有者权益”的基本等式，将资产负债表分为左、右两方，左方列示各资产项目，右方则列示各负债和所有者权益项目，左、右两方总数相等。为了比较各会计要素在报告期内的余额变化，资产负债表左、右两方均分别列示“上年年末余额”和“期末余额”两栏。

资产负债表的资产和负债项目按流动性分类列报。对于资产项目来说，是按其流动速度、变现快慢分为流动资产、非流动资产两大类；对于负债项目来说，则是按其到期日的近远、需要偿还的先后顺序分为流动负债、非流动负债两大类。这种项目分类方法的优点是能帮助报表使用者了解企业的支付能力、偿债能力状况。资产负债表中的所有者权益项目一般按照实收资本（或股本）、资本公积、其他综合收益、盈余公积和未分配利润等项目分项列示。

其他行业资产负债表的格式

一般企业资产负债表的格式见表13-5。

（二）流动性与非流动性项目的具体划分原则

1.流动资产与非流动资产的划分

资产满足下列条件之一的，应当归类为流动资产：

（1）预计在一个正常营业周期中变现、出售或耗用。这一条件适用于其形态变化与营业周期相关的资产，比如应收账款、存货等。这里的“变现”一般针对应收账款等而言，指将资产变为现金；“出售”一般针对产品等存货而言；“耗用”一般指将存货（如原材料）转变成另一种形态（如产成品）。

（2）主要为交易目的而持有。投资于证券而形成的金融资产，如果为短期内出售变现的目的而持有，就属于这一类资产。

（3）预计在资产负债表日起一年内（含一年）变现。非为交易目的而持有的投资于债券而形成的金融资产，某些长期应收款等，有可能符合这一条件。

（4）自资产负债表日起一年内，交换其他资产或清偿负债的能力不受限制的现金或现金等价物。

除流动资产以外的资产，列报为非流动资产。

2.流动负债与非流动负债的划分

负债满足下列条件之一的，应当归类为流动负债：

（1）预计在一个正常营业周期中清偿。企业正常营业周期中的经营性负债项目（包括应付账款、应付职工薪酬等），即使在资产负债表日后超过一年才予以清偿的，因其属于

企业正常营业周期中使用的营运资金的一部分，所以仍应划分为流动负债。

（2）主要为交易目的而持有。

（3）自资产负债表日起一年内到期应予以清偿。

（4）企业无权自主地将清偿推迟至资产负债表日后一年以上。

除流动负债以外的负债，列报为非流动负债。

对于在资产负债表日起一年内到期的负债，企业有意图且有能力自主地将偿债义务展期至资产负债表日后一年以上的，应当归类为非流动负债；不能自主地将偿债义务展期至资产负债表日后一年以上的，即使在资产负债表日后、财务报告批准报出日前签订了重新安排清偿计划协议，该项负债仍应归类为流动负债。

企业在资产负债表日或之前违反了长期借款协议，导致贷款人可随时要求清偿的，该项负债应当归类为流动负债。贷款人在资产负债表日或之前同意提供在资产负债表日后一年以上的宽限期，在此期间内企业能够改正违约行为，且贷款人不能要求随时清偿的，该项负债应当归类为非流动负债。

3.正常营业周期的界定

判断流动资产、流动负债时所称的一个正常营业周期，是指企业从购买用于加工的资产起至实现现金或现金等价物的期间。

正常营业周期通常短于一年，在一年内有几个营业周期。但是，也存在正常营业周期长于一年的情况，如房地产开发企业开发用于出售的房地产开发产品，造船企业制造用于出售的大型船只等，从购买原材料进入生产，到制造出产品出售并收回现金或现金等价物的过程，往往超过一年，在这种情况下，与生产循环相关的产成品、应收账款、原材料尽管是超过一年才变现、出售或耗用，仍应作为流动资产列示。

当正常营业周期不能确定时，应当以一年（12个月）作为正常营业周期。

（三）资产负债表各项目的填列方法

1.总体思路

资产负债表“上年年末余额”栏内各项数字，应根据上年末资产负债表的“期末余额”栏内所列数字填列；资产负债表“期末余额”栏内各项目数字，应根据报告期末有关账户余额资料填列。

2.资产负债表“期末余额”栏各项目的具体填列方法

报告期末，在根据有关账户余额资料填列资产负债表“期末余额”栏各项目时，有两个重要问题必须引起注意：一是资产负债表的各项目名称多数情况下与会计科目名称一致，但也有不一致的情况；二是资产负债表并不是简单的会计科目余额表。所以，根据报告期末资产、负债、所有者权益类所有账户的余额资料填列资产负债表各项目时，有的可直接填列，有的则需要分析计算填列。

对资产负债表主要项目具体填列方法的梳理见表13-3。

表 13-3 一般企业资产负债表主要项目填列方法归纳

填列方法	资产项目	负债、所有者权益项目
1.通常按有关总账余额直接填列	➢交易性金融资产* ➢应收款项融资 ➢其他权益工具投资 ➢其他债权投资 ➢递延所得税资产等	➢短期借款 ➢交易性金融负债 ➢应付职工薪酬 ➢应交税费 ➢合同负债** ➢持有待售负债 ➢租赁负债*** ➢预计负债 ➢递延收益 ➢递延所得税负债等 ➢实收资本（或股本） ➢其他权益工具 ➢资本公积 ➢专项储备 ➢盈余公积 ➢其他综合收益等
2.根据有关总账账户余额之和填列	➢货币资金	➢其他应付款等
3.根据有关总账借方余额减去其中一年内将到期的部分以及相关备抵账户余额之后的差额填列	➢应收票据 ➢应收账款 ➢其他应收款 ➢存货 ➢合同资产** ➢持有待售资产 ➢债权投资 ➢长期股权投资 ➢长期应收款 ➢投资性房地产 ➢固定资产 ➢在建工程 ➢使用权资产*** ➢无形资产等	➢长期借款 ➢应付债券 ➢长期应付款等
4.根据有关账户余额分析填列	➢一年内到期的非流动资产 ➢其他流动资产 ➢其他非流动金融资产 ➢其他非流动资产	➢一年内到期的非流动负债 ➢其他流动负债 ➢其他非流动负债 ➢未分配利润

*自资产负债表日起超过一年到期且预期持有超过一年的以公允价值计量且其变动计入当期损益的非流动金融资产的期末账面价值，在“其他非流动金融资产”项目反映。

**“合同资产”项目、“合同负债”项目，应分别根据“合同资产”科目、“合同负债”科目相关明细科目的期末余额分析填列，同一合同下的合同资产和合同负债应当以净额列示，其中净额为借方余额的，应当根据其流动性在“合同资产”或“其他非流动资产”项目填列，已计提减值准备的，还应减去“合同资产减值准备”科目中相关的期末余额后的金额填列；其中净额为贷方余额的，应当根据其流动性在“合同负债”或“其他非流动负债”项目填列。

***“使用权资产”项目、“租赁负债”项目，分别反映承租人企业持有的使用权资产的账面价值和尚未偿付的租赁付款额的期末账面价值。相关内容见《高级财务会计》教材。

下面举例说明资产负债表各项目的填列方法。

【例13-1】资料：甲企业2×19年12月31日有关账户余额资料见表13-4。

表13-4　有关账户余额资料

2×19年12月31日　　单位：元

资产类账户	期末余额	负债及所有者权益类账户	期末余额
流动资产：		流动负债：	
库存现金、银行存款等	1 492 000	短期借款	400 000
应收票据	30 000	应付账款	690 000
应收账款	1 600 000	应交税费	15 000
坏账准备	60 000	应付利息	45 000
其他应收款	68 000	非流动负债：	
存货类账户	1 010 000	长期借款	1 800 000
非流动资产：		所有者权益：	
其他债权投资	200 000	股本	4 900 000
长期股权投资	170 000	资本公积	100 000
固定资产	2 000 000	盈余公积	90 000
累计折旧	600 000	利润分配	115 000
在建工程	1 000 000		
工程物资	430 000		
无形资产	800 000		
递延所得税资产	15 000		
资产类账户余额总计	8 155 000	负债及所有者权益类账户余额总计	8 155 000

2×20年该企业发生的有关交易及事项如下（为简化起见，各类业务仅举一例）：

（1）职工张强报销差旅费8 000元。

（2）购买一批原材料，价款和增值税（增值税税率13%，下同）共2 260 000元，材料已验收入库，货款及税款暂未付。

（3）用银行存款偿还到期长期借款本金300 000元和已计利息30 000元（其中20 000元已计入有关固定资产成本）、短期借款本金400 000元和已计入应付利息的利息40 000元。

（4）购入一台设备，用银行存款支付设备价款100 000元及增值税13 000元，设备交付使用。

（5）本期发出原材料800 000元，其中生产产品领用600 000元、生产车间一般消耗80 000元、企业行政管理部门消耗10 000元、在建工程消耗110 000元。

（6）本期计提固定资产折旧80 010元，其中生产车间负担70 000元、行政管理部门负担10 010元。

（7）以现金发放工资510 000元，工资费用分配如下：生产工人200 000元、车间管理人员100 000元、行政管理人员110 000元、在建工程人员100 000元。另外，用现金支付办公费用92 800元。

（8）用现金支付各类人员的福利费71 400元，其中：生产工人28 000元、车间管理人员14 000元、行政管理人员15 400元、在建工程人员14 000元。

（9）根据销售合同预收货款20 000元，存入银行。

（10）将未到期的应收票据（银行承兑汇票）30 000元办理贴现，贴现息为600元。

（11）借入长期借款700 000元（用于固定资产建造工程）、短期借款180 000元。

（12）计提长期借款利息50 000元（计入在建工程成本）和短期借款利息2 000元（计入财务费用）。

（13）毁损一台设备，其账面原始价值为60 000元、累计折旧为40 000元，用现金支付清理费用800元，处置残料取得变价收入13 000元，存入银行。

（14）收到被投资方于本年已宣派的现金股利20 000元（本公司对长期股权投资采用成本法核算，被投资方的所得税税率为25%）。

（15）计提无形资产摊销20 000元。

（16）按每股1.10元的价格发行面值为800 000元的普通股，有关金融机构扣除相关费用5 000元。

（17）收到应收账款430 000元；收到以前年度已核销的坏账109 000元；本年发生坏账70 000元。

（18）分配制造费用，计算并结转完工产品成本。本期没有期末在产品（期初在产品成本为200 000元）。

（19）销售产品，销售收入为4 000 000元，增值税为520 000元，货款及增值税税款已收妥并存入银行，销售成本为2 000 000元。

（20）计算并结转应交城市维护建设税60 000元和应交教育费附加30 000元。

（21）缴纳增值税95 000元、城市维护建设税60 000元、教育费附加30 000元。

（22）用银行存款支付广告费等销售费用40 020元。

（23）收回押金等应收款60 000元。

（24）用银行存款购买国债250 000元，分类为以摊余成本计量的金融资产。

（25）用银行存款400 000元偿还应付账款。

（26）计提坏账准备10 000元。

（27）预计长期股权投资的可收回金额低于账面价值70 000元。

（28）企业持有的其他债权投资，期末公允价值为230 000元。

（29）计算确定应交所得税、递延所得税及所得税费用（所得税税率为25%），并用银行存款上缴所得税200 000元。

（30）结转各损益类账户余额。

（31）将本年净利润结转至“利润分配——未分配利润”明细账户。

（32）计提盈余公积115 500元。

（33）宣告分派现金股利300 000元。

（34）将“利润分配”有关明细账户的余额结转至“未分配利润”明细账户。

要求：根据上述资料，编制甲企业2×20年12月31日的资产负债表。

解答：

（1）根据上述业务编制会计分录如下：

①借：管理费用	8 000	
贷：其他应收款		8 000
②借：原材料	2 000 000	
应交税费——应交增值税（进项税额）	260 000	

贷：应付账款		2 260 000
③借：长期借款	330 000	
短期借款	400 000	
应付利息	40 000	
贷：银行存款		770 000
④借：固定资产	100 000	
应交税费——应交增值税（进项税额）	13 000	
贷：银行存款		113 000
⑤借：生产成本	600 000	
制造费用	80 000	
管理费用	10 000	
在建工程	110 000	
贷：原材料		800 000
⑥借：制造费用	70 000	
管理费用	10 010	
贷：累计折旧		80 010
⑦借：生产成本	200 000	
制造费用	100 000	
管理费用	110 000	
在建工程	100 000	
贷：应付职工薪酬		510 000
借：应付职工薪酬	510 000	
贷：库存现金		510 000
借：管理费用	92 800	
贷：库存现金		92 800
⑧借：生产成本	28 000	
制造费用	14 000	
管理费用	15 400	
在建工程	14 000	
贷：应付职工薪酬		71 400
借：应付职工薪酬	71 400	
贷：库存现金		71 400
⑨借：银行存款	20 000	
贷：合同负债		20 000
⑩借：银行存款	29 400	
财务费用	600	
贷：应收票据		30 000
⑪借：银行存款	880 000	
贷：长期借款		700 000

贷：短期借款 180 000

⑫借：在建工程 50 000

贷：长期借款 50 000

借：财务费用 2 000

贷：应付利息 2 000

⑬借：固定资产清理 20 000

累计折旧 40 000

贷：固定资产 60 000

借：固定资产清理 800

贷：库存现金 800

借：银行存款 13 000

贷：固定资产清理 13 000

借：营业外支出——固定资产报废损失 7 800

贷：固定资产清理 7 800

⑭借：应收股利 20 000

贷：投资收益 20 000

借：银行存款 20 000

贷：应收股利 20 000

⑮借：管理费用 20 000

贷：累计摊销 20 000

⑯借：银行存款 875 000

贷：股本 800 000

资本公积——股本溢价 75 000

⑰借：银行存款 430 000

贷：应收账款 430 000

借：应收账款 109 000

贷：坏账准备 109 000

借：银行存款 109 000

贷：应收账款 109 000

借：坏账准备 70 000

贷：应收账款 70 000

⑱借：生产成本 264 000

贷：制造费用 264 000

借：库存商品 1 292 000

贷：生产成本 1 292 000

⑲借：银行存款 4 520 000

贷：主营业务收入 4 000 000

应交税费——应交增值税（销项税额） 520 000

借：主营业务成本 2 000 000

贷：库存商品 2 000 000

⑳借：税金及附加 90 000

贷：应交税费 90 000

㉑借：应交税费 185 000

贷：银行存款 185 000

㉒借：销售费用 40 020

贷：银行存款 40 020

㉓借：银行存款 60 000

贷：其他应收款 60 000

㉔借：债权投资 250 000

贷：银行存款 250 000

㉕借：应付账款 400 000

贷：银行存款 400 000

㉖借：信用减值损失 10 000

贷：坏账准备 10 000

㉗借：资产减值损失 70 000

贷：长期股权投资减值准备 70 000

㉘借：其他债权投资 30 000

贷：其他综合收益 30 000

㉙借：所得税费用 398 343*

贷：应交税费——应交所得税 398 343

(*为简化起见，数字取整数)

借：递延所得税资产 20 000

贷：所得税费用 20 000

借：其他综合收益 7 500

贷：递延所得税负债 7 500

借：应交税费——应交所得税 200 000

贷：银行存款 200 000

㉚借：主营业务收入 4 000 000

投资收益 20 000

贷：本年利润 4 020 000

借：本年利润 2 864 973

贷：主营业务成本 2 000 000

税金及附加 90 000

管理费用 266 210

财务费用 2 600

销售费用 40 020

资产减值损失 70 000

信用减值损失 10 000

贷：营业外支出　7 800
　　所得税费用　378 343

㉛借：本年利润　1 155 027
　贷：利润分配——未分配利润　1 155 027

㉜借：利润分配——提取盈余公积　115 500
　贷：盈余公积　115 500

㉝借：利润分配——应付普通股股利　300 000
　贷：应付股利　300 000

㉞借：利润分配——未分配利润　415 500
　贷：利润分配——提取盈余公积　115 500
　　　　　　——应付普通股股利　300 000

（2）整理2×20年12月31日有关账户余额资料（此处略）。

（3）根据上述资料，编制甲企业2×20年12月31日的资产负债表，见表13-5。

表13-5　资产负债表　会企01表

编制单位：甲企业　2×20年12月31日　单位：元

资　产	期末余额	上年年末余额	负债及所有者权益	期末余额	上年年末余额
流动资产：			流动负债：		
货币资金	5 815 380	1 492 000	短期借款	180 000	4 00 000
交易性金融资产	0	0	交易性金融负债	0	0
衍生金融资产	0	0	衍生金融负债	0	0
应收票据	0	30 000	应付票据	0	0
应收账款	991 000	1 540 000	应付账款	2 550 000	690 000
预付款项	0	0	预收款项	0	0
其他应收款	0	68 000	合同负债	20 000	0
存货	1 302 000	1 010 000	应付职工薪酬	0	0
合同资产	0	0	应交税费	365 343	15 000
持有待售资产	0	0	其他应付款	307 000	45 000
一年内到期的非流动资产	0	0	持有待售负债	0	0
流动资产合计	8 108 380	4 140 000	一年内到期的非流动负债	0	0
非流动资产：			其他流动负债	0	0
债权投资	250 000	0	流动负债合计	3 422 343	1 150 000
其他债权投资	230 000	200 000	非流动负债：		
长期应收款	0	0	长期借款	2 220 000	1 800 000
长期股权投资	100 000	170 000	应付债券	0	0
其他权益工具投资	0	0	租赁负债	0	0
投资性房地产	0	0	长期应付款	0	0
固定资产	1 399 990	1 400 000	预计负债	0	0
在建工程	1 704 000	1 430 000	递延收益	0	0
使用权资产	0	0	递延所得税负债	7 500	0
无形资产	780 000	800 000	非流动负债合计	2 227 500	1 800 000
开发支出	0	0	负债合计	5 649 843	2 950 000
商誉	0	0	所有者权益：		
长期待摊费用	0	0	实收资本（或股本）	5 700 000	4 900 000
递延所得税资产	35 000	15 000	其他权益工具	0	0
其他非流动资产	0	0	资本公积	175 000	100 000
非流动资产合计	4 498 990	4 015 000	减：库存股	0	0
			其他综合收益	22 500	0
			盈余公积	205 500	90 000
			未分配利润	854 527	115 000
			所有者权益合计	6 957 527	5 205 000
资产总计	12 607 370	8 155 000	负债及所有者权益总计	12 607 370	8 155 000

二、利润表的编制

(一)利润表的格式

利润表的格式有单步式和多步式两种，我国现行的利润表采取的是多步式格式。

在多步式利润表中，按利润形成的主要环节列示一些中间性项目，比如营业利润、利润总额等，分步计算净利润。

企业会计准则对利润表的格式按一般企业、商业银行、保险公司、证券公司等企业类型分别予以规定。一般企业利润表的格式见表13-7。现行的企业利润表实际上包括三个板块的内容：净利润、其他综合收益、每股收益。接下来，着重介绍一般企业利润表中净利润和其他综合收益各项目的填列方法。

其他行业利润表的格式

(二)一般企业利润表各项目的填列方法

1.总体思路

利润表“上期金额”栏，反映各项目的上期实际发生数，根据上年该期利润表“本期金额”栏内所列数字填列。如果上年该期利润表与本期利润表的项目名称和内容不相一致，应对上年该期利润表的项目名称和数字按本期的规定进行调整，填入本期利润表“上期金额”栏。

利润表“本期金额”栏，反映各项目的本期实际发生数，根据各有关账户的本期发生额分析填列。

2.利润表“本期金额”栏各主要项目的具体填列方法

在填列利润表“本期金额”栏中各项目时，要注意两点：一是利润表中的项目是报告期内有关要素的发生额而不是余额；二是利润表中大多数项目需要根据有关账户的发生额填列，有的项目则作为中间项目是在表中直接计算得出的结果。

对利润表“本期金额”栏中主要项目具体填列方法的梳理见表13-6。

【特别提示】

“研发费用”项目，反映企业进行研究与开发过程中发生的费用化支出，以及计入管理费用的自行开发无形资产的摊销。本项目根据“管理费用”科目下的“研究费用”“无形资产摊销”明细科目的发生额分析填列。

表13-6 利润表主要项目填列方法归纳

项目	填列方法
一、营业收入	分别根据有关损益类账户本期发生额分析填列
减：营业成本	分别根据有关损益类账户本期发生额分析填列
税金及附加	分别根据有关损益类账户本期发生额分析填列
销售费用	分别根据有关损益类账户本期发生额分析填列
管理费用	分别根据有关损益类账户本期发生额分析填列
研发费用	分别根据有关损益类账户本期发生额分析填列
财务费用	分别根据有关损益类账户本期发生额分析填列
加：其他收益	分别根据有关损益类账户本期发生额分析填列
投资收益（损失以"-"号填列）	分别根据有关损益类账户本期发生额分析填列
净敞口套期收益（损失以"-"号填列）	分别根据有关损益类账户本期发生额分析填列
公允价值变动收益（损失以"-"号填列）	分别根据有关损益类账户本期发生额分析填列
信用减值损失（损失以"-"号填列）	分别根据有关损益类账户本期发生额分析填列
资产减值损失（损失以"-"号填列）	分别根据有关损益类账户本期发生额分析填列
资产处置收益（损失以"-"号填列）	分别根据有关损益类账户本期发生额分析填列
二、营业利润（亏损以"-"号填列）	根据该各项目以上有关项目数据计算填列
加：营业外收入	分别根据有关损益类账户本期发生额分析填列
减：营业外支出	分别根据有关损益类账户本期发生额分析填列
三、利润总额（亏损总额以"-"号填列）	根据该各项目以上有关项目数据计算填列
减：所得税费用	分别根据有关损益类账户本期发生额分析填列
四、净利润（净亏损以"-"号填列）	根据该各项目以上有关项目数据计算填列
五、其他综合收益的税后净额	根据该各项目以上有关项目数据计算填列
（一）不能重分类进损益的其他综合收益	根据"其他综合收益"账户本期发生额分析填列
1.重新计量设定受益计划变动额	根据"其他综合收益"账户本期发生额分析填列
2.权益法下不能转损益的其他综合收益	根据"其他综合收益"账户本期发生额分析填列
3.其他权益工具投资公允价值变动	根据"其他综合收益"账户本期发生额分析填列
4.企业自身信用风险公允价值变动*	根据"其他综合收益"账户本期发生额分析填列
……	
（二）将重分类进损益的其他综合收益	根据"其他综合收益"账户本期发生额分析填列
1.权益法下可转损益的其他综合收益	根据"其他综合收益"账户本期发生额分析填列
2.其他债权投资公允价值变动	根据"其他综合收益"账户本期发生额分析填列
3.金融资产重分类计入其他综合收益的金额	根据"其他综合收益"账户本期发生额分析填列
4.其他债权投资信用减值准备	根据"其他综合收益"账户本期发生额分析填列
5.现金流量套期储备*	根据"其他综合收益"账户本期发生额分析填列
6.外币财务报表折算差额*	根据"其他综合收益"账户本期发生额分析填列
……	
六、综合收益总额	根据该各项目以上有关项目数据计算填列
七、每股收益*：	
（一）基本每股收益	
（二）稀释每股收益	

注：*相关内容见《高级财务会计》教材。

下面举例说明一般企业利润表的填列方法。

【例 13-2】资料见例 13-1。根据有关资料编制的甲企业 2×20 年度利润表见表 13-7。

表 13-7　　利润表　　会企 02 表

编制单位：甲企业　　2×20 年度　　单位：元

项目	本期金额	上期金额
一、营业收入		
减：营业成本	4 000 000	
税金及附加	2 000 000	
销售费用	90 000	
管理费用	40 020	
研发费用	266 210	
财务费用	0	
加：其他收益	2 600	
投资收益（损失以"-"号填列）	0	
净敞口套期收益（损失以"-"号填列）	0	
公允价值变动收益（损失以"-"号填列）	20 000	
信用减值损失（损失以"-"号填列）	0	
资产减值损失（损失以"-"号填列）	-10 000	
资产处置收益（损失以"-"号填列）	-70 000	
二、营业利润（亏损以"-"号填列）	0	
加：营业外收入	1541170	
减：营业外支出	0	
三、利润总额（亏损总额以"-"号填列）	7 800	
减：所得税费用	1533370	
四、净利润（净亏损以"-"号填列）	378 343	（略）
五、其他综合收益的税后净额	1 155 027	
（一）不能重分类进损益的其他综合收益		
1. 重新计量设定受益计划变动额		
2. 权益法下不能转损益的其他综合收益	0	
3. 其他权益工具投资公允价值变动	0	
4. 企业自身信用风险公允价值变动	0	
……	0	
（二）将重分类进损益的其他综合收益	0	
1. 权益法下可转损益的其他综合收益	0	
2. 其他债权投资公允价值变动	22 500	
3. 金融资产重分类计入其他综合收益的金额	0	
4. 其他债权投资信用减值准备	0	
5. 现金流量套期储备	0	
6. 外币财务报表折算差额	0	
……	0	
六、综合收益总额	1 177 527	
七、每股收益：	（略）	
（一）基本每股收益		
（二）稀释每股收益		

三、所有者权益变动表的编制

（一）所有者权益变动表的格式

所有者权益变动表采用矩阵结构，按所有者权益各项目分别列示导致所有者权益变动的交易或事项；所有者权益变动表作为一张年度报表，还同时列示“本年金额”和“上年金额”的比较信息。一般企业所有者权益变动表的具体格式参见表13-9。

（二）所有者权益变动表各项目的填列方法

所有者权益变动表各项目根据“实收资本（或股本）”“资本公积”“其他综合收益”“盈余公积”“利润分配”科目的发生额分析填列，具体填列方法的归纳见表13-8。

表13-8 所有者权益变动表主要项目填列方法归纳

项目	本年金额								上年金额							
	实收资本（或股本）	其他权益工具	资本公积	减：库存股	其他综合收益	盈余公积	未分配利润	所有者权益合计	实收资本（或股本）	其他权益工具	资本公积	减：库存股	其他综合收益	盈余公积	未分配利润	所有者权益合计
一、上年年末余额	分别根据有关项目的上年年末余额填列															
加：会计政策变更	反映会计政策变更累积影响金额和前期会计差错更正的累积影响金额对有关项目上年末余额的调整金额，分别根据“盈余公积”“利润分配”“以前年度损益调整”等科目的发生额分析填列															
前期差错更正																
其他										“上年金额”栏各项目数字，根据上年度所有者权益变动表“本年金额”栏有关数字填列。如果上年度所有者权益变动表各项目的名称和内容同本年度不一致，应当对上年度所有者权益变动表有关项目的名称和内容按照本年度的规定进行调整，按调整后的数字填入“上年金额”栏						
二、本年年初余额	以上各行之和															
三、本年增减变动金额（减少以“-”号填列）	“本年增减变动金额”各项目，分别反映各所有者权益组成项目在本年度内的增减变动金额，应分别根据“实收资本（或股本）”“其他权益工具”“资本公积”“库存股”“其他综合收益”“盈余公积”“利润分配”等科目及其有关明细科目的有关发生额分析填列															
（一）综合收益总额																
（二）所有者投入和减少资本																
1.所有者投入的普通股																
2.其他权益工具持有者投入的资本																
3.股份支付计入所有者权益的金额																
4.其他																
（三）利润分配																
1.提取盈余公积																
2.对所有者（或股东）的分配																
3.其他																
（四）所有者权益内部结转																
1.资本公积转增资本（或股本）																
2.盈余公积转增资本（或股本）																
3.盈余公积弥补亏损																
4.设定受益计划变动额结转留存收益																
5.其他综合收益结转留存收益																
6.其他																
四、本年年末余额	“本年年初余额”与“本年增减变动金额”两者之和															

下面举例说明一般企业所有者权益变动表的填列方法。

【例 13-3】资料见例 13-1、例 13-2。根据有关资料编制的甲企业 2×20 年度所有者权益变动表见表 13-9。

表 13-9 所有者权益变动表 会企 04 表

编制单位：甲企业 2×20 年度 单位：元

项目	本年金额								上年金额
	实收资本（或股本）	其他权益工具	资本公积	减：库存股	其他综合收益	盈余公积	未分配利润	所有者权益合计	（略）
一、上年年末余额	4 900 000	0	100 000	0	0	90 000	115 000	5 205 000	
加：会计政策变更*									
前期差错更正*									
其他									
二、本年年初余额	4 900 000		100 000	0	0	90 000	115 000	5 205 000	
三、本年增减变动金额（减少以"-"号填列）									
（一）综合收益总额					22 500		1 155 027	1 177 527	
（二）所有者投入和减少资本									
1.所有者投入的普通股	800 000		75 000					875 000	
2.其他权益工具持有者投入的资本									
3.股份支付计入所有者权益的金额									
4.其他									
（三）利润分配									
1.提取盈余公积						115 500	-115 500	0	
2.对所有者（或股东）的分配							-300 000	-300 000	
3.其他									
（四）所有者权益内部结转									
1.资本公积转增资本（或股本）									
2.盈余公积转增资本（或股本）									
3.盈余公积弥补亏损									
4.设定受益计划变动额结转留存收益									
5.其他综合收益结转留存收益									
6.其他									
四、本年年末余额	5 700 000		175 000	0	22 500	205 500	854 527	6 957 527	

注：*会计政策变更、前期差错更正对所有者权益有关项目年初数的调整，参见第十四章。

四、资产负债表、利润表、所有者权益变动表的内在关系

资产负债表、利润表、所有者权益变动表等财务报表，既有各自特定的列报内容，彼此之间又有一定的内在联系，从而构成比较完整的财务信息呈报体系。接下来我们分别从不同的角度来探究这三张报表之间的主要关系，以为完整把握报表编制并有效解读报表信息奠定基础。

（一）资产负债表与利润表

利润表的主要功能是列报企业一定期间的经营成果，它通过展现“净利润”的计算过程，来揭示企业在特定报告期内“净利润”的构成要素及相互作用的结果。而这个“结果”直接成为资产负债表中所有者权益部分“留存收益”项目的变动之源，并间接提示报表使用者它对资产负债表的资产部分、负债部分相关项目曾经产生的影响。

利润表项目如何直接解释资产负债表中留存收益的变动？如果以表13–5、表13–7的数据为例，我们可以清晰地看到答案（如图13–2所示）。

资产负债表（局部）

2×20年12月31日

项目	期末余额	上年年末余额
…		
所有者权益：		
实收资本（或股本）	5 700 000	4 900 000
资本公积	175 000	100 000
其他综合收益	22 500	0
盈余公积	205 500	90 000
未分配利润	854 527	115 000
所有者权益合计	6 957 527	5 205 000

利润表（局部）

2×20年度

项目	本期金额
一、营业收入	4 000 000
…	
四、净利润	1 155 027
…	

留存收益：期末余额−期初余额=本期净增加额
（205 500+854 527）−（90 000+115 000）=855 027

本期实现的净利润−分配给股东的股利=留存收益本期增加额
1 155 027 − 300 000 = 855 027

图13–2 净利润与留存收益的关系

利润表项目如何间接地对资产负债表有关资产、负债项目产生影响，只要回顾前面各章的内容，就很容易梳理出若干线索，比如：利润表中“营业收入”项目的金额通常涉及资产负债表中“货币资金”“应收账款”“应收票据”等项目的余额变动，利润表中“营业成本”项目的金额通常涉及资产负债表中“存货”等项目的余额变动，利润表中“税金及附加”“所得税费用”等项目的金额则通常涉及资产负债表中“货币资金”“应交税费”等项目的余额变动，而利润表中的“投资收益”“信用减值损失”“公允价值变动收益”等项目的金额，则往往与资产负债表中“长期股权投资”“交易性金融资产”等金融资产项目的余额变动有关。

（二）资产负债表与所有者权益变动表

资产负债表通过列示企业一定日期的资产结余状况、负债余额状况以及所有者权益余额状况，来呈现企业报告期末的静态的财务状况。现行的资产负债表通过设置“上年年末

余额”“期末余额”两个栏目来提供有价值的比较信息。那么，某一项目的“上年年末余额”是怎样发展到“期末余额”的呢？所有者权益变动表就展示了这个过程。

所有者权益变动表是一张静态与动态相结合的报表，它集中揭示了资产负债表中的所有者权益各项目是怎样由年初余额变化到年末结果的。

以“未分配利润”这个项目为例，从表13-5、表13-9中我们就可以清晰地看到这种内在联系（如图13-3所示）。

资产负债表（局部）

2×20年12月31日

项目	期末余额	上年年末余额
…		
所有者权益：		
实收资本（或股本）	5 700 000	4 900 000
资本公积	175 000	100 000
其他综合收益	22 500	0
盈余公积	205 500	90 000
未分配利润	854 527	115 000
所有者权益合计	6 957 527	5 205 000

所有者权益变动表（局部）

2×20年度

项目	本年金额		上年金额
	（略）	未分配利润	（略）
一、上年年末余额		115 000	
…			
二、本年年初余额		115 000	
三、本年增减变动金额			
（一）综合收益总额		1 155 027	
（二）所有者投入和减少资本			
…			
（三）利润分配			
1.提取盈余公积		-115 500	
2.对所有者（或股东）的分配		-300 000	
…			
（四）所有者权益内部结转			
…			
3.盈余公积弥补亏损			
4.设定受益计划变动额结转留存收益			
5.其他综合收益结转留存收益			
…			
四、本年年末余额		854 527	

图13-3　“未分配利润”静态与动态的呈报

（三）资产负债表、利润表与所有者权益变动表

在探索这三张报表之间的内在关系时，有两条线索是最主要的：一是利润表的“净利润”项目，它既构成所有者权益变动表利润分配的基础，同时也构成资产负债表留存收益的变动因子；二是三张报表中同时存设的“其他综合收益”项目。现在我们就重点探讨其他综合收益项目在三张报表中的立体报告。

其他综合收益的内容很复杂，信息量也很大。资产负债表列示了“其他综合收益”项目的年初余额和期末余额，两者之间的动态过程分别通过利润表和所有者权益变动表予以详陈。

首先，来看这个动态过程一般包含哪些信息。报告期内其他综合收益的动态信息主要有：

a.本期确认的将来不能重分类进损益的其他综合收益的发生；

b.本期将以前确认的不能重分类进损益的其他综合收益转入留存收益；

c.本期确认的将来能重分类进损益的其他综合收益的发生；

d.本期将以前确认的能重分类进损益的其他综合收益转入损益。

其次，来看其他综合收益的动态信息是如何呈现的。

一方面，报告期内其他综合收益的增减变动额主要在利润表中列报。现行的报表体系是将其他综合收益详细的分类报告信息与净利润信息一道，放在利润表里，从而利润表里就包括净利润和其他综合收益两大板块，最后直接报出综合收益（从这个意义上来讲，将“利润表”称作“综合收益表”应该更为妥当）。也就是说，上述的a、b、c、d各项变动信息都可以通过利润表获得。

另一方面，上述四种变动中的第二种情况b，利润表只提供这类业务导致的其他综合收益的减少额，这个减少额并不会导致利润表中净利润的增加，那么，它的去向就要通过所有者权益变动表“其他综合收益结转留存收益”项目来反映。

智能测评13-2

由此可见，意欲了解特定报告期内其他综合收益的来龙去脉及其结果，需要三张报表形成多维度的全面呈现。

从表13-5、表13-7、表13-9中，我们就可以清晰地看到三张报表对其他综合收益信息的立体报告（如图13-4所示）。

资产负债表（局部）

2×20年12月31日

项目	期末余额	上年年末余额
…		
所有者权益：		
实收资本（或股本）	5 700 000	4 900 000
资本公积	175 000	100 000
其他综合收益	22 500	0
盈余公积	205 500	90 000
未分配利润	854 527	115 000
所有者权益合计	6 957 527	5 205 000

利润表（局部）

2×20年度

项目	本期金额
…	
四、净利润	1 155 027
五、其他综合收益的税后净额	
（一）不能重分类进损益的其他综合收益	
…	
（二）将重分类进损益的其他综合收益	
…	
2.其他债权投资公允价值变动	22 500
…	
六、综合收益总额	1 177 527

所有者权益变动表（局部）

2×20年度

项目	本年金额		上年金额
	（略）	其他综合收益	（略）
一、上年年末余额		0	
…			
二、本年年初余额		0	
三、本年增减变动金额			
（一）综合收益总额		22 500	
…			
（四）所有者权益内部结转			
5.其他综合收益结转留存收益			
…			
四、本年年末余额		22 500	

图13-4 从“其他综合收益”的呈报看三张报表的内在关系

第三节　现金流量表的编制

一、现金流量表概述

（一）现金与现金流量的概念

现金流量表里的“现金”是指现金及现金等价物。这里的“现金”是指企业的库存现金以及可以随时用于支付的存款（包括银行存款和其他货币资金），但不包括不能随时支取的存款。这里的“现金等价物”是指企业持有的期限短、流动性强、易于转换为已知金额的现金、价值变动风险很小的投资。“期限短”一般是指从购买日起三个月内到期。现金等价物通常包括三个月内到期的债券投资。由于权益性投资变现的金额通常不确定，所以不属于现金等价物。不同企业现金等价物的范围也可能不同。企业应当根据自身的具体情况，确定现金等价物的范围，一经确定不得随意变更。

现金流量是指企业某一期间内现金和现金等价物的流入与流出，即现金和现金等价物的收入与支出。

由此可见，企业如果不存在不能随时支取的定期存款和现金等价物，则现金流量表中的“现金”就等同于资产负债表中的“货币资金”，从而现金流量表就是在解释资产负债表中“货币资金”项目期初余额到期末余额的变化过程。

（二）现金流量的分类

现金流量表中按照企业发生的经济业务性质将企业一定期间内产生的现金流量分为经营活动现金流量、投资活动现金流量和筹资活动现金流量三类。

1.经营活动现金流量

与企业经营活动相关的现金流量就是经营活动现金流量。

经营活动是指企业投资和筹资活动以外的所有交易和事项。从这个界定来看，正确区分投资活动和筹资活动无疑有助于正确理解经营活动的含义。以下几个方面更是正确理解经营活动的突破口：

第一，经营活动是与净利润的实现有主要关系的交易或事项。或者说，企业一定时期的净利润主要来自经营活动。所以，经营活动产生的现金流量是企业通过运用所拥有的资产自身创造的现金流量，主要是与企业净利润有关的现金流量。正是经营活动与净利润的这一天然联系，才能够解释为什么经营活动现金流量报告方法的直接法和间接法都与利润表资料有关；才能够解释为什么各行业现金流量表格式的区别主要体现在经营活动现金流量项目的设计上。

第二，经营活动现金流量不一定等于净利润。两者存在差异的原因主要有：与净利润有关的交易或事项不一定都涉及现金；与净利润有关的交易或事项不一定都涉及经营活动；许多属于经营活动的交易或事项（即使涉及现金的变动）却与净利润没有直接关系。这是理解经营活动现金流量列报方法的关键。

第三，不同类型的企业，经营活动的内容可能不同。比如，工商企业的经营活动主要包括销售商品或提供劳务、经营性租赁、购买货物或接受劳务、制造产品、广告宣传、推销产品、缴纳税款等；而金融企业的经营活动则显然不能等同于工商企业，吸收存款和发放贷款是银行的经营活动，而取得银行贷款在工商企业则属于筹资活动，购买有价证券是证券公司的经营活动，而在工商企业则属于投资活动。

2.投资活动现金流量

与企业投资活动相关的现金流量就是投资活动现金流量。

投资活动是指企业非流动资产的购建和不包括在现金等价物范围的投资及其处置活动。也就是说，投资活动是非流动资产和不包括在现金等价物范围内的投资的增减变动事项，包括权益性证券投资的取得和收回、债券投资的购买和收回、固定资产和无形资产及其他长期资产的购建和处置、子公司及其他营业单位的购买和处置等。

作为现金等价物的投资所产生的现金流量，不包括在现金流量表的投资活动现金流量内。与我国现行现金流量表中的投资活动有关的业务主要是涉及非现金等价物的交易性投资、债权投资、股权投资以及固定资产、工程物资、在建工程、无形资产、其他长期资产等的增减变动业务。

3.筹资活动现金流量

与企业筹资活动相关的现金流量就是筹资活动现金流量。

筹资活动是指导致企业资本及债务规模和构成发生变化的活动，包括吸收权益性资本、发行债券、借入资金、支付股利、偿还债务等。与我国现行现金流量表中的筹资活动有关的业务主要是涉及短期借款与长期借款、应付股利、应付利息、应付债券、股本等的增减变动业务。

其他行业现金流量表的格式

企业会计准则对现金流量表的格式按一般企业、商业银行、保险公司、证券公司等企业类型分别予以规定。企业应当根据其经营活动的性质，确定本企业适用的现金流量表格式。

一般企业现金流量表的格式见表13-10。

（三）现金流量表的编制依据、思路和要求

1.编表依据

现金流量表按照收付实现制反映企业报告期内经营活动、投资活动、筹资活动的现金流动信息，而企业编制现金流量表之前的已有会计信息都是按权责发生制基础生成的，主要有资产负债表、利润表、所有者权益变动表等财务报表及有关账户记录资料，所以，现金流量表的编制依据必然是资产负债表、利润表等财务报表以及有关账户记录资料，而编制现金流量表的过程本身则是将权责发生制下的会计资料转换为按收付实现制表示的现金流动。

2.编表思路

在将权责发生制下的会计资料转换为按收付实现制表示的现金流动的过程中，企业需要根据自身规模以及业务量的大小，选择适当的编表思路。一种编表思路是直接从企业会计记录中获得有关企业现金收入和现金支出的信息；另一种编表思路是在利润表的营业收入、营业成本等数据的基础上，通过调整有关资产负债表项目来获得具体的现金流量信息。例如，“销售商品、提供劳务收到的现金”项目的数据，就可以根据库存现金日记账、银行存款日记账中对应账户为“主营业务收入”“应收账款”“预收账款”等账户的相关记

录填列，也可以根据利润表中“营业收入”项目金额和资产负债表中“应收账款”“预收款项”等项目金额的变动数分析填列（具体方法后面将详细阐述）。

实际工作中还可以采用工作底稿法、T形账户法等辅助方法编制现金流量表。

3.编制要求

现金流量表的编制要遵循以下几项要求：

（1）分类列报。现金流量表应按经营活动、投资活动和筹资活动分别列报企业的现金流量。

（2）按总额列报。现金流量应当分别按现金流入总额和现金流出总额列报，而不是按现金流入减去现金流出的净额反映。例如，A公司2×20年从银行借入长期借款900 000元，又偿还到期借款300 000元。A公司2×20年的现金流量表中应将900 000元和300 000元分别在“取得借款收到的现金”和“偿还债务支付的现金”两个项目中列报，而不能仅以两笔金额之差600 000元列报。

值得注意的是，以下项目可以按照净额列报：第一，代客户收取或支付的现金；第二，周转快、金额大、期限短的项目的现金收入和现金支出；第三，金融企业短期贷款本金的发放与收回、活期存款的吸收与支付、同业存款和存放同业存款的存取、向其他金融企业拆借资金以及证券的买入与卖出等。除以上项目外，现行企业会计准则规定，对处置固定资产、无形资产和其他长期资产活动收回的现金，也按净额列报。

（3）特殊项目现金流量的归类。自然灾害损失、保险索赔等特殊项目，应当根据其性质，分别归并到经营活动、投资活动和筹资活动现金流量类别中并单独列报。例如，企业报告期内收到的保险索赔款，如是与存货有关的，属于经营活动现金流量；如是与固定资产有关的，则应当归类于投资活动现金流量。

下面以一般企业现金流量表的格式和内容为例，介绍现金流量表各项目的填列方法。

二、经营活动现金流量的填列方法

企业会计准则要求在现金流量表中采用直接法列示经营活动现金流量，在现金流量表注释中采用间接法披露将净利润调节为经营活动现金流量的信息。

（一）直接法

1.直接法的基本原理

直接法，是指通过现金收入和现金支出的主要类别列示经营活动现金流量的方法。由于净利润主要来自企业的经营活动，所以，直接法实际上是从利润表的项目（如“营业收入”“营业成本”等）出发，结合资产负债表有关项目（如“应收账款”“应付账款”“存货”等）的变动情况，逐项将与经营活动有关的利润表项目转换为经营活动现金流入和经营活动现金流出项目，这是理解直接法的关键。但是，实际操作时并不是所有的项目都需要通过这种“转换过程”，因为直接法下经营活动现金流量的项目有时并不完全与利润表项目逐一对应。

根据我国现金流量表准则，现金流量表中直接法下经营活动现金流入与现金流出的项目设置比较简单，主要有“销售商品、提供劳务收到的现金”“收到的税费返还”“购买商品、接受劳务支付的现金”“支付给职工以及为职工支付的现金”“支付的各项税费”“收到其他与经营活动有关的现金”“支付其他与经营活动有关的现金”等项目，其中如“支付给职工以及为职工支付的现金”项目，实际上分别与现行利润表中“营业成本”“销售费用”“管理费用”等诸多项目有关。

【特别提示】

在采用直接法填列各有关项目时，有两个要点值得注意：首先，要明确每个项目反映的内容是什么；其次，要仔细把握填列每个项目时应考虑的因素有哪些。例如，“销售商品、提供劳务收到的现金”项目，反映的是企业在报告期内与销售商品、提供劳务有关的现金流入，这种现金流入既包括货款也包括增值税销项税额，既包括与本期销售商品有关的本期现金流入，也包括与以前期间已销售商品、以后期间将销售商品有关的本期现金流入；这种特定的内容决定了在填列本项目时既应该考虑本期的销售收入，也应该考虑应收账款、预收款项（或合同负债）等项目的变动因素。

2. 直接法下主要项目的内容及填列方法

（1）“销售商品、提供劳务收到的现金”项目

“销售商品、提供劳务收到的现金”项目，反映企业本期销售商品、提供劳务收到的现金，以及前期销售商品、提供劳务本期收到的现金和本期预收的款项，减去本期销售本期退回的商品和前期销售本期退回的商品支付的现金。这个现金流入有两层含义：一是这里的现金流入包括销售商品（或提供劳务，下同）所收到的货款及增值税税款；二是这个现金流入包括本期销售商品、前期销售商品及以后将要销售商品而在本期收到的现金。还应该注意的是，企业销售材料和代购代销业务收到的现金，也在本项目反映。

下面来看本项目的填列方法。

由于与销售商品有关的“收现”的账务处理思路是：

借：现金

　贷：主营业务收入、其他业务收入

　　　应收账款、应收票据、合同负债

　　　应交税费——应交增值税（销项税额）

所以，营业收入的增加、应收账款及应收票据的减少、合同负债的增加以及增值税销项税额的发生，都有可能导致与销售商品有关的现金流入。当然，营业收入的增加如果并未引起现金的流入，则将导致应收账款及应收票据的增加和合同负债的减少。

这里要注意的问题是：

第一，企业报告期内在销售商品问题上因退货而支付的现金，在本项目作减项考虑，但如果销售退回已经冲减了利润表中的营业收入，则计算本项目时不必再将退货付现进行抵减；反过来，如果销售退回已经冲减了利润表中的营业收入，但本期企业尚未支付有关的现金，则应对营业收入项目进行调整。

第二，企业报告期内收回的以前期间已经核销的坏账，也包括在本项目内。

第三，非现金资产抵债导致的应收账款、应收票据的减少，并不涉及现金的流入。

第四，将自产商品用于对外投资、非货币性交易、抵偿债务等非直接销售业务中，应交增值税销项税额的发生并不涉及现金的流入。

由此可见，在填列“销售商品、提供劳务收到的现金”项目时，应考虑的因素主要有：营业收入的发生额、应收账款的增减变动、应收票据的增减变动、预收款的增减变

动、核销坏账引起的应收账款的减少以及收回以前年度核销的坏账、销售退回、应交增值税销项税额的发生额等。

综上所述，“销售商品、提供劳务收到的现金”项目的填列方法可以有根据账户记录的发生额填列和根据报表资料填列两种思路：

①根据账户记录的发生额填列的计算公式为：

销售商品、提供劳务收到的现金 = 本期销售商品、提供劳务收到的现金 + 以前期间销售商品、提供劳务在本期收到的现金 + 以后将要销售商品、提供劳务在本期预收的现金 + 本期收回前期已核销的坏账 − 本期销售退回支付的现金

②根据利润表、资产负债表有关项目以及部分账户记录资料填列的计算公式为：

销售商品、提供劳务收到的现金 = 营业收入 + 应收账款项目（期初余额−期末余额）+ 应收票据项目（期初余额−期末余额）+ 合同负债项目（期末余额−期初余额）− 非现金资产抵债减少的应收账款和应收票据 + 本期收回前期已核销坏账导致的应收账款项目减少数 + 本期计提坏账准备导致的应收账款项目减少数 + 未付现金的本期销售退回 + 直接销售业务应交增值税（销项税额）的发生额

下面举例予以说明。

【例13-4】A公司2×20年有关资料如下：利润表中“营业收入”项目本期金额为100 000元；资产负债表中“应收账款”项目年初余额为30 000元、年末余额为10 000元。本年度发生坏账1 000元已予以核销。根据上述资料，A公司2×20年现金流量表中“销售商品、提供劳务收到的现金”项目的金额计算如下：

销售商品、提供劳务收到的现金=100 000+（30 000−10 000）=120 000（元）

这里应注意的是，现行资产负债表中“应收账款”项目是根据“应收账款”科目余额和有关“坏账准备”科目余额之差填列的，所以，本年度核销坏账1 000元对“应收账款”项目的期末余额影响数为零。因此，在本题计算中不应将这1 000元予以扣减。如果本题资料中给出的不是资产负债表中“应收账款”项目的余额资料，而是“应收账款”科目年初余额30 000元、年末余额10 000元，其他资料不变，则“应收账款”账户由年初余额30 000元减少到年末余额10 000元，剔除核销坏账导致的减少数1 000元，收回货款导致的减少额就应该是19 000元，所以：

销售商品、提供劳务收到的现金=100 000+（30 000−10 000）−1 000=119 000（元）

【例13-5】B公司2×20年有关资料如下：利润表中“营业收入”项目金额100 000元；“应收账款”账户年初余额50 000元、年末余额30 000元。本年度发生坏账1 000元已予以核销；本年度债务人企业用存货抵偿应收账款6 000元；本年度收回以前年度已核销的坏账8 000元。根据上述资料，B公司2×20年度现金流量表中“销售商品、提供劳务收到的现金”项目的金额计算如下：

销售商品、提供劳务收到的现金=100 000+（50 000−30 000）−1 000−6 000+8 000=121 000（元）

（2）“购买商品、接受劳务支付的现金”项目

“购买商品、接受劳务支付的现金”项目，反映企业报告期内与购买商品（或接受劳务，下同）有关的现金流出。这个现金流出也有两层含义：一是这里的现金流出包括购入商品所支付的货款及增值税税款；二是这个现金流出包括本期购买商品在本期支付的现

金、前期购买商品在本期支付的现金以及以后将要购买商品在本期预付的现金。

下面来分析本项目的列报方法。

首先，来看本项目与资产负债表哪些项目有关。

由于与购买商品有关的“付现”的账务处理思路是：

借：原材料、库存商品等存货

　　应付账款、应付票据

　　预付账款

　　应交税费——应交增值税（进项税额）

　贷：现金

所以，“购买商品、接受劳务支付的现金”项目金额的计算首先应考虑存货、应付账款、应付票据、预付款项等资产负债表项目的变动。即：

本期购货付现=本期存货增加数+应付账款、应付票据的本期减少数+预付款项本期增加数　公式（1）

其次，来看本项目与利润表项目有什么关系。

利润表中与本项目有关的项目是“营业成本”。以商品流通企业为例，如果报告期内“存货”项目期末余额与期初余额相等、“应付账款”“应付票据”项目期末余额与期初余额相等、“预付款项”项目期末余额与期初余额相等，则本期购货成本就是本期销货成本。即：

本期购货付现=本期营业成本　公式（2）

再次，来看本项目的填列是否需要考虑有关账户记录信息。

第一，除了公式（1）中各资产负债表项目外，还应考虑“应交税费”账户与直接购货有关的进项税额的发生额。

第二，公式（1）中各资产负债表项目的增减变动金额应该仅指与经营活动有关的业务，即与股权投资、交换长期资产或接受捐赠等相关的存货变动金额以及相应的增值税进项税额发生额，与购置固定资产有关的应付账款变动金额，用长期资产抵债导致的应付账款和应付票据的减少等，均不应包括在本项目内。

第三，公式（2）中“营业成本”项目应扣除其中的工资费用、折旧费用等非外购存货的费用。

第四，企业报告期内在购买商品问题上因退货而收到的现金，在本项目作减项考虑；但如果购货退回已经冲减了“存货”项目的，计算本项目时不必再作冲减。

由此可见，在填列“购买商品、接受劳务支付的现金”项目时，应考虑的因素有：营业成本、存货的增减变动、应交增值税（进项税额）的发生额、应付账款的增减变动、应付票据的增减变动、预付款项的增减变动以及购货退回收到的现金等。

综上所述，“购买商品、接受劳务支付的现金”项目的计算公式为：

购买商品、接受劳务支付的现金 = 营业成本 + 存货项目（期末余额-期初余额）+ 应付账款项目（期初余额-期末余额）+ 应付票据项目（期初余额-期末余额）+ 预付款项项目（期末余额-期初余额）− 与投资、交换非流动资产、抵偿非流动负债等有关的存货减少数（+增加数）− 非现金抵债、非存货抵债引起的应付账款、应付票据减少数 + 直接购货业务应交增值税（进项税额）的发生额 − 营业成本中的非外购存货费用　公式（3）

下面举例予以说明。

【例 13-6】C公司是商品流通企业，其2×20年利润表中“营业成本”项目本期金额为60 000元；资产负债表中“应付账款”项目年初余额为3 000元、年末余额为2 000元，“预付款项”项目年初余额为0、年末余额为500元，“存货”项目年初余额为70 000元、年末余额为90 000元；当年接受投资人投入存货8 000元。

根据上述资料，C公司2×20年现金流量表中“购买商品、接受劳务支付的现金”项目的计算如下：

购买商品、接受劳务支付的现金=60 000+（3 000−2 000）+500+（90 000−70 000）−8 000

=73 500（元）

【例 13-7】D公司是核定为增值税一般纳税人的工业企业。2×20年有关资料如下：

①主营业务收入900 000元，主营业务成本800 000元，其中外购项目为600 000元；

②应收账款年初余额（含应收增值税税款，增值税税率13%，下同）90 400元，年末余额158 200元；

③发生坏账45 200元（含增值税），以前年度确认的坏账（不含增值税）50 000元本年又收回；

④合同负债（预收的货款）年初数为9 000元，年末数为2 000元；

⑤应收票据年初数（含增值税）为33 900元，年末数（含增值税）为1 130元，本年有22 600元到期票据未收款而转为应收账款；

⑥收到债务人抵偿应收货款80 000元及增值税10 400元的存货；

⑦外购存货年初数500 000元，年末数37 000元；

⑧用外购存货60 000元、固定资产90 000元、现金240 000元进行长期股权投资；

⑨应付账款年初数（含增值税）56 500元，年末数（含增值税）158 200元；

⑩“应交税费——应交增值税”账户年初余额0、本年进项税额15 210元、销项税额117 000元。

根据上述资料，D公司2×20年现金流量表中有关项目的计算过程如下：

①销售商品、提供劳务收到的现金

=900 000−（158 200−90 400）−45 200+50 000−（9 000−2 000）+（33 900−1 130）−90 400+117 000

=889 370（元）

②购买商品、接受劳务支付的现金

=600 000+（37 000−500 000）+60 000−（158 200−56 500）+15 210

=110 510（元）

（3）直接法下其他项目的填列方法

直接法下的其他项目，由于它们没有与利润表项目直接对应，因此如果采用上述的根据利润表项目、结合资产负债表项目和有关账户记录来调整转换的填列方法，反而更加不便。所以，这些项目主要根据有关账户记录资料分析填列。

①“收到的税费返还”项目

本项目反映企业本期收到的增值税、消费税、所得税、关税和教育费附加返还等各种税费返还款。

本项目应根据“银行存款”“库存现金”等账户的有关借方记录及“应交税费”“营业

外收入”等账户的贷方发生额分析填列。

②“支付给职工以及为职工支付的现金”项目

本项目反映企业本期实际支付给职工的工资、奖金、各种津贴和补贴等职工薪酬，以及为职工交纳养老保险、失业保险、医疗保险、商业保险、住房公积金等各项职工薪酬而支付的现金。

本项目应根据“库存现金”“银行存款”账户的有关贷方记录以及“应付职工薪酬”账户的借方发生额分析填列。

值得注意的是，企业该项支出中与在建工程人员有关的现金流出数额，不应包括在本项目内，而应在投资活动现金流量中“购建固定资产、无形资产和其他长期资产支付的现金”项目列报。企业支付给离退休人员的各项费用，也不应包括在本项目内，而应在“支付其他与经营活动有关的现金”项目列报。

③“支付的各项税费”项目

本项目反映企业本期发生并支付的、以前各期发生在本期支付的以及预交的增值税、所得税、印花税、房产税、土地增值税、车船税以及教育费附加等。

本项目应根据“库存现金”“银行存款”账户的有关贷方记录以及“应交税费”“管理费用”“委托加工物资”等账户的借方发生额分析填列。

值得一提的是，本项目不包括与投资活动有关的税金支出，如支付的应计入固定资产价值的耕地占用税等。另外，本期退回的增值税、所得税不能在本项目中作减项。

④“收到其他与经营活动有关的现金”项目

本项目反映企业在报告期内与销售商品收现、税费返还收现无关的但与经营活动有关的其他现金收入，如收到押金、收到退回的备用金、收到的经营租赁的租金、收到的罚款、流动资产损失中由个人赔偿的现金收入以及接受捐赠现金、收到的政府补助中与非流动资产无关的现金等。其中金额较大的应当单独列示。

本项目根据“库存现金”“银行存款”账户的有关借方记录与“其他应付款”“其他应收款”“其他业务收入”“营业外收入”等账户的贷方发生额分析填列。

⑤“支付其他与经营活动有关的现金”项目

本项目反映企业在报告期内与购买商品付现、为职工付现、各项税费付现无关的但与经营活动有关的现金支出，主要是与管理费用、销售费用、营业外支出等项目有关的、又不属于投资活动和筹资活动的现金流出，如支付办公费用、支付业务招待费、支付保险费、支付销售费用、退还押金、支付差旅费、支付经营租赁的租金、支付罚款以及捐出现金等的现金流出。其中金额较大的应当单独列示。

本项目根据“库存现金”“银行存款”账户的有关贷方记录及“管理费用”“销售费用”“其他应付款”“其他应收款”“其他业务成本”“营业外支出”等账户的贷方发生额分析填列。

下面举例予以说明。

【例 13-8】资料：E公司2×20年有关资料如下：

①发放工资、奖金、津贴和补贴2 500 000元，其中支付给在建工程人员的为100 000元、支付给专设销售机构人员的为30 000元；

②支付离退休人员的费用500 000元；

③支付在职职工生活困难补助8 000元、住房困难补助20 000元；

④支付在职职工养老保险400 000元、失业保险80 000元；

⑤支付在职职工住房公积金60 000元；

⑥购买准备用于部分职工的非货币性福利住房（所有权）7 000 000元；

⑦用出包方式建造老干部活动中心，支付工程款90 000元，该中心于本年交付使用；

⑧为建造职工图书室备料开支10 000元，工程尚未完工。

以上费用均用现金或银行存款支付。

根据上述资料，E公司2×20年现金流量表中有关项目的金额计算如下：

①支付给职工以及为职工支付的现金

=2 500 000−100 000+8 000+20 000+400 000+80 000+60 000

=2 968 000（元）

②支付其他与经营活动有关的现金=500 000元

（二）间接法

1.间接法的基本原理

间接法与直接法一样，都是从利润表项目入手；间接法与直接法不同，它以利润表中的“净利润”为起算点，调整不涉及经营活动的净利润项目、不涉及现金的净利润项目、与经营活动有关的非现金流动资产的变动、与经营活动有关的流动负债的变动等，据此计算出经营活动现金流量净额。

“净利润”与“经营活动现金流量”两者有着必然的联系，那就是：净利润主要来自经营活动。

但是，“净利润”与“经营活动现金流量”两者又存在着金额差异，其原因主要有：

第一，与净利润有关的交易或事项不一定涉及现金，如计提的资产减值准备、计提的固定资产折旧、无形资产的摊销、长期待摊费用的摊销等；

第二，与净利润有关的交易或事项不一定都涉及经营活动，如投资损益、固定资产处置收益或损失、固定资产盘盈收益或盘亏损失、财务费用等；

第三，许多属于经营活动的交易或事项（即使涉及现金的变动）却与净利润没有直接关系，如用现金购买存货、用现金偿还应付账款等。

所以，只有将以上这些导致“净利润”和“经营活动现金流量”两者不一致的因素在“净利润”的基础上进行调整，才能计算出经营活动现金流量净额。可见，间接法能够说明为什么企业一定期间的净利润与经营活动现金流量净额不一致。

2.间接法下将净利润调节为经营活动现金流量的方法

间接法下，将净利润调节为经营活动现金流量的方法用计算公式表示如下：

$$\begin{array}{c}\text{经营活动产生的}\\\text{现金流量净额}\end{array}=\text{净利润}+\begin{array}{c}\text{实际没有支付}\\\text{现金的费用和损失}\end{array}-\begin{array}{c}\text{实际没有收到}\\\text{现金的收入}\end{array}+\begin{array}{c}\text{不涉及经营}\\\text{活动的费用和损失}\end{array}-\begin{array}{c}\text{不涉及经营}\\\text{活动的收入}\end{array}+\begin{array}{c}\text{与经营活动有关的、非现金}\\\text{流动资产的减少数（−增加数）}\end{array}+\begin{array}{c}\text{与经营活动有关的流动}\\\text{负债的增加数（−减少数）}\end{array}$$

接下来，对上面的公式进行必要的解释：

(1)“实际没有支付现金的费用和损失”包括：计提的资产减值准备；计提的固定资产折旧、油气资产折耗、生产性生物资产折旧；无形资产的摊销；长期待摊费用的摊销；递延所得税资产的减少或递延所得税负债的增加等。

（2）“实际没有收到现金的收入”包括：冲销已计提的资产减值准备；递延所得税资产的增加或递延所得税负债的减少等。

（3）“不涉及经营活动的费用和损失”包括：投资损失；财务费用；非流动资产处置损失；固定资产报废损失；与投资性房地产、生产性生物资产有关的公允价值变动损失等。

（4）“不涉及经营活动的收入”包括：投资收益；财务收益；非流动资产处置收益；与投资性房地产、生产性生物资产有关的公允价值变动收益等。

（5）“与经营活动有关的、非现金流动资产的减少数（或增加数）”“与经营活动有关的流动负债的增加数（或减少数）”项目，是指存货、应收账款等经营性应收项目、应付账款等经营性应付项目的减少或增加。

（6）这里的非现金流动资产、流动负债的变动，必须是与经营活动有关的。因此，与接受投资、进行债务性和权益性投资、固定资产、无形资产、长短期借款、应付债券、股本等投资活动和筹资活动有关的交易或事项引起的非现金流动资产、流动负债等的增减变动金额，不能在这里作为调整数。

下面举例予以说明。

【例13-9】F公司2×20年度有关资料如下：营业利润204 400万元；营业外收入7 000万元，其中固定资产处置收益1 500万元；营业外支出3 000万元，其中支付赞助费2 600万元。当年折旧费用4 000万元；财务费用1 000万元；对乙企业长期股权投资按乙企业当年净利润和对乙企业投资比例确认的投资收益2 000万元。资产负债表“应收账款”项目年初余额45 000万元、年末余额72 000万元；“应交税费”项目年初余额7 000万元、年末余额3 000万元，“存货”项目年初余额100 000万元，年末余额120 000万元。当年计提固定资产减值准备100万元，从而确认递延所得税资产25万元。假定其他有关流动资产、流动负债项目年初、年末数据没有变动；企业所得税税率为25%。其他资料略。

要求：根据上述资料，计算F公司2×20年的利润总额、所得税费用、净利润，并列出将净利润调节为经营活动现金净流量的计算过程。

有关计算如下：

①利润总额=204 400+7 000−3 000 = 208 400（万元）

②所得税费用=（208 400+2 600−2 000）×25%−25=52 225（万元）

③净利润=208 400−52 225=156 175（万元）

④经营活动现金净流量的计算过程（金额单位：万元）：

净利润	156 175	
加：折旧费用	4 000	
资产减值损失	100	
财务费用	1 000	
减：固定资产处置收益	1 500	
投资收益	2 000	
递延所得税资产增加数	25	
存货增加数	20 000	（120 000−100 000）
经营性应收项目增加数	27 000	（72 000−45 000）
经营性应付项目减少数	4 000	（7 000−3 000）
经营活动现金流量净额	106 750	

三、投资活动现金流量、筹资活动现金流量的填列方法

(一) 投资活动现金流量各项目反映的主要内容

1.“收回投资收到的现金”项目，反映企业报告期内出售、转让或到期收回除现金等价物以外的交易性金融资产、长期股权投资而收到的现金，以及收回长期债权投资本金而收到的现金。

2.“取得投资收益收到的现金”项目，反映企业报告期内因股权性投资而取得的现金股利，从子公司、联营企业和合营企业分回利润收到的现金，以及因债券投资而取得的现金利息收入。

3.“处置固定资产、无形资产和其他长期资产收回的现金净额”项目，反映企业报告期内出售、报废固定资产、无形资产及其他长期资产时因取得价款收入、保险赔偿收入等而收到的现金扣除与之相关的现金支出后的净额。另外，由于自然灾害所造成的固定资产等长期资产损失而收到的保险赔款收入，也在本项目反映。

4.“处置子公司及其他营业单位收到的现金净额”项目，反映企业处置子公司及其他营业单位所取得的现金减去相关处置费用后的净额。

5.“购建固定资产、无形资产和其他长期资产支付的现金”项目，反映企业报告期内购建固定资产、取得无形资产和其他长期资产所支付的现金及增值税税款，以及支付的应由在建工程和无形资产负担的职工薪酬的现金支出。但是，本项目不包括为购建固定资产而发生的借款利息资本化的部分以及融资租入固定资产支付的租赁费。

6.“投资支付的现金”项目，反映企业报告期内进行现金等价物以外的权益性投资和债务性投资所支付的现金（包括支付的价款及佣金、手续费等附加费用）。但是，企业购买股票或债券时，实际支付的价款中包含的已宣告但尚未领取的现金股利或已到付息期但尚未领取的债券利息，由于属于垫支款，应在“支付其他与投资活动有关的现金”项目反映；而企业收回购买股票和债券时支付的已宣告但尚未领取的现金股利或已到付息期但尚未领取的债券的利息，不属于真正意义上的投资成本的回收而是垫支款的收回，所以应在“收到其他与投资活动有关的现金”项目反映，也不包括在本项目中。

7.“取得子公司及其他营业单位支付的现金净额”项目，反映企业购买子公司或其他营业单位出价中以现金支付的部分，减去子公司或其他营业单位持有的现金和现金等价物后的净额。

8.“收到其他与投资活动有关的现金”“支付其他与投资活动有关的现金”项目，分别反映以上各项投资活动以外的与投资活动有关的现金流入、现金流出。金额较大的需单独列示。

(二) 筹资活动现金流量各项目反映的主要内容

1.“吸收投资收到的现金”项目，反映企业报告期内以发行股票、债券等方式筹集资金实际收到的款项净额（发行收入减去支付的佣金、手续费、宣传费、咨询费、印刷费等发行费用）。

2.“取得借款收到的现金”项目，反映企业报告期内因举借各种短期借款、长期借款所收到的现金。

3.“偿还债务支付的现金”项目，反映企业报告期内偿还借款和到期债券的本金所支付的现金。

4.“分配股利、利润或偿付利息支付的现金”，反映企业报告期内实际支付的现金股利、支付给其他投资单位的利润或用现金支付的债券利息、借款利息。

5.“收到其他与筹资活动有关的现金”“支付其他与筹资活动有关的现金”项目，反映上述筹资活动现金流入和现金流出中没有包括的、其他与筹资活动有关的现金流量信息，如以发行股票、债券方式筹集资金时由企业直接支付的审计、咨询等费用，支付租入固定资产的租赁费以及以分期付款方式购建固定资产以后各期支付的现金等。其他现金流入或其他现金流出如果金额较大的，应单列项目反映。

（三）投资活动现金流量、筹资活动现金流量各项目的填列方法

投资活动、筹资活动相对于经营活动而言，不是企业的主要交易和事项，从而相关业务数量不会很大，一般可以根据有关账户记录资料分析填列有关现金流量表项目。

投资活动现金流量的报告，需要依据有关账户的记录分析填列，这些账户主要有：银行存款、交易性金融资产、债权投资、其他债权投资、长期股权投资、其他权益工具投资、投资收益、应收股利、应收利息、固定资产、累计折旧、在建工程、无形资产、累计摊销以及长期待摊费用等。

筹资活动现金流量的报告，需要依据有关账户的记录分析填列，这些账户主要有：银行存款、库存现金、短期借款、应付股利、应付利息、长期借款、应付债券、长期应付款、股本、资本公积等。

【例 13-10】资料：G企业2×20年有关资料如下：

①购买H公司股票100 000股，支付价款180 000元，支付佣金、手续费等2 000元；

②委托有关证券交易机构发行股票，取得发行收入900 000元，支付各项发行费用10 000元；

③自行发行债券，取得发行收入600 000元，直接支付审计、咨询等费用5 000元；

④本年11月1日购买B公司2×18年1月1日发行的4年期债券700 000元，另支付附加费用7 000元；

⑤为了控制C公司使其成为本企业稳定的交易伙伴，企业曾于2×19年4月购入该公司普通股股票600 000元，本年6月因故以580 000元的价格出售该股票，另以20 000元支付手续费；

⑥H公司发放现金股利每股0.50元，股票股利每10股送1股；

⑦宣告分配并支付现金股利70 000元；

⑧用银行存款偿还应付账款230 000元，偿还到期短期借款本金60 000元、利息5 000元，偿还到期长期借款本金120 000元、利息36 000元；

根据上述资料，计算G企业2×20年现金流量表中的下列项目如下：

（1）与投资活动相关的现金流量：

①收回投资收到的现金=580 000−20 000=56 000（元）

②取得投资收益收到的现金=100 000×0.50=50 000（元）

③投资支付的现金=180 000+2 000+700 000+7 000=889 000（元）

（2）与筹资活动相关的现金流量：

①吸收投资收到的现金=900 000−10 000=890 000（元）

②取得借款收到的现金=600 000元

③偿还债务支付的现金=60 000+120 000=180 000（元）

④分配股利、利润或偿付利息支付的现金=70 000+5 000+36 000=111 000（元）

⑤支付其他与筹资活动有关的现金=5 000元

【例13−11】根据例13−1的资料编制的甲企业2×20年度现金流量表见表13−10。

表13−10　现金流量表　会企03表

编制单位：甲企业　2×20年度　单位：元

项目	本期金额	上期金额
一、经营活动产生的现金流量：		
销售商品、提供劳务收到的现金	5 108 400	
收到的税费返还	0	
收到其他与经营活动有关的现金	60 000	
经营活动现金流入小计	5 168 400	
购买商品、接受劳务支付的现金	400 000	
支付给职工以及为职工支付的现金	467 400	
支付的各项税费	385 000	
支付其他与经营活动有关的现金	132 820	
经营活动现金流出小计	1 385 220	
经营活动产生的现金流量净额	3 783 180	
二、投资活动产生的现金流量：		
收回投资收到的现金	0	
取得投资收益收到的现金	20 000	
处置固定资产、无形资产和其他长期资产收回的现金净额	12 200	
处置子公司及其他营业单位收到的现金净额	0	
收到其他与投资活动有关的现金	0	
投资活动现金流入小计	32 200	
购建固定资产、无形资产和其他长期资产支付的现金	227 000	（略）
投资支付的现金	250 000	
取得子公司及其他营业单位支付的现金净额	0	
支付其他与投资活动有关的现金	0	
投资活动现金流出小计	477 000	
投资活动产生的现金流量净额	−444 800	
三、筹资活动产生的现金流量：		
吸收投资收到的现金	875 000	
取得借款收到的现金	880 000	
收到其他与筹资活动有关的现金	0	
筹资活动现金流入小计	1 755 000	
偿还债务支付的现金	730 000	
分配股利、利润或偿付利息支付的现金	40 000	
支付其他与筹资活动有关的现金	0	
筹资活动现金流出小计	770 000	
筹资活动产生的现金流量净额	985 000	
四、汇率变动对现金及现金等价物的影响	0	
五、现金及现金等价物净增加额	4 323 380	
加：期初现金及现金等价物余额	1 492 000	
六、期末现金及现金等价物余额	5 815 380	

四、现金流量表与其他报表之间的主要关系

（一）资产负债表与现金流量表

探索资产负债表与现金流量表关系的线索至少有两条：一是可以从资产负债表项目分析现金流量表对经营活动、投资活动和筹资活动的分类原理，二是现金流量表可以说是对资产负债表“货币资金”项目之动态的直接说明。

首先，来看第一条线索。现金流量表中的现金流量分为经营活动、投资活动和筹资活动现金流量三大类。我们在前面现金流量表的编制部分，主要是通过阐述三类活动的基本概念来介绍三类活动的内涵。在现金流量表的学习和实务工作中，怎样更好地理解三类活动的分类原理，不仅关系到对现金流量表的编制与分析，还关系到从报表体系的角度改进资产负债表的考量。

从资产负债表的视角，将资产负债表项目与经营活动、投资活动、筹资活动进行大致的对应，有助于我们对现金流量表的含义及其编制方法的进一步把握（如图13-5所示）。

资产负债表主要项目

资产项目	负债和所有者权益项目
流动资产：	流动负债：
货币资金	◆短期借款
◇应收票据	◇应付票据
◇应收账款	◇应付账款
➢其他应收款	◇应付职工薪酬
◇存货	◇应交税费
	➢其他应付款
非流动资产：	非流动负债：
•债权投资	◆长期借款
•其他债权投资	◆应付债券
•长期应收款	◆长期应付款
•长期股权投资	➢预计负债
•其他权益工具投资	➢递延所得税负债
•投资性房地产	所有者权益：
•固定资产	◆股本
•无形资产	◆资本公积
➢递延所得税资产	➢其他综合收益
	◇盈余公积
	◇未分配利润

●这些项目涉及的业务主要与投资活动有关

◆这些项目涉及的业务主要与筹资活动有关

➢这些项目涉及的业务主要与经营活动有关，但也可能涉及投资活动或筹资活动。比如“其他应收款”项目中的应收股利、应收利息就与投资活动有关；“其他应付款”项目中的应付股利、应付利息则与筹资活动有关

◇这些项目涉及的业务主要与经营活动有关

重要提示：
——留存收益来自于净利润
——净利润的产生主要依赖经营活动
——应收票据等资产的变动、应付票据等负债的变动，大多与经营活动有关，属于影响留存收益的主要活动

图13-5 从资产负债表项目看现金流量表中三类活动的分类

其次，来看第二条线索。我们在前面讲述现金流量表的现金概念时曾经提到一个观点：企业如果不存在不能随时支取的定期存款和现金等价物，则现金流量表中的“现金”就等同于资产负债表中的“货币资金”，从而现金流量表就是在解释资产负债表中“货币

资金”项目期初余额到期末余额的变化过程。

根据表13-5和表13-10，我们可以重温两张报表的这一内在关系（如图13-6所示）。

资产负债表（局部）

2×20年12月31日

项目	期末余额	上年年末余额
流动资产：		
货币资金	5 815 380	1 492 000
…		

货币资金：期末余额-期初余额=本期净增加额

5 815 380-1 492 000 = 4 323 380

现金流量表

2×20年度

项目	本年金额
一、经营活动产生的现金流量：	
…	…
经营活动产生的现金流量净额	3 783 180
二、投资活动产生的现金流量：	
…	…
投资活动产生的现金流量净额	-444 800
三、筹资活动产生的现金流量：	
…	…
筹资活动产生的现金流量净额	985 000
四、现金及现金等价物净增加额	4 323 380
加：期初现金及现金等价物余额	1 492 000
五、期末现金及现金等价物余额	5 815 380

图13-6 现金流量表对资产负债表的主要说明

（二）利润表与现金流量表

现金流量表中对经营活动现金流量的报告（直接法）以及现金流量表注释中将净利润调整为经营活动现金流量净额（间接法），都能说明利润表与现金流量表的关系极为密切，而理解这种密切关系的切入点则是：通常情况下，企业的净利润主要来自经营活动，所以，要得到经营活动现金流量的信息，就要从利润表出发（无论是直接法还是间接法）。

首先，从直接法来看。如果分析一下表13-10“销售商品、提供劳务收到的现金”项目的计算过程，可以帮助我们进一步理解直接法下基于利润表项目、结合资产负债表项目以及有关账户记录资料计算经营活动现金流量信息的原理如下：

基于利润表项目，结合资产负债表有关项目以及部分账户记录资料进行填列，计算公式为：
销售商品、提供劳务收到的现金
=营业收入
+应收账款项目（期初余额-期末余额）
+应收票据项目（期初余额-期末余额）
+合同负债项目（期末余额-期初余额）
-未收现金的应收账款、应收票据本期减少额
+直接销售业务应交增值税（销项税额）的发生额
表13-10中“销售商品、提供劳务收到的现金”项目金额5 108 400元的计算过程如下：
5 108 400=营业收入4 000 000
+应收账款余额减少（1 540 000-991 000）
+应收票据余额减少（30 000-0）
+合同负债余额增加（20 000-0）
-未收现的应收票据减少额（贴现息）600
-未收现的应收账款减少数（计提坏账准备）10 000
+直接销售业务应交增值税（销项税额）的发生额520 000

其次，从间接法来看。根据例13-11的资料，在现金流量表注释中披露的经营活动现金净流量如下：

将净利润调节为经营活动的现金流量：	
净利润	1 155 027
加：信用减值准备、资产减值准备	80 000
固定资产折旧、油气资产折耗、生产性生物资产折旧	80 010
无形资产摊销	20 000
长期待摊费用的摊销	0
处置固定资产、无形资产和其他长期资产的损失（收益以“-”号填列）	0
固定资产报废损失（收益以“-”号填列）	7 800
公允价值变动损失（收益以“-”号填列）	0
财务费用（收益以“-”号填列）	2 000
投资损失（收益以“-”号填列）	-20 000
递延所得税资产减少（增加以“-”号填列）	-20 000
递延所得税负债增加（减少以“-”号填列）	0*
存货的减少（增加以“-”号填列）	-402 000**
经营性应收项目的减少（增加以“-”号填列）	637 000***
经营性应付项目的增加（减少以“-”号填列）	2 243 343****
其他	0
经营活动产生的现金流量净额	3 783 180

*本例中递延所得税负债的变动并未影响损益。

**402 000=（1 302 000-1 010 000）+110 000，存货的增减变动应剔除在建工程等非经营活动的影响。

***637 000=（30 000-0）+（1 540 000-991 000-10 000）+（68 000-0）。

****2 243 343=（2 550 000-690 000）+（20 000-0）+（365 343-15 000）+13 000。

与表13-10“经营活动产生的现金流量净额”相等

智能测评13-3

第四节 财务报表附注

附注是财务报表不可或缺的组成部分，是对在资产负债表、利润表、现金流量表和所有者权益变动表等报表中列示项目的文字描述或明细资料，以及对未能在这些报表中列示项目的说明等。

一、一般按顺序披露的信息

财务报表附注一般应当按照下列顺序至少披露如下信息：

1.企业的基本情况。

（1）企业注册地、组织形式和总部地址。

（2）企业的业务性质和主要经营活动，如企业所处的行业、所提供的主要产品或服务、客户的性质、销售策略、监管环境的性质等。

（3）母公司以及集团最终母公司的名称。

（4）财务报告的批准报出者和财务报告批准报出日，或者以签字人及其签字日期为准。

（5）营业期限有限的企业，还应当披露有关其营业期限的信息。

2.财务报表的编制基础。

3.遵循企业会计准则的声明。

企业应当声明编制的财务报表符合企业会计准则的要求，真实、完整地反映了企业的财务状况、经营成果和现金流量等有关信息。

4.重要会计政策和会计估计。

根据财务报表列报准则的规定，企业应当披露采用的重要会计政策和会计估计，不重要的会计政策和会计估计可以不披露。

重要会计政策的说明，包括财务报表项目的计量基础和在运用会计政策过程中所作的重要判断等。重要会计估计的说明，包括可能导致下一个会计期间内资产、负债账面价值重大调整的会计估计的确定依据等。

企业应当披露采用的重要会计政策和会计估计，并结合企业的具体实际披露其重要会计政策的确定依据和财务报表项目的计量基础，及其会计估计所采用的关键假设和不确定因素。

5.会计政策和会计估计变更以及差错更正的说明。

企业应当按照《企业会计准则第28号——会计政策、会计估计变更和差错更正》及其应用指南的规定，披露会计政策和会计估计变更以及差错更正的有关情况。

6.报表重要项目的说明。

企业对报表重要项目的说明，应当按照资产负债表、利润表、现金流量表、所有者权益变动表的顺序及其项目列示的顺序，采用文字和数字描述相结合的方式进行披露。报表重要项目的明细金额合计，应当与报表项目金额相衔接。

7.或有和承诺事项、资产负债表日后非调整事项、关联方关系及其交易等需要说明的事项。

8.有助于财务报表使用者评价企业管理资本的目标、政策及程序的信息。

二、其他需披露的重要信息

1.关于其他综合收益信息的披露。企业应当在附注中披露下列关于其他综合收益各项目的信息：

（1）其他综合收益各项目及其所得税影响；

（2）其他综合收益各项目原计入其他综合收益、当期转出计入当期损益的金额；

（3）其他综合收益各项目的期初和期末余额及其调节情况。

2.关于终止经营信息的披露。企业应当在附注中披露终止经营的收入、费用、利润总额、所得税费用和净利润，以及归属于母公司所有者的终止经营利润。

3.企业应当在附注中披露在资产负债表日后、财务报告批准报出日前提议或宣布发放的股利总额和每股股利金额（或向投资者分配的利润总额）。

【本章小结】

- 财务报表的编制
  - 财务报表编制概述
    - 财务报表的概念与构成
    - 财务报表的业务流程
    - 财务报表列报的基本要求
  - 资产负债表、利润表、所有者权益变动表的编制
    - 资产负债表的编制
    - 利润表的编制
    - 所有者权益变动表的编制
    - 三张报表的关系
  - 现金流量表的编制
    - 现金流量表概述
      - 现金与现金流量的概念
      - 现金流量的分类
      - 现金流量表的编制依据、基本思路和要求
    - 经营活动现金流量的填列方法
      - 直接法
      - 间接法
    - 投资活动、筹资活动现金流量的填列方法
      - 投资活动现金流量各项目的主要内容
      - 筹资活动现金流量各项目的主要内容
      - 投资活动、筹资活动现金流量各项目的填列方法
    - 现金流量表与其他报表之间的关系
  - 财务报表附注
    - 一般按顺序披露的信息
    - 其他需披露的重要信息

【问题与思考】

1. 如何理解财务报表的构成？企业为什么要定期编制财务报表？
2. 财务报表的编制与报送过程主要有哪些风险？应如何管控这些风险？
3. 资产负债表的编制依据是什么？资产负债表能提供哪些信息？
4. 利润表的编制依据是什么？利润表能提供哪些信息？
5. 资产负债表与利润表、所有者权益变动表有什么内在联系？
6. 现金流量表有什么作用？现金流量如何分类？
7. 资产负债表与现金流量表有什么内在联系？
8. 利润表与现金流量表有什么内在联系？
9. 报表附注有何作用？报表附注主要披露哪些内容？

【思政要点】

财务信息披露与会计职业道德

证监会于2021年1月29日的一则通报如下：“根据专项核查发现线索，2020年4月我会依法对宜华生活科技股份有限公司（简称宜华生活，600978）涉嫌信息披露违法违规立案调查。现初步查实，宜华生活2016—2019年定期报告存在严重虚假记载。一是通过虚构销售业务、虚增销售额等方式虚增利润20余亿元；二是通过伪造银行单据等方式虚增银行存款80余亿元；三是未按规定披露与关联方资金往来300余亿元。目前，本案已进入行政处罚审理程序，我会将依法从严追究相关主体违法责任。”

企业在按期编制财务报表的过程中，面临的主要风险有：（1）提供虚假财务信息，误导报表使用者，导致决策失误，干扰市场秩序；（2）报表数据不完整、不准确；（3）报表种类不完整；（4）附注内容不完整。为了对这些风险进行管控，企业应根据《企业内部控制应用指引第14号——财务报告》的要求，做到“三确保”：确保报表内容的真实完整，确保报表附注内容的真实完整，确保编制流程的规范性。这就需要财务人员遵守会计职业道德，秉承会计诚信原则。

延伸阅读

每股收益

第十四章
会计调整

■【学习目标】

通过对本章内容的学习，了解与会计政策变更、会计估计变更、前期差错更正、资产负债表日后事项相关的基本概念和基本内容，掌握会计变更的处理方法、前期重大会计差错的更正方法和资产负债表日后事项的处理方法，理解这些会计调整事项对财务报表的调整原理和影响，并对这些方法之间的异同进行比较。

■【公司公告】

上市公司会计政策变更、会计估计变更公告（摘编）

2017年7月5日，财政部发布了《关于修订印发〈企业会计准则第14号——收入〉的通知》（财会〔2017〕22号），要求在境内外同时上市的企业以及在境外上市并采用国际财务报告准则或企业会计准则编制财务报表的企业，自2018年1月1日起施行；其他境内上市企业，自2020年1月1日起施行。为此，上市公司纷纷发布相关公告。以下摘录的是上海数据港和重庆水务两家上市公司在上交所网站发布的有关会计政策变更的公告的部分内容。

1. 上海数据港股份有限公司（证券代码：603881，股票简称：数据港）于2020年4月29日发布的《上海数据港股份有限公司关于会计政策变更公告》中对相关会计政策变更的影响公告（摘录）见表14-1。

"……

表14-1　财务报表列报调整的影响　单位：元

列报项目	2020年1—3月	
	变更前	变更后
营业收入	178 593 851.17	174 182 724.49
营业成本	104 114 177.64	99 703 050.96

根据规定，本次会计政策变更无须追溯调整前期可比数。因此，公司自2020年开始变更会计政策，不追溯调整2019年可比数，本次会计政策变更对公司以前年度财务状况、经营成果、现金流量无实质性影响。"

2. 重庆水务集团股份有限公司（证券代码：601158，股票简称：重庆水务）2020年8月15日发布的《重庆水务集团股份有限公司会计政策变更公告》中部分相关内容如下：

"……重庆水务集团股份有限公司自2020年1月1日起施行新收入准则。……根据新旧准则衔接规定，首次执行新收入准则的企业，应当根据首次执行新收入准则的累积影响数，调整首次执行准则当年年初留存收益及财务报表其他相关项目金额，对可比期间信息不予调整。公司根据首次执行新收入准则的累积影响数调整2020年年初财务报表相关项目金额（见表14-2）。

表 14-2 列报项目主要影响 单位：元

合并资产负债表项目	2019年12月31日按原收入准则列示的项目金额	2020年1月1日按新收入准则列示的项目金额
应收账款	968 998 838.67	896 619 785.18
合同资产		72 379 053.49
预收款项	755 245 035.79	1 908 696.99
合同负债		753 336 338.80

本次会计政策变更，不会对公司的财务状况、经营成果和现金流量产生重大影响。"

会计调整，是指企业因会计政策变更、会计估计变更、前期差错更正和资产负债表日后事项而对会计记录和会计报表所做的调整。浏览上述资料，我们不禁要问：什么是会计政策？什么是会计政策变更？会计政策变更的处理原则是什么？为什么数据港自2020年开始变更会计政策不追溯调整2019年可比数？为什么重庆水务要将首次执行新收入准则的累积影响数调整2020年年初财务报表相关项目金额？会计政策变更有哪些处理方法？除了会计政策变更及其会计处理，会计估计变更、前期差错更正以及资产负债表日后事项等与会计报表调整相关的问题，各自都有哪些具体内容？本章将对诸如此类的问题进行系统阐述。

上市公司会计政策变更实务

第一节　会计政策变更、会计估计变更

一、会计政策、会计估计的含义

（一）会计政策的含义

1.会计政策的概念

专题讲解

会计政策变更及其会计处理

会计政策，是指企业在会计确认、计量和报告中所采用的原则、基础和会计处理方法。这里的原则，是指按照企业会计准则规定的、适合于企业会计要素确认过程中所采用的具体会计原则，主要是各会计要素的确认条件与分类方式。这里的基础，是指为了将会计原则应用于交易或者事项而采用的基础，主要是计量基础（即计量属性），包括历史成本、重置成本、可变现净值、现值和公允价值等。这里的会计处理方法，是指企业在会计核算中按照法律、行政法规或者国家统一的会计制度等规定采用或者选择的、适合于本企业的具体会计处理方法。

原则、基础和会计处理方法构成了会计政策相互关联的有机整体，会计政策通常表现为对会计要素的确认条件、计量属性以及两者相关的处理方法、列报要求等。

2.会计政策的特点

会计政策具有以下三个特点：一是会计政策具有选择性，即会计政策是在允许的会计原则、计量基础和会计处理方法中作出制定和具体选择。二是选择的范围具有规定性，即企业需在会计准则规定的范围内，从允许选择的会计原则、计量基础和会计处理方法中选择适合本企业特点的会计政策。三是会计政策具有层次性，即会计政策包括会计原则、计量基础和处理方法三个层次。

3.常见的会计政策

与资产相关的会计政策主要有：各项资产的确认，比如具体分类、确认条件等；各项资产的初始计量，比如交易费用是否计入有关资产的取得成本、取得的固定资产其初始成本是以购买价款计量还是以购买价款的现值为基础计量；各项资产的后续计量，比如存货发出成本的计价方法（先进先出法、加权平均法还是个别计价法等）、长期股权投资的后续计量方法（成本法还是权益法）、投资性房地产的后续计量模式（成本模式还是公允价值模式）、无形资产研发项目开发阶段的支出确认为无形资产还是计入当期损益、非货币性资产交换中对换入资产是以换出资产的公允价值还是账面价值作为计量基础、如何计量资产减值等。

与负债相关的会计政策主要有：借款费用资本化的条件，借款费用的处理方法（资本化还是费用化）；债务重组的确认和计量；预计负债的确认条件；应付职工薪酬和股份支付的确认和计量；金融负债的分类等。

与所有者权益相关的会计政策主要有：权益工具的确认条件、计量属性。

与收入、费用、利润相关的会计政策主要有：商品销售（或提供劳务等，下同）合同收入的确认条件、计量方法等；商品销售成本及劳务成本的结转、期间费用的划分、所得税费用的处理方法等；利得、损失的确认原则。

与列报要求相关的会计政策主要有：合并财务报表合并范围的确定、编制合并财务报表所采用的原则、分部报告中报告分部的确定、外币报表折算方法的选择等。

另外，外币折算汇率的选择原则也关系到相关资产、负债的确认与计量，是企业应当披露的重要会计政策。

（二）会计估计的含义

1.会计估计的概念

会计估计，是指企业对结果不确定的交易或者事项以最近可利用的信息为基础所作的判断。

会计估计产生于经济活动中固有的不确定性。某些经济业务本身客观存在的不确定性，使会计估计不可避免。例如，固定资产折旧年限、固定资产残余价值、无形资产摊销年限等，受各种不确定性因素的影响，不能预先确知精准年限和金额，必须根据经验作出估计。

会计估计的基础是最近可利用的信息。会计估计虽然必需，但也不能武断无据。要使会计估计尽可能成为见诸于客观的主观判断，就要以最近可利用的信息作为判断依据。例如，为了使所报告的资产价值能够反映相关资产将带来的未来经济利益，就要根据所掌握的最新情况和信息，确定计提资产减值准备的金额。但是，随着时间的推移、环境的变化，进行会计估计的基础可能会发生变化，因此，进行会计估计所依据的信息或者资料不得不经常发生变化。由于最新的信息是最接近目标的信息，以其为基础所作的估计最接近实际，所以进行会计估计时，应以最近可利用的信息或资料为基础。

会计估计的结果不会削弱会计信息的可靠性。一方面，会计估计产生于会计环境的不确定性，会计估计的目的就是尽可能消除或减少不确定性对会计信息可靠性的影响；另一方面，会计估计要以最近可利用的信息为依据。从这个意义上来说，会计估计的结果不会削弱会计信息的可靠性。

2.常见的会计估计

与资产相关的会计估计主要有：存货以及消耗性生物资产可变现净值的确定；金融资产、公允价值模式下的投资性房地产、生产性生物资产和非货币性资产的公允价值的确定；固定资产以及成本模式下生产性生物资产的预计使用寿命、预计净残值、折旧方法和弃置费用的确定；使用寿命有限的无形资产的预计使用寿命、残值、摊销方法；固定资产、无形资产、长期股权投资等非流动资产可收回金额的确定；与金融工具相关的公允价值的确定、摊余成本的确定、金融减值损失的确定。

与负债相关的会计估计主要有：职工薪酬金额的确定、与股份支付相关的公允价值的确定、与债务重组相关的公允价值的确定、预计负债金额的确定。

与收入、费用、利润相关的会计估计主要有：交易价格的确定、履约进度的确定、与政府补助相关的公允价值的确定、一般借款资本化金额的确定、应纳税暂时性差异和可抵扣暂时性差异的确定等。

其他的会计估计还包括：与非同一控制下的企业合并相关的公允价值的确定；租赁资产公允价值的确定、最低租赁付款额现值的确定、承租人融资租赁折现率的确定、融资费用和融资收入的确定、未担保余值的确定；继续涉入所转移金融资产程度的确定、金融资产所有权上的风险和报酬转移程度的确定；套期工具和被套期项目公允价值的确定；保险合同准备金的计算及充足性测试；探明矿区权益、井及相关设施的折耗计提方法，与油气开采活动相关的辅助设备及设施的折旧方法的确定。

二、会计变更的含义

会计变更是指会计政策变更和会计估计变更。

（一）会计政策变更、会计估计变更的概念

会计政策变更，是指对与过去相同的交易或事项由原来采用的会计政策改用另一会计政策的行为。根据现行会计准则的规定，企业只有在两种情况下才可以进行会计政策变更。情形一：法律、行政法规或者国家统一的会计制度等要求变更时，企业可以进行会计政策变更；情形二：会计政策变更能够提供更可靠、更相关的会计信息时，企业可以进行会计政策变更。如果将上述第一种情况称作“依法变更”，则可以将第二种情况视为“自行变更”。

以下情形不属于会计政策变更：（1）本期发生的交易或者事项与以前相比具有本质差别而采用新的会计政策。对具有本质差别的交易或事项采用特定类型交易或事项所适用的会计政策，不涉及“变更”。比如企业将自用办公楼改为以公允价值计量的投资性房地产，由于自用固定资产与投资性房地产有着本质区别，所以企业对该投资性房地产采用适

用的会计处理方法，就不属于会计政策变更。(2) 对初次发生的或不重要的交易或者事项采用新的会计政策。对以前未出现过的事项或交易采用某项会计政策，因与过去无关，当然不涉及“变更”；对于不重要的事项或交易采用新的会计政策，不作为会计政策变更处理，显然遵循了重要性原则。比如对低值易耗品的会计处理，以前企业对领用的低值易耗品采用一次摊销法，本期由于生产需要导致领用低值易耗品的数量和价值多于以往，企业改为采用五五摊销法。低值易耗品摊销方法的改变对企业的资产计价和损益计量影响不大，所以也不属于会计政策变更。

会计估计变更，是指由于资产和负债的当前状况及预期经济利益和义务发生了变化，从而对资产或负债的账面价值或者资产的定期消耗金额进行调整。会计估计变更包括两种情形。情形一：赖以进行估计的基础发生了变化；情形二：取得了新的信息、积累了更多的经验。

在理解会计变更的概念时，要注意以下两个问题：一方面，必须明确可比性原则与会计变更的关系。根据可比性原则，企业应该在每期采用相同的会计政策、会计估计，即可比性原则不允许企业随意变更会计政策和会计估计；但可比性原则并不排除必要的会计变更，只要具备了会计准则规定的会计变更的条件，企业就可以变更会计政策和会计估计。另一方面，会计政策变更、会计估计变更，也并不意味着以前期间采用的会计政策、会计估计是错误的，如果以前期间的会计政策、会计估计是错误的，则属于会计差错，需要按会计差错的更正方法进行处理。

(二) 会计政策变更与会计估计变更的区分

区分一项变更属于会计政策变更还是会计估计变更，应以会计确认是否发生变更、计量基础是否发生变更、列报项目是否发生变更为判断依据。

1.从会计确认是否发生变更来看。对会计确认的指定或选择是会计政策，与之相关的变更就是会计政策变更。比如，企业以前是将无形资产研发费用计入当期损益，本期按照现行会计准则将其中符合资本化条件的部分开发支出确认为无形资产；企业以前将债务重组损益计入营业外收入或营业外支出，本期按照修订后的债务重组准则将债务重组损益计入投资收益或其他收益。上述涉及将有关支出费用化还是资本化的确认指定的变更以及涉及计入当期损益的债务重组损益在不同列报项目中确认的变更，都属于会计政策变更。可见，会计确认的变更一般会引起报表列报项目的变更。

2.从计量基础是否发生变更来看。对会计计量基础的指定或选择是会计政策，与之相关的变更就是会计政策变更。比如，企业购入的价款超过非正常信用条件延期支付的固定资产，原来是按历史成本进行初始计量的，根据现行会计规范改为按购买价款的现值为确定相关资产入账价值的基础，这就涉及计量基础的变化，自然属于会计政策变更。

3.从列报项目是否发生变更来看。《企业会计准则第30号——财务报表列报》明确规定了财务报表项目应采用的列报原则，而会计确认的指定与选择也直接关系到财务报表的项目列报。无论从哪一个角度来看，财务报表列报项目的变更无疑属于会计政策变更。

根据会计确认、计量基础和列报项目所选择的、为取得与资产负债表项目有关的金额或数值所采用的处理方法，不是会计政策，与之相关的变更不是会计政策变更，而是会计估计变更。比如，对采用公允价值计量的某项资产，确定公允价值的方法变更，就属于会计估计变更；再比如，企业将固定资产的折旧方法由直线法改为年数总和法，由于两种方法均以固定资产的历史成本作为计量基础，折旧方法的变化只是改变了应计折旧额在各期的分布，并未改变折旧额按历史成本计量的基础，所以，这种折旧方法的变更就不属于会计政策变更，而属于会计估计变更。

【特别提示】

区分会计政策变更与会计估计变更很重要，因为对于会计政策变更和会计估计变更，可能需要采用不同的会计处理方法，从而对财务报表产生不同的影响。

三、会计变更的处理方法

（一）会计变更处理方法的确定原则

1.会计政策变更的处理方法

会计政策变更根据具体情况，分别按照以下规定处理：

（1）在法律、行政法规或者国家统一的会计制度等要求变更的情况下，企业应当分别按以下情况进行处理：

①国家发布相关的会计处理办法，则按照国家发布的相关会计处理规定进行处理。

②国家没有发布相关的会计处理办法，则采用追溯调整法进行会计处理。

（2）会计政策变更能够提供更可靠、更相关的会计信息的情况下，企业应当采用追溯调整法进行会计处理。

（3）确定会计政策变更对列报前期影响数不切实可行的，应当从可追溯调整的最早期间期初开始应用变更后的会计政策。

（4）在当期期初确定会计政策变更对以前各期累积影响数不切实可行的，应当采用未来适用法处理。

这里的“不切实可行”，是指企业在采取所有合理的方法后仍然不能获得采用某项规定所必需的相关信息，而导致无法采用该项规定，则该项规定在此时是不切实可行的。对于以下特定前期，对某项会计政策变更采用追溯调整法是不切实可行的：（1）应用追溯调整法的累积影响数不能确定；（2）应用追溯调整法要求管理层在该期当时的意图作出假定；（3）应用追溯调整法要求对有关金额作出重大估计，且不可能将提供有关交易发生时存在状况的证据和该期间财务报表批准报出时能够取得的信息与其他信息能够客观地加以区分。

上述处理原则用图14-1表示如下。

2.会计估计变更的处理方法

会计估计变更，采用未来适用法进行处理。

（二）追溯调整法

1.追溯调整法的含义

追溯调整法，是指对某项交易或事项变更会计政策，视同该项交易或事项初次发生时即采用变更后的会计政策，并以此对财务报表相关项目进行调整的方法。

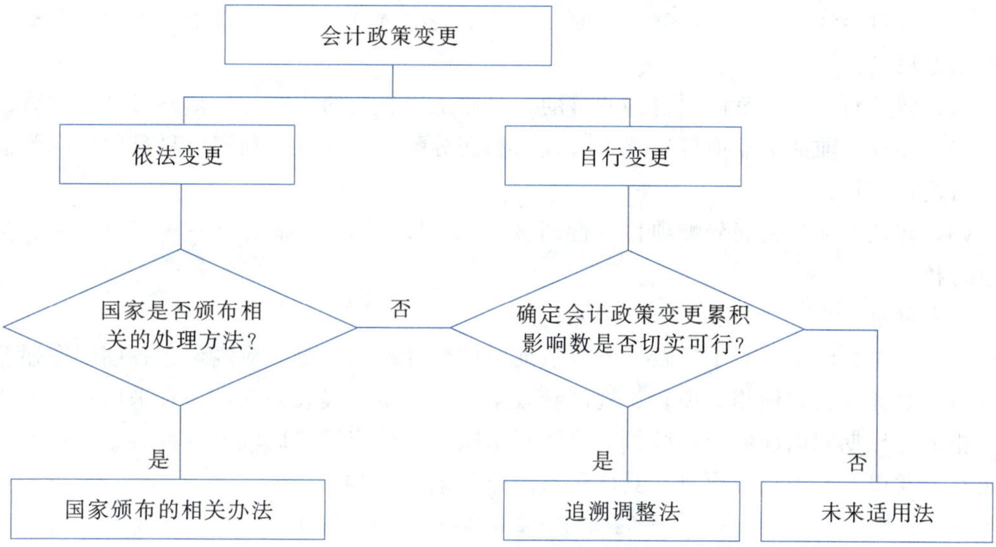

图 14-1　会计政策变更处理原则

追溯调整法的核心是：需要计算会计政策变更的累积影响数并据以调整列报前期最早期初留存收益以及变更当期的期初留存收益，而且需要重新表述比较信息（在比较报表中调整以前期间有关信息但并不重编以前年度会计报表）。

追溯调整法的步骤是：

第一步，计算会计政策变更的累积影响数；

第二步，编制相关项目的调整分录；

第三步，调整列报前期最早期初财务报表相关项目及其金额；

第四步，附注说明。

下面主要介绍追溯调整法下会计政策变更累积影响数的确定方法、调整分录的编制方法和报表项目的调整方法。

2. 会计政策变更累积影响数的确定方法

会计政策变更累积影响数，是指按照变更后的会计政策对以前各期追溯计算的列报前期最早期初留存收益应有金额与现有金额之间的差额。换言之，会计政策变更累积影响数，是假设与会计政策变更相关的事项或交易在初次发生时即采用新的会计政策而得出的变更年度列报前期最早期初留存收益应有金额与现有金额之间的差额，是变更会计政策所导致的对净损益的累积影响以及由此导致的对利润分配（不包括对投资人的股利或利润分配）及未分配利润的累积影响金额，即对留存收益期初余额的调整金额。

会计政策变更累积影响数的计算步骤：

第一步，根据新会计政策重新计算受影响的前期交易或事项；

第二步，计算新旧两种会计政策下的差异；

第三步，计算差异的所得税影响金额；

第四步，确定前期中的每一期的税后差异；

第五步，计算会计政策变更的累积影响数。

3. 调整分录的编制方法

在追溯调整法下，应根据会计政策变更累积影响数的计算结果，编制有关的调整分录，并据以对会计记录进行调整，以便在会计报表中对有关信息进行重新表述。调整分录的编制方法是：

（1）涉及对资产、负债项目的调整的，仍然采用有关的资产、负债科目进行核算；

（2）涉及对前期损益项目调整的，以“利润分配——未分配利润”科目取代有关损益类科目进行核算；

（3）涉及对前期利润分配项目进行调整的，直接采用“利润分配——未分配利润”科目进行核算。

4.报表项目的调整方法

在追溯调整法下，对于比较财务报表期间的会计政策变更，应当调整各期间净损益相关项目和财务报表其他相关项目，视同新政策在比较财务报表期间就一直采用；对于比较财务报表可比期间以前的会计政策变更累积影响数，则应调整比较财务报表最早期间的期初留存收益以及其他相关项目。具体调整思路归纳见表14-3。

表14-3 追溯调整法下主要报表项目的调整思路

调整方法 / 报表	对变更当期期初数的调整	对列报前期有关项目的调整	
		比较财务报表期间的会计变更	比较财务报表期间以前期间的会计变更
资产负债表	调整有关项目的“上年年末余额”栏有关金额	—	调整比较财务报表中最早期间的有关项目的“上年年末余额”
利润表	—	调整各该期间“本期金额”栏有关项目	—
所有者权益变动表	调整“本年金额”栏下“本年年初余额”一行的有关项目	调整各该期间“本年金额”栏的有关项目	调整比较财务报表中最早期间的“本年年初余额”一行的有关项目

下面举例说明追溯调整法的应用。

【例14-1】资料：根据企业会计准则的规定，甲企业从2×07年开始将原来按成本与市价孰低法进行后续计量的短期投资分类为以公允价值计量且其变动计入当期损益的金融资产。2×05年、2×06年，甲企业该投资的报告价值分别为600 000元、950 000元，而其期末公允价值分别为700 000元、1 000 000元；假定甲企业适用的所得税税率为25%，按净利润的10%提取法定盈余公积；所得税处理采用资产负债表债务法。

要求：进行甲企业2×07年会计政策变更的相关会计处理。

分析：第一，按照相关规范，甲企业应该采用追溯调整法进行会计处理。第二，在追溯调整法下，比较财务报表的可比期间为2×07年、2×06年，比较财务报表可比期间以前的期间为2×05年。第三，相关资产的报告价值应累计调增150 000元，由此带来的会计政策变更累积影响数为112 500元（150 000×75%），其中，对盈余公积的累积影响数为11 250元（150 000×75%×10%），对未分配利润的累积影响数为101 250元（150 000×75%×

90%）。第四，从资产负债表来看，与2×05年、2×06年有关的调整，势必直接影响2×07年有关项目的年初余额，所以，可直接调整2×07年资产负债表中“上年年末余额”栏有关项目的报告价值；从利润表来看，与2×06年有关的变更，应调整2×07年度利润表中“上期金额”栏中的相关项目；从所有者权益变动表来看，与2×05年有关的变更，应调整2×07年度所有者权益变动表中“上年金额”栏的期初留存收益，而与2×07年有关的变更，应直接调整“上年金额”栏“本年增减变动金额”部分的相关项目。

根据上述分析，相关会计处理如下：

（1）计算交易性金融资产后续计量模式变更的累积影响数，见表14-4。

表14-4 累积影响数计算表 单位：元

年度	相关资产期末报告价值		会计政策变更的累积影响				
	旧政策下已有报告价值	新政策下应有报告价值	对税前利润的影响	对所得税费用的影响	对净利润的影响	对期初留存收益的影响	
						盈余公积	未分配利润
	①	②	③=②-①	④=③×25%	⑤=③-④	⑥=⑤×10%	⑦=⑤×90%
2×05	600 000	700 000	+100 000	+25 000	+75 000	7 500	67 500
2×06	950 000	1 000 000	+50 000	+12 500	+37 500	3 750	33 750
合计	—	—	+150 000	+37 500	+112 500	11 250	101 250

（2）编制调整分录：

①调整有关资产的报告价值：

借：交易性金融资产 150 000

　贷：利润分配——未分配利润* 150 000

（*调整报表时将分别调增2×05年、2×06年的“公允价值变动损益”100 000元和50 000元）

②调整所得税费用：

借：利润分配——未分配利润* 37 500

　贷：递延所得税负债 37 500

（*调整报表时将分别调增2×05年、2×06年的“所得税费用”25 000元和12 500元）

③调整盈余公积：

借：利润分配——未分配利润* 11 250

　贷：盈余公积——法定盈余公积 11 250

（*调整报表时将分别调增2×05年、2×06年的“利润分配——提取盈余公积”7 500元和3 750元）

（3）财务报表的调整：

①根据上述调整分录，对2×07年资产负债表下列项目“上年年末余额”进行调整（在原报表数据基础上的调整过程示意见表14-5，只列示需要调整的项目和需要调整的金额，其他略）。

表 14-5

资产负债表（简化）

2×07 年 12 月 31 日

单位：元

资产	上年年末数	负债及股东权益	上年年末数
交易性金融资产	+150 000	递延所得税负债 盈余公积 未分配利润	+37 500 +11 250 +101 250
总计	+150 000	总计	+150 000

②根据上述调整分录，对2×07年度利润表进行调整（在原报表数据基础上的调整过程示意见表14-6，只列示需要调整的项目和需要调整的金额，其他略）。

表 14-6

利润表（简化）

2×07 年度

单位：元

项目	上期金额	本期金额
…		（相关科目发生额已自动调整）
公允价值变动收益	+50 000	
利润总额	+50 000	
减：所得税费用	+12 500	
净利润	+37 500	

③根据上述调整分录，对2×07年度所有者权益变动表进行调整（在原报表数据基础上的调整过程示意见表14-7，只列示需要调整的项目和需要调整的金额，其他项目和原有金额均略）。

表 14-7

所有者权益变动表（简化）

2×07 年度

单位：元

项目	本年金额			上年金额		
	盈余公积	未分配利润	合计	盈余公积	未分配利润	合计
一、上年年末余额						
加：会计政策变更	+11 250	+101 250	+112 500	+7 500	+67 500	+75 000
前期差错更正						
二、本年年初余额				+7 500	+67 500	+75 000
三、本年增减变动金额						
（一）综合收益总额					+37 500	+37 500
（二）所有者投入和减少资本						
（三）利润分配				+3 750	−3 750	0
（四）所有者权益内部结转						
四、本年年末余额				+11 250	+101 250	+112 500

（4）附注说明：

甲企业应在2×07年财务报表附注中进行如下说明：

本公司2×07年按照企业会计准则的规定，对交易性金融资产期末计量由成本与市价孰低改为以公允价值计量。此项会计政策变更采用追溯调整法，2×07年比较财务报表已重新表述。2×06年期初运用新会计政策追溯计算的会计政策变更累积影响数为75 000元，应调增2×06年的期初留存收益75 000元，其中，调增未分配利润67 500元，调增盈余公积7 500元。此项会计政策变更对2×06年度财务报表本年金额的影响为：调增净利润37 500元，调增未分配利润33 750元，调增盈余公积3 750元。

（三）未来适用法

未来适用法，是指将变更后的会计政策应用于变更日及以后发生的交易或者事项，或者在会计估计变更当期和未来期间确认会计估计变更影响数的方法。

【比较与鉴别】

"会计估计变更影响数"并不同于前述的"累积影响数"。这里的"会计估计变更影响数"仅指会计估计变更对变更当期或变更当期及未来期间各有关会计要素的影响数，而前述的"累积影响数"是会计政策变更对前期留存收益的累积影响数。

采用未来适用法，不因会计变更而改变以前年度的既定结果，企业只是在现有基础上按新的会计政策或新的会计估计进行核算。换句话说，既不需要调整期初留存收益（因为现有余额并不重新计算），也不必调整当期净损益；既不需要重编以前年度会计报表，也不需要调整比较会计报表；但要将会计变更的影响计入变更当期（如果会计变更只影响变更当期）和未来期间的净损益（如果会计变更既影响变更当期又影响未来期间）。

下面举例说明未来适用法的应用。

【例14-2】只影响变更当期的会计估计变更。

资料：甲企业原按应收账款余额的5%计提坏账准备。2×20年年初该企业"坏账准备"科目贷方余额50万元，本年发生坏账并核销应收账款120万元。2×20年年末应收账款余额为4 000万元。根据2×20年年末掌握的情况，甲企业将应收账款计提坏账准备的比例调整至10%。

要求：进行2×20年年末相关会计处理。

分析：甲企业对预期信用损失率进行调整，属于只影响变更当期的会计估计变更。相关会计处理如下：

①本年末"坏账准备"科目应有余额=4 000×10%=400（万元）

调整"坏账准备"科目余额前该科目现有余额=50−120=−70（万元）（借方余额）

本年末应计提坏账准备金额=400+70=470（万元）

②编制计提坏账准备的会计分录：

借：信用减值损失	4 700 000	
贷：坏账准备		4 700 000

【例14-3】既影响变更当期又影响未来相关期间的会计估计变更。

资料：甲企业一项固定资产的原始价值为900 000元，原预计使用20年，预计净残值率为4%，采用平均年限法计提折旧，2×20年之前已使用10年；根据现阶段同类固定资产市场的具体情况，2×20年预计其尚可使用至2×23年。

上市公司会计估计变更实务

要求：计算2×20年、2×23年的折旧额。

分析：修改固定资产折旧年限，属于既影响本期又影响未来期间的会计估计变更，应该采用未来适用法进行会计处理，具体计算如下：

2×20年折旧额=［900 000×96%×（1−10/20）］×1/4=108 000（元）

2×23年折旧额的计算与2×20年相同。

四、会计政策变更、会计估计变更的披露

1.对会计政策变更的披露

企业应当在附注中披露与会计政策变更有关的下列信息：

（1）会计政策变更的性质、内容和原因。这类信息包括：对会计政策变更的简要阐述、变更的日期、变更前采用的会计政策和变更后所采用的新会计政策及会计政策变更的原因。

（2）当期和各个列报前期财务报表中受影响的项目名称和调整金额。这类信息包括：采用追溯调整法时，计算出的会计政策变更的累积影响数；当期和各个列报前期财务报表中需要调整的净损益及其影响金额，以及其他需要调整的项目名称和调整金额。

（3）无法进行追溯调整的，说明该事实和原因以及开始应用变更后的会计政策的时点、具体应用情况。这类信息包括：无法进行追溯调整的事实；确定会计政策变更对列报前期影响数不切实可行的原因；在当期期初确定会计政策变更对以前各期累积影响数不切实可行的原因；开始应用新会计政策的时点和具体应用情况。

2.对会计估计变更的披露

企业应当在附注中披露与会计估计变更有关的下列信息：

（1）会计估计变更的内容和原因，包括变更的内容、变更日期以及会计估计变更的原因。

（2）会计估计变更对当期和未来期间的影响数，包括会计估计变更对当期和未来期间损益的影响金额，以及对其他各项目的影响金额。

（3）会计估计变更的影响数不能确定的，披露这一事实和原因。

智能测评14-1

第二节　前期差错更正

一、前期差错的含义

前期差错，是指由于没有运用或错误运用下列两种信息，而对前期财务报表造成省略或错报：（1）编报前期财务报表时预期能够取得并加以考虑的可靠信息；（2）前期财务报告批准报出时能够取得的可靠信息。

前期差错的主要情形见表14−8。

表 14-8　　前期差错的主要情形

按产生差错的具体原因分类	按影响程度分类
➢计算及账户分类错误 ➢应用会计政策错误 ➢疏忽或曲解事实 ➢舞弊 ➢存货、固定资产盘盈	➢重要的前期差错 ➢非重要的前期差错

重要的会计差错，是指足以影响财务报表使用者对企业财务状况、经营成果和现金流量作出正确判断的差错。不重要的会计差错，是指不足以影响财务报表使用者对企业财务状况、经营成果和现金流量作出正确判断的差错。

企业对于发现的前期差错，应视其重要程度不同采用不同的更正方法，以便为财务报表使用者提供有助于其正确决策的财务信息。

二、前期差错的更正方法

1.非重要的前期差错的更正

企业对于不重要的前期差错，不需调整财务报表相关项目的期初数，但应调整发现当期与前期相同的相关项目。影响损益的，直接计入本期与前期相同的净损益项目；不影响损益的，调整本期与前期相同的相关项目。

【例 14-4】甲企业 2×20 年 6 月发现上年 5 月接受捐赠的一台价值为 40 000 元的固定资产，当时按全额误计入资本公积（其他资本公积）。发现差错时的更正分录为：

借：资本公积——其他资本公积　　40 000

　贷：营业外收入　　40 000

2.重要的前期差错的更正

企业对于重要的前期差错，应当采用追溯重述法予以更正，但确定前期差错累积影响数不切实可行的除外。追溯重述法，是指在发现前期差错时，视同该项前期差错从未发生过，从而对财务报表相关项目进行更正的方法。追溯重述法与会计政策变更的追溯调整法的原理基本相同。采用追溯重述法更正重要前期差错时，应调整发现差错当期留存收益期初余额，并对其他比较信息进行重新表述。与前述追溯调整法一样，在追溯重述法下，一方面要编制更正（调整）分录；另一方面要对会计报表有关项目进行调整，还要在会计报表附注中进行披露。

追溯重述法下，企业应当在附注中披露与前期差错更正有关的下列信息：①前期差错的性质；②各个列报前期财务报表中受影响的项目名称和更正金额；③无法进行追溯重述的，说明该事实和原因以及对前期差错开始进行更正的时点、具体更正情况。

【比较与鉴别】追溯重述法与追溯调整法

追溯重述法下更正重要前期差错的会计分录的编制方法，与会计政策变更的追溯调整法下调整分录的编制方法基本相似，只有一点稍有区别：涉及对前期损益项目更正的，先以“以前年度损益调整”科目取代有关损益类科目进行核算，然后需将“以前年度损益调整”科目的净调整额结转至“利润分配——未分配利润”科目。

追溯重述法下对于比较信息的重新表述方法与追溯调整法下对于比较信息的调整方法基本相同。

【例 14-5】追溯重述法的应用。

资料：甲企业2×20年6月发现应该采用直线法计提折旧的管理用固定资产在2×18年、2×19年和2×20年上半年中错误地采用了年数总和法计提折旧，导致2×18年、2×19年分别多计提折旧200 000元、100 000元，2×20年上半年并未多计提折旧。企业适用的所得税税率为25%，假定税法允许调整应交所得税；该企业每年按净收益的10%计提盈余公积。

采用追溯重述法进行差错更正的处理如下：

（1）首先，编制更正分录：

①冲回多计提的折旧：

借：累计折旧　　300 000

　贷：以前年度损益调整　　300 000

②调整所得税费用和应交所得税：

借：以前年度损益调整　　75 000

　贷：应交税费——应交所得税　　75 000

③结转调整的净损益：

借：以前年度损益调整　　225 000

　贷：利润分配——未分配利润　　225 000

④调整提取的盈余公积：

借：利润分配——未分配利润　　22 500

　贷：盈余公积　　22 500

（2）然后，调整会计报表有关项目。对比较资产负债表“上年年末余额”有关项目的调整过程见表14-9，对比较利润表和比较所有者权益变动表有关项目的调整过程分别见表14-10和表14-11。

①对2×20年12月31日资产负债表有关项目的调整（只列示需要调整的项目和需要调整的金额，其他略）：

表 14-9　资产负债表（简化）

2×20年12月31日　单位：元

资产	上年年末余额	负债及股东权益	上年年末余额
固定资产	调增 300 000	应交税费 盈余公积 未分配利润	调增 75 000 调增 22 500 调增 202 500
总计	调增 300 000	总计	调增 300 000

②对2×20年度利润表有关项目的调整（只列示需要调整的项目和需要调整的金额，其他略）：

表 14-10 **利润表（简化）**

2×20 年度

单位：元

项 目	本期金额	上期金额
管理费用	不必调整，以下各项同	调减 100 000
三、利润总额		调增 100 000
减：所得税费用		调增 25 000
四、净利润		调增 75 000

③对 2×20 年度所有者权益变动表有关项目的调整（只列示需要调整的项目和需要调整的金额，其他略）：

表 14-11 **所有者权益变动表（简化）**

2×20 年度

单位：元

项目	本年金额			上年金额		
	盈余公积	未分配利润	合计	盈余公积	未分配利润	合计
一、上年年末余额	+15 000	+135 000	+150 000			
加：会计政策变更						
前期差错更正	+7 500	+67 500	+75 000	+15 000	+135 000	+150 000
二、本年年初余额	+22 500	+202 500	+225 000	+15 000	+135 000	+150 000
三、本年增减变动金额						
（一）综合收益总额					+75 000	+75 000
（二）所有者投入和减少资本						
（三）利润分配				+7 500	-7 500	0
（四）所有者权益内部结转						
四、本年年末余额				+22 500	+202 500	+225 000

④附注说明如下：

本年度发现 2×18 年、2×19 年分别多计提固定资产折旧 200 000 元、100 000 元，在编制 2×20 年可比财务报表时，已对该项差错进行了更正。更正后，调增 2×19 年净利润 75 000 元，分别调增 2×19 年、2×20 年期初留存收益 150 000 元、225 000 元，调增固定资产 300 000 元。

【例 14-6】存货、固定资产盘盈会计处理比较。

资料：甲企业 2×20 年年末在财产清查过程中，盘盈一批库存原材料，估计其重置成本为 8 000 元；盘盈一台设备，估计其重置成本为 50 000 元，经分析该设备并非本年购入，公司决定将其归类于生产用固定资产，并从下月起投入使用。以往年度本公司按净利润的 10% 计提盈余公积。假定税法不允许调整应交所得税。其他资料略。

要求：对上述业务进行会计处理。

分析：根据现行会计准则，存货、固定资产的盘盈作为前期差错处理；存货盘盈属于非重要的前期差错，固定资产盘盈属于重要的前期差错。所以，两者的处理方法有所不同。另外，本例中假设税法不允许调整应交所得税，则无须对应交所得税和所得税费用进行调整。

甲企业有关会计处理为：

（1）账务处理：

①按管理权限报批处理之前：

借：原材料　　8 000

　贷：待处理财产损溢——待处理流动资产损溢　　8 000

借：固定资产　　50 000

　贷：以前年度损益调整　　50 000

②报经批准处理之后：

借：待处理财产损溢——待处理流动资产损溢　　8 000

　贷：管理费用　　8 000

借：以前年度损益调整　　50 000

　贷：利润分配——未分配利润　　50 000

③补提盈余公积：

借：利润分配——未分配利润　　5 000

　贷：盈余公积　　5 000

（2）盘盈固定资产导致的报表项目调整：

①调整2×20年12月31日资产负债表有关项目的“上年年末余额”：

在根据2×19年12月31日资产负债表“期末余额”栏有关项目的金额填列2×20年12月31日资产负债表“上年年末余额”栏有关项目时，对以下项目进行调整：

“固定资产”项目：调增50 000元；

“盈余公积”项目：调增5 000元；

“未分配利润”项目：调增45 000元。

②调整2×20年度所有者权益变动表有关项目：

在“本年金额”部分中“上年年末余额”项下的“前期差错更正”项目中，对应“盈余公积”栏调增5 000元，对应“未分配利润”栏调增45 000元，并相应调整“本年年初余额”相关栏目。

智能测评14-2

第三节　资产负债表日后事项

一、资产负债表日后事项的含义

（一）资产负债表日后事项的概念

资产负债表日后事项，指在资产负债表日至财务报表批准报出日之间发生的有利和不利事项。

为了正确理解资产负债表日后事项的概念，下面我们分别从期间界定和事项指向两个角度进行分析。

1.期间界定

（1）资产负债表日

资产负债表日是提供资产负债表的会计期末。

对于年度资产负债表而言，资产负债表日应是会计年度末。我国《会计法》规定，“会计年度自公历1月1日起至12月31日止”，所以，我国“年度资产负债表日”是指公历12月31日。

对于中期报告而言，资产负债表日是会计中期期末。由于会计中期包括半年度、季度、月度等短于一个完整会计年度的会计期间，会计中期期末也就有公历半年末、季末和月末等。

（2）财务报告批准报出日

财务报告批准报出日是指董事会或类似机构批准财务报告报出的日期。通常是指对财务报告的内容负有法律责任的单位或个人批准财务报告对外公布的批准日期。

财务报告的批准者包括所有者、所有者中的多数，以及董事会或类似的管理单位、部门和个人。公司制企业的董事会有权批准对外公布财务报告，因此，公司制企业财务报告批准报出日是指董事会批准财务报告报出的日期。对于非公司制企业，财务报告批准报出日是指经理（厂长）会议或类似机构批准财务报告报出的日期。

（3）资产负债表日后事项涵盖的期间

资产负债表日后事项涵盖的期间是自资产负债表日次日起至财务报告批准报出日止的这一段时间，具体是指报告期下一期间的第一天至董事会或类似机构批准财务报告对外公布的日期。财务报告批准报出以后、实际报出之前又发生与资产负债表日后事项有关的事项，并由此影响财务报告对外公布日期的，应以董事会或类似机构再次批准财务报告对外公布的日期为截止日期。

2.事项指向

资产负债表日后事项中的“事项”是指资产负债表日至财务报告批准报出日之间发生的对企业财务状况和经营成果具有一定的有利影响或不利影响的事项。

（1）这里的“事项”并非此间发生的全部经济业务

为便于理解，可以将年度资产负债表日至财务报告批准报出日之间发生的全部经济业务分为以下三类：

第一类：资产负债表日后才发生的、不足以影响财务报告的使用者对企业财务状况和经营成果作出正确估价和决策的、企业经营过程中的日常业务，如购买材料、发放工资、计提折旧、支付费用等。

第二类：资产负债表日后才发生的、将影响财务报告的使用者对企业财务状况和经营成果作出正确估价和决策的事项，如发行股票和债券等重大筹资事项、对其他企业进行巨额投资、汇率的较大变动等。

第三类：对资产负债表日存在的情况提供进一步证据、据此可确定资产负债表日提供的财务信息是否与事实相符的事项，比如已确定获得或支付的赔偿等。

在资产负债表日后期间发生的所有经济业务中，第一类与第二类的共同点是，二者均是资产负债表日后新发生的事项，与资产负债表日存在的状况无关；但二者的区别在于，后者的重要程度和对财务报告使用者的影响大于前者。

在资产负债表日后期间发生的所有经济业务中，第二类与第三类的共同点是：都会对企业财务状况和经营成果产生一定影响，同属于“资产负债表日后事项”。两者的不同之处在于：后者与资产负债表日或资产负债表日以前业已存在的状况有关，前者则属于资产负债表日后新发生的事项。这种区别决定了资产负债表日后事项分为调整事项和非调整事项两类。

（2）这里的“事项”不仅指有利事项，也包括不利事项

资产负债表日后事项，无论是有利的还是不利的，都需按同一原则进行处理，即：对资产负债表日存在的情况提供进一步证据、据此可确定资产负债表日提供的财务信息是否与事实相符的事项，无论其对于企业是否有利，都应调整报告年度的财务报表有关项目；对于资产负债表日后才发生的、将影响财务报告的使用者对企业财务状况和经营成果作出正确估价和决策的事项，也无论其对于企业是否有利，都应在报告年度财务报表附注中予以披露。

资产负债表日后事项包括调整事项和非调整事项两类。

（二）调整事项的概念与内容

调整事项，是指资产负债表日至财务报告批准报出日之间发生的、对资产负债表日已存在的情况提供新的或进一步证据的事项。

调整事项所提供的证据，可能构成对原有估计的证实，也可能导致对原有估计的修正。如果资产负债表日及所属会计期间已经存在某种情况，但当时并不知道其存在或者不能知道确切结果，资产负债表日后发生的事项能够证实该情况的存在或者确切结果，则该事项属于资产负债表日后事项中的调整事项；如果资产负债表日后事项对资产负债表日的情况提供了进一步的证据，证据表明的情况与原来的估计和判断不完全一致，则需要对原来的会计处理进行调整，该事项也属于资产负债表日后事项中的调整事项。

常见的调整事项包括：

1.资产负债表日后诉讼案件结案，法院判决证实了企业在资产负债表日已经存在现时义务，需要调整原先确认的与该诉讼案件相关的预计负债，或确认一项新负债。

2.资产负债表日后取得确凿证据，表明某项资产在资产负债表日发生了减值或者需要调整该项资产原先确认的减值金额。

3.资产负债表日后进一步确定了资产负债表日前购入资产的成本或售出资产的收入。这类调整事项包括两方面的内容：（1）若资产负债表日前购入的资产已经按暂估金额等入账，资产负债表日后获得证据，可以进一步确定该资产的成本，则应该对已入账的资产成本进行调整。（2）企业在资产负债表日已根据收入确认条件确认资产销售收入，但资产负债表日后获得关于资产收入的进一步证据，如发生销售退回等，此时也应调整财务报表相关项目的金额。

（三）非调整事项的概念与内容

非调整事项，是表明资产负债表日后发生的情况的事项。

非调整事项表明的情况在资产负债表日或资产负债表日以前并不存在，所以，非调整事项的发生不影响资产负债表日企业的财务报表数字，只说明资产负债表日后发生了某些情况。

常见的非调整事项主要有：

1.资产负债表日后发生重大诉讼、仲裁、承诺。

2.资产负债表日后资产价格、税收政策、外汇汇率发生重大变化。

3.资产负债表日后因自然灾害导致资产发生重大损失。

4.资产负债表日后发行股票和债券以及其他巨额举债。

5.资产负债表日后资本公积转增资本。

6.资产负债表日后发生巨额亏损。

7.资产负债表日后发生企业合并或处置子公司。

8.资产负债表日后，企业利润分配方案中拟分配的以及经审议批准宣告发放的股利或利润。

二、调整事项的处理方法

企业对于所发生的资产负债表日后调整事项，应当调整资产负债表日已编制的财务报表。

下面说明年度资产负债表日后调整事项的处理方法。

（一）调整分录的编制

处理调整事项时有关调整分录的编制方法与更正重要前期差错时采用的追溯重述法下更正分录的编制方法基本相同，即：

1.涉及损益的事项，通过“以前年度损益调整”科目核算。调整增加以前年度利润或调整减少以前年度亏损的事项，记入“以前年度损益调整”科目的贷方；反之，记入“以前年度损益调整”科目的借方。

需要注意的是，涉及损益的调整事项如果发生在资产负债表日所属年度（即报告年度）所得税汇算清缴前，应按准则要求调整报告年度应纳税所得额、应纳所得税税额；发生在报告年度所得税汇算清缴后的，应按准则要求调整本年度（即报告年度的次年）应纳所得税税额。

2.涉及利润分配调整的事项，直接在“利润分配——未分配利润”科目核算。

3.不涉及损益以及利润分配的事项，直接记入相关科目。

（二）报表项目的调整

处理调整事项时要对有关报表项目进行下列调整：

1.调整资产负债表日编制的财务报表相关项目的期末数或本年发生数。

2.调整当期编制的财务报表相关项目的期初数或上年数。这样调整的结果是：当期资产负债表有关项目调整后的“上年年末余额”与报告年度资产负债表有关项目调整后的“期末余额”相一致；当期利润表有关项目调整后的“上期金额”与报告年度利润表有关项目调整后的“本期金额”相一致。[①]

（三）附注说明

经过上述调整后，如果涉及报表附注内容的，还应作出相应调整。

【报表导向思考】

调整事项的调整方法、会计政策变更的追溯调整法、重要前期差错更正的追溯重述法，这三者在调整（或重述）资产负债表有关项目时，为什么有的需要调整有关项目的“年初数”，有的则需要调整有关项目的“期末数”？

仅就资产负债表而言。采用追溯调整法处理会计政策变更时，需要对变更当期资产负债表有关项目的“上年年末余额”进行调整；采用追溯重述法更正重要前期差错对前期报表数据带来的影响时，需要在更正当期对资产负债表有关项目的“上年年末余额”进行重述。追溯调整法和追溯重述法都是基于对前期的“追溯”，并导致对当期报表有关项目“上年年末余额”的调整。处理资产负债表日后调整事项时，是基于对资产负债表日编制的、尚未报出的财务报表所作的调整，因此需要调整的是该报表有关项目的“期末余额”。

同理，对于利润表有关项目，追溯调整法和追溯重述法要调整（或重述）“上期金额”，而对于调整事项却有可能需要调整“本期金额”。

下面举例说明调整事项的调整方法。

【例 14-7】资产负债表日后诉讼案件结案，法院判决证实了企业在资产负债表日已经存在现时义务，需要调整原先确认的与该诉讼案件相关的预计负债，或确认一项新负债。

资料：甲企业与C公司签订在2×20年11月向C公司发货的销售合同。由于甲企业未能按合同发货，导致C公司发生重大经济损失。C公司要求甲企业赔偿其经济损失800 000元，对于此项未决诉讼，甲企业根据或有事项准则的规定，于2×20年12月31日确认了600 000元的预计负债，C公司则未登记应收赔款。2×21年2月5日，经法院一审判决，甲企业需向C公司支付700 000元的赔款。双方服从判决。甲企业于2月6日用转账支票支付了该项赔款。双方均按净利润的10%提取盈余公积。所得税税率为25%。假定：甲企业和C公司财务报表批准报出日都是次年的3月10日；2×20年所得税汇算清缴在2×21年3月31日完成；该项预计负债产生的损失只有在其实际发生时才允许税前扣除；调整事项按税法规定可以调整应缴纳的所得税；涉及递延所得税资产的，未来期间很可能取得用来抵扣暂时性差异的应纳税所得额。

要求：分别编制甲企业和C公司的有关调整分录并调整有关财务报表项目。

1.甲企业有关会计处理如下：

（1）账务处理。

①调整报告年度负债余额和营业外支出发生额：

借：以前年度损益调整　　100 000

　　贷：其他应付款*　　100 000

① 这里的“当期”是指进行调整处理的当月或当年，这里的“报告年度”是指资产负债表日后事项的“资产负债表日”所属年度。

（*这里直接确认“其他应付款”而不是“预计负债”，是因为相关义务已经确定）

②支付赔款：

借：预计负债　　600 000

　贷：其他应付款　　600 000

借：其他应付款　　700 000

　贷：银行存款*　　700 000

（*涉及货币资金支付的账务处理，不应作为调整分录，所以，此处编制两个会计分录并据以记账，但仅根据第一个会计分录进行报表调整）

③调整报告年度的所得税费用和应交所得税：

借：应交税费——应交所得税*　　175 000

　贷：以前年度损益调整　　175 000

（*实际损失已经发生，应纳税所得额少于税前会计利润700 000元，据此调减应交所得税）

④冲减已确认递延所得税资产：

借：以前年度损益调整　　150 000

　贷：递延所得税资产*　　150 000

（*预计负债600 000元已经注销，与之相关的递延所得税资产应予以转销）

⑤结转“以前年度损益调整”科目余额：

借：利润分配——未分配利润　　75 000

　贷：以前年度损益调整　　75 000

⑥调整已提盈余公积：

借：盈余公积　　7 500

　贷：利润分配——未分配利润　　7 500

（2）对报告年度（2×20年）报表项目的调整。

①调整资产负债表有关项目的“期末余额”：调减“递延所得税资产”150 000元；调减“预计负债”600 000元；调增“其他应付款”600 000元；调减“应交税费”175 000元；调减“盈余公积”7 500元；调减“未分配利润”67 500元。

②调整利润表有关项目的“本期金额”：调增“营业外支出”100 000元，调减“利润总额”100 000元；调减“所得税费用”25 000元；调减“净利润”75 000元。

③调整所有者权益变动表有关项目：对于“本年增减变动金额”部分：调减“综合收益总额”项目（对应“未分配利润”栏目）75 000元；调减“提取盈余公积”项目（对应“盈余公积”栏目）7 500元，调增“提取盈余公积”项目（对应“未分配利润”栏目）7 500元。年末余额随之进行相应调整。

（3）对2×21年2月份资产负债表有关项目的“上年年末余额”：调减“递延所得税资产”150 000元；调减“预计负债”600 000元；调增“其他应付款”700 000元；调减“应交税费”175 000元；调减“盈余公积”7 500元；调减“未分配利润”67 500元。

2.C公司有关会计处理如下：

（1）账务处理。

①调整上年其他应收款余额和营业外收入的发生额：

借：其他应收款　　700 000

　贷：以前年度损益调整　　700 000

②确认收取的赔偿款：

借：银行存款*　　700 000

　贷：其他应收款　　700 000

（*这个涉及货币资金收付的账务处理，不作为调整分录）

③调整上年所得税费用和应交所得税：

借：以前年度损益调整　　175 000

　贷：应交税费——应交所得税　　175 000

④结转上年净利润的调整数：

借：以前年度损益调整　　525 000

　贷：利润分配——未分配利润　　525 000

⑤调整上年盈余公积的提取数：

借：利润分配——未分配利润　　52 500

　贷：盈余公积　　52 500

（2）对报告年度（2×20年）报表项目的调整。

①对资产负债表有关项目的“期末余额”的调整：调增“其他应收款”700 000元；调增“应交税费”175 000元；调增“盈余公积”52 500元；调增“未分配利润”472 500元。

②对利润表有关项目的调整：调增“营业外收入”700 000元，调增“利润总额”700 000元；调增“所有税费用”175 000元；调增“净利润”525 000元。

③对所有者权益变动表有关项目的调整：对于“本年增减变动金额”部分：调增“综合收益总额”项目（对应“未分配利润”栏目）525 000元；调增“提取盈余公积”项目（对应“盈余公积”栏目）52 500元，调减“提取盈余公积”项目（对应“未分配利润”栏目）52 500元。年末余额随之进行相应调整。

（3）对2×21年2月份资产负债表有关项目的“上年年末余额”的调整：调增“其他应收款”700 000元；调增“应交税费”175 000元；调增“盈余公积”52 500元；调增“未分配利润”472 500元。

【例14-8】资产负债表日后取得确凿证据，表明某项资产在资产负债表日发生了减值或者需要调整该项资产原先确认的减值金额。

资料：甲企业2×20年9月销售给乙公司一批商品，款项为226 000元（含应向乙公司收取的增值税26 000元），乙公司于当月收到货物并验收入库。根据有关合同规定，乙公司应在收到货物后1个月内付款。由于乙公司财务状况出现严重问题，到2×20年年末仍未付款，甲企业于2×20年年末根据所掌握的情况，按此项应收账款的10%计提坏账准备22 600元。2×21年2月27日甲企业接到法院通知，乙公司已进行破产清算，无力偿还全部货款，预计甲企业可收回该项应收账款的60%。甲企业按净利润的10%提取法定盈余公积；所得税税率为25%。假定：甲企业财务报表批准报出日是次年的3月10日；2×20年所得税汇算清缴在2×21年3月31日完成；涉及递延所得税资产的，未来期间很可能取得用来抵扣暂时性差异的应纳税所得额。

要求：进行甲企业的有关会计处理。

分析：（1）账务处理。

①调整2×20年度坏账准备余额和资产减值损失发生额：

借：以前年度损益调整（226 000×60%-22 600）　　113 000

　贷：坏账准备　　113 000

②调整递延所得税资产：

借：递延所得税资产（113 000×25%）　　28 250

　贷：以前年度损益调整　　28 250

③结转“以前年度损益调整”科目余额：

借：利润分配——未分配利润　　84 750

　贷：以前年度损益调整　　84 750

④调整已提盈余公积：

借：盈余公积　　8 475

　贷：利润分配——未分配利润　　8 475

（2）对2×20年度报表项目的调整。

①调整资产负债表有关项目的“期末余额”：调减“应收账款”113 000元；调增“递延所得税资产”28 250元；调减“盈余公积”8 475元；调减“未分配利润”76 275元。

②调整利润表有关项目的“本期金额”：调增“资产减值损失”113 000元，调减“利润总额”113 000元；调减“所得税费用”28 250元；调减“净利润”84 750元。

③调整所有者权益变动表有关项目：对于“本年增减变动金额”部分：调减“净利润”项目（对应“未分配利润”栏目）84 750元；调减“提取盈余公积”项目（对应“盈余公积”栏目）8 475元，调增“提取盈余公积”项目（对应“未分配利润”栏目）8 475元。年末余额随之进行相应调整。

（3）对2×21年2月份资产负债表有关项目的“上年年末余额”：调减“应收账款”113 000元；调增“递延所得税资产”28 250元；调减“盈余公积”8 475元；调减“未分配利润”76 275元。

三、非调整事项的处理方法

企业对于所发生的资产负债表日后非调整事项，不应当调整资产负债表日已编制的财务报表，但要在附注中披露重要的非调整事项的性质、内容，及其对财务状况和经营成果的影响，以及无法作出估计的原因。

智能测评14-3

【本章小结】

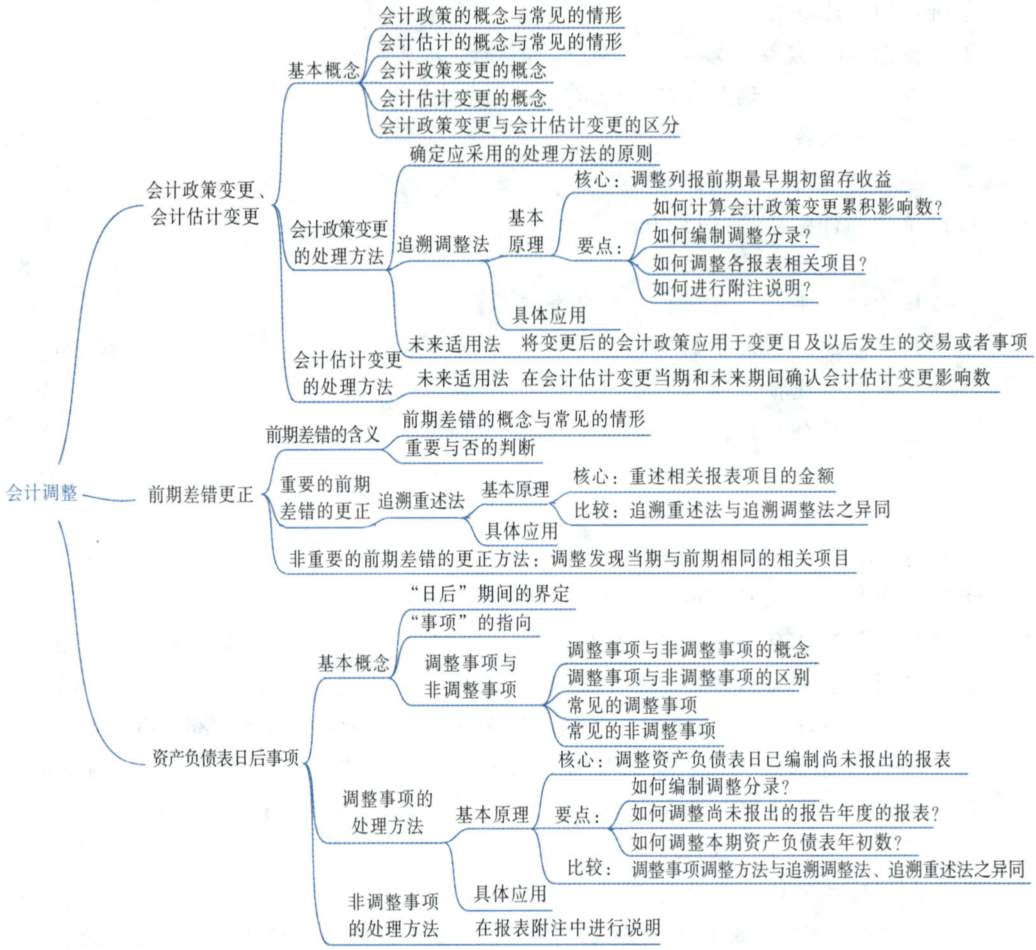

【问题与思考】

1.什么是会计政策？常见的会计政策有哪些？

2.什么是会计估计？常见的会计估计有哪些？

3.什么是会计政策变更？什么是会计估计变更？对两者如何正确区分？

4.会计政策变更如何确定应采用的会计处理方法？会计估计变更采用什么处理方法？

5.什么是追溯调整法？如何正确理解这个方法？

6.什么是会计政策变更累积影响数？如何计算？计算会计政策变更累积影响数的意义何在？

7.什么是前期差错？如何对重要的前期差错进行更正？

8.什么是资产负债表日后事项？什么是调整事项？什么是非调整事项？

9.调整事项应如何进行调整处理？非调整事项应如何处理？为什么？

10.会计政策变更的追溯调整法、更正重要前期差错的追溯重述法、调整事项的调整方法，三者有何异同？